Stat Geek Baseball Presents

Fields of Gold

Baseball's Best Glove Work

1ˢᵗ Edition

from baseballevaluation.com

Fields of Gold, Baseball's Best Glove Work, Stat Geek Baseball, 1st Edition. Copyright © 2014 by baseballevaluation.com, JDP ECON Publishing, and Jeffrey D. Peterman. All worldwide rights reserved.

No part of this book may be reproduced or utilized in any form or by any means, electronic, digital or mechanical, including photocopying, recording, or by any information storage and retrieval system, without permission from the publisher.

1st Edition: Paperback and Ebook, 2014

Cover and other book graphics Copyright © 2014 JDP ECON Publications, baseballevaluation.com, Jeffrey D. Peterman, and its licensors. All rights reserved. Photo/graphics source: Baseball Diamond graphic (cover/interior), Billy Frank Alexander Design. Baseball glove (current), Dirk Ziegener. Baseball glove (old) Crissie McDowell. Historic baseball players photos/images; Library of Congress, Mayo's Cut Plug Baseball Cards, Bowman Gum Trading Cards, Goudy Baseball Cards, Jeff Self (Kirby Puckett), Onetwo1 English Wikipedia Project (Troy Tulowitzki), Joon Han (Ernie Banks statue). All rights reserved.

Printed/Digital Copy in the United States of America by JDP ECON Publications & Books, 2217 Bruce Drive, Pottstown, Pa., U.S.A. 19464-1514

Paperback ISBN: 978-09745338-96

Disclaimer: The Baseball Evaluation system, including Field Value, was developed independently of Major League Baseball and the Major League Baseball Players Association and is not endorsed by or associated in any way with either organization.

Note: Historic baseball statistics and information were provided courtesy of baseball-databank.org and the Sean Lahman Database. Other statistic sources used include Baseball-reference.com & the Chuck Roscium Catcher Database. The fielding stats quoted are a combination of the databank and other official sources, all with some errors, and may not match with the data you use.

All Baseball Evaluation Stats, including Field Value (FV), PEVA, RAVE, EXPEQ, etc., were developed by JDP Econ & are the proprietary property of JDP ECON. All rights reserved. If any Baseball Evaluation stat is used in articles, etc., please credit http://baseballevaluation.com or http://statgeekbaseball.com.

The Baseball Evaluation System, Field Value and other Stats, Rankings, and other information is the intellectual property of JDP Econ and the data herein is provided for entertainment and information purposes only.

About the Book

They're wearing gloves, which, BTW, didn't always happen and is more than taken for granted in the modern game. Just ask the folks at Spalding about that history and how the transition was made (more on that later). The gloves today are huge, which is true, not those small and hard to catch leather mitts of yesterday that Babe Ruth used, mitts it was pretty necessary to use two hands to catch with. So how the heck are you going to compare a player in 1871, who with his bare hands behind the second base bag nabbed a ball up the middle and tossed it to the first baseman, who wasn't wearing a glove either? It isn't easy. The game has changed so much, probably in no greater area than fielding. But we think it's possible. And in the chapters of this book as we wind through all those fielding eras, we will endeavor to do just that. We'll let you judge just how interesting or valued that endeavor ends up. So let's get started diving into the debate and those fields of gold on the diamonds of green. Let's begin the task and challenge of telling you who the best fielders in baseball history were. We'll do this by position, by Hall of Fame status in depth, and by the best of every current franchise. Just a warning up front, ... there's going to be a lot of numbers. But what would you expect from Stat Geek Baseball anyway. Image below (Chicago White Stockings National League Baseball Team, 1876-1877. Center player image, Al Spalding. Clockwise from top. R. Barnes, J. Peters, C. Anson, G. Bradley, C. Waitt, P. Hines, C. McVey, J. Glenn)

Chapter Index

Chapter	Title	Page
1	Introduction	7
2	Hall of Fame Fielders	23
3	Glove Work – Baseball's Career Best by Position	34
4	Team Gold – All-Time Best Fielders by Current Franchises	122

Arizona Diamondbacks - 124	Milwaukee Brewers - 167
Atlanta Braves - 126	Minnesota Twins - 170
Baltimore Orioles - 129	New York Yankees - 173
Boston Red Sox - 132	New York Mets - 176
Chicago White Sox - 135	Oakland Athletics - 179
Chicago Cubs - 138	Philadelphia Phillies - 182
Cincinnati Reds - 141	Pittsburgh Pirates - 185
Cleveland Indians - 144	San Diego Padres - 188
Colorado Rockies - 147	Seattle Mariners - 191
Detroit Tigers - 149	San Francisco Giants - 194
Houston Astros - 152	St. Louis Cardinals - 197
Kansas City Royals - 155	Tampa Bay Rays - 200
LA Angels of Anaheim - 158	Texas Rangers - 202
Los Angeles Dodgers - 161	Toronto Blue Jays - 205
Miami Marlins - 164	Washington Nationals - 208

Chapter	Title	Page
5	Fields of Gold – Gold Gloves and Silver Mitts	211

Definitions/Abbreviations

Fielding Stats

GP = Games Played	IP = Innings Pitched or Innings Played
FPCT = Fielding Percentage (Putouts + Assists)/(Putouts + Assists + Errors)	RFpg = Range Factor per Games Played RF9IP = Range Factor per 9 Innings Pitched/Played
Range Factor = (Putouts + Assists)/Games Played or Innings Played	CS% = Caught Stealing Percentage
Apg (Outfielders) = Assists per Games Played	A9IP (Outfielders) = Assists per 9 Innings Played
FV = Field Value: Stat measuring a player's fielding value over the season compared to other players. Stats used within this value include Innings or Games Played, Fielding Percentage, Caught Stealing Percentage, Outfield Assists Per Game/9 IP, and Range Factor Per Game/9 IP.	The maximum, average, and minimum value for Field Value differs with each position. (See below)
FV Maximums:	Catchers – 2.10 Shortstops – 1.75 Third Base – 1.70 Second Base – 1.50 First Base – 1.40 Outfielders – 1.70 Pitchers – 1.15 Designated Hitters – 0.85
Field Value Averages:	Catchers – 1.70 Shortstops – 1.35 Third Base – 1.30 Second Base – 1.10 First Base – 1.00 Outfielders – 1.30 Pitchers – 1.00 Designated Hitters – 0.85
Field Value Minimums:	Catchers – 1.55 Shortstops – 1.10 Third Base – 1.05 Second Base – 1.00 First Base – 1.00 Outfielders – 1.00 Pitchers – 0.85 Designated Hitters – 0.85

Regular Statistics

R = Runs	RBI = Runs Batted In
HR = Home Runs	RPR = Run Production: Runs Plus Runs Batted In
OBP = On-Base Percentage: Hits and Walks plus Hit By Pitch divided by the total of At Bats plus Walks plus Hit By Pitch plus Sacrifice Flies.	PA = Plate Appearances: At Bats, Walks, Hit By Pitch, Sacrifice Flies, Sacrifices, and Defensive Interference.
SLG = Slugging Percentage: Total Bases divided by At Bats.	OPS = On Base Plus Slugging: OBP plus SLG percentages.
AVE = Batting Average: Hits Divided by At Bats.	AB = At Bats
W = Wins L = Losses	IP = Innings Pitched
SV = Saves: Defined as a pitcher who a) finished a game & b) does not get the win and c) pitches at least one inning with a lead of no more than three runs or pitches with the tying run at bat, on base, or on deck, or pitches 3 innings with the lead.	ERA = Earned Run Average: The amount of earned runs divided by Innings Pitched times 9.
SO/W = Strikeout to Walk Ratio: Strikeouts divided by Walks	HR9IP = Home Runs per 9 IP: Home Runs divided by Innings Pitched multiplied by 9.
WHIP = Walks/Hits per Inning: Walks plus hits divided by Innings Pitched. WHIP9 = Walks/Hits per 9 Innings: Walks plus hits over 9 Innings Pitched	MLST = Major League Service Time: Years.days a player was on the Major League roster.

Other New Stats

PEVA-B = PEVA Batting Rating: Overall Player Rating for Batting	PEVA-P = PEVA Pitching Rating: Overall Player Rating for Pitching
PEVA-T = PEVA Total Rating: Overall Player Rating for Regular Season, including both Pitching and Batting.	
EQ = Equivalent Years: Equivalent of Full Season Years by a Player based on Games, Plate Appearances, and IP compared to total # of games in a season.	Per EQ = Per Equivalent Years: PEVA divided by EQ Year
RAVE = PEVA Rolling Average: Rolling Average of PEVA values based on 50% of the most recent year, 30% of one year back, and 20% of two years prior.	

Chapter 1

Introduction

While it's certainly true that fielding has evolved so much since the inception of professional baseball leagues in 1871, perhaps more than any other facet in the game, there is one great constant. There's still twenty-seven outs and nine innings of baseball, in most games. And that makes this task easier. Now we didn't say easy. While there's that wonderful constant of twenty-seven outs and nine fielders in the field trying to catch the baseball and contribute to that number over the centuries of the game, there's more than a few things that muddy the water, and we're not just talking about rain delays, faulty tarps, and slow ground crews. There's the fact that the beginning of baseball saw men on the field in something that we'd say today looked like knickers fielding a softer ball, but with no gloves. Now talk about not being easy. And then there's the dynamic that over the history of the game, the strikeout became more and more important and prevalent, which skews how many balls, i.e. range factor, a position player would get to on the average in a game or nine innings of play. Next there's the collection of the statistics themselves and the advent of advanced metrics that boggle the mind of some pretty rabid fans, and we're guessing, more than a few front office executives. What we're trying to do here, however, is simplify that procedure. And again, that doesn't make it simple, but we prefer to state, it creates the possibility of making it comparative.

Not unlike PEVA, the Performance or Player Evaluation stat for each batter or pitcher in the Stat Geek Baseball universe, Field Value compares each player on a peer to peer review basis for each season. How well does that player compare against the maximum value, for example in Fielding Percentage for his position, and where on the grid of maximum to average, and possibly below, he reaches on that scale. That is done for all of the metrics for each position, averaged, then compared again against those that qualify for a minimum amount of innings or games played. So when you see a player reach a 1.65 Field Value for any year from 1871 to today, that's where he stood in Major League baseball for that year, valued (and when we say valued, we do mean in $ terms) at approximately 65% more than a player with a 1.00 Field Value. When you see the career averages we discuss in length in later chapters, it is the weighted average (per games played or innings played) taking into account all those seasons.

How Fielding Has Changed, the Glove

First off, we keep stating, both here in the introduction and in later chapters, about how Al Spalding was the person most credited for getting the baseball glove used by most players, but that's sort of a misnomer. It's a bit like crediting Abner Doubleday with the game itself when Alexander Cartwright deserves at least equal credit, or the fact that there were others as well playing a game of similar dimensions for a couple decades in different locales. And that's the case here. Albert Spalding, the Hall of Fame pitcher, executive, and sporting goods manufacturer, did make the first official baseball glove in 1877, at least according to their company, and he tried to convince players to use it. He may have been a baseball player at the time, but he was even more of an entrepreneur. Even if there's some confusion about the glove and his championing of its use, Spalding should be credited for other advances in the game, like the manufacture of a standardized ball (first used 1876 or 1880 in the National League, depending on who you believe), the common baseball bat with a bulge at its end (by 1900, he was making one million bats per year), and the first official rules of the game in 1878.

However, there were instances prior to 1877 when gloves were used. First glove credited was even prior to the inception of the National Association in 1871, the first professional league, when catcher Doug Allison, playing for the Cincinnati Red Stockings baseball club in 1870 donned buckskin mittens. Allison was a defensive specialist, who was also one of the first to stand directly behind the batter to prevent stolen bases better. Some say that Allison's pulling on of those mittens is not a confirmed use and that Charlie Waitt, who played for the St. Louis Brown Stockings of the National Association, used a glove in 1875 and that should be stated as first. Reports note that he was teased and taunted as less than manly for using it. You choose; none of us were there.

Now no matter who you claim as the first, these gloves were not what we think of today or even used in the same way. The early gloves were not used to catch the ball; it wasn't webbed, in fact they were predominantly just leather gloves with the fingers cut out and perhaps with extra padding. They were used to bat the ball down, then pick it up and throw it toward first.

When did most players move from barehanded to wearing some sort of glove? It was normal for players to wear gloves by the mid 1890's.

What did a baseball cost way back when? $1.50 in 1896.

What did a baseball glove cost way back when? In the 1930's, you could buy a baseball glove for between $1.00 and $3.95. Balls were down to a $1.00.

When was webbing put in a glove and a pocket created? Bill Doak of the St. Louis Cardinals suggested this in 1920. It became the standard. Interesting Doak note: he was one of seventeen players grandfathered into being allowed to use the spitball after it was outlawed that year. Any coincidence?

When did players stop leaving their gloves on the field? It was prohibited in 1954.

How Fielding Has Changed, the Awards

Prior to 1957, there was no such thing as the Gold Glove Award presented by rival sporting goods company to Al, Rawlings. Some writers would award an unofficial best fielding title to the player at his position who had the best fielding percentage, although this, at best, only told a part of the story. For one thing, there was no consideration of range. So, in that year, 1957, the Rawlings Company started bestowing the honor, at first to the best fielder in baseball at each position, later amending it, actually only one year later, to the best fielder at each position in both leagues.

Since 2006, the Fielding Bible Awards have been given out. These are based more on sabermetric concepts than the Gold Gloves, which also now include a statistical component today at a 25% value, but had not in the past.

Through no fault of either award, this leaves a nearly ninety year gap for players of previous generations and makes us think that the best fielders, who now have the best equipment, were superior to those of the past. This might be, of course, but logic states that some of those barehanded fielders or without a webbed pocket men may have been the best. But what is an accurate way to measure that? There are a number of sabermetricians who try with measurements such as dWar or UZR. And there are a whole lot more than those two, but most of them are recent additions to the discussion, around since 2000. dWar can be applied backwards for most players and is a useful measure, but as with any measurement, nobody claims is perfect. And that's just what Field Value (FV) does. It comes up with a yearly value reaching back to 1871, and it's likely an imperfect one, too.

In the last chapter we go down the list of years without the Gold Glove Award and award one best fielding award for each position, our Silver Mitt. We've also thrown in those from 1957 forward, too, just for comparison, if not the same as the Gold Glove winner. Remember, there's nothing particularly scientific, neither wrong or right, with those chosen for the award we know best. Some years, fielders were awarded the Gold Glove at a position they barely played. Yes, I know a lot of you are thinking of him. Rafael Palmeiro comes to mind to us as well.

How Fielding Has Changed, the Stats

Before we go into more detail about the Field Value calculations, let's get caught up on the statistical changes all those new gloves and better balls and strikeout pitchers have conjured. It will help keep the stats listed later for individual players and their careers in perspective as we discuss the best players and their averages despite fielding in different eras. Yes, as the glove got better the fielding percentages increased dramatically. But perhaps even more interesting, check out how the increase in strikeouts decreased the range for most positions, especially in the infield. That's important to keep in mind as you compare individual players. In 1871, a third baseman got to 3.90 balls (putouts and assists) per game. In the same game with essentially twenty-seven outs, that is now down to 2.52 (putouts and assists) per game in 2014. For a second sacker, 5.80 to 4.65; a shortstop 5.40 to 4.18. Of course, that means the catcher has more due to the strikeout, but surprising to us is the modest uptick in the range factor for the average outfielder (all positions) up from 1.98 to 2.21. That could be because of the better, harder ball.

But what's up with the decrease in caught stealing percentage? Pretty interesting to come up with your own theory on that. Players got faster in relation to arm strength. Pitchers no longer have a priority in keeping runners close. There's too much distraction from the Phillie Phanatic. You can keep going, tweet your friends, but we're going to stop now.

Below are tables with the yearly numbers on Fielding Percentage, Range Factor, Strikeouts Per Game, and Caught Stealing Percentage, plus charts graphing the changes in the individual position numbers for the first two.

Fielding Percentage Through the Years – Pre 1900

Year	FPCT	Year	FPCT	Year	FPCT
1899	0.942	1889	0.919	1879	0.892
1898	0.942	1888	0.919	1878	0.893
1897	0.939	1887	0.910	1877	0.884
1896	0.938	1886	0.911	1876	0.866
1895	0.930	1885	0.908	1875	0.849
1894	0.927	1884	0.891	1874	0.827
1893	0.931	1883	0.888	1873	0.830
1892	0.928	1882	0.893	1872	0.837
1891	0.925	1881	0.905	1871	0.833
1890	0.921	1880	0.901		

Fielding Percentage Through the Years – 1900-1939

Year	FPCT	Year	FPCT	Year	FPCT
1939	0.971	1924	0.970	1909	0.957
1938	0.971	1923	0.967	1908	0.959
1937	0.971	1922	0.968	1907	0.958
1936	0.970	1921	0.966	1906	0.958
1935	0.970	1920	0.966	1905	0.956
1934	0.971	1919	0.966	1904	0.955
1933	0.972	1918	0.964	1903	0.949
1932	0.970	1917	0.964	1902	0.949
1931	0.970	1916	0.964	1901	0.943
1930	0.969	1915	0.962	1900	0.942
1929	0.970	1914	0.959		
1928	0.970	1913	0.960		
1927	0.968	1912	0.956		
1926	0.969	1911	0.956		
1925	0.967	1910	0.958		

Fielding Percentage Through the Years – 1940-2014

Year	FPCT	Year	FPCT	Year	FPCT
2014	0.984	1989	0.979	1964	0.977
2013	0.985	1988	0.980	1963	0.977
2012	0.983	1987	0.980	1962	0.977
2011	0.983	1986	0.979	1961	0.976
2010	0.983	1985	0.979	1960	0.977
2009	0.984	1984	0.978	1959	0.977
2008	0.984	1983	0.979	1958	0.978
2007	0.984	1982	0.979	1957	0.978
2006	0.983	1981	0.979	1956	0.976
2005	0.983	1980	0.978	1955	0.977
2004	0.983	1979	0.978	1954	0.976
2003	0.983	1978	0.978	1953	0.976
2002	0.982	1977	0.977	1952	0.976
2001	0.982	1976	0.977	1951	0.975
2000	0.981	1975	0.975	1950	0.976
1999	0.981	1974	0.976	1949	0.976
1998	0.981	1973	0.977	1948	0.975
1997	0.981	1972	0.978	1947	0.977
1996	0.981	1971	0.979	1946	0.974
1995	0.981	1970	0.978	1945	0.972
1994	0.981	1969	0.977	1944	0.972
1993	0.980	1968	0.978	1943	0.974
1992	0.981	1967	0.978	1942	0.972
1991	0.981	1966	0.977	1941	0.972
1990	0.980	1965	0.977	1940	0.971

Range Factor Through the Years – Pre 1900

Year	RF/9	Year	RF/9	Year	RF/9
1899	24.8	1889	23.4	1879	24.1
1898	24.6	1888	23.2	1878	24.1
1897	24.6	1887	24.1	1877	25.0
1896	24.7	1886	22.5	1876	25.9
1895	24.6	1885	23.2	1875	26.0
1894	24.8	1884	22.0	1874	26.2
1893	24.8	1883	23.6	1873	26.3
1892	23.7	1882	24.0	1872	26.3
1891	23.5	1881	24.3	1871	26.3
1890	23.5	1880	24.0		

Range Factor Through the Years – 1900-1939

Year	RF/9	Year	RF/9	Year	RF/9
1939	23.5	1924	24.3	1909	23.2
1938	23.5	1923	24.1	1908	23.3
1937	23.3	1922	24.2	1907	23.4
1936	23.6	1921	24.2	1906	23.2
1935	23.7	1920	24.1	1905	23.1
1934	23.5	1919	23.9	1904	23.2
1933	23.9	1918	24.1	1903	23.4
1932	23.8	1917	23.5	1902	24.0
1931	23.8	1916	23.2	1901	23.8
1930	23.7	1915	23.2	1900	24.6
1929	24.1	1914	23.0		
1928	24.1	1913	23.1		
1927	24.2	1912	23.0		
1926	24.2	1911	23.0		
1925	24.2	1910	23.1		

Range Factor Through the Years – 1940-2014

Year	RF/9	Year	RF/9	Year	RF/9
2014	19.3	1989	21.4	1964	21.1
2013	19.4	1988	21.4	1963	21.2
2012	19.4	1987	21.0	1962	21.5
2011	19.9	1986	21.1	1961	21.7
2010	19.9	1985	21.6	1960	21.8
2009	20.0	1984	21.6	1959	21.9
2008	20.2	1983	21.8	1958	22.0
2007	20.3	1982	22.0	1957	22.2
2006	20.4	1981	22.3	1956	22.3
2005	20.6	1980	22.2	1955	22.6
2004	20.4	1979	22.2	1954	22.8
2003	20.6	1978	22.2	1953	22.8
2002	20.5	1977	21.8	1952	22.8
2001	20.3	1976	22.2	1951	23.2
2000	20.5	1975	22.0	1950	23.1
1999	20.5	1974	22.0	1949	23.3
1998	20.4	1973	21.7	1948	23.3
1997	20.3	1972	21.4	1947	23.3
1996	20.5	1971	21.6	1946	23.1
1995	20.6	1970	21.2	1945	23.7
1994	20.8	1969	21.2	1944	23.7
1993	21.2	1968	21.1	1943	23.6
1992	21.4	1967	21.0	1942	23.6
1991	21.2	1966	21.2	1941	23.4
1990	21.3	1965	21.1	1940	23.3

Strikeouts Through the Years – Pre 1900

Year	SO(pg)	Year	SO(pg)	Year	SO(pg)
1899	2.10	1889	3.53	1879	2.87
1898	2.31	1888	3.77	1878	2.94
1897	2.31	1887	2.80	1877	2.02
1896	2.22	1886	4.30	1876	1.13
1895	2.28	1885	3.77	1875	0.98
1894	2.10	1884	4.80	1874	0.77
1893	2.13	1883	3.37	1873	0.70
1892	3.25	1882	2.92	1872	0.72
1891	3.45	1881	2.65	1871	0.69
1890	3.40	1880	2.92		

Strikeouts Through the Years – 1900-1939

Year	SO(pg)	Year	SO(pg)	Year	SO(pg)
1939	3.46	1924	2.69	1909	3.77
1938	3.41	1923	2.84	1908	3.66
1937	3.63	1922	2.80	1907	3.53
1936	3.33	1921	2.83	1906	3.70
1935	3.26	1920	2.95	1905	3.87
1934	3.45	1919	3.07	1904	3.72
1933	3.04	1918	2.89	1903	3.58
1932	3.19	1917	3.46	1902	2.98
1931	3.20	1916	3.82	1901	3.14
1930	3.21	1915	3.79	1900	2.37
1929	2.86	1914	3.98		
1928	2.88	1913	3.83		
1927	2.79	1912	3.97		
1926	2.76	1911	4.00		
1925	2.72	1910	3.92		

Strikeouts Through the Years — 1940-2014

Year	SO(pg)	Year	SO(pg)	Year	SO(pg)
2014	7.70	1989	5.61	1964	5.91
2013	7.55	1988	5.56	1963	5.80
2012	7.50	1987	5.96	1962	5.42
2011	7.10	1986	5.87	1961	5.23
2010	7.06	1985	5.34	1960	5.18
2009	6.91	1984	5.34	1959	5.09
2008	6.77	1983	5.15	1958	4.95
2007	6.62	1982	5.04	1957	4.84
2006	6.52	1981	4.75	1956	4.64
2005	6.30	1980	4.80	1955	4.39
2004	6.55	1979	4.77	1954	4.13
2003	6.34	1978	4.77	1953	4.12
2002	6.47	1977	5.16	1952	4.19
2001	6.67	1976	4.83	1951	3.77
2000	6.45	1975	4.98	1950	3.86
1999	6.41	1974	5.01	1949	3.61
1998	6.56	1973	5.24	1948	3.65
1997	6.61	1972	5.57	1947	3.67
1996	6.46	1971	5.41	1946	3.89
1995	6.30	1970	5.75	1945	3.27
1994	6.18	1969	5.77	1944	3.29
1993	5.80	1968	5.89	1943	3.46
1992	5.59	1967	5.99	1942	3.40
1991	5.80	1966	5.82	1941	3.55
1990	5.67	1965	5.94	1940	3.66

Caught Stealing Pct. Through the Years – Pre 1900

Year	CS%	Year	CS%	Year	CS%
1899	44.3%	1889	NA	1879	NA
1898	44.5%	1888	NA	1878	NA
1897	36.8%	1887	NA	1877	NA
1896	37.2%	1886	NA	1876	NA
1895	36.9%	1885	NA	1875	NA
1894	36.9%	1884	NA	1874	NA
1893	37.0%	1883	NA	1873	NA
1892	37.0%	1882	NA	1872	NA
1891	37.4%	1881	NA	1871	NA
1890	37.2%	1880	NA		

Caught Stealing Pct. Through the Years – 1900-1939

Year	CS%	Year	CS%	Year	CS%
1939	40.5%	1924	45.5%	1909	45.4%
1938	40.7%	1923	44.7%	1908	45.7%
1937	41.8%	1922	44.6%	1907	44.8%
1936	41.1%	1921	47.1%	1906	44.8%
1935	42.3%	1920	47.1%	1905	44.8%
1934	39.7%	1919	44.4%	1904	45.3%
1933	45.6%	1918	44.0%	1903	44.8%
1932	43.8%	1917	44.1%	1902	44.4%
1931	43.7%	1916	43.1%	1901	44.4%
1930	42.7%	1915	44.2%	1900	44.5%
1929	42.8%	1914	44.9%		
1928	42.7%	1913	44.3%		
1927	39.1%	1912	43.3%		
1926	43.3%	1911	44.7%		
1925	44.5%	1910	44.5%		

Caught Stealing Pct. Through the Years – 1940-2014

Year	CS%	Year	CS%	Year	CS%
2014	27.0%	1989	31.6%	1964	38.4%
2013	27.2%	1988	30.0%	1963	38.0%
2012	26.0%	1987	29.9%	1962	35.1%
2011	27.8%	1986	32.8%	1961	37.0%
2010	27.6%	1985	31.6%	1960	40.2%
2009	27.6%	1984	33.3%	1959	39.0%
2008	27.0%	1983	32.7%	1958	42.7%
2007	25.6%	1982	33.8%	1957	43.4%
2006	28.6%	1981	35.2%	1956	42.3%
2005	29.4%	1980	32.8%	1955	46.3%
2004	29.8%	1979	34.9%	1954	46.0%
2003	30.6%	1978	35.0%	1953	45.9%
2002	31.8%	1977	37.1%	1952	45.3%
2001	31.2%	1976	33.6%	1951	43.6%
2000	31.2%	1975	35.2%	1950	43.0%
1999	30.7%	1974	35.7%	1949	44.2%
1998	31.4%	1973	37.3%	1948	42.1%
1997	32.1%	1972	37.9%	1947	45.0%
1996	29.3%	1971	37.1%	1946	44.4%
1995	30.0%	1970	36.1%	1945	42.6%
1994	31.4%	1969	37.7%	1944	40.3%
1993	33.7%	1968	38.1%	1943	42.5%
1992	32.9%	1967	40.7%	1942	43.7%
1991	33.4%	1966	39.0%	1941	43.4%
1990	31.5%	1965	35.2%	1940	43.0%

Position Fielding Stats Trend Lines

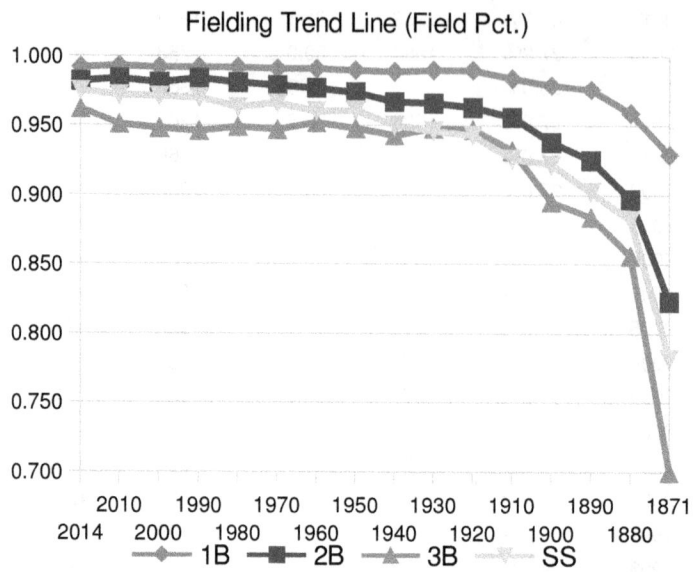

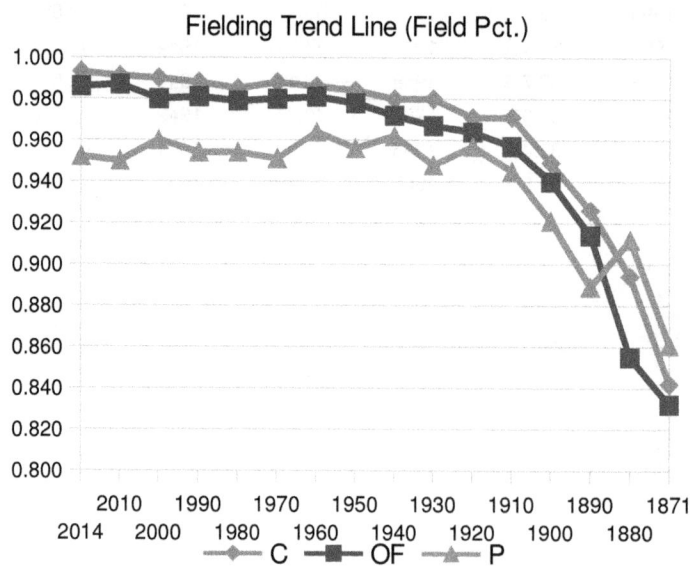

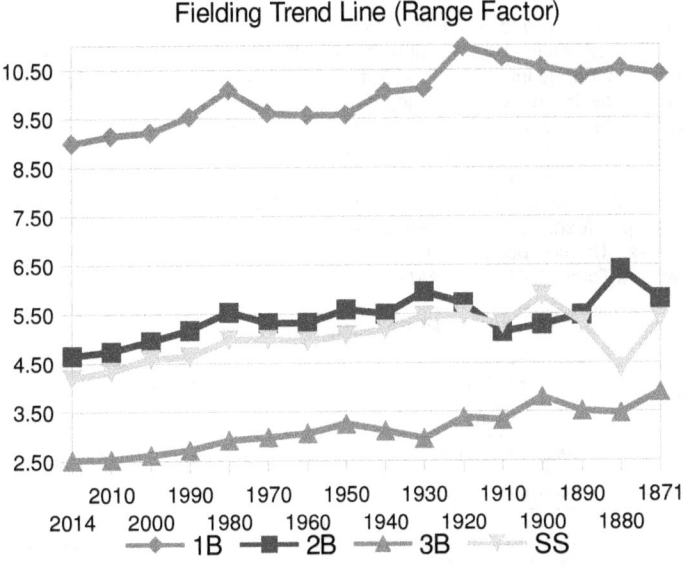

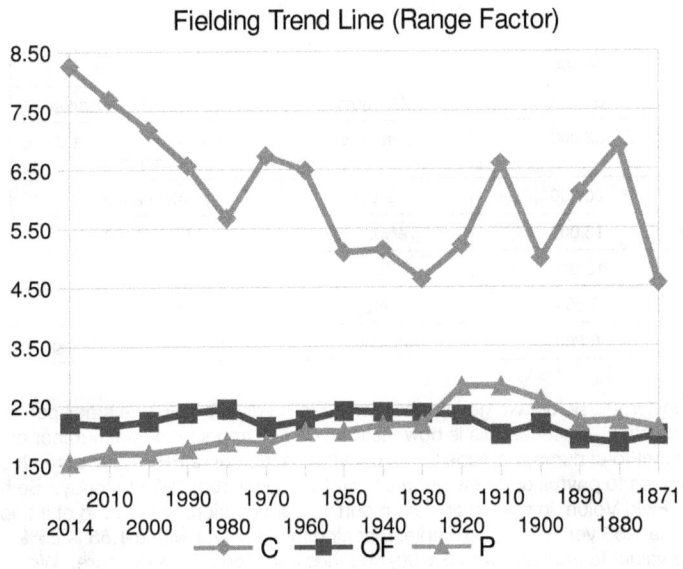

Fields of Gold, Baseball's Best Glove Work - 19

So Just How is Field Value Figured Out?

Now we go into the weeds of Field Value and try to explain its concept in more detail. First off, it's important to note that Field Value is one of the six main components that go into the PEVA Batting stat. It becomes one of the multiples, predominantly, but not always, using a binary system of 2 to 1, reflecting the 2 (maximum) to 1 (average) scale that a player is measured on with every value. Why do we say not always? Because there are components that have a greater impact on other components (one of them is Field Value) and some that can go above the 2 to 1 scale. I know, it's complicated, but we're going to try to explain it in a simpler fashion, albeit knowing that some will want more explanation and some less. The components for PEVA are listed below as well as a chart listed with what a Total PEVA score (Batting or Pitching) would mean.

PEVA Components

Batting	Pitching
Games	Games or Games Started
Plate Appearances	Innings Pitched
Run Production (Runs plus RBI)	Wins, Saves, or Wins Plus Saves
Field Value	ERA
Slugging Percentage	WHIP9
On Base Percentage	SO/W Ratio & HR9IP

PEVA Player Ratings Boxscore

PEVA	One Word	Description
64.000	Maximum	Maximum Player Rating
32.000	Fantastic	MVP/Cy Young Award Candidate
20.000	Great	All-League
15.000	Very Good	All-Star Caliber
10.000	Good	Plus Starter
3.500	Average	Bench Player
0.200	Minimum	Minimum Player Rating

So why, you ask, did we go into that when Field Value is only one small part of the equation. Because this is how Field Value can impact the total number and what that total number means to the constant in the entire PEVA universe. It all correlates to payroll and how people have been paid from 1995 to today. So how does Field Value, in particular, play a part in that equation. We hinted at it above with the 1.65 versus 1.00 example, meaning that a player with a 1.65 is 65% more valuable than one with a 1.00, and thus could be paid 65% more. We hinted at another part of that equation with the 2 to 1 binary example, too. Does that 2 to 1 binary example hold with Field Value? Not exactly, and that's because in Field Value, different fielding positions hold different values. We all know the concept of up the middle defense being paramount for a good defensive club, including the catcher, shortstop, and centerfielder. Yes, we know the second basemen is an up the middle position, too, but, to be frank, he's not really that valuable a member of that equation, at least compared to the others. That's why you move a shortstop to second when he doesn't perform well there, and even a third basemen to second when he can't get his throw over to first fast enough or accurate enough.

So what are the values of each position in Field Value and who is the most valuable? The catcher is by far the most valuable defensive player on the field; in Field Value that correlates to the possibility, if the highest rated defensive player, to being worth 2.10. And that means that a catcher with a 2.10 Field Value is worth 110% more to his PEVA score, more than double a player with a 1.00. So if your catcher on your favorite team is a defensive specialist with average offensive skills, his value because of his defense is essentially 210% of his raw offensive numbers.

But what if that catcher is only an average receiver? The average Field Value for a catcher is 1.70, i.e. plus 70% the average defensive player, and worth 170% more than his offensive numbers suggest. Even the worst catchers, or a catcher who doesn't reach the minimum games or innings played to qualify for a higher number, is worth 1.55.

Field Value – Position Values

Position	Maximum	Average	Minimum
1B	1.40	1.00	1.00
2B	1.50	1.10	1.00
3B	1.70	1.30	1.05
SS	1.75	1.35	1.10
OF	1.70	1.30	1.00
P	1.15	1.00	0.85
DH	0.85	0.85	0.85
C	2.10	1.70	1.55

Field Value – Position Components

Position	Component #1	#2	#3	#4
1B	Games/Innings	Fielding Pct.	Range Factor	
2B	Games/Innings	Fielding Pct.	Range Factor	
3B	Games/Innings	Fielding Pct.	Range Factor	
SS	Games/Innings	Fielding Pct.	Range Factor	
OF	Games/Innings	Fielding Pct.	Range Factor	Assists Per Game/9 IP
P	Innings Pitched	Fielding Pct.	Range Factor	CS% (2014)
DH	NA	NA	NA	
C	Games/Innings	Fielding Pct.	Range Factor	Caught Stealing Pct.

Notes: Games used in years when Innings Played not available or used, i.e. Assists per Games used in years when Innings Played not available or used. CS% for pitchers added in 2014. CS% for catchers not available prior to 1890.

Whew! That's a lot to chew on. Yes, it is, and you probably have more questions now than you had before we tried to explain it. Let's answer some of the questions we think you might have.

How do the components for each position play into the overall factor? Each position component is measured first on the Position Value scale, then averaged to come up with a Total Component Score. That score is then placed into the scale again to come up with the final Field Value.

Are any of these components more valuable than the others? No.

If a player plays multiple positions in a year, do they all get mashed up together to get to a final Field Value? Yes, weighted by games or innings played.

Are outfielders ranked by individual position or just overall? Although each position, when that information is available, is quantified, the overall Field Value for an outfielder is a total number. That's why the value seems so high, nearly equal to that of a shortstop. Because a corner outfielder will have sufficiently less range, normally 2/3 that of a centerfielder, the top Field Value, 1.70, will rarely be applied to a corner outfielder.

Does Field Value apply equally to the Total PEVA Batting Score for every player? No. For a player with superior Run Production skills, that component provides a minimum value which will supplant the Field Value if the Field Value isn't higher. For example, David Ortiz is a Designated Hitter with a Field Value, most years, of 0.85. But if David Ortiz is one of the best run producers in baseball that season, a portion (around 70%) of his Run Production score will take the place of his Field Value in the PEVA Batting Score. He won't be penalized for being a DH, but he will be rewarded if he is a superior fielding player. Most Designated Hitters and a good portion of First Basemen will take advantage of this. We'll explain a bit more about this later.

Okay, that about does it for explanation now, although we will try to explain more as we move into the chapters about Field Value and the career best Fielding players at each position, and on each team, in baseball history. Hope this helps or at least does not hinder your enjoyment of the rest. Remember, it's just baseball, and statistics, and our interpretation of them. Not rocket science, or nuclear engineering, or genetic engineering for that matter, although we were going down that road or at least a steroid avenue of it in baseball for awhile, weren't we.

Chapter 2

Hall of Fame Fielders

They're players we all know, with a history of play that eventually got them enshrined in the Hall of Fame in Cooperstown, no matter how many ballots or years or debates it took. But who were the best fielders of the bunch? Was Hank Aaron better sprinting through the outfield than Willie Mays? I know on the face of that question how most would answer. Say Hey. Did Ozzie Smith, regarded by many as the best fielder in history and whose fielding was the main reason he made the Hall of Fame, make the top of the Hall of Fame list and would he do it with room to spare? Are there surprises among these men, the legends of the game, and where they would rank in Field Value versus their standing in PEVA?

In this chapter, we'll list both PEVA and Field Value for their career, and take a look at the roster of players on a position by position basis. And the first place we'll start, is First Base.

Hall of Fame First Basemen

For most of the Hall of Fame first basemen, their fielding likely didn't matter to fans, managers, the total PEVA score, or the Hall of Fame. Most years their offensive performance overwhelmed any value added by their defense, not that any of that fan, manager, or other players group liked it when the error came along at an inopportune time, mind you, but it was accepted when the hit or home run followed the next inning to win the game. There were exceptions, of course, with the best fielder of the twenty men inducted into the Hall of Fame as first sackers being Bill Terry. The New York Giant of the 1930s was a superb fielder who was rated the highest fielding first basemen in five seasons (1927, 1929, 1930, 1932, 1934). That value, 1.40, or 140% of their offensive category value, was above his adjusted PEVA Run Production values for 1927 (1.28 RPRa), 1929 (1.29 RPRa), 1930 (1.33 RPRa), 1932 (1.31 RPRa), 1934 (1.26 RPRa). Okay, we'll stop with that now, the too much info and the penchant for creating a nap. Last note on how Run Production can impact whether Field Value matters. For a Run Production value to eclipse that level of Field Value (1.40), it would have to be in the Top 1-3 run producers of any given year.

Overall, you don't have to go too far down on the Hall of Fame 1B Field Ranks to get to players whose fielding added very little to their candidacy. Eddie Murray is one notable recent exception, ... with three Gold Gloves and two seasons as the highest rated FV player and an overall first baseman rank of #16 (#2 HOF). The same could be said for George Kelly and Roger Connor, with a few in the middle perhaps gaining a season or two when their fielding added to their PEVA score. For the men below that rank, ... well, the attitude of their fans and teammates probably says it all; just hit another one out.

First Base (Max 1.4000)

PEVA Rank	Name	LastName	PEVA TOTAL	YRS.	HR	RBI	Ave.	Pos FV	Overall Pos Rank	HOF Field Rank
1	Lou	Gehrig	479.522	17	493	1995	0.340	1.1330	112	9
2	Cap	Anson	432.886	27	97	2076	0.334	1.1755	73	7
3	Jimmie	Foxx	359.936	20	534	1922	0.325	1.0726	196	17
4	Dan	Brouthers	348.085	19	106	1296	0.342	1.0978	163	12
5	Roger	Connor	336.978	18	138	1323	0.316	1.2085	46	4
6	Frank	Thomas	333.924	19	521	1704	0.301	1.0555	218	19
7	Eddie	Murray	324.361	21	504	1917	0.287	1.2507	16	2
8	Harmon	Killebrew	270.652	22	573	1584	0.256	1.0459	228	20
9	Willie	McCovey	261.038	22	521	1555	0.270	1.0915	174	14
10	Willie	Stargell	241.847	21	475	1540	0.282	1.0731	195	16
11	Tony	Perez	215.659	23	379	1652	0.279	1.1300	116	10
12	Hank	Greenberg	215.163	13	331	1276	0.313	1.1117	139	11
13	Jake	Beckley	213.234	20	87	1578	0.308	1.1794	70	6
14	Orlando	Cepeda	209.487	17	379	1365	0.297	1.1839	67	5
15	George	Sisler	197.119	15	102	1178	0.340	1.0673	203	18
16	Johnny	Mize	191.547	15	359	1337	0.312	1.1403	108	8
17	Bill	Terry	157.226	14	154	1078	0.341	1.3118	5	1
18	Jim	Bottomley	145.525	16	219	1422	0.310	1.0803	186	15
19	Frank	Chance	108.846	17	20	596	0.296	1.0951	170	13
20	George	Kelly	93.677	16	148	1020	0.297	1.2394	21	3

Hall of Fame Second Basemen

Once you move along the diamond, the rationale that fielding did not add much to most of the Hall of Famers just plain goes away. While Field Value doesn't value second base defense as highly as most positions, it sure mattered to Hall of Fame voters as six of the top ten best fielding second basemen of All-Time are in the Hall of Fame. It's possible, even likely, that the best overall 2nd baseman, Rogers Hornsby, had a few years when his offensive numbers did not require or benefit from a boost in his fielding, and perhaps the same could be said for players such as Rod Carew, who, for example in 1968 and 1969, plus other years in his career, benefited from a Run Production Factor that added more to his number than his fielding prowess, but for the majority of the men who patrolled the right side of the infield near that second base bag, it did.

Second Base (Max 1.5000)

PEVA Rank	Name	LastName	PEVA TOTAL	YRS.	HR	RBI	Ave.	Pos FV	Overall Pos Rank	HOF Field Rank
1	Rogers	Hornsby	361.117	23	301	1584	0.358	1.2283	151	17
2	Eddie	Collins	349.132	25	47	1300	0.333	1.3881	9	6
3	Nap	Lajoie	337.934	21	82	1599	0.338	1.3842	12	7
4	Joe	Morgan	287.830	22	268	1133	0.271	1.3131	58	13
5	Charlie	Gehringer	233.202	19	184	1427	0.320	1.3477	24	9
6	Rod	Carew	208.083	19	92	1015	0.328	1.2112	169	18
7	Roberto	Alomar	184.493	17	210	1134	0.300	1.3407	29	10
8	Ryne	Sandberg	177.295	16	282	1061	0.285	1.4233	3	3
9	Bid	McPhee	166.066	18	53	1072	0.272	1.4438	1	1
10	Bobby	Doerr	157.073	14	223	1247	0.288	1.4133	4	4
11	Nellie	Fox	155.463	19	35	790	0.288	1.4281	2	2
12	Jackie	Robinson	146.209	10	137	734	0.311	1.3349	34	11
13	Frankie	Frisch	141.796	19	105	1244	0.316	1.3044	70	14
14	Red	Schoendienst	131.155	19	84	773	0.289	1.3691	18	8
15	Billy	Herman	131.084	15	47	839	0.304	1.3261	42	12
16	Joe	Gordon	127.893	11	253	975	0.268	1.2794	95	15
17	Tony	Lazzeri	126.796	14	178	1194	0.292	1.1699	206	19
18	Johnny	Evers	102.257	18	12	538	0.270	1.2499	124	16
19	Bill	Mazeroski	98.836	17	138	853	0.260	1.4054	6	5

Hall of Fame Third Basemen

Okay, stop the car. We're not going to discuss why Brooks Robinson isn't the #1 fielding third basemen in history, overall, including those not in the Hall of Fame right now. That's for another chapter. Suffice it to say, it's not as controversial as you might think. But back to the topic at hand, best fielding third basemen in history who are in the Hall of Fame. Field Value played a significant role in virtually all third basemen, adding value each year to their overall PEVA score, with one of the exceptions, Deacon White in 1883, when his adjusted RPR (Run Production Score of 1.187 would have been higher than his Field Value 1.100). But for most, with the possible exception for an off year, the demands of the base all the way across the diamond, and the skill of those in this Hall of Fame class, added value. Now onto another subject. What's up with not having more than twelve third basemen in history in the Hall of Fame. What, are they too far away from first to deserve it? Did they diss an executive or call Bud Selig a bad name? Problem is, there's not a whole lot of candidates coming down the pike either who should be in so this list may stay a bit static for a good long while, unless Miguel Cabrera returns to third and he gets to claim that position in his acceptance speech.

Third Base (Max. 1.7000)

PEVA Rank	Name	LastName	PEVA TOTAL	YRS.	HR	RBI	Ave.	Pos FV	Overall Pos Rank	HOF Field Rank
1	Mike	Schmidt	383.574	18	548	1595	0.267	**1.5777**	14	3
2	Eddie	Mathews	360.187	17	512	1453	0.271	**1.5252**	54	8
3	George	Brett	301.897	21	317	1596	0.305	**1.5220**	56	9
4	Wade	Boggs	293.035	18	118	1014	0.328	**1.5461**	35	7
5	Deacon	White	274.720	20	24	986	0.312	**1.3378**	223	12
6	Ron	Santo	259.712	15	342	1331	0.277	**1.5697**	19	4
7	Brooks	Robinson	232.881	23	268	1357	0.267	**1.6397**	2	1
8	Frank	Baker	204.500	13	96	987	0.307	**1.5623**	22	5
9	Jimmy	Collins	167.223	14	65	983	0.294	**1.5954**	7	2
10	Pie	Traynor	141.423	17	58	1273	0.320	**1.5164**	63	10
11	George	Kell	134.828	15	78	870	0.306	**1.5560**	25	6
12	Freddie	Lindstrom	95.076	13	103	779	0.311	**1.4599**	118	11

Hall of Fame Shortstops

I think if you asked the layman in baseball, the general fan, who the most dynamic fielder on the field was, they'd say shortstop. There is an utter regard for the defensive prowess of the catcher, but it's a work a day position. At shortstop, you're going to get on Sportscenter on a regular basis and it's value, even past the highlights, can not be overlooked. That's certainly true of the cadre of men making up the shortstop Hall of Fame roster. Honus Wagner. Enough said, and he's #46 in Field Value with all those offensive stats, too. Just behind him in overall PEVA, there's Cal, and he's #3 in Field Value for his career. Shortstop is a position where there's a premium on defense, where the numbers generated for Field Value are so high, in relative terms, that virtually nobody has the First Baseman dilemma of having their offense overtake their Field Value. For a number on this list, they are here just for that mastery and art of playing the position. Ozzie Smith, Rabbit Maranville, and Luis Aparicio comes to mind. And no, we're still not ready to debate why Ozzie Smith isn't #1 overall, like with Brooks Robinson at the hot corner. Be patient, that debate is coming soon.

Shortstop (Max 1.7500)

PEVA Rank	Name	LastName	PEVA TOTAL	YRS.	HR	RBI	Ave.	Pos FV	Overall Pos Rank	HOF Field Rank
1	Honus	Wagner	451.472	21	101	1733	0.328	1.5922	46	14
2	Cal	Ripken	320.188	21	431	1695	0.276	1.6822	3	2
3	Robin	Yount	291.976	20	251	1406	0.285	1.5896	49	15
4	Ernie	Banks	264.788	19	512	1636	0.274	1.6542	11	5
5	George	Davis	245.441	20	73	1440	0.295	1.6457	15	7
6	John	Ward	212.855	17	26	869	0.275	1.5233	118	21
7	Luke	Appling	210.671	20	45	1116	0.310	1.5217	119	22
8	Joe	Cronin	196.868	20	170	1424	0.301	1.5589	84	19
9	Arky	Vaughan	191.281	14	96	926	0.318	1.5601	81	18
10	Bobby	Wallace	186.535	25	34	1121	0.268	1.6301	21	9
11	Lou	Boudreau	168.772	15	68	789	0.295	1.6327	20	8
12	Pee Wee	Reese	166.690	16	126	885	0.269	1.5879	51	16
13	Barry	Larkin	165.994	19	198	960	0.295	1.5267	111	20
14	Ozzie	Smith	162.052	19	28	793	0.262	1.6876	2	1
15	Joe	Sewell	159.048	14	49	1054	0.312	1.6089	31	11
16	Luis	Aparicio	156.787	18	83	791	0.262	1.6530	12	6
17	Hughie	Jennings	152.306	18	18	840	0.312	1.6662	6	4
18	Rabbit	Maranville	148.551	23	28	884	0.258	1.6682	5	3
19	Dave	Bancroft	122.761	16	32	591	0.279	1.6210	26	10
20	Joe	Tinker	119.627	15	31	783	0.262	1.5932	45	13
21	Phil	Rizzuto	111.989	13	38	563	0.273	1.5868	52	17
22	Travis	Jackson	98.655	15	135	929	0.291	1.6075	33	12

Hall of Fame Catchers

This is one position where there's bound to be competition during the next couple years for new Hall of Fame members with the two most likely candidates Mike Piazza and Ivan Rodriguez in the debates, but for now we'll discuss the ones who are there and how defense impacted their election. Let's start at the bottom with Ray Schalk; it's the reason he's here, no doubt about it, ranked #2 overall as a defensive catcher. Ray threw out 51% of the runners trying to steal against him. That's pretty special, although for context, the leagues threw out 44% during the span of his career. Makes you wonder why people bothered to run. Now we'll begin to put the list of Cooperstown catchers into a broader perspective. There's 328 catchers ranked in history with over 500 games played; not one catcher, even the offensive ones in the Hall of Fame, ranked in the lower half. For names like Bench, Berra, Carter, Campanella, and Hartnett, it was a combination of both offense and defense. To be ranked in the top ten in offense while playing such a demanding position at this high a level, top ten there also, is remarkable.

Catcher (Max. 2.1000)

PEVA Rank	Name	LastName	PEVA TOTAL	YRS.	HR	RBI	Ave.	Pos FV	Overall Pos Rank	HOF Field Rank
1	Johnny	Bench	256.662	17	389	1376	0.267	1.9703	7	5
2	Yogi	Berra	251.624	19	358	1430	0.285	1.9692	8	6
3	Gary	Carter	233.612	19	324	1225	0.262	1.9686	9	7
4	Carlton	Fisk	214.953	24	376	1330	0.269	1.8246	122	11
5	Bill	Dickey	202.680	17	202	1209	0.313	1.9752	5	4
6	Mickey	Cochrane	173.444	13	119	832	0.320	1.9532	15	8
7	Roy	Campanella	162.658	10	242	856	0.276	2.0572	1	1
8	Gabby	Hartnett	155.361	20	236	1179	0.297	2.0010	3	3
9	Buck	Ewing	146.265	18	71	883	0.303	1.9242	31	9
10	Ernie	Lombardi	126.894	17	190	990	0.306	1.7949	160	13
11	Roger	Bresnahan	120.459	17	26	530	0.279	1.8029	150	12
12	Rick	Ferrell	109.810	18	28	734	0.281	1.8694	66	10
13	Ray	Schalk	102.242	18	11	594	0.253	2.0053	2	2

Hall of Fame Outfielders

Although the Field Value system does not distinguish between right, left, and center when calculating its values, we'll accede to the tradition at the Hall of Fame and rank them by the various fields in which they were inducted. We think that might be an interesting look at the values when separated in that fashion. So here goes. And remember, for context, there's over 900 outfielders ranked with over 500 adjusted games played.

Let's start out with what we thought was a surprise ... that there's not more of the top fielding outfielders in the Hall of Fame, in fact, only three of the top ten. What does that say to us? Well, perhaps that the outfield is less of a defensive position, particularly centerfield, than we had previously thought before calculating the numbers. And that the value that general managers put on offense, not only in the corners, is very high. Now, with that said, virtually all of these outfielders were good enough fielders to benefit from Field Value adding value to their overall numbers. Even the worst fielding outfielder in the Hall of Fame, Lou Brock, had a 1.3104 Field Value for his career, and without stellar offensive power numbers, Brock would rarely have benefited from his Run Production (even though he scored a lot of them) having a multiple that outweighed it (i.e. approaching the 1.4000 range). And this is something we've never understood, just why was Brock, with his outstanding speed, that bad of an outfielder? Even years down the line, it doesn't make a lot of sense. I know, we can see what the numbers meant; lots of errors. Brock once made 19 errors in the outfield one season, 1966. He didn't have a great amount of range, career average of 1.77 per game in leftfield while the rest of baseball got to 1.86. And his arm was not very good either, throwing out only 0.057 runners per game.

Outfielders - Right Field (Max. 1.7000)

PEVA Rank	Name	LastName	PEVA TOTAL	YRS.	HR	RBI	Ave.	Pos FV	Overall Pos (OF) Rank	HOF Field (RF) Rank
1	Babe	Ruth	690.379	22	714	2214	0.342	1.3769	506	18
2	Hank	Aaron	535.808	23	755	2297	0.305	1.4856	148	3
3	Frank	Robinson	411.403	21	586	1812	0.294	1.4558	226	8
4	Mel	Ott	369.518	22	511	1860	0.304	1.4610	206	6
5	Reggie	Jackson	301.318	21	563	1702	0.262	1.3334	660	20
6	Al	Kaline	297.259	22	399	1583	0.297	1.5011	101	1
7	Sam	Crawford	295.985	19	97	1525	0.309	1.4141	356	12
8	Roberto	Clemente	264.635	18	240	1305	0.317	1.4832	152	4
9	Harry	Heilmann	249.516	17	183	1537	0.342	1.3424	630	19
10	Paul	Waner	242.638	20	113	1309	0.333	1.4591	213	7
11	Tony	Gwynn	238.944	20	135	1138	0.338	1.4768	167	5
12	King	Kelly	235.100	16	69	950	0.308	1.3295	668	21
13	Andre	Dawson	230.234	21	438	1591	0.279	1.4964	118	2
14	Willie	Keeler	220.111	19	33	810	0.341	1.3808	491	17
15	Sam	Thompson	206.207	15	126	1305	0.331	1.4508	244	11
16	Harry	Hooper	191.097	17	75	817	0.281	1.4520	238	9
17	Sam	Rice	182.580	20	34	1077	0.322	1.4513	240	10

PEVA Rank	Name	LastName	PEVA TOTAL	YRS.	HR	RBI	Ave.	Pos FV	Overall Pos (OF) Rank	HOF Field (RF) Rank
18	Enos	Slaughter	180.421	19	169	1304	0.300	1.4116	370	14
19	Chuck	Klein	169.818	17	300	1201	0.320	1.3901	451	16
20	Ross	Youngs	110.998	10	42	592	0.322	1.3915	441	15
21	Tommy	McCarthy	100.436	13	44	732	0.292	1.4121	366	13

Outfielders – Centerfield (Max. 1.7000)

PEVA Rank	Name	LastName	PEVA TOTAL	YRS.	HR	RBI	Ave.	Pos FV	Overall Pos (OF) Rank	HOF Field (CF) Rank
1	Ty	Cobb	569.252	24	117	1938	0.366	1.4637	199	12
2	Willie	Mays	520.998	22	660	1903	0.302	1.5415	42	6
3	Tris	Speaker	479.576	22	117	1531	0.345	1.6169	2	1
4	Mickey	Mantle	455.611	18	536	1509	0.298	1.4620	203	13
5	Joe	DiMaggio	297.630	13	361	1537	0.325	1.5447	39	5
6	Duke	Snider	253.177	18	407	1333	0.295	1.4475	258	14
7	Billy	Hamilton	231.802	14	40	742	0.344	1.4267	310	16
8	Hugh	Duffy	215.369	17	106	1302	0.326	1.4880	143	9
9	Zack	Wheat	213.678	19	132	1248	0.317	1.4457	262	15
10	Elmer	Flick	207.666	13	48	756	0.313	1.3906	448	18
11	Richie	Ashburn	207.541	15	29	586	0.308	1.6038	6	3
12	Kirby	Puckett	204.074	12	207	1085	0.318	1.6107	3	2
13	Max	Carey	194.330	20	70	800	0.285	1.5839	14	4
14	Earl	Averill	187.958	13	238	1164	0.318	1.4693	182	11
15	Larry	Doby	183.611	13	253	970	0.283	1.4865	145	10
16	Edd	Roush	173.402	18	68	981	0.323	1.4912	131	8
17	Hack	Wilson	149.587	12	244	1063	0.307	1.3502	601	19
18	Earle	Combs	131.405	12	58	632	0.325	1.4168	346	17
19	Lloyd	Waner	107.291	18	27	598	0.316	1.5248	65	7

Outfielders - Left Field (Max. 1.7000)

PEVA Rank	Name	LastName	PEVA TOTAL	YRS.	HR	RBI	Ave.	Pos FV	Overall Pos (OF) Rank	HOF Field (LF) Rank
1	Ted	Williams	493.074	19	521	1839	0.344	1.3738	518	17
2	Stan	Musial	481.184	22	475	1951	0.331	1.4108	373	11
3	Ed	Delahanty	351.660	16	101	1466	0.346	1.5413	43	1
4	Carl	Yastrzemski	339.140	23	452	1844	0.285	1.4899	137	3
5	Rickey	Henderson	331.490	25	297	1115	0.279	1.4006	407	14
6	Jim	O'Rourke	329.815	23	62	1206	0.310	1.3763	509	16
7	Dave	Winfield	327.768	22	465	1833	0.283	1.4594	211	5
8	Jesse	Burkett	276.693	16	75	952	0.338	1.4006	406	13
9	Billy	Williams	275.510	18	426	1475	0.290	1.4268	309	10
10	Fred	Clarke	255.011	21	67	1015	0.312	1.4898	138	4

11	Al	Simmons	**237.604**	20	307	1828	0.334	**1.4956**	119	2
12	Joe	Kelley	**226.052**	17	65	1194	0.317	**1.4571**	222	7
13	Jim	Rice	**224.084**	16	382	1451	0.298	**1.4453**	265	9
14	Goose	Goslin	**220.227**	18	248	1610	0.316	**1.4012**	403	12
15	Ralph	Kiner	**208.610**	10	369	1015	0.279	**1.3726**	525	18
16	Joe	Medwick	**186.522**	17	205	1383	0.324	**1.4571**	221	6
17	Lou	Brock	**179.216**	19	149	900	0.293	**1.3104**	736	21
18	Kiki	Cuyler	**161.663**	18	128	1065	0.321	**1.4456**	264	8
19	Heinie	Manush	**156.227**	17	110	1183	0.330	**1.3840**	475	15
20	Chick	Hafey	**92.982**	13	164	833	0.317	**1.3609**	558	20
21	Monte	Irvin	**60.284**	8	99	443	0.293	**1.3699**	532	19

Hall of Fame Designated Hitters

It's lonely when you're the only one, but that's what Molitor is. Good thing; he's tops in his field. Bad thing; the picnic sucks for volleyball partners. Molitor played other positions during his career with the most being at third (791 games) and second (400 games). Paul wasn't bad at third, either, ranking #90 of 253 players, and if classified there instead of at DH, he would be #11 of 13 in that ranking.

Designated Hitter

PEVA Rank	Name	LastName	PEVA TOTAL	YRS.	HR	RBI	Ave.	Pos FV	Overall Pos Rank	HOF Field Rank
1	Paul	Molitor	242.403	21	234	1307	0.306	**0.8500** DH 1.4829 3B	1 90	1 11

Hall of Fame Pitchers

It's an odd exercise to rank Hall of Fame pitchers per their fielding prowess, as in no other on field position did it matter less to the outcome of induction. In fact, It could hardly matter less to the overall value of PEVA. Only for the rare pitcher, usually one whose career sat in the early years of the game when they played another position when not pitching, or for Babe Ruth when on the mound, or for a few other very good hitting pitchers, could their PEVA (Batting) rating overcome the minimum and thus have Field Value impact the score. But that doesn't mean there weren't good fielders at that position, Gold Glove worthy, although some did benefit from putting more balls in play on the ground and up the middle, giving them more chances. Just to note ... it's very difficult for a relief pitcher to get a high Field Value score due to the lack of innings pitched. Why? Well, it's hard to be valuable on the field when you're not on it that much.

Pitcher (Max. 1.1500)

PEVA-P Rank	Name	LastName	PEVA TOTAL	YRS.	W	SV	ERA	Pos FV	Overall Pos Rank	HOF Field Rank
1	Greg	Maddux	594.209	23	355	0	3.16	1.1010	12	4
2	Cy	Young	505.634	22	511	17	2.63	1.0628	83	14
3	Walter	Johnson	488.778	21	417	34	2.17	1.0453	159	24
4	Pete	Alexander	387.680	20	373	32	2.56	1.0941	16	6
5	Warren	Spahn	372.497	21	363	29	3.09	1.0472	149	22
6	Lefty	Grove	342.629	17	300	54	3.06	1.0086	424	40
7	Tom	Seaver	336.144	20	311	1	2.86	1.0515	128	20
8	Steve	Carlton	328.713	24	329	2	3.22	0.9855	633	52
9	Tom	Glavine	325.047	22	305	0	3.54	1.0898	19	7
10	Kid	Nichols	316.988	15	361	17	2.96	1.0760	59	12
11	Robin	Roberts	309.046	19	286	25	3.41	1.0280	260	32
12	Carl	Hubbell	302.043	16	253	33	2.98	1.0561	112	19
13	Christy	Mathewson	293.500	17	373	30	2.13	1.1058	8	3
14	Gaylord	Perry	286.329	22	314	11	3.11	1.0678	63	13
15	Bert	Blyleven	271.050	22	287	0	3.31	1.0358	215	28
16	Nolan	Ryan	270.539	27	324	3	3.19	0.9281	1077	63
17	Phil	Niekro	269.835	24	318	29	3.35	1.0717	54	11
18	Don	Sutton	266.168	23	324	5	3.26	1.0200	323	36
19	Fergie	Jenkins	250.825	19	284	7	3.34	1.0367	209	27
20	Bob	Feller	246.598	18	266	21	3.25	0.9971	533	46
21	Jim	Palmer	240.182	19	268	4	2.86	1.0492	142	21
22	Jim	Bunning	232.753	17	224	16	3.27	0.9961	545	48
23	Juan	Marichal	231.781	16	243	2	2.89	1.0326	234	30
24	Don	Drysdale	231.166	14	209	6	2.95	1.0312	244	31
25	Bob	Gibson	227.176	17	251	6	2.91	1.0033	472	43
26	Early	Wynn	223.795	23	300	15	3.54	0.9932	570	49
27	Hal	Newhouser	219.148	17	207	26	3.06	1.0456	156	23
28	Dennis	Eckersley	217.107	24	197	390	3.50	0.9622	866	59
29	Ed	Walsh	214.819	14	195	35	1.82	1.1007	13	5

PEVA-P Rank	Name	LastName	PEVA TOTAL	YRS.	W	SV	ERA	Pos FV	Overall Pos Rank	HOF Field Rank
30	Dazzy	Vance	212.748	16	197	12	3.24	1.0256	276	33
31	Amos	Rusie	210.560	10	246	5	3.07	1.0191	331	37
32	Sandy	Koufax	206.787	12	165	9	2.76	0.9493	958	61
33	Eppa	Rixey	202.106	21	266	14	3.15	1.0586	101	17
34	Whitey	Ford	201.182	16	236	10	2.75	1.0418	174	25
35	John	Clarkson	197.394	12	328	5	2.81	1.0627	84	15
36	Burleigh	Grimes	187.970	19	270	18	3.53	1.0578	106	18
37	Ted	Lyons	180.468	21	260	25	3.67	1.0209	317	35
38	Tim	Keefe	178.455	14	342	2	2.63	1.0347	222	29
39	Red	Faber	177.411	20	254	27	3.15	0.9964	542	47
40	Stan	Coveleski	176.253	14	215	21	2.89	1.0881	21	8
41	Joe	McGinnity	176.188	10	246	24	2.66	1.0146	376	39
42	Eddie	Plank	174.524	17	326	23	2.35	1.0380	201	26
43	Catfish	Hunter	172.508	15	224	1	3.26	0.9983	519	45
44	Bob	Lemon	171.875	13	207	22	3.23	1.1103	3	1
45	Mordecai	Brown	168.239	14	239	49	2.06	1.0229	295	34
46	Hoyt	Wilhelm	167.483	21	143	227	2.52	0.9687	799	56
47	Red	Ruffing	166.258	22	273	18	3.80	0.9895	596	51
48	Dizzy	Dean	163.005	12	150	31	3.02	0.9991	508	44
49	Vic	Willis	159.269	13	249	11	2.63	1.0733	51	10
50	Pud	Galvin	154.695	15	365	2	2.85	1.0764	42	9
51	Charley	Radbourn	153.761	11	309	3	2.68	1.0615	88	16
52	Waite	Hoyt	150.713	21	237	53	3.59	1.0038	467	42
53	Rich	Gossage	138.013	22	124	310	3.01	0.8975	1165	64
54	Lefty	Gomez	135.569	14	189	10	3.34	0.9909	585	50
55	Rollie	Fingers	130.458	17	114	341	2.90	0.9466	975	62
56	Rube	Waddell	129.158	13	193	5	2.16	0.9563	903	60
57	Herb	Pennock	124.406	22	241	37	3.60	1.0060	451	41
58	Addie	Joss	121.462	9	160	5	1.89	1.1074	6	2
59	Jack	Chesbro	120.772	11	198	5	2.68	1.0188	333	38
60	Jesse	Haines	116.440	19	210	11	3.64	0.9737	746	54
61	Mickey	Welch	115.650	13	307	4	2.71	0.9706	777	55
62	Chief	Bender	109.459	16	212	34	2.46	0.9675	719	53
63	Bruce	Sutter	108.819	12	68	300	2.83	0.9677	804	57
64	Rube	Marquard	104.505	18	201	20	3.08	0.9654	830	58

Chapter 3

Glove Work, Baseball's Career Best By Position

Field Value Yearly Boxscore

Position	Top FV	Average FV	Minimum FV
1B	1.40	1.00	1.00
2B	1.50	1.10	1.00
3B	1.70	1.30	1.05
SS	1.75	1.35	1.10
C	2.10	1.70	1.55
OF	1.70	1.30	1.00
P	1.15	1.00	0.85
DH	0.85	0.85	0.85

Note: All position players can receive a Field Value grade of 0.85 if a minimum number of games or innings played is not reached.

Explanation

In the chapter, we simply do what the title says. These are the career best fielders by position as calculated by their Field Value for each year, weighted by games or innings played, then averaged to get their career score somewhere on the grid above. We've listed all position players with at least 500 games played (adjusted) and pitchers with 1,000 innings pitched. Are there surprises? Sure, we've touched on two in the previous Hall of Fame chapter surrounding Brooks Robinson and Ozzie Smith, although as you'll see, it's not quite as surprising when you read more about it and look deeply into their stats. Do we think it's an accurate representation of who's definitely the best at their respected positions? Quite frankly, yes and no. Some players participated in the major leagues past the age of 40 when they were no longer at their best, either at the plate or in the field. This would bring down their career Field Value. Some players played multiple positions during the same year, which is accounted for in the overall Field Value for that year, but might skew the individual position Field Value for that year due to durability issues. If you play 70 games at first and 70 at catcher, your durability score within the total single position Field Value number would be lower than someone who played all 140 games at catcher, but it's possible you were just as good at that position. One push back against that; if you were truly the best catcher in baseball, would they really split your time at two positions? Sometimes yes. Injury for one. Sometimes no. You weren't really good at catcher. And even if the answer is potential injury and protecting the player from it, that does pull down your value at catcher, now doesn't it? So, you have to regard all of the numbers and rankings that follow with a good dose of context and perspective.

So here goes our countdown of the best fielders at their respected positions during the history of the game. We'll talk a bit about the Top Ten at each position and then present the rankings and some stats for all who qualify. Enjoy. Debate. Ruminate. Contest the rankings all you want, just don't hate us cause no matter who is ranked where, we all think the game is a beautiful pastime to enjoy, debate, and ruminate, or we wouldn't be writing or reading this at all.

Best Career First Basemen - Top Ten

1. Ernie Banks (1961-1971)

For most, or at least us, we don't think of Ernie Banks as a first sacker, mainly because Ernie spent most of his years prior to the age of 30 as a very good shortstop on a lot of bad teams. Surprising fact, however, is that he spent more games at first base than at shortstop, 1,259 versus 1,125. But when Mr. Cub moved across the diamond for mostly good at the age of 31 in 1962, he would take the prowess he showed at the infield's most difficult position and turn the first sack into his own. Another surprise, after Ernie moved to first for good in 1962, he didn't play one more game at shortstop. Who figured that? Well, maybe it's because Ernie Banks had the highest rating of all first basemen for five years during that span, with no need to switch back to a shortstop position that was being manned by Don Kessinger for most of that time anyway. Of course, he didn't get the love from the Gold Glove committee at all. Go figure that, too!

Ernie Banks Career Details

Year	CUM GP	PO	A	E	CUM FPCT	CUM RF(pg)	Year FV
1961	7	68	6	1	0.987	10.57	1.07
1962	156	1526	112	12	0.993	10.50	1.40
1963	281	2704	190	21	0.993	10.30	1.32
1964	438	4269	322	31	0.993	10.48	1.40
1965	600	5951	415	46	0.993	10.61	1.33
1966	730	7129	496	56	0.993	10.45	1.22
1967	877	8512	587	66	0.993	10.38	1.40
1968	1024	9891	675	72	0.993	10.32	1.40
1969	1177	11310	762	76	0.994	10.26	1.40
1970	1239	11838	797	80	0.994	10.20	1.01
1971	1259	12005	809	80	0.994	10.18	1.17

Note: Stats listed are career cumulative through season.

More Stat Chart – Ernie Banks (1.3398 FV)

Stats for Career	RF PG	Field Pct.	Gold Gloves	Top FV	Def. WAR
Player	10.18	0.994	0	5	-7.3 (11)
League During Career	9.89	0.990			
Plus/Minus	29	4			

Note: Defensive War Stat listed cumulative from 1962-End of Career when predominantly playing 1B (Seasons).

2. Steve Garvey (1972-1987)

Geez, remember the commercials. The man with the smile, the movie star looks, the Los Angeles connection, and the sturdy no nonsense approach. If Steve Garvey had been a man of another profession, you could see him as a Secret Service agent, one that would never allow anyone to jump a White House fence and make it through the door. When Garvey manned first base, that's just how he approached baseball. By the age of 25, Garvey was a first baseman, with an impeccable sense of making the right play, catching the balls he could get to, and nodding to his pitcher, I got that. He wasn't a gazelle in the field with exceptional range, but he made the plays his pitching staff required.

Steve Garvey Career Details

Year	CUM GP	PO	A	E	CUM FPCT	CUM RF (pg)	Year FV
1972	3	33	2	0	1.000	11.67	1.40
1973	79	751	28	5	0.994	9.86	1.10
1974	235	2287	90	13	0.995	10.11	1.40
1975	395	3787	167	21	0.995	10.01	1.40
1976	557	5370	234	24	0.996	10.06	1.40
1977	717	6976	289	32	0.996	10.13	1.40
1978	878	8522	363	41	0.995	10.12	1.32
1979	1040	9924	456	48	0.995	9.98	1.30
1980	1202	11426	568	54	0.996	9.98	1.39
1981	1312	12445	623	55	0.996	9.96	1.38
1982	1470	13984	734	63	0.996	10.01	1.40
1983	1570	14872	783	69	0.996	9.97	1.09
1984	1729	16104	870	69	0.996	9.82	1.40
1985	1891	17546	962	74	0.996	9.79	1.40
1986	2039	18706	1015	81	0.996	9.67	1.13
1987	2059	18844	1026	81	0.996	9.65	1.06

More Stat Chart – Steve Garvey (1.3352 FV)

Stats for Career	RF PG	Field Pct.	Gold Gloves	Top FV	Def. WAR
Player	9.65	0.996	4	5	-13.6 (15)
League During Career	9.98	0.992			
Plus/Minus	-33	4			

Note: Defensive War Stat listed cumulative through years when predominantly playing 1B (Seasons).

3. Frank McCormick (1934-1948)

From 1934 to 1948, Frank plied the bag for the National League Reds, Phillies and Braves, the best of those on the field for five seasons of seven from 1939-1945. Yes, some of those were during the war years when other players were serving overseas, but that likely has less impact on the fielding side of the baseball equation than it does for offensive exploits. His 0.995 fielding percentage was five points beyond the average during that time. And it's not like McCormick couldn't hit; he was the MVP of the National League in 1940 and high in the Most Valuable Player voting a number of other years. Nicknamed Buck after avid hunter and movie actor Frank Buck. Made the All-Star game eight seasons.

More Stat Chart – Frank McCormick (1.3278 FV)

Stats for Career	RF PG	Field Pct.	Gold Gloves	Top FV	Def. WAR
Player	10.22	0.995	NA	5	-0.8 (13)
League During Career	10.20	0.990			
Plus/Minus	2	5			

Note: Defensive War Stat listed cumulative through years when predominantly playing 1B (Seasons).

4. Todd Helton (1997-2013)

Finally kudos for Todd that don't come with a humidor factor. Well, not much anyway. Helton played his entire career in the thin air of Denver, with all the high scoring games and offensive exploits that make comparing players from the Rockies to others a difficult task. But at least with fielding you have the same amount of outs to garner and percentages to combine. Helton won the Gold

Glove award three times and was the best rated First Baseman by Field Value five. His combination of steady play and above average range helped the beleaguered staff of the Rockies many times to get off the field after long innings, all while swinging a significant stick.

More Stat Chart – Todd Helton (1.3230 FV)

Stats for Career	RF PG	Field Pct.	Gold Gloves	Top FV	Def. WAR
Player	9.47	0.996	3	5	-5.6 (16)
League During Career	9.30	0.993			
Plus/Minus	17	3			

Note: Defensive War Stat listed cumulative through years when predominantly playing 1B (Seasons).

5. Bill Terry (1923-1936)

He played on the other side of the metropolis from a Babe, which meant, for the most part, you became a bit invisible, if that's possible for a man who was considered one of the best players in the game. He was a first baseman with range and from 1923-1936, was the best fielder in the game five times. In 1954, he was elected to the Hall of Fame, and would be remembered even more in the modern era of the game, if not for the fact that Ted Williams became the last player to hit 0.400 in 1941. Terry was the last National League player to hit 0.400 (0.401), doing that in 1930.

More Stat Chart – Bill Terry (1.3118 FV)

Stats for Career	RF PG	Field Pct.	Gold Gloves	Top FV	Def. WAR
Player	10.82	0.992	NA	5	-0.3 (14)
League During Career	10.28	0.990			
Plus/Minus	54	2			

Note: Defensive War Stat listed cumulative through years when predominantly playing 1B (Seasons).

6. Mark Grace (1988-2003)

When you watched Mark Grace ply the field, you often thought of the word sweet, applying it as easily to his glove work as his swing. Others thought so, too, as witnessed by four Gold Gloves on his mantel. As far as Field Value goes, his rankings topped the list four times as well, and that's counting both leagues! As the years passed by, his range diminished, particularly in his tenure with Arizona, even dropping below league average for his career. Although, to be honest, range factor for a first baseman can be dependent on a number of factors that shouldn't impact the individual player, for example, staff ground ball to fly ball outs plus staff strikeouts. But prior to that, his range was up at the top of the league, just like that sweet glove and sweet swing that whisked through the hot sticky air of Chicago in his early years and the air conditioned confines of the Diamondbacks lair during the last years of his career. And for his career, his Range Factor per 9 IP looks better (Grace 9.77 vs. Baseball 9.58).

More Stat Chart – Mark Grace (1.2887 FV)

Stats for Career	RF PG	Field Pct.	Gold Gloves	Top FV	Def. WAR
Player	9.33	0.995	4	4	-5.6 (16)
League During Career	9.53	0.992			
Plus/Minus	-20	3			

Note: Defensive War Stat listed cumulative through years when predominantly playing 1B (Seasons).

7. Keith Hernandez (1974-1990)

He had positive war playing first base. Not easy to do. And those Gold Gloves say it for most who saw him play. Sweet again. And the Range Factor per Game is a bit of an outlier due to his use in later years. Range Factor Per 9 Innings Played says it better (Hernandez 10.20 vs. Baseball 9.98).

More Stat Chart – Keith Hernandez (1.2838 FV)

Stats for Career	RF PG	Field Pct.	Gold Gloves	Top FV	Def. WAR
Player	9.73	0.994	NA	8	0.6 (17)
League During Career	9.96	0.992			
Plus/Minus	-23	2			

Note: Defensive War Stat listed cumulative through seasons when predominantly playing 1B (Seasons).

8. Jiggs Donahue (1901-1909)

Geez, who's he, you ask? Well, Jiggs Donahue played at the turn of the century and made the team rounds. During his ten years in the majors, he played for five teams; the Pittsburgh Pirates, Milwaukee Brewers (AL), St. Louis Browns (AL), Chicago White Sox, and Washington Senators. And he was a jack of all trades as far as positions go, particularly in the first half of his career; catching, playing the outfield, and first base. He was a good field, limited hit player, batting only 0.255 and hitting only 4 home runs in his career. So how did he get this high on any list? He was the best fielder at first base in baseball from 1905-1907. And just look at that Dwar stat; it's positive as a first baseman for the six seasons from 1904-1909 when he played most of his games there. Just look at that range and fielding percentage, too, well above league average.

More Stat Chart – Jiggs Donahue (1.2831 FV)

Stats for Career	RF PG	Field Pct.	Gold Gloves	Top FV	Def. WAR
Player	11.69	0.987	NA	3	1.0 (6)
League During Career	11.01	0.982			
Plus/Minus	68	5			

Note: Defensive War Stat listed cumulative through years when predominantly playing 1B (Seasons).

9. Albert Pujols (2001-Present)

We spent so much time in Albert's pre-30 year old years in St. Louis marveling at all his offensive skills, sometimes we overlooked the fact that the large man with the big bat could really play that position. Yes, it was recognized and talked about on national telecasts, but still somewhat overlooked. Pujols won a Gold Glove twice; he was the highest rated first baseman in Field Value twice as well.

More Stat Chart – Albert Pujols (1.2799 FV)

Stats for Career	RF PG	Field Pct.	Gold Gloves	Top FV	Def. WAR
Player	9.65	0.994	2	2	3.6 (11)
League During Career	9.26	0.993			
Plus/Minus	39	1			

Note: Defensive War Stat listed cumulative through years when predominantly playing 1B (Seasons).

10. Wes Parker (1964-1972)

For the longest time as a kid, we thought Wes Parker and Fess Parker, the man who played Davy Crockett and Daniel Boone on TV, were the same person. My bad. So even though it's slightly less amazing that the fielding exploits of this Dodger also didn't do a double duty turn in Hollywood westerns, it's still an amazing feat to win six Gold Gloves. But I do still wish he also had a coon skinned cap. Of course, maybe he tried, as Wes, not just Fess, had an acting career during the 1970s after the baseball career, even appearing on the Brady Bunch. Now back to baseball. Why was Wes so bad at comparative Range Factor per Game? Answer: The names of Koufax and Drysdale. Better gain in the Range Factor per 9 IP category (Parker 10.10 vs. Baseball 9.88).

More Stat Chart – Wes Parker (1.2788 FV)

Stats for Career	RF PG	Field Pct.	Gold Gloves	Top FV	Def. WAR
Player	9.33	0.996	6	2	-3.3 (8)
League During Career	9.87	0.991			
Plus/Minus	-54	5			

Note: Defensive War Stat listed cumulative through seasons when predominantly playing 1B (Seasons).

Top Fielding First Basemen in History

Rank	Player	First	Career PosFV	Last Year	CUM GP	PO	A	E	CUM FPCT	CUM RF(pg)
1	Banks	Ernie	1.3398	1971	1259	12005	809	80	0.994	10.18
2	Garvey	Steve	1.3352	1987	2059	18844	1026	81	0.996	9.65
3	McCormick	Frank	1.3278	1948	1448	13798	1001	78	0.995	10.22
4	Helton	Todd	1.3230	2013	2178	18891	1721	79	0.996	9.46
5	Terry	Bill	1.3118	1936	1579	15972	1108	138	0.992	10.82
6	Grace	Mark	1.2887	2003	2162	18503	1665	110	0.995	9.33
7	Hernandez	Keith	1.2838	1990	2014	17909	1682	115	0.994	9.73
8	Donahue	Jiggs	1.2811	1909	745	8151	556	112	0.987	11.69
9	Pujols	Albert	1.2799	2014	1607	14126	1358	92	0.994	9.64
10	Parker	Wes	1.2788	1972	1108	9640	695	45	0.996	9.33
11	LaChance	Candy	1.2766	1905	1176	12320	457	207	0.984	10.86
12	Mattingly	Don	1.2701	1995	1634	14148	1104	64	0.996	9.33
13	Fletcher	Elbie	1.2657	1949	1380	13237	975	107	0.993	10.30
14	Konetchy	Ed	1.2609	1921	2073	21361	1292	224	0.990	10.93
15	Isbell	Frank	1.2543	1909	619	6663	455	99	0.986	11.50
16	Murray	Eddie	1.2507	1996	2413	21255	1865	167	0.993	9.58
17	Todt	Phil	1.2479	1931	904	9079	623	80	0.992	10.73
18	Pipp	Wally	1.2473	1928	1819	18779	1152	168	0.992	10.96
19	McInnis	Stuffy	1.2466	1927	1995	19962	1238	160	0.993	10.63
20	Chambliss	Chris	1.2395	1986	1962	17771	1351	130	0.993	9.75
21	Kelly	George	1.2394	1932	1373	14232	861	121	0.992	10.99
22	White	Bill	1.2380	1969	1477	12735	960	105	0.992	9.27
23	Lupien	Tony	1.2364	1948	602	5633	399	45	0.993	10.02
24	Start	Joe	1.2304	1886	1070	11209	229	435	0.963	10.69
25	Kotchman	Casey	1.2298	2013	870	6767	545	18	0.998	8.40
26	Colbert	Nate	1.2282	1976	890	7754	568	74	0.991	9.35
27	Teixeira	Mark	1.2252	2014	1551	13179	879	49	0.997	9.06
28	Gonzalez	Adrian	1.2247	2014	1428	11841	1124	65	0.995	9.08
29	Brogna	Rico	1.2234	2001	817	6282	609	33	0.995	8.43
30	Young	Kevin	1.2230	2003	1049	8604	590	74	0.992	8.76
31	Olerud	John	1.2225	2005	2053	16166	1419	82	0.995	8.57
32	McGann	Dan	1.2217	1908	1376	13682	798	168	0.989	10.52
33	Lee	Travis	1.2214	2006	1018	8107	585	29	0.997	8.54
34	Sheely	Earl	1.2194	1931	1220	12067	744	113	0.991	10.50
35	Clendenon	Donn	1.2190	1972	1200	10913	819	146	0.988	9.78
36	O'Brien	Pete	1.2180	1993	1377	11651	1064	79	0.994	9.23

Rank	Player	First	Career PosFV	Last Year	CUM GP	PO	A	E	CUM FPCT	CUM RF(pg)
37	Hodges	Gil	1.2178	1963	1908	15344	1281	126	0.992	8.71
38	Power	Vic	1.2175	1965	1304	10141	1078	66	0.994	8.60
39	Joyner	Wally	1.2166	2001	1913	16081	1469	99	0.994	9.17
40	Phillips	Bill	1.2165	1888	1032	10540	305	324	0.971	10.51
41	Durham	Leon	1.2149	1989	618	5308	377	37	0.994	9.20
42	May	Lee	1.2143	1982	1507	12885	894	88	0.994	9.14
43	Bagwell	Jeff	1.2138	2005	2111	17543	1703	129	0.993	9.12
44	Mayberry	John	1.2129	1982	1478	13169	827	88	0.994	9.47
45	Karros	Eric	1.2119	2004	1698	14055	1359	111	0.993	9.08
46	Connor	Roger	1.2085	1897	1758	17605	856	419	0.978	10.50
47	Adcock	Joe	1.2069	1966	1501	13006	879	83	0.994	9.25
48	Clark	Will	1.2052	2000	1889	16696	1293	136	0.992	9.52
49	Freeman	Freddie	1.2042	2014	623	5147	394	33	0.994	8.89
50	Waitkus	Eddie	1.2019	1955	1049	9150	716	72	0.993	9.41
51	Martinez	Tino	1.2004	2005	1869	15001	1158	80	0.995	8.65
52	Anderson	John	1.1979	1908	599	6224	332	117	0.982	10.94
53	McGriff	Fred	1.1960	2004	2239	18981	1447	167	0.992	9.12
54	Ganzel	John	1.1950	1908	726	7430	416	102	0.987	10.81
55	Gandil	Chick	1.1945	1919	1138	11118	754	99	0.992	10.43
56	Buckner	Bill	1.1942	1990	1555	13901	1351	128	0.992	9.81
57	Rose	Pete	1.1938	1986	939	7881	665	51	0.994	9.10
58	Jones	Tom	1.1932	1910	1033	10872	698	183	0.984	11.20
59	Thompson	Jason	1.1930	1986	1314	11818	819	97	0.992	9.62
60	Palmeiro	Rafael	1.1916	2005	2139	17737	1587	111	0.994	9.03
61	Cooper	Cecil	1.1913	1986	1475	13361	1000	121	0.992	9.74
62	Werden	Perry	1.1905	1897	667	6579	416	158	0.978	10.49
63	Pepitone	Joe	1.1888	1973	953	8172	627	61	0.993	9.23
64	Davis	Alvin	1.1868	1992	887	7803	572	67	0.992	9.44
65	Galarraga	Andres	1.1847	2004	2106	18242	1376	176	0.991	9.32
66	Davis	Glenn	1.1843	1993	870	7431	617	69	0.991	9.25
67	Cepeda	Orlando	1.1839	1972	1683	14459	1012	162	0.990	9.19
68	Bonura	Zeke	1.1835	1940	900	8808	595	72	0.992	10.45
69	Kluszewski	Ted	1.1806	1961	1481	12652	799	97	0.993	9.08
70	Holke	Walter	1.1768	1925	1193	12158	665	96	0.993	10.75
71	Hrbek	Kent	1.1768	1994	1609	13725	1049	87	0.994	9.18
72	Anson	Cap	1.1755	1897	2151	21695	983	657	0.972	10.54
73	Snow	J.T.	1.1746	2008	1658	12853	1015	63	0.995	8.36
74	Driessen	Dan	1.1726	1987	1375	10863	732	58	0.995	8.43
75	Scott	George	1.1709	1979	1773	15405	1132	165	0.990	9.33
76	Beckley	Jake	1.1708	1907	2377	23709	1315	481	0.981	10.53
77	Montanez	Willie	1.1704	1982	1164	10006	714	87	0.992	9.21
78	Comiskey	Charlie	1.1703	1894	1363	13821	508	403	0.973	10.51
79	Morneau	Justin	1.1702	2014	1280	10880	889	48	0.996	9.19
80	Musial	Stan	1.1692	1960	1016	8709	688	78	0.992	9.25
81	McGwire	Mark	1.1691	2001	1763	14451	1042	103	0.993	8.79
82	Grimm	Charlie	1.1681	1936	2131	20711	1214	162	0.993	10.29
83	Fondy	Dee	1.1673	1958	874	7434	641	98	0.988	9.24
84	Sanchez	Gaby	1.1672	2014	610	4347	339	25	0.995	7.68
85	Tebeau	Patsy	1.1672	1899	595	6007	290	100	0.984	10.58
86	Balboni	Steve	1.1652	1990	630	5579	386	64	0.989	9.47
87	Daubert	Jake	1.1647	1924	2002	19634	1128	181	0.991	10.37
88	Overbay	Lyle	1.1628	2014	1435	11752	1001	68	0.995	8.89
89	Farrar	Sid	1.1608	1890	943	9550	358	262	0.974	10.51
90	Skowron	Bill	1.1606	1967	1463	12043	903	102	0.992	8.85
91	Stovall	George	1.1590	1915	1217	12709	846	194	0.986	11.14
92	Vernon	Mickey	1.1584	1959	2237	19808	1448	211	0.990	9.50
93	Lockman	Whitey	1.1567	1960	771	6716	510	80	0.989	9.37
94	Long	Dale	1.1562	1963	819	6960	550	88	0.988	9.17
95	Upshaw	Willie	1.1553	1988	1094	8939	799	98	0.990	8.90
96	Luderus	Fred	1.1552	1920	1326	13126	843	201	0.986	10.53
97	Spencer	Jim	1.1549	1982	1221	9898	797	55	0.995	8.76
98	Carew	Rod	1.1540	1985	1184	10930	774	106	0.991	9.89
99	York	Rudy	1.1533	1948	1263	11359	963	122	0.990	9.76

Rank	Player	First	Career PosFV	Last Year	CUM GP	PO	A	E	CUM FPCT	CUM RF(pg)
100	Suhr	Gus	1.1501	1940	1406	13103	766	116	0.992	9.86
101	Walker	Greg	1.1499	1990	689	5828	363	45	0.993	8.99
102	Delgado	Carlos	1.1483	2009	1767	15146	1062	129	0.992	9.17
103	Tenney	Fred	1.1480	1911	1810	17903	1363	327	0.983	10.64
104	Sexson	Richie	1.1451	2008	1198	9685	942	61	0.994	8.87
105	Siebern	Norm	1.1429	1968	827	6905	571	61	0.992	9.04
106	Robinson	Eddie	1.1426	1957	1126	9832	636	109	0.990	9.30
107	Mientkiewicz	Doug	1.1421	2009	959	7535	447	30	0.996	8.32
108	Mize	Johnny	1.1403	1953	1667	14850	1032	133	0.992	9.53
109	Segui	David	1.1374	2004	1121	8479	768	43	0.995	8.25
110	Orr	Dave	1.1334	1890	787	7923	254	227	0.973	10.39
111	Blue	Lu	1.1331	1933	1571	15644	1016	191	0.989	10.60
112	Gehrig	Lou	1.1330	1939	2137	19510	1087	193	0.991	9.64
113	Hargrove	Mike	1.1329	1985	1378	11274	1022	115	0.991	8.92
114	Casey	Sean	1.1325	2008	1313	10872	559	53	0.995	8.71
115	Bissonette	Del	1.1306	1933	598	5760	281	75	0.988	10.10
116	Perez	Tony	1.1300	1986	1778	14851	936	117	0.992	8.67
117	Robertson	Bob	1.1290	1979	602	4915	453	32	0.994	8.92
118	Hauser	Joe	1.1261	1929	547	5430	316	57	0.990	10.50
119	Kuhel	Joe	1.1259	1946	2057	19386	1163	173	0.992	9.99
120	Dahlgren	Babe	1.1243	1946	1030	9619	587	102	0.990	9.91
121	LaRoche	Adam	1.1242	2014	1420	11719	907	69	0.995	8.89
122	Reilly	John	1.1240	1891	1075	10875	286	316	0.972	10.38
123	Burns	Jack	1.1232	1936	879	8063	525	66	0.992	9.77
124	Clark	Tony	1.1218	2009	1211	9347	710	75	0.993	8.30
125	Thornton	Andre	1.1204	1984	729	6223	501	51	0.992	9.22
126	Runnels	Pete	1.1193	1964	644	4876	346	30	0.994	8.11
127	Yastrzemski	Carl	1.1190	1983	765	6459	512	41	0.994	9.11
128	Fielder	Prince	1.1188	2014	1297	10527	730	89	0.992	8.68
129	Tucker	Tommy	1.1186	1899	1669	16393	749	393	0.978	10.27
130	Powell	Boog	1.1169	1977	1479	12130	859	116	0.991	8.78
131	Erstad	Darin	1.1167	2009	628	4784	320	23	0.996	8.13
132	Thome	Jim	1.1166	2012	1105	9160	709	64	0.994	8.93
133	Loney	James	1.1137	2014	1194	9214	664	61	0.994	8.27
134	Bream	Sid	1.1136	1994	954	7437	786	69	0.992	8.62
135	Trosky	Hal	1.1136	1946	1321	12124	752	121	0.991	9.75
136	Perry	Gerald	1.1132	1995	656	5532	382	73	0.988	9.02
137	Lee	Derrek	1.1124	2011	1901	14910	1370	98	0.994	8.56
138	Merkle	Fred	1.1121	1926	1547	15419	847	252	0.985	10.51
139	Greenberg	Hank	1.1117	1947	1138	10564	724	104	0.991	9.92
140	Camilli	Dolph	1.1116	1945	1476	13724	957	141	0.990	9.95
141	Saier	Vic	1.1102	1919	838	8392	378	129	0.986	10.47
142	Gentile	Jim	1.1097	1966	854	6725	564	73	0.990	8.54
143	Cash	Norm	1.1087	1974	1943	15157	1317	131	0.992	8.48
144	Konerko	Paul	1.1084	2014	1904	15931	1112	83	0.995	8.95
145	Giambi	Jason	1.1077	2012	1307	10759	513	91	0.992	8.62
146	Jordan	Buck	1.1066	1938	648	6205	405	68	0.990	10.20
147	Votto	Joey	1.1066	2014	930	7184	882	59	0.993	8.67
148	Gernert	Dick	1.1059	1962	604	5235	423	60	0.990	9.37
149	Pena	Carlos	1.1055	2014	1379	10901	906	71	0.994	8.56
150	Bransfield	Kitty	1.1051	1911	1291	12797	737	236	0.983	10.48
151	Burns	George	1.1048	1929	1671	16892	1094	245	0.987	10.76
152	McQuinn	George	1.1043	1948	1529	13414	1074	113	0.992	9.48
153	Morrill	John	1.1033	1890	916	9152	375	285	0.971	10.40
154	Bouchee	Ed	1.1030	1962	611	4909	451	66	0.988	8.77
155	Clark	Jack	1.1022	1992	581	5121	359	57	0.990	9.43
156	Cunningham	Joe	1.1021	1966	607	4564	299	34	0.993	8.01
157	Kranepool	Ed	1.1005	1979	1304	10492	779	72	0.994	8.64
158	Jackson	Ron	1.1002	1984	552	4650	388	37	0.993	9.13
159	Judge	Joe	1.0984	1934	2084	19264	1301	142	0.993	9.87
160	Torre	Joe	1.0983	1977	787	6342	478	49	0.993	8.67
161	Dropo	Walt	1.0983	1961	1174	9173	672	84	0.992	8.39
162	Hatteberg	Scott	1.0982	2008	663	5371	404	40	0.993	8.71

Rank	Player	First	Career PosFV	Last Year	CUM GP	PO	A	E	CUM FPCT	CUM RF(pg)
163	Brouthers	Dan	1.0978	1904	1633	16365	654	512	0.971	10.42
164	Fain	Ferris	1.0978	1955	1116	9530	927	138	0.987	9.37
165	Benzinger	Todd	1.0976	1995	622	4688	301	28	0.994	8.02
166	Sanders	Ray	1.0964	1949	596	5268	330	50	0.991	9.39
167	Brock	Greg	1.0961	1991	942	7578	684	51	0.994	8.77
168	Colbrunn	Greg	1.0956	2004	739	5342	438	42	0.993	7.82
169	Stevens	Lee	1.0954	2002	777	6574	445	59	0.992	9.03
170	Chance	Frank	1.0951	1914	997	9885	615	135	0.987	10.53
171	Guerrero	Pedro	1.0932	1992	573	4809	309	63	0.988	8.93
172	Miller	Dots	1.0923	1921	737	7433	407	97	0.988	10.64
173	Hoblitzel	Dick	1.0917	1918	1284	12584	661	180	0.987	10.32
174	McCovey	Willie	1.0915	1980	2045	17170	1222	233	0.987	8.99
175	Berkman	Lance	1.0907	2013	765	6216	578	41	0.994	8.88
176	Morgan	Ed	1.0889	1934	593	5739	330	89	0.986	10.23
177	Vaughn	Mo	1.0888	2003	1305	10947	702	139	0.988	8.93
178	Watson	Bob	1.0876	1984	1088	8930	653	83	0.991	8.81
179	Bochte	Bruce	1.0863	1986	1008	8355	614	76	0.992	8.90
180	Torre	Frank	1.0857	1963	564	3536	308	28	0.993	6.82
181	Hegan	Mike	1.0856	1977	553	3297	286	19	0.995	6.48
182	Foutz	Dave	1.0845	1896	595	6048	199	147	0.977	10.50
183	Youkilis	Kevin	1.0829	2013	613	4567	386	13	0.997	8.08
184	Howard	Ryan	1.0821	2014	1278	10919	717	102	0.991	9.10
185	Johnson	Deron	1.0817	1976	880	6439	418	50	0.993	7.79
186	Bottomley	Jim	1.0803	1937	1885	18337	814	223	0.988	10.16
187	Jorgensen	Mike	1.0799	1985	1052	6529	537	44	0.994	6.72
188	Sorrento	Paul	1.0780	1999	806	6131	495	42	0.994	8.22
189	Jordan	Ricky	1.0779	1996	510	4305	217	34	0.993	8.87
190	Davis	Harry	1.0779	1915	1628	15666	950	343	0.980	10.21
191	Cabrera	Miguel	1.0779	2014	724	5795	475	47	0.993	8.66
192	McCraw	Tommy	1.0768	1975	911	6581	513	68	0.991	7.79
193	Sievers	Roy	1.0762	1965	888	7241	551	70	0.991	8.77
194	Hurst	Don	1.0731	1934	863	7950	586	110	0.987	9.89
195	Stargell	Willie	1.0731	1982	848	7293	384	67	0.991	9.05
196	Foxx	Jimmie	1.0726	1945	1919	17207	1222	155	0.992	9.60
197	Fielder	Cecil	1.0725	1998	905	7380	691	69	0.992	8.92
198	Torgeson	Earl	1.0713	1961	1416	11680	814	143	0.989	8.82
199	Allen	Dick	1.0713	1977	807	6747	418	82	0.989	8.88
200	Magadan	Dave	1.0706	2001	593	3969	347	28	0.994	7.28
201	Young	Babe	1.0705	1948	545	4982	303	58	0.989	9.70
202	Epstein	Mike	1.0680	1974	823	6957	477	70	0.991	9.03
203	Sisler	George	1.0673	1930	1971	18837	1529	269	0.987	10.33
204	Jaha	John	1.0652	1999	519	4160	356	31	0.993	8.70
205	Putnam	Pat	1.0648	1984	508	4014	323	31	0.993	8.54
206	Stahl	Jake	1.0647	1912	839	8458	462	150	0.983	10.63
207	Stuart	Dick	1.0624	1969	1024	8294	758	169	0.982	8.84
208	Siebert	Dick	1.0621	1945	949	8523	741	94	0.990	9.76
209	Chase	Hal	1.0613	1919	1815	18185	1049	402	0.980	10.60
210	Mincher	Don	1.0606	1972	1138	9181	696	95	0.990	8.68
211	Cavarretta	Phil	1.0601	1955	1254	11375	796	123	0.990	9.71
212	Oliver	Al	1.0598	1985	733	5904	433	67	0.990	8.65
213	Millar	Kevin	1.0595	2009	800	6289	577	39	0.994	8.58
214	Morris	Hal	1.0580	2000	982	7391	685	52	0.994	8.22
215	Doyle	Jack	1.0575	1905	1043	10165	645	275	0.975	10.36
216	Kruk	John	1.0572	1995	678	5309	376	31	0.995	8.38
217	Coleman	Gordy	1.0562	1967	659	4893	448	52	0.990	8.10
218	Thomas	Frank	1.0555	2004	971	7910	497	80	0.991	8.66
219	Collins	Ripper	1.0553	1941	894	7747	608	68	0.992	9.35
220	Milner	John	1.0548	1982	547	4074	287	38	0.991	7.97
221	Alexander	Dale	1.0534	1933	617	5761	328	71	0.988	9.87
222	Evans	Darrell	1.0532	1989	856	6515	752	57	0.992	8.49
223	Cater	Danny	1.0503	1975	731	5567	458	39	0.994	8.24
224	Stovey	Harry	1.0496	1892	550	5720	164	241	0.961	10.70
225	Cabell	Enos	1.0489	1986	655	4524	363	38	0.992	7.46

Rank	Player	First	Career PosFV	Last Year	CUM GP	PO	A	E	CUM FPCT	CUM RF(pg)
226	Hosmer	Eric	1.0468	2014	563	4527	391	35	0.993	8.74
227	Johnston	Doc	1.0467	1922	1023	9739	507	113	0.989	10.02
228	Killebrew	Harmon	1.0459	1975	969	7521	555	69	0.992	8.33
229	Smoak	Justin	1.0440	2014	537	4379	270	23	0.995	8.66
230	Harris	Joe	1.0427	1928	522	4838	388	56	0.989	10.01
231	Johnson	Nick	1.0400	2012	673	5311	422	49	0.992	8.52
232	Squires	Mike	1.0396	1984	688	4151	323	23	0.995	6.50
233	Huff	Aubrey	1.0385	2012	555	4303	315	27	0.994	8.32
234	Fairly	Ron	1.0385	1978	1218	9294	704	92	0.991	8.21
235	Whitfield	Fred	1.0374	1970	588	4474	353	49	0.990	8.21
236	Milligan	Randy	1.0372	1994	587	4637	424	41	0.992	8.62
237	Wertz	Vic	1.0345	1963	715	5098	447	63	0.989	7.76
238	Horton	Tony	1.0334	1970	555	4269	318	48	0.990	8.26
239	Etten	Nick	1.0321	1947	903	8030	545	107	0.988	9.50
240	Aikens	Willie	1.0311	1984	547	4425	300	42	0.991	8.64
241	Tenace	Gene	1.0305	1983	625	4754	275	36	0.993	8.05
242	Jordan	Tim	1.0281	1909	518	5134	228	112	0.980	10.35
243	Ivie	Mike	1.0279	1983	602	4582	278	32	0.993	8.07
244	Larkin	Henry	1.0247	1893	710	6804	250	209	0.971	9.94
245	Hassett	Buddy	1.0241	1942	747	6630	649	108	0.985	9.74
246	Reese	Rich	1.0234	1973	640	4007	266	33	0.992	6.68
247	Kingman	Dave	1.0227	1986	603	4572	311	73	0.985	8.10
248	Collins	Joe	1.0190	1957	715	4555	376	49	0.990	6.90
249	Conine	Jeff	1.0163	2007	1002	7242	583	63	0.992	7.81
250	Leslie	Sam	1.0137	1938	589	5522	366	63	0.989	10.00
251	Sweeney	Mike	1.0137	2010	588	4904	442	56	0.990	9.09
252	Fournier	Jack	1.0130	1927	1313	12375	788	208	0.984	10.03
253	Muser	Tony	1.0115	1978	505	2727	187	23	0.992	5.77
254	Stubbs	Franklin	1.0065	1995	522	3765	370	46	0.989	7.92
255	Bergman	Dave	1.0061	1992	866	5066	448	46	0.992	6.37
256	Klesko	Ryan	1.0057	2007	747	5516	456	47	0.992	7.99
257	Grantham	George	1.0037	1934	502	4588	238	59	0.988	9.61

Notes: Career Field Value possible maximum for 1st Basemen is 1.4000. All players listed with minimum of 500 Adjusted Games Played.

Best Career Fielding - 2nd Basemen Top Ten

1. Bid McPhee (1882-1899)

Okay, so it might be hard to relate to a player born prior to the Civil War, but that doesn't make Bid McPhee any less stellar on the diamond. He was the top fielder in baseball for 8 seasons (all of baseball, not league). His Range Factor was 9.1% higher for his career than the leagues he played in. BTW that would be American Association and the National League. How important is that Range Factor deviation? He got to 9.1% more balls than the average 2nd sacker. That's a whole lot of outs. His fielding percentage was a whopping 25 points better than the average.

Bid McPhee Fielding Detail

Year	CUM GP	CUM PO	CUM A	CUM E	CUM FPCT	CUM RF	Year Field Value
1882	78	274	207	42	0.920	6.17	1.37
1883	174	588	484	88	0.924	6.16	1.44
1884	286	1003	849	152	0.924	6.48	1.50
1885	396	1342	1203	199	0.927	6.43	1.47
1886	536	1871	1667	264	0.931	6.60	1.50
1887	665	2313	2101	336	0.929	6.64	1.50
1888	776	2682	2466	383	0.931	6.63	1.50
1889	911	3111	2912	433	0.933	6.61	1.44
1890	1043	3515	3343	484	0.934	6.58	1.49
1891	1181	3904	3835	526	0.936	6.55	1.50
1892	1325	4355	4306	577	0.938	6.54	1.48
1893	1452	4751	4761	618	0.939	6.55	1.50
1894	1578	5140	5207	667	0.939	6.56	1.50
1895	1693	5495	5573	701	0.940	6.54	1.50
1896	1810	5792	5930	716	0.942	6.48	1.46
1897	1891	6001	6197	733	0.943	6.45	1.42
1898	2021	6300	6593	765	0.944	6.38	1.16
1899	2126	6545	6905	791	0.944	6.33	1.19

More Stat Chart – Bid McPhee (1.4438 FV)

Stats for Career	RF PG	Field Pct.	Gold Gloves	Top FV	Def. WAR
Player	6.33	0.944	NA	8	16.3 (18)
League During Career	5.80	0.919			
Plus/Minus	58	25			

Note: Defensive War Stat listed cumulative through seasons when predominantly playing 2B (Seasons).

2. Nellie Fox (1947-1965)

Whoa Nellie! This is as high as you can go. Coming to age with his best years with the Chicago White Sox, Nellie Fox began his career with the Philadelphia Athletics and ended it in Houston with those Colt 45's. He did this all while making the plays with an aplomb that many regard as tops. We'd have to disagree, albeit only one spot slightly. Fox was the best at his position for many seasons; three Gold Glove campaigns after the award started mid-career and six Field Value Silver Mitts. Yes, we call them that. But he wasn't as dominant against the average as someone like McPhee, which shows nothing against Fox, but more praise for Bid. In 1998, Nellie Fox was elected to the Hall of Fame by the Veterans Committee.

More Stat Chart – Nellie Fox (1.4281 FV)

Stats for Career	RF PG	Field Pct.	Gold Gloves	Top FV	Def. WAR
Player	5.43	0.984	3 (Partial)	6	21.0 (19)
League During Career	5.38	0.977			
Plus/Minus	5	7			

Note: Defensive War Stat listed cumulative through seasons when predominantly playing 2B (Seasons).
(Partial) = Gold Glove award began in 1957.

3. Ryne Sandberg (1981-1997)

He trended to Chicago in that ill-fated deal from the Phillies, coming over to the Cubs with pal Larry Bowa, and after he took the field, it was apparent. This boy could play. One of the best hitting 2nd basemen in history was also one of the best fielders. More sure-handed than flashy with traditional range, Sandberg won 9 Gold Gloves in his career.

More Stat Chart – Ryne Sandberg (1.4233 FV)

Stats for Career	RF PG	Field Pct.	Gold Gloves	Top FV	Def. WAR
Player	5.10	0.989	9	4	12.8 (15)
League During Career	5.19	0.981			
Plus/Minus	-9	8			

Note: Defensive War Stat listed cumulative through seasons when predominantly playing 2B (Seasons).

4. Bobby Doerr (1937-1951)

A Red Sox for his entire career, Doerr made it to Cooperstown in 1986 on the Veteran's ballot after a career of spectacular play around the 2nd base bag, enough to warrant the top rating 6 times. In 1948, Doerr went 73 games and handled 414 chances without an error. He was regarded, along with Joe Gordon (#94), as the top fielder at his position in his era. But Doerr was not just a good fielder. In 1944, he led the American League in slugging percentage, as a 2nd baseman.

More Stat Chart – Bobby Doerr (1.4133 FV)

Stats for Career	RF PG	Field Pct.	Gold Gloves	Top FV	Def. WAR
Player	5.74	0.980	NA	6	13.4 (14)
League During Career	5.56	0.971			
Plus/Minus	18	9			

Note: Defensive War Stat listed cumulative through seasons when predominantly playing 2B (Seasons).

5. Horace Clarke (1965-1974)

One of those players who didn't hit enough to be noticed, and that's hard to do when playing for the Yanks. Overshadowed by Bill Mazeroski, and even Bobby Knoop, for fielding at the time, Clarke put together solid seasons near the top of the fielding metrics for a decade, leading baseball for one season in Field Value. His biggest claim to fame, though, had to do with an odd batting item. In the space of one month in 1970, he broke up three potential no-hitters in the 9th inning. Some say Clarke was less-regarded for his fielding due to his penchant to hold the ball on the double-play and not take on runners. Is that fair? We don't know, but Clarke was a solid fielder with good hands (+.05) and range (+0.11), one of the best of his era and all-time.

More Stat Chart – Horace Clarke (1.4098 FV)

Stats for Career	RF PG	Field Pct.	Gold Gloves	Top FV	Def. WAR
Player	5.32	0.983	0	1	6.8 (8)
League During Career	5.21	0.978			
Plus/Minus	11	5			

Note: Defensive War Stat listed cumulative through seasons when predominantly playing 2B (Seasons).

6. Bill Mazeroski (1956-1972)

Okay, let's get into this right off. Why isn't Bill Mazeroski rated higher? Shouldn't he be above a player like Horace Clarke? Yes, to us, he should be. Mazeroski won eight Gold Gloves and was the Top Fielder in the game five times. He hit the shot heard round the world in the 1960 World Series, which elevated his stature, and both his fielding and timely hitting went a long way toward his Hall of Fame resume. So why less love in the rankings than should be. Duration. Mazeroski played seventeen years, seven more than Clarke. He played at a younger (Year 19 FV 1.17, Year 20 1.27) and older age (Year 35 1.06), when his Field Values were lower, thus reducing his overall rating. Career Field Value measures to the average on a per game by season value basis and perhaps that's a flaw. But that's the reason why Mazeroski falls to #6, ... still pretty good, but not as high as we'd like.

Bill Mazeroski Fielding Detail

Year	CUM GP	CUM PO	CUM A	CUM E	CUM FPCT	CUM RF	Year Field Value
1956	81	163	242	8	0.981	5.00	1.17
1957	225	471	685	25	0.979	5.14	1.27
1958	377	815	1181	42	0.979	5.29	1.45
1959	510	1118	1554	55	0.980	5.24	1.32
1960	661	1531	2003	65	0.982	5.35	1.50
1961	813	1941	2508	88	0.981	5.47	1.38
1962	972	2366	3017	102	0.981	5.54	1.50
1963	1110	2706	3523	116	0.982	5.61	1.50
1964	1272	3052	4066	139	0.981	5.60	1.35
1965	1399	3342	4505	148	0.981	5.61	1.49
1966	1561	3753	5043	156	0.983	5.63	1.50
1967	1724	4170	5541	174	0.982	5.63	1.50
1968	1866	4489	6008	189	0.982	5.63	1.44
1969	1931	4623	6200	193	0.982	5.60	1.25
1970	2033	4850	6525	200	0.983	5.60	1.39
1971	2079	4945	6646	203	0.983	5.58	1.06
1972	2094	4974	6685	204	0.983	5.57	1.06

More Stat Chart – Bill Mazeroski (1.4054 FV)

Stats for Career	RF PG	Field Pct.	Gold Gloves	Top FV	Def. WAR
Player	5.57	0.983	8	5	23.9 (17)
League During Career	5.28	0.976			
Plus/Minus	29	7			

Note: Defensive War Stat listed cumulative through seasons when predominantly playing 2B (Seasons).

7. Bump Wills (1977-1982)

He had a short career. Basically, Bump Wills, the son of Maury, retired from

Major League Baseball at the age of 29, choosing to play in Japan for two additional years after that. But for the short span of his career, all within the prime ages of 24-29, he was a speed player and grand fielder. His short career during his prime benefits Bump in Field Value. In fact, in both a coordinated and converse way, his final year actually dims his career values as his Range Factor dipped nearly 20% in one season's time (down from 5.60 to 5.10 in his career CUM) and his Fielding Percentage dropped 20 points as well (down from .981 to .979 in his career CUM). Prior to his final season, Wills had fielded at a Field Value of 1.40 to 1.50 every season; in 1982, in was only 1.04.

More Stat Chart – Bump Wills (1.4023 FV)

Stats for Career	RF PG	Field Pct.	Gold Gloves	Top FV	Def. WAR
Player	5.50	0.979	0	1	4.2 (6)
League During Career	5.46	0.979			
Plus/Minus	4	0			

Note: Defensive War Stat listed cumulative through seasons when predominantly playing 2B (Seasons).

8. Jose Lind (1987-1995)

Our impression of Lind during his playing years was not that of a stellar fielder; he was more the steady man. Lind did win one Gold Glove and was the top fielder twice and his +.07 points over the league average for his career in Fielding Percentage speaks for itself per his ability to smoothly nab the rock. Range per 9 IP does Lind better, too (Lind 5.34 vs. Baseball 5.13).

More Stat Chart – Jose Lind (1.3964 FV)

Stats for Career	RF PG	Field Pct.	Gold Gloves	Top FV	Def. WAR
Player	5.08	0.988	1	2	6.3 (9)
League During Career	5.12	0.981			
Plus/Minus	-4	7			

Note: Defensive War Stat listed cumulative through seasons when predominantly playing 2B (Seasons).

9. Nap Lajoie (1898-1916)

It's the Nap, good enough to have a franchise named after him, if only for awhile. See best of Cleveland later for more. Lajoie was a stellar offensive and defensive second baseman. 57 points up in Range Factor per game. 14 points up in Fielding Percentage. Six times the highest rated second baseman in Field Value and speed to burn, 380 stolen bases on the offensive side.

More Stat Chart – Nap Lajoie (1.3892 FV)

Stats for Career	RF PG	Field Pct.	Gold Gloves	Top FV	Def. WAR
Player	5.78	0.963	NA	6	10.2 (17)
League During Career	5.21	0.949			
Plus/Minus	57	14			

Note: Defensive War Stat listed cumulative through seasons when predominantly playing 2B (Seasons).

10. Eddie Collins (1906-1930)

He started playing ball for the Philadelphia Athletics at the age of 19 and finished his career there after a long stint with the White Sox, at the age of 43. If there had been an All-Star Game during the first half of his career, he would have been vying for the starting nod at second base with Lajoie both because of their hitting and fielding. Collins would be the best fielder in the game for five seasons and like most others who played into their late 30's and early 40's, saw a dip in their ability in the field, costing them ranking points, although Collins did field at a high level through 1924 (FV 1.40) at the age of 37.

More Stat Chart – Eddie Collins (1.3881 FV)

Stats for Career	RF PG	Field Pct.	Gold Gloves	Top FV	Def. WAR
Player	5.34	0.970	NA	5	8.3 (20)
League During Career	5.31	0.958			
Plus/Minus	3	12			

Note: Defensive War Stat listed cumulative through seasons when predominantly playing 2B (Seasons).

Top Fielding Second Basemen in History

Rank	Player	First	Career PosFV	Last Year	CUM GP	PO	A	E	CUM FPCT	CUM RF(pg)
1	McPhee	Bid	1.4438	1899	2126	6545	6905	791	0.944	6.33
2	Fox	Nellie	1.4281	1965	2295	6090	6373	209	0.984	5.43
3	Sandberg	Ryne	1.4233	1997	1995	3807	6363	109	0.989	5.10
4	Doerr	Bobby	1.4133	1951	1852	4928	5710	214	0.980	5.74
5	Clarke	Horace	1.4098	1974	1102	2682	3179	104	0.983	5.32
6	Mazeroski	Bill	1.4054	1972	2094	4974	6685	204	0.983	5.57
7	Wills	Bump	1.4023	1982	800	1815	2582	94	0.979	5.50
8	Lind	Jose	1.3964	1995	1038	2183	3094	62	0.988	5.08
9	Lajoie	Nap	1.3892	1916	2035	5496	6262	451	0.963	5.78
10	Collins	Eddie	1.3881	1928	2650	6526	7630	435	0.970	5.34
11	Grich	Bobby	1.3870	1986	1765	4217	5381	156	0.984	5.44
12	Melillo	Ski	1.3851	1937	1316	3437	4448	215	0.973	5.99
13	Ferris	Hobe	1.3781	1909	1019	2503	3152	271	0.954	5.55
14	Reed	Jody	1.3775	1997	1050	2135	3187	65	0.988	5.07
15	Cash	Dave	1.3766	1980	1330	3185	3841	117	0.984	5.28
16	Polanco	Placido	1.3702	2011	1027	2130	2794	36	0.993	4.79
17	Maguire	Freddie	1.3697	1931	589	1528	1959	103	0.971	5.92
18	Schoendienst	Red	1.3691	1962	1834	4616	5243	170	0.983	5.38
19	Knoop	Bobby	1.3615	1972	1116	2566	3218	119	0.980	5.18
20	Cutshaw	George	1.3613	1923	1486	3762	4473	299	0.965	5.54
21	Trillo	Manny	1.3612	1989	1518	3403	4699	157	0.981	5.34
22	Helms	Tommy	1.3528	1977	1129	2688	3237	101	0.983	5.25
23	Rath	Morrie	1.3492	1920	510	1167	1565	85	0.970	5.36
24	Gehringer	Charlie	1.3477	1942	2206	5369	7068	309	0.976	5.64
25	Lowe	Bobby	1.3476	1906	1313	3332	4161	388	0.951	5.71
26	Lansing	Mike	1.3473	2001	893	1849	2343	59	0.986	4.69
27	White	Frank	1.3457	1990	2150	4740	6250	178	0.984	5.11
28	Dunlap	Fred	1.3424	1891	963	3027	3331	523	0.924	6.60
29	Alomar	Roberto	1.3407	2004	2320	4459	6525	181	0.984	4.73
30	Hubbard	Glenn	1.3380	1989	1332	2795	4444	127	0.983	5.43
31	Critz	Hughie	1.3364	1935	1453	3446	5138	231	0.974	5.91
32	Hudson	Orlando	1.3362	2012	1279	2635	3807	88	0.987	5.04
33	Ellis	Mark	1.3359	2014	1364	2673	3908	60	0.991	4.82
34	Robinson	Jackie	1.3349	1956	748	1877	2047	68	0.983	5.25
35	Ritchey	Claude	1.3336	1909	1478	3440	4474	355	0.957	5.35
36	Barrett	Marty	1.3307	1991	908	1827	2631	63	0.986	4.91
37	Bierbauer	Lou	1.3295	1898	1364	3724	4555	574	0.935	6.07
38	Frey	Lonny	1.3280	1948	966	2369	2986	151	0.973	5.54
39	Maranville	Rabbit	1.3278	1935	513	1268	1608	80	0.973	5.61
40	Herr	Tom	1.3274	1991	1416	2932	3999	77	0.989	4.89
41	Biggio	Craig	1.3273	2007	1989	3992	5450	156	0.984	4.75
42	Herman	Billy	1.3261	1947	1813	4780	5681	354	0.967	5.77
43	Oquendo	Jose	1.3253	1995	649	1284	1765	25	0.992	4.70
44	Huggins	Miller	1.3250	1916	1530	3425	4697	376	0.956	5.31
45	Shean	Dave	1.3243	1919	554	1323	1693	123	0.961	5.44
46	Whitehead	Burgess	1.3236	1946	718	1847	2297	118	0.972	5.77
47	Priddy	Jerry	1.3233	1953	1179	3226	3567	190	0.973	5.76

Rank	Player	First	Career PosFV	Last Year	CUM GP	PO	A	E	CUM FPCT	CUM RF(pg)
48	Sweeney	Bill	1.3220	1914	566	1448	1717	169	0.949	5.59
49	Cano	Robinson	1.3219	2014	1500	2878	4269	98	0.986	4.76
50	Walker	Neil	1.3209	2014	656	1296	1808	34	0.989	4.73
51	Pedroia	Dustin	1.3190	2014	1143	1992	3148	43	0.992	4.50
52	Knoblauch	Chuck	1.3171	2000	1381	2530	3821	119	0.982	4.60
53	Pratt	Del	1.3148	1924	1688	4069	5075	381	0.960	5.42
54	Boone	Bret	1.3143	2005	1763	3442	4591	117	0.986	4.56
55	Gerhardt	Joe	1.3137	1891	893	2794	2978	558	0.912	6.46
56	Ray	Johnny	1.3136	1990	1277	2682	3836	118	0.982	5.10
57	Phillips	Brandon	1.3133	2014	1435	2873	3907	79	0.988	4.72
58	Morgan	Joe	1.3131	1984	2527	5742	6967	244	0.981	5.03
59	Stirnweiss	Snuffy	1.3108	1951	787	1978	2224	84	0.980	5.34
60	Reynolds	Harold	1.3106	1994	1339	2749	3932	141	0.979	4.99
61	Johnson	Davey	1.3106	1978	1198	2837	3153	123	0.980	5.00
62	Pfeffer	Fred	1.3095	1897	1537	4713	5104	857	0.920	6.39
63	Whitaker	Lou	1.3093	1995	2308	4771	6653	189	0.984	4.95
64	Cruz	Julio	1.3086	1986	1123	2393	3435	103	0.983	5.19
65	Williams	Jimmy	1.3071	1909	1176	2759	3509	292	0.955	5.33
66	Schilling	Chuck	1.3070	1965	502	1119	1366	37	0.985	4.95
67	Millan	Felix	1.3069	1977	1450	3495	3846	151	0.980	5.06
68	Lumpe	Jerry	1.3047	1967	1100	2469	2845	88	0.984	4.83
69	Cuccinello	Tony	1.3045	1944	1205	2883	3891	190	0.973	5.62
70	Frisch	Frankie	1.3044	1937	1762	4348	6026	280	0.974	5.89
71	Gedeon	Joe	1.3036	1920	549	1283	1605	92	0.969	5.26
72	Gantner	Jim	1.2993	1992	1449	3139	4347	115	0.985	5.17
73	Sax	Steve	1.2982	1994	1679	3574	4805	187	0.978	4.99
74	Randolph	Willie	1.2951	1992	2152	4859	6336	234	0.980	5.20
75	Barkley	Sam	1.2949	1889	504	1509	1545	235	0.929	6.06
76	Harris	Bucky	1.2949	1931	1253	3412	3842	263	0.965	5.79
77	Vina	Fernando	1.2935	2004	1049	2281	2856	86	0.984	4.90
78	Morandini	Mickey	1.2933	2000	1245	2383	3202	64	0.989	4.49
79	Veras	Quilvio	1.2929	2001	729	1554	2055	55	0.985	4.95
80	Thompson	Robby	1.2883	1996	1279	2611	3704	110	0.983	4.94
81	Egan	Dick	1.2880	1916	686	1460	2022	160	0.956	5.08
82	Adams	Sparky	1.2879	1934	551	1321	1888	85	0.974	5.82
83	Fuentes	Tito	1.2876	1978	1275	3046	3654	182	0.974	5.25
84	Counsell	Craig	1.2874	2011	574	1079	1526	23	0.991	4.54
85	Stennett	Rennie	1.2869	1981	1049	2568	3100	129	0.978	5.40
86	Sizemore	Ted	1.2864	1980	1288	2928	3761	143	0.979	5.19
87	Stanky	Eddie	1.2859	1953	1152	3030	3215	162	0.975	5.42
88	Mayo	Eddie	1.2840	1948	544	1334	1564	65	0.978	5.33
89	Hill	Aaron	1.2830	2014	1132	1970	3432	62	0.989	4.77
90	Remy	Jerry	1.2829	1984	1117	2292	3241	110	0.981	4.95
91	Baerga	Carlos	1.2828	2005	1063	2177	3101	130	0.976	4.97
92	Ford	Hod	1.2825	1932	589	1338	2009	88	0.974	5.68
93	Beckert	Glenn	1.2817	1974	1242	2710	3712	179	0.973	5.17
94	Loretta	Mark	1.2807	2009	829	1475	2134	40	0.989	4.35
95	Gordon	Joe	1.2794	1950	1519	3600	4706	260	0.970	5.47
96	Ward	Aaron	1.2789	1928	809	1846	2546	134	0.970	5.43
97	Reitz	Heinie	1.2775	1899	687	1646	2189	180	0.955	5.58
98	Young	Bobby	1.2768	1958	661	1610	1754	70	0.980	5.09
99	Adair	Jerry	1.2763	1970	810	1860	2008	58	0.985	4.78
100	Bolling	Frank	1.2755	1966	1518	3423	4019	136	0.982	4.90
101	Avila	Bobby	1.2748	1959	1168	2820	3126	130	0.979	5.09
102	Richardson	Bobby	1.2723	1966	1339	3125	3445	143	0.979	4.91
103	Rojas	Cookie	1.2697	1977	1447	3100	3819	115	0.984	4.78
104	Thompson	Fresco	1.2696	1931	622	1625	2044	145	0.962	5.90
105	Richardson	Danny	1.2688	1894	644	1697	2140	245	0.940	5.96
106	Kuiper	Duane	1.2687	1984	920	2000	2466	76	0.983	4.85
107	Gardner	Billy	1.2679	1963	839	1923	2173	91	0.978	4.88
108	Myer	Buddy	1.2668	1941	1340	3487	4068	200	0.974	5.64
109	Crooks	Jack	1.2656	1898	627	1742	1826	204	0.946	5.69
110	Fletcher	Scott	1.2649	1995	729	1382	2002	35	0.990	4.64

Rank	Player	First	Career PosFV	Last Year	CUM GP	PO	A	E	CUM FPCT	CUM RF(pg)
111	Gleason	Kid	1.2639	1912	1583	3883	4768	571	0.938	5.46
112	Ripken	Billy	1.2638	1998	769	1516	2146	50	0.987	4.76
113	Burdock	Jack	1.2634	1891	1086	3075	3322	665	0.906	5.89
114	Bloodworth	Jimmy	1.2622	1951	867	2257	2498	123	0.975	5.48
115	Womack	Tony	1.2606	2006	529	1015	1501	59	0.977	4.76
116	Blasingame	Don	1.2575	1966	1310	3065	3550	144	0.979	5.05
117	Easley	Damion	1.2569	2008	1172	2168	3321	91	0.984	4.68
118	Runnels	Pete	1.2558	1963	642	1583	1675	67	0.980	5.07
119	Green	Dick	1.2541	1974	1158	2518	3063	96	0.983	4.82
120	Alomar Sr.	Sandy	1.2522	1978	1156	2572	2988	128	0.977	4.81
121	Alfonzo	Edgardo	1.2517	2006	549	1021	1362	33	0.986	4.34
122	Quinn	Joe	1.2514	1901	1303	3315	3805	408	0.946	5.46
123	O'Connell	Danny	1.2510	1962	713	1657	2049	74	0.980	5.20
124	Evers	Johnny	1.2499	1929	1735	3758	5124	423	0.955	5.12
125	Childs	Cupid	1.2491	1901	1454	3859	4678	646	0.930	5.87
126	Franco	Julio	1.2490	1997	663	1300	1845	69	0.979	4.74
127	Bernazard	Tony	1.2485	1991	1000	2100	2901	114	0.978	5.00
128	Hummel	John	1.2468	1918	548	1218	1541	105	0.963	5.03
129	Kent	Jeff	1.2440	2008	2034	4015	5575	194	0.980	4.71
130	Knabe	Otto	1.2436	1916	1239	2743	3583	287	0.957	5.11
131	Verban	Emil	1.2428	1950	802	1994	2179	123	0.971	5.20
132	Lopes	Davey	1.2419	1985	1418	3142	3829	162	0.977	4.92
133	Kinsler	Ian	1.2394	2014	1189	2233	3570	122	0.979	4.88
134	Oester	Ron	1.2382	1990	1171	2591	3197	116	0.980	4.94
135	Doran	Bill	1.2368	1993	1359	2619	3651	108	0.983	4.61
136	Grudzielanek	Mark	1.2364	2010	1135	2058	3140	72	0.986	4.58
137	Flynn	Doug	1.2360	1985	961	1920	2415	61	0.986	4.51
138	Beckham	Gordon	1.2353	2014	632	1214	1803	49	0.984	4.77
139	Samuel	Juan	1.2344	1998	1190	2580	3228	164	0.973	4.88
140	Rose	Pete	1.2340	1979	628	1470	1502	75	0.975	4.73
141	Utley	Chase	1.2326	2014	1391	2932	3845	126	0.982	4.87
142	Lemke	Mark	1.2324	1998	965	1737	2579	70	0.984	4.47
143	Richardson	Hardy	1.2321	1892	585	1756	1986	349	0.915	6.40
144	Young	Ralph	1.2318	1922	993	2356	2954	228	0.959	5.35
145	Hayes	Jackie	1.2316	1940	904	2189	2983	126	0.976	5.72
146	Dauer	Rich	1.2298	1985	964	2004	2451	57	0.987	4.62
147	Garcia	Damaso	1.2296	1989	960	1928	2784	98	0.980	4.91
148	Castillo	Luis	1.2293	2010	1683	3289	4484	124	0.984	4.62
149	Schaefer	Germany	1.2286	1918	588	1419	1623	147	0.954	5.17
150	Young	Pep	1.2285	1945	532	1306	1682	111	0.964	5.62
151	Hornsby	Rogers	1.2283	1937	1561	3206	5166	307	0.965	5.36
152	Garner	Phil	1.2245	1987	975	2124	2760	129	0.974	5.01
153	Roberts	Brian	1.2245	2014	1304	2184	3720	81	0.986	4.53
154	Garcia	Pedro	1.2234	1977	544	1333	1539	85	0.971	5.28
155	Andrews	Mike	1.2231	1973	787	1838	1951	107	0.973	4.81
156	McLemore	Mark	1.2230	2004	1197	2365	3392	112	0.981	4.81
157	Suder	Pete	1.2230	1955	805	1879	2292	75	0.982	5.18
158	Sanchez	Freddy	1.2224	2011	646	1298	1586	30	0.990	4.46
159	Young	Eric	1.2209	2006	1295	2625	3599	151	0.976	4.81
160	Stricker	Cub	1.2207	1893	1145	3447	3387	701	0.907	5.97
161	Temple	Johnny	1.2201	1963	1312	3172	3329	172	0.974	4.96
162	Padden	Dick	1.2196	1905	780	1937	2291	224	0.950	5.42
163	Lopez	Jose	1.2192	2012	651	1207	1858	57	0.982	4.71
164	Smith	Pop	1.2159	1891	713	2016	2363	469	0.903	6.14
165	Cairo	Miguel	1.2127	2012	754	1365	1984	54	0.984	4.44
166	Bassett	Charley	1.2121	1892	559	1236	1936	232	0.932	5.67
167	Velarde	Randy	1.2115	2002	630	1218	1737	59	0.980	4.69
168	Garcia	Carlos	1.2114	1998	529	1077	1423	47	0.982	4.73
169	Carew	Rod	1.2112	1983	1130	2573	2928	154	0.973	4.87
170	Giles	Marcus	1.2110	2007	745	1414	2233	68	0.982	4.90
171	Gutteridge	Don	1.2105	1947	580	1453	1575	113	0.964	5.22
172	Durham	Ray	1.2100	2008	1843	3504	4928	181	0.979	4.58
173	Michaels	Cass	1.2100	1954	800	2073	2343	124	0.973	5.52

Rank	Player	First	Career PosFV	Last Year	CUM GP	PO	A	E	CUM FPCT	CUM RF(pg)
174	Wambsganss	Bill	1.2088	1926	1205	2986	3669	292	0.958	5.52
175	Belliard	Ron	1.2062	2010	1190	2363	3237	109	0.981	4.71
176	McDougald	Gil	1.2060	1960	599	1385	1518	47	0.984	4.85
177	Hunt	Ron	1.2040	1974	1260	2734	3512	156	0.976	4.96
178	Soriano	Alfonso	1.2034	2009	766	1503	2080	106	0.971	4.68
179	Gilbert	Billy	1.2027	1909	715	1647	2200	237	0.942	5.38
180	Murtaugh	Danny	1.2019	1951	631	1620	1705	86	0.975	5.27
181	Javier	Julian	1.1994	1972	1552	3380	4113	219	0.972	4.83
182	Bishop	Max	1.1985	1935	1230	2752	3850	163	0.976	5.37
183	Mack	Ray	1.1980	1947	788	1897	2236	144	0.966	5.24
184	Quest	Joe	1.1963	1886	530	1595	1737	369	0.900	6.29
185	Hairston	Jerry	1.1959	2013	650	1219	1777	57	0.981	4.61
186	McManus	Marty	1.1952	1934	927	2430	2853	194	0.965	5.70
187	Ryan	Connie	1.1952	1953	980	2447	2818	164	0.970	5.37
188	Gilliam	Jim	1.1950	1966	1046	2279	2724	107	0.979	4.78
189	DeShields	Delino	1.1949	2002	1392	2611	3817	153	0.977	4.62
190	Neal	Charlie	1.1935	1963	663	1446	1645	68	0.978	4.66
191	Rawlings	Johnny	1.1920	1926	709	1530	2233	123	0.968	5.31
192	Kennedy	Adam	1.1901	2012	1347	2432	3599	108	0.982	4.48
193	Griffin	Doug	1.1894	1977	614	1399	1551	57	0.981	4.80
194	Orta	Jorge	1.1890	1984	689	1544	1693	85	0.974	4.70
195	Taylor	Tony	1.1875	1976	1498	3274	3818	178	0.976	4.73
196	Walker	Todd	1.1838	2006	1007	1772	2585	83	0.981	4.33
197	Hallman	Bill	1.1835	1903	1139	2692	3386	385	0.940	5.36
198	Doyle	Denny	1.1809	1977	912	1891	2409	101	0.977	4.71
199	Vidro	Jose	1.1806	2007	1046	1821	2745	72	0.984	4.37
200	Myers	Al	1.1786	1891	806	2029	2547	430	0.914	5.68
201	Goodman	Billy	1.1774	1962	624	1475	1714	93	0.972	5.11
202	Dykes	Jimmie	1.1773	1938	722	1866	2343	183	0.958	5.83
203	Frye	Jeff	1.1750	2001	536	1035	1482	41	0.984	4.70
204	Browne	Jerry	1.1725	1995	609	1155	1492	61	0.977	4.35
205	Uggla	Dan	1.1706	2014	1252	2375	3410	125	0.979	4.62
206	Lazzeri	Tony	1.1699	1939	1456	3351	4445	263	0.967	5.35
207	Heffner	Don	1.1684	1944	595	1416	1678	86	0.973	5.20
208	Terwilliger	Wayne	1.1664	1960	605	1475	1723	84	0.974	5.29
209	McAuliffe	Dick	1.1663	1974	971	2155	2299	104	0.977	4.59
210	Kendrick	Howie	1.1660	2014	967	1653	2696	65	0.985	4.50
211	Johnson	Kelly	1.1644	2014	814	1430	2208	68	0.982	4.47
212	Martin	Billy	1.1642	1961	767	1734	1840	74	0.980	4.66
213	Brohamer	Jack	1.1634	1980	639	1344	1743	65	0.979	4.83
214	Wilfong	Rob	1.1618	1987	839	1554	2335	72	0.982	4.64
215	Murphy	Danny	1.1613	1915	839	1686	2320	199	0.953	4.77
216	Lefebvre	Jim	1.1612	1972	613	1305	1612	64	0.979	4.76
217	Regan	Bill	1.1609	1931	610	1404	2068	138	0.962	5.69
218	Rivas	Luis	1.1609	2008	584	933	1394	36	0.985	3.98
219	DeMontreville	Gene	1.1591	1904	510	1266	1487	152	0.948	5.40
220	Kampouris	Alex	1.1588	1943	636	1535	1909	128	0.964	5.42
221	Coscarart	Pete	1.1546	1945	661	1526	1894	130	0.963	5.17
222	Allen	Bernie	1.1543	1973	914	1960	2151	86	0.980	4.50
223	Daly	Tom	1.1543	1903	1056	2646	3017	418	0.931	5.36
224	Hale	Odell	1.1531	1941	518	1354	1549	124	0.959	5.60
225	Miller	Dots	1.1526	1921	681	1439	1935	168	0.953	4.95
226	Doyle	Larry	1.1487	1920	1728	3635	4655	443	0.949	4.80
227	LaPorte	Frank	1.1456	1915	731	1468	2075	180	0.952	4.85
228	Greenwood	Bill	1.1432	1890	538	1399	1570	273	0.916	5.52
229	Tyson	Mike	1.1417	1981	620	1170	1716	79	0.973	4.65
230	Carroll	Jamey	1.1405	2013	638	933	1611	26	0.990	3.99
231	Sutherland	Gary	1.1396	1978	717	1445	1816	98	0.971	4.55
232	Alicea	Luis	1.1394	2002	997	1941	2702	121	0.975	4.66
233	Kolloway	Don	1.1374	1952	616	1591	1825	127	0.964	5.55
234	Kelly	Pat	1.1355	1999	559	1034	1542	61	0.977	4.61
235	Mack	Reddy	1.1329	1890	549	1485	1655	330	0.905	5.72
236	Gallego	Mike	1.1307	1997	624	1013	1591	38	0.986	4.17

Rank	Player	First	Career PosFV	Last Year	CUM GP	PO	A	E	CUM FPCT	CUM RF(pg)
237	Infante	Omar	**1.1297**	2014	882	1463	2465	76	0.981	4.45
238	Offerman	Jose	**1.1283**	2005	595	1094	1548	63	0.977	4.44
239	Grantham	George	**1.1241**	1933	848	1987	2712	250	0.949	5.54
240	Cora	Joey	**1.1240**	1998	970	1824	2280	123	0.971	4.23
241	Farrell	Jack	**1.1239**	1888	740	1778	2480	477	0.899	5.75
242	Anderson	Marlon	**1.1207**	2008	680	1212	1724	71	0.976	4.32
243	Yerkes	Steve	**1.1202**	1916	520	1002	1371	110	0.956	4.56
244	Coleman	Jerry	**1.1194**	1957	572	1349	1408	67	0.976	4.82
245	Treadway	Jeff	**1.1190**	1995	556	1014	1382	61	0.975	4.31
246	Thomas	Derrel	**1.1172**	1985	608	1338	1597	90	0.970	4.83
247	Kindall	Jerry	**1.1153**	1965	511	1065	1327	81	0.967	4.68
248	Hamner	Granny	**1.1036**	1959	568	1215	1440	84	0.969	4.67
249	Teufel	Tim	**1.1031**	1993	806	1389	1978	68	0.980	4.18
250	Boswell	Ken	**1.0997**	1977	566	1108	1280	52	0.979	4.22
251	Gustine	Frankie	**1.0956**	1949	551	1293	1617	136	0.955	5.28
252	Backman	Wally	**1.0917**	1993	826	1405	1953	69	0.980	4.07
253	Flannery	Tim	**1.0909**	1989	544	1046	1287	42	0.982	4.29
254	Phillips	Tony	**1.0869**	1999	777	1341	2057	67	0.981	4.37
255	Liriano	Nelson	**1.0832**	1998	566	1018	1381	58	0.976	4.24
256	Morgan	Ray	**1.0774**	1918	670	1307	1802	152	0.953	4.64
257	Graffanino	Tony	**1.0713**	2009	551	957	1390	45	0.981	4.26
258	Delahanty	Jim	**1.0692**	1915	568	1267	1490	156	0.946	4.85
259	Hiller	Chuck	**1.0629**	1968	546	1102	1349	84	0.967	4.49
260	Weeks	Rickie	**1.0580**	2014	1044	1888	2643	141	0.970	4.34
261	Roberts	Bip	**1.0456**	1998	501	860	1232	49	0.977	4.18
262	Robinson	Yank	**1.0444**	1892	698	1694	1993	471	0.887	5.28
263	Duncan	Mariano	**1.0359**	1997	585	1099	1433	72	0.972	4.33

Notes: Career Field Value possible maximum for 2nd Basemen is 1.5000. All players listed with minimum of 500 Adjusted Games Played.

Best Career Fielding - Third Basemen Top Ten

1. Willie Kamm (1923-1935)

He's at a significant disadvantage in this debate with no ESPN coverage or even televised highlight reel plays. Geez, there was no television until four years after his final season. But Willie Kamm was superb. Superb in an era dominated by Babe Ruth, by Yankee baseball, by homers at a rate unseen before. But that wasn't Willie. He walked twice as much as he struck out. He hit only 29 homers for his career. It was his defense that was stellar. For all of those seasons in a White Sox or Indians uniform, he was that highlight reel behind the bag, even if ESPN was only the brainchild of someone with the capacity for time travel. Statistically, Willie Kamm was the best fielder in baseball at the hot corner for eight seasons. How good? In 1928, Kamm finished 5th in the MVP voting while hitting only 1 HR, 84 RBI, and batting 0.308. That year, Ruth went 54 HR, 126 RBI, 0.343. What Kamm did in the field was remarkable, fielding at a sure handed rate of 0.977 while the league fielded at a 0.951 percentage and all with a range 9 points higher than baseball as well. Five years later, he would set the record for Fielding Percentage by a third sacker (0.984); that record would last for 18 years.

Willie Kamm Fielding Details

Year	CUM GP	CUM PO	CUM A	CUM E	CUM FPCT	CUM RF	Year Field Value
1923	149	173	352	22	0.960	3.52	**1.70**
1924	295	363	664	37	0.965	3.48	**1.70**
1925	447	545	974	59	0.963	3.40	**1.62**
1926	589	722	1297	70	0.966	3.43	**1.70**
1927	735	958	1576	85	0.968	3.45	**1.70**
1928	890	1201	1854	97	0.969	3.43	**1.70**
1929	1035	1422	2124	108	0.970	3.43	**1.70**
1930	1141	1564	2333	131	0.967	3.42	**1.45**
1931	1273	1722	2573	154	0.965	3.37	**1.61**
1932	1421	1886	2872	170	0.966	3.35	**1.70**
1933	1552	2039	3093	176	0.967	3.31	**1.70**
1934	1670	2148	3341	184	0.968	3.29	**1.70**
1935	1674	2151	3345	185	0.967	3.28	**1.05**

More Stat Chart – Willie Kamm (1.6683 FV)

Stats for Career	RF PG	Field Pct.	Gold Gloves	Top FV	Def. WAR
Player	3.28	0.967	NA	8	9.5 (13)
League During Career	3.18	0.949			
Plus/Minus	10	18			

Note: Defensive War Stat listed cumulative through seasons when predominantly playing 3B (Seasons).

2. Brooks Robinson (1955-1977)

Yes, we know. This is the question. Why not Brooks at the top of the list? The baseball nation has seen him play, has seen those highlight reels from the World Series; he was given all those, sixteen in all, Gold Gloves. There's no way Willie was as good as Brooks. And that sentiment may be right. Defensive WAR stats love Brooks (38.8); they're meh on Kamm (9.5). But look inside the numbers a bit and see their similarities and differences. Plus/Minus Fielding Percentage

(Both +18). Top Field Value 3b (Both 8 seasons). Plus/Minus Range (Kamm +10; Robinson +2). We'll never truly know who was better. It's really just a numbers game here. Part of which is reflected in the span of Brooks career from the age of 18 to 40. Yes, 18! Kamm played more years in the prime of his career 23-35. But it's up to you. Pick the numbers and the player you prefer and go with it.

Brooks Robinson Fielding Details

Year	CUM GP	CUM PO	CUM A	CUM E	CUM FPCT	CUM RF	Year Field Value
1955	6	2	8	2	0.833	1.67	1.05
1956	20	11	33	4	0.917	2.20	1.05
1957	67	45	99	7	0.954	2.15	1.20
1958	207	196	374	28	0.953	2.75	1.53
1959	294	288	561	41	0.954	2.89	1.51
1960	446	459	889	53	0.962	3.02	1.70
1961	609	610	1220	67	0.965	3.00	1.66
1962	771	773	1559	78	0.968	3.02	1.67
1963	931	926	1889	90	0.969	3.02	1.70
1964	1094	1079	2216	104	0.969	3.01	1.67
1965	1237	1223	2512	119	0.969	3.02	1.59
1966	1394	1397	2825	131	0.970	3.03	1.70
1967	1552	1544	3230	142	0.971	3.08	1.70
1968	1714	1712	3583	158	0.971	3.09	1.70
1969	1870	1875	3953	171	0.971	3.12	1.70
1970	2026	2032	4274	188	0.971	3.11	1.66
1971	2182	2163	4628	204	0.971	3.11	1.61
1972	2334	2292	4961	215	0.971	3.11	1.67
1973	2488	2421	5315	230	0.971	3.11	1.70
1974	2641	2536	5725	248	0.971	3.13	1.70
1975	2784	2632	6051	257	0.971	3.12	1.66
1976	2855	2691	6177	263	0.971	3.11	1.32
1977	2870	2697	6205	263	0.971	3.10	1.26

More Stat Chart – Brooks Robinson (1.6397 FV)

Stats for Career	RF PG	Field Pct.	Gold Gloves	Top FV	Def. WAR
Player	3.10	0.971	16	8	38.8 (23)
League During Career	3.08	0.953			
Plus/Minus	2	18			

Note: Defensive War Stat listed cumulative through seasons when predominantly playing 3B (Seasons).

3. Buddy Bell (1972-1989)

Known more now for having a father and sons in the Majors, Buddy Bell played 18 seasons, won six Gold Gloves, and was regarded as a top notch third baseman in fielding. No argument from us there. Six top Field Value seasons adds to those golden awards. Plus 26 in Range Factor plus Field Percentage for his career adds up well, too.

More Stat Chart – Buddy Bell (1.6138 FV)

Stats for Career	RF PG	Field Pct.	Gold Gloves	Top FV	Def. WAR
Player	3.08	0.964	6	6	22.5 (17)
League During Career	2.94	0.952			
Plus/Minus	14	12			

Note: Defensive War Stat listed cumulative through seasons when predominantly playing 3B (Seasons).

4. Terry Pendleton (1984-1998)

So what do you remember about Mr. Pendleton? The MVP award in 1991. The short and a bit round physique. The fact that he played in five World Series, but never won one. The play at the third base bag. Pendleton didn't win as many fielding awards as the two above him; he suffered a bit from the comparisons to other fielders of the era (i.e. Mike Schmidt, Gary Gaetti, and Robin Ventura), all who rank below him in Field Value, a surprise to many, when adding up their careers.

More Stat Chart – Terry Pendleton (1.6064 FV)

Stats for Career	RF PG	Field Pct.	Gold Gloves	Top FV	Def. WAR
Player	2.96	0.957	3	2	13.0 (15)
League During Career	2.73	0.948			
Plus/Minus	23	9			

Note: Defensive War Stat listed cumulative through seasons when predominantly playing 3B (Seasons).

5. Brandon Inge (2001-2013)

Now here's the first true surprise in the Top Ten. Most casual baseball fans probably don't know who he is. Others may think he was predominantly a catcher (He did catch 376 games, but played 1083 at 3b). Nobody thought he was worth a Gold Glove. However, Inge did finish two seasons as the top rated 3b in Field Value, and in 2006, actually had a Range Factor 55 points higher than the baseball average for that season. But he would throw in a few errors; Gold Glove voters don't like that.

More Stat Chart – Brandon Inge (1.6021 FV)

Stats for Career	RF PG	Field Pct.	Gold Gloves	Top FV	Def. WAR
Player	2.81	0.962	0	2	9.7 (8)
League During Career	2.66	0.957			
Plus/Minus	15	5			

Note: Defensive War Stat listed cumulative through seasons when predominantly playing 3B (Seasons).

6. Clete Boyer (1955-1971)

Clete had to compete his whole life. One of fourteen children, he had to compete for pork chops at dinner. All seven of the boy children played professional baseball; two made the majors, including Ken, also a Gold Glove third basemen. He had to compete with Brooks Robinson for the Gold Glove award and only won that award once he moved to the National League. But even with that competition, he was the Top 3b in Field Value for two years and now the 6th best fielding third baseman in history. Take that Ken.

More Stat Chart – Clete Boyer (1.5965 FV)

Stats for Career	RF PG	Field Pct.	Gold Gloves	Top FV	Def. WAR
Player	3.26	0.965	1	2	20.7 (13)
League During Career	3.02	0.951			
Plus/Minus	24	14			

Note: Defensive War Stat listed cumulative through seasons when predominantly playing 3B (Seasons).

7. Willie Jones (1947-1961)

Willie Jones was an accurate defender, although his range was average at best. He was the best fielder for two seasons in the 1950's prior to the Gold Gloves being awarded and played most of his career for the Philadelphia Phillies.

More Stat Chart – Willie Jones (1.5914 FV)

Stats for Career	RF PG	Field Pct.	Gold Gloves	Top FV	Def. WAR
Player	3.08	0.963	0 (Partial)	2	-2.3 (15)
League During Career	3.11	0.952			
Plus/Minus	-3	11			

Note: Defensive War Stat listed cumulative through seasons when predominantly playing 3B (Seasons). Gold Glove awards were not awarded until 1957.

8. Placido Polanco (1998-2013)

Thought of primarily as a 2nd basemen, where he won two Gold Gloves with the Detroit Tigers, Polanco would move to 3rd Base once he joined the Philadelphia Phillies and pick up where he left off. In limited games at the hot corner in his career (751 at 3rd vs 1027 at 2nd), Polanco would establish himself as a player with a great glove and accurate arm. While his career range at 3rd base is lower than average on a per game basis due to moving positions during a number of games during his career, his Range Per 9 Innings Played is above average, 2.82 vs. 2.58.

More Stat Chart – Placido Polanco (1.5872 FV)

Stats for Career	RF PG	Field Pct.	Gold Gloves	Top FV	Def. WAR
Player	2.52	0.983	1	0	3.4 (4)
League During Career	2.57	0.954			
Plus/Minus	-5	29			

Note: Defensive War Stat listed cumulative through seasons when predominantly playing 3B (Seasons).

9. Pinky May (1939-1943)

May did not get to the Major Leagues until the age of 28, stunted into making the show by playing in the deep Yankees farm system. Once moving over to the Philadelphia Phillies, he would play five seasons before serving for the U.S. Navy in World War II in 1944-1945. He is the father of catcher Milt May. Arm trouble precluded his return to the Major Leagues.

More Stat Chart – Pinky May (1.5815 FV)

Stats for Career	RF PG	Field Pct.	Gold Gloves	Top FV	Def. WAR
Player	3.29	0.962	NA	1	2.7 (5)
League During Career	3.14	0.946			
Plus/Minus	15	16			

Note: Defensive War Stat listed cumulative through seasons when predominantly playing 3B (Seasons).

10. Graig Nettles (1967-1988)

Sometimes we forget that Nettles was this good, compared against others of his time he takes a bad seat that's not deserved. He won two Gold Gloves, hit 390 home runs, and has the 3rd best dWAR numbers of this Top Ten. He was also in the Top Ten in MVP voting twice. So let's give a good Bronx cheer to Graig Nettles, the #10 Best Fielding Third Baseman in FV history. Well deserved.

More Stat Chart – Graig Nettles (1.5806 FV)

Stats for Career	RF PG	Field Pct.	Gold Gloves	Top FV	Def. WAR
Player	2.98	0.961	2	3	21.0 (20)
League During Career	2.98	0.952			
Plus/Minus	0	9			

Note: Defensive War Stat listed cumulative through seasons when predominantly playing 3B (Seasons).

Top Fielding Third Basemen in History

Rank	Player	First	Career PosFV	Last Year	CUM GP	PO	A	E	CUM FPCT	CUM RF(pg)
1	Kamm	Willie	1.6683	1935	1674	2151	3345	185	0.967	3.28
2	Robinson	Brooks	1.6397	1977	2870	2697	6205	263	0.971	3.10
3	Bell	Buddy	1.6138	1989	2183	1798	4925	254	0.964	3.08
4	Pendleton	Terry	1.6064	1998	1785	1386	3891	238	0.957	2.96
5	Inge	Brandon	1.6021	2013	1083	850	2188	121	0.962	2.81
6	Boyer	Clete	1.5965	1971	1439	1470	3218	168	0.965	3.26
7	Jones	Willie	1.5914	1961	1614	2045	2934	192	0.963	3.08
8	Polanco	Placido	1.5872	2013	752	475	1420	32	0.983	2.52
9	May	Pinky	1.5815	1943	646	737	1391	84	0.962	3.29
10	Nettles	Graig	1.5806	1988	2412	1898	5279	295	0.961	2.98
11	Gaetti	Gary	1.5787	1999	2282	1699	4531	224	0.965	2.73
12	Wallach	Tim	1.5780	1996	2054	1662	3992	240	0.959	2.75
13	Schmidt	Mike	1.5777	1989	2212	1591	5045	313	0.955	3.00
14	Williamson	Ned	1.5755	1890	716	878	1719	401	0.866	3.63
15	Keltner	Ken	1.5750	1950	1500	1576	3070	171	0.965	3.10
16	Rolen	Scott	1.5748	2012	2023	1478	4080	186	0.968	2.75
17	Boone	Ray	1.5728	1959	510	576	1058	72	0.958	3.20
18	Collins	Jimmy	1.5702	1908	1683	2372	3702	465	0.929	3.61
19	Santo	Ron	1.5697	1974	2130	1955	4581	317	0.954	3.07
20	Lowell	Mike	1.5678	2010	1474	1140	2686	101	0.974	2.60
21	Ventura	Robin	1.5630	2004	1887	1469	3551	220	0.958	2.66
22	Baker	Frank	1.5623	1922	1548	2154	3155	322	0.943	3.43
23	Cey	Ron	1.5614	1987	1989	1500	4018	223	0.961	2.77
24	Longoria	Evan	1.5575	2014	903	703	1659	85	0.965	2.62
25	Kell	George	1.5560	1957	1692	1825	3303	166	0.969	3.03
26	Clift	Harlond	1.5558	1945	1550	1777	3262	279	0.948	3.25
27	Castilla	Vinny	1.5556	2006	1656	1156	3260	161	0.965	2.67
28	Whitney	Pinky	1.5547	1939	1358	1455	2640	164	0.961	3.02
29	Chavez	Eric	1.5529	2014	1402	1035	2731	116	0.970	2.69
30	Nash	Billy	1.5527	1898	1464	2219	3119	614	0.897	3.65
31	Malzone	Frank	1.5525	1966	1370	1308	2884	196	0.955	3.06
32	Reitz	Ken	1.5512	1982	1321	996	2477	109	0.970	2.63
33	Williams	Matt	1.5478	2003	1743	1293	3366	177	0.963	2.67
34	Groh	Heinie	1.5473	1927	1299	1456	2554	136	0.967	3.09
35	Boggs	Wade	1.5461	1999	2215	1550	4246	229	0.962	2.62
36	Cross	Lave	1.5458	1907	1721	2306	3706	394	0.936	3.49
37	Denny	Jerry	1.5454	1894	1109	1777	2338	552	0.882	3.71
38	McMullen	Ken	1.5427	1977	1318	1259	2731	162	0.961	3.03
39	Tannehill	Lee	1.5408	1912	668	753	1624	156	0.938	3.56
40	Rodriguez	Aurelio	1.5406	1983	1983	1529	4150	215	0.964	2.86
41	Vitt	Ossie	1.5379	1921	833	1026	1846	119	0.960	3.45

Rank	Player	First	Career PosFV	Last Year	CUM GP	PO	A	E	CUM FPCT	CUM RF(pg)
42	Wert	Don	1.5379	1971	1043	914	1987	97	0.968	2.78
43	Rolfe	Red	1.5376	1942	1084	1220	2128	155	0.956	3.09
44	Cirillo	Jeff	1.5372	2007	1403	942	2546	119	0.967	2.49
45	Sewell	Joe	1.5340	1933	643	644	1253	72	0.963	2.95
46	Buechele	Steve	1.5318	1995	1269	895	2281	104	0.968	2.50
47	Shindle	Billy	1.5318	1898	1272	1815	2886	568	0.892	3.70
48	Burns	Tom	1.5306	1892	704	1043	1494	327	0.886	3.60
49	Bando	Sal	1.5305	1981	1896	1647	3720	228	0.959	2.83
50	Beltre	Adrian	1.5298	2014	2341	1882	4334	269	0.959	2.66
51	Rader	Doug	1.5295	1977	1349	1138	2887	187	0.956	2.98
52	DeCinces	Doug	1.5279	1987	1543	1256	3215	198	0.958	2.90
53	Majeski	Hank	1.5273	1955	861	911	1750	89	0.968	3.09
54	Mathews	Eddie	1.5252	1968	2181	2049	4322	293	0.956	2.92
55	Headley	Chase	1.5222	2014	731	452	1311	60	0.967	2.41
56	Brett	George	1.5220	1992	1692	1372	3674	261	0.951	2.98
57	Bradley	Bill	1.5207	1915	1390	1755	2943	336	0.933	3.38
58	Hoak	Don	1.5205	1963	1199	1219	2331	153	0.959	2.96
59	Yost	Eddie	1.5198	1962	2008	2356	3659	270	0.957	3.00
60	Devlin	Art	1.5186	1913	1192	1399	2481	257	0.938	3.26
61	McKechnie	Bill	1.5175	1920	553	700	1086	91	0.952	3.23
62	Austin	Jimmy	1.5174	1929	1431	2042	2949	358	0.933	3.49
63	Traynor	Pie	1.5164	1937	1863	2289	3521	324	0.947	3.12
64	Boyer	Ken	1.5156	1968	1785	1567	3652	264	0.952	2.92
65	Bluege	Ossie	1.5154	1939	1487	1551	3040	208	0.957	3.09
66	Pinelli	Babe	1.5142	1927	677	814	1514	131	0.947	3.44
67	Owen	Marv	1.5142	1940	921	1032	1695	135	0.953	2.96
68	Zimmerman	Ryan	1.5141	2014	1133	853	2181	137	0.957	2.68
69	Gardner	Larry	1.5113	1924	1656	1789	3408	287	0.948	3.14
70	Gruber	Kelly	1.5095	1993	846	619	1651	107	0.955	2.68
71	Petrocelli	Rico	1.5083	1976	727	581	1453	63	0.970	2.80
72	Evans	Darrell	1.5067	1989	1442	1273	3123	253	0.946	3.05
73	Fryman	Travis	1.5054	2002	1359	872	2530	123	0.965	2.50
74	Rosen	Al	1.5048	1956	932	970	1773	112	0.961	2.94
75	Randa	Joe	1.5028	2006	1362	1005	2487	137	0.962	2.56
76	Hankinson	Frank	1.5024	1888	764	1029	1579	373	0.875	3.41
77	Hayes	Charlie	1.5024	2001	1328	882	2480	162	0.954	2.53
78	Money	Don	1.5019	1983	1025	897	2061	97	0.968	2.89
79	Jacoby	Brook	1.5007	1992	1166	776	2058	123	0.958	2.43
80	Lansford	Carney	1.4996	1992	1720	1382	2799	148	0.966	2.43
81	Mora	Melvin	1.4963	2011	908	644	1773	99	0.961	2.66
82	Byrne	Bobby	1.4923	1917	1147	1456	2221	258	0.934	3.21
83	Hack	Stan	1.4921	1947	1836	1944	3494	246	0.957	2.96
84	Feliz	Pedro	1.4899	2010	1001	611	1787	92	0.963	2.40
85	Latham	Arlie	1.4893	1896	1571	1975	3545	822	0.870	3.51
86	Presley	Jim	1.4880	1991	911	633	1709	127	0.949	2.57
87	Irwin	Charlie	1.4876	1902	865	1228	1441	217	0.920	3.40
88	Melton	Bill	1.4841	1977	901	700	2045	147	0.949	3.05
89	Brosius	Scott	1.4834	2001	934	661	1733	110	0.956	2.56
90	Molitor	Paul	1.4829	1990	791	642	1639	121	0.950	2.88
91	Oberkfell	Ken	1.4826	1991	1046	627	1996	96	0.965	2.51
92	Koskie	Corey	1.4816	2006	908	624	1703	81	0.966	2.56
93	Phillips	Bubba	1.4800	1964	762	808	1416	92	0.960	2.92
94	Caminiti	Ken	1.4796	2001	1676	1251	3127	249	0.946	2.61
95	Sabo	Chris	1.4790	1996	831	453	1514	76	0.963	2.37
96	Wright	David	1.4779	2014	1497	1041	2833	182	0.955	2.59
97	Werber	Billy	1.4777	1942	1143	1264	2415	220	0.944	3.22
98	King	Jeff	1.4771	1998	586	347	1179	75	0.953	2.60
99	Glaus	Troy	1.4767	2010	1337	893	2502	171	0.952	2.54
100	Jackson	Randy	1.4757	1959	844	868	1725	123	0.955	3.07
101	Deal	Charlie	1.4757	1921	823	956	1705	117	0.958	3.23
102	Alfonzo	Edgardo	1.4749	2006	889	599	1612	73	0.968	2.49
103	Soderholm	Eric	1.4745	1980	759	620	1589	88	0.962	2.91
104	Perez	Tony	1.4736	1971	760	644	1496	123	0.946	2.82

Rank	Player	First	Career PosFV	Last Year	CUM GP	PO	A	E	CUM FPCT	CUM RF(pg)
105	McManus	Marty	1.4731	1934	725	866	1450	103	0.957	3.19
106	Charles	Ed	1.4727	1969	942	879	1833	122	0.957	2.88
107	Ripken Jr.	Cal	1.4725	2001	675	461	1237	69	0.961	2.52
108	Coughlin	Bill	1.4702	1908	983	1269	1859	231	0.931	3.18
109	Mowrey	Mike	1.4700	1917	1196	1363	2363	221	0.944	3.12
110	Steinfeldt	Harry	1.4664	1911	1386	1774	2799	365	0.926	3.30
111	Kurowski	Whitey	1.4659	1949	868	1025	1569	116	0.957	2.99
112	Alvis	Max	1.4658	1970	971	962	1693	123	0.956	2.73
113	Batista	Tony	1.4641	2007	807	527	1550	96	0.956	2.57
114	Seitzer	Kevin	1.4628	1997	1051	696	1920	142	0.949	2.49
115	Kouzmanoff	Kevin	1.4627	2014	657	453	1122	64	0.961	2.40
116	Lutzke	Rube	1.4620	1927	553	676	1222	110	0.945	3.43
117	Baird	Doug	1.4618	1920	522	624	1125	103	0.944	3.35
118	Lindstrom	Freddie	1.4599	1935	809	835	1536	102	0.959	2.93
119	Rose	Pete	1.4591	1979	634	464	1083	63	0.961	2.44
120	Aspromonte	Bob	1.4587	1971	1094	1025	1879	121	0.960	2.65
121	Gomez	Leo	1.4575	1996	570	373	978	53	0.962	2.37
122	Pinkney	George	1.4569	1893	1061	1343	2042	387	0.897	3.19
123	Gilbert	Wally	1.4556	1932	587	512	1157	94	0.947	2.84
124	Crede	Joe	1.4501	2009	875	616	1678	83	0.965	2.62
125	Hatton	Grady	1.4487	1956	956	979	1844	129	0.956	2.95
126	Blake	Casey	1.4484	2011	923	617	1702	108	0.956	2.51
127	Reilly	Charlie	1.4483	1897	556	814	1307	263	0.890	3.81
128	Smith	Red	1.4472	1919	1050	1210	2136	244	0.932	3.19
129	Rodriguez	Alex	1.4468	2013	1189	750	2073	103	0.965	2.37
130	Harrah	Toby	1.4466	1984	1099	781	1942	106	0.963	2.48
131	Carey	Andy	1.4462	1962	882	847	1692	111	0.958	2.88
132	Callaspo	Alberto	1.4456	2014	537	353	956	53	0.961	2.44
133	Elliott	Bob	1.4449	1953	1365	1448	2744	236	0.947	3.07
134	Davis	George	1.4448	1901	527	730	1158	210	0.900	3.58
135	Pagliarulo	Mike	1.4441	1995	1179	693	2119	133	0.955	2.39
136	Zeile	Todd	1.4427	2004	1498	975	2724	228	0.942	2.47
137	Lewis	Buddy	1.4409	1941	671	679	1415	164	0.927	3.12
138	Jones	Bob	1.4409	1925	774	917	1600	124	0.953	3.25
139	Ward	Pete	1.4393	1969	562	470	1182	97	0.945	2.94
140	Stripp	Joe	1.4385	1938	914	956	1665	106	0.961	2.87
141	Casey	Doc	1.4381	1907	1100	1312	2184	325	0.915	3.18
142	Grant	Eddie	1.4376	1915	769	962	1423	148	0.942	3.10
143	Dykes	Jimmie	1.4367	1939	1257	1361	2403	188	0.952	2.99
144	Leach	Tommy	1.4337	1914	955	1323	2127	344	0.909	3.61
145	Knight	Ray	1.4334	1988	1021	694	1653	105	0.957	2.30
146	Dugan	Joe	1.4320	1931	1048	1099	1932	137	0.957	2.89
147	Sutton	Ezra	1.4311	1888	880	1252	1646	515	0.849	3.29
148	Lyons	Denny	1.4304	1897	1083	1672	2127	507	0.882	3.51
149	Adams	Bobby	1.4296	1958	652	711	1268	93	0.955	3.04
150	Sprague	Ed	1.4287	2001	1020	807	1612	150	0.942	2.37
151	Turner	Terry	1.4279	1919	604	687	1259	81	0.960	3.22
152	Whitney	Art	1.4276	1891	802	1026	1691	344	0.888	3.39
153	McGarr	Chippy	1.4256	1896	538	680	1080	189	0.903	3.27
154	Martinez	Edgar	1.4255	2004	563	354	1008	78	0.946	2.42
155	Moriarty	George	1.4252	1916	796	951	1727	199	0.931	3.36
156	Boone	Aaron	1.4213	2009	951	603	1865	127	0.951	2.60
157	Sandoval	Pablo	1.4189	2014	771	466	1346	76	0.960	2.35
158	Dillinger	Bob	1.4188	1951	692	811	1234	112	0.948	2.96
159	Bell	David	1.4168	2006	986	600	1845	116	0.955	2.48
160	Baker	Floyd	1.4139	1955	510	429	1032	44	0.971	2.86
161	Howell	Jack	1.4132	1999	659	423	1174	70	0.958	2.42
162	Jones	Chipper	1.4118	2012	1992	1159	3447	223	0.954	2.31
163	Johnson	Billy	1.4113	1953	897	860	1728	111	0.959	2.89
164	Foy	Joe	1.4098	1971	651	626	1261	113	0.944	2.90
165	Randle	Len	1.4096	1982	521	429	983	69	0.953	2.71
166	Cabrera	Miguel	1.4080	2014	698	487	1101	74	0.955	2.28
167	Mueller	Bill	1.4072	2006	1128	726	1987	119	0.958	2.41

Rank	Player	First	Career PosFV	Last Year	CUM GP	PO	A	E	CUM FPCT	CUM RF(pg)
168	Wolverton	Harry	1.4038	1912	756	989	1625	263	0.909	3.46
169	Law	Vance	1.4025	1991	700	442	1115	71	0.956	2.22
170	McGehee	Casey	1.4020	2014	556	277	909	58	0.953	2.13
171	Riggs	Lew	1.4020	1946	627	614	1220	107	0.945	2.93
172	Carpenter	Hick	1.4015	1892	1059	1450	1991	591	0.853	3.25
173	Parrish	Larry	1.4009	1987	1021	810	1918	171	0.941	2.67
174	Atkins	Garrett	1.3998	2009	642	355	1163	73	0.954	2.36
175	Brooks	Hubie	1.3971	1984	516	356	969	90	0.936	2.57
176	Dressen	Chuck	1.3952	1933	575	498	1167	83	0.953	2.90
177	Cabell	Enos	1.3947	1986	888	744	1527	134	0.944	2.56
178	McDougald	Gil	1.3906	1960	508	451	992	64	0.958	2.84
179	O'Rourke	Frank	1.3896	1930	598	798	1101	102	0.949	3.18
180	Rollins	Rich	1.3877	1970	830	716	1582	129	0.947	2.77
181	Tabor	Jim	1.3875	1947	980	1077	1979	220	0.933	3.12
182	Bonilla	Bobby	1.3853	2000	957	674	1764	181	0.931	2.55
183	Blalock	Hank	1.3848	2010	699	452	1259	72	0.960	2.45
184	Howell	Roy	1.3845	1984	846	651	1666	137	0.944	2.74
185	Higgins	Pinky	1.3803	1946	1768	1848	3258	356	0.935	2.89
186	Adams	Sparky	1.3803	1934	532	425	943	58	0.959	2.57
187	Vergez	Johnny	1.3771	1936	658	634	1136	115	0.939	2.69
188	Handley	Lee	1.3752	1947	713	703	1464	117	0.949	3.04
189	Stock	Milt	1.3743	1925	1349	1392	2508	228	0.945	2.89
190	Davenport	Jim	1.3734	1970	1130	863	1816	100	0.964	2.37
191	Mulvey	Joe	1.3728	1895	983	1235	1962	475	0.871	3.25
192	Palmer	Dean	1.3703	2003	1162	734	1916	185	0.935	2.28
193	Tatis	Fernando	1.3701	2010	676	425	1167	86	0.949	2.36
194	Ontiveros	Steve	1.3697	1980	569	400	1163	93	0.944	2.75
195	Conroy	Wid	1.3694	1911	665	858	1332	155	0.934	3.29
196	Lobert	Hans	1.3683	1917	1000	1292	1601	172	0.944	2.89
197	Madlock	Bill	1.3674	1987	1440	949	2546	193	0.948	2.43
198	Blum	Geoff	1.3668	2012	678	356	1137	47	0.969	2.20
199	Alvarez	Pedro	1.3661	2014	554	330	1199	110	0.933	2.76
200	Zimmerman	Heinie	1.3659	1919	945	1054	1924	231	0.928	3.15
201	Cox	Billy	1.3655	1955	700	668	1273	71	0.965	2.77
202	Schaal	Paul	1.3643	1974	1053	726	2038	166	0.943	2.62
203	Ensberg	Morgan	1.3637	2008	639	414	1118	71	0.956	2.40
204	Garner	Phil	1.3627	1988	839	593	1542	127	0.944	2.54
205	Kuehne	Bill	1.3622	1892	798	932	1694	373	0.876	3.29
206	Figgins	Chone	1.3611	2014	640	408	1108	69	0.956	2.37
207	Hebner	Richie	1.3611	1985	1262	839	2346	182	0.946	2.52
208	Smith	Charley	1.3608	1968	623	524	1283	105	0.945	2.90
209	Brookens	Tom	1.3597	1990	1065	728	1833	155	0.943	2.40
210	Foster	Eddie	1.3589	1923	1161	1289	2384	278	0.930	3.16
211	Morrison	Jim	1.3588	1988	619	365	1109	79	0.949	2.38
212	Boeckel	Tony	1.3579	1923	755	912	1356	143	0.941	3.00
213	Garrett	Wayne	1.3568	1978	792	548	1515	95	0.956	2.60
214	Ramirez	Aramis	1.3561	2014	1990	1135	3425	234	0.951	2.29
215	Thompson	Hank	1.3538	1956	655	592	1341	122	0.941	2.95
216	Hollins	Dave	1.3535	1998	778	541	1255	129	0.933	2.31
217	Salazar	Luis	1.3521	1992	863	555	1562	111	0.950	2.45
218	Bailey	Bob	1.3500	1978	1194	793	2262	175	0.946	2.56
219	Hobson	Butch	1.3485	1981	651	558	1181	138	0.926	2.67
220	Allen	Dick	1.3479	1972	652	530	1276	143	0.927	2.77
221	Horner	Bob	1.3471	1985	684	490	1214	97	0.946	2.49
222	Hartman	Fred	1.3408	1902	570	715	1222	249	0.886	3.40
223	White	Deacon	1.3378	1890	827	954	1619	444	0.853	3.11
224	Torre	Joe	1.3355	1977	515	426	825	64	0.951	2.43
225	Kennedy	Bob	1.3338	1957	540	555	1067	105	0.939	3.00
226	Bell	Les	1.3265	1931	828	814	1412	144	0.939	2.69
227	Stein	Bill	1.3253	1985	576	380	966	71	0.950	2.61
228	McGraw	John	1.3227	1906	782	868	1600	280	0.898	3.16
229	Mulliniks	Rance	1.3193	1991	730	395	1009	57	0.961	1.92
230	Donnelly	Jim	1.3139	1898	639	764	1295	331	0.862	3.24

Rank	Player	First	Career PosFV	Last Year	CUM GP	PO	A	E	CUM FPCT	CUM RF(pg)
231	Gross	Wayne	**1.3091**	1986	903	717	1437	134	0.941	2.39
232	Lord	Harry	**1.3085**	1915	907	1046	1583	217	0.924	2.90
233	Johnson	Chris	**1.3076**	**2014**	600	300	939	72	0.945	2.07
234	Berry	Sean	**1.3027**	2000	629	388	1031	96	0.937	2.26
235	Wigginton	Ty	**1.2980**	2013	683	405	1147	87	0.947	2.27
236	High	Andy	**1.2937**	1934	790	725	1307	93	0.956	2.57
237	Blowers	Mike	**1.2919**	1999	616	356	935	85	0.938	2.10
238	Killebrew	Harmon	**1.2895**	1971	791	607	1388	127	0.940	2.52
239	Davis	Russ	**1.2869**	2001	556	264	901	85	0.932	2.10
240	Joyce	Bill	**1.2830**	1898	733	1041	1453	438	0.851	3.40
241	Robertson	Gene	**1.2822**	1930	571	638	989	102	0.941	2.85
242	Royster	Jerry	**1.2800**	1988	634	465	950	73	0.951	2.23
243	Jablonski	Ray	**1.2795**	1960	630	474	1069	105	0.936	2.45
244	Hart	Jim Ray	**1.2779**	1973	683	564	1187	134	0.929	2.56
245	Gilliam	Jim	**1.2712**	1966	761	533	1265	90	0.952	2.36
246	Johnson	Howard	**1.2700**	1995	1031	561	1576	163	0.929	2.07
247	Reynolds	Mark	**1.2582**	**2014**	751	432	1215	124	0.930	2.19
248	Hale	Sammy	**1.2578**	1930	704	686	1373	133	0.939	2.92
249	Iorg	Garth	**1.2526**	1987	556	259	723	46	0.955	1.77
250	Lavagetto	Cookie	**1.2522**	1947	675	718	1168	128	0.936	2.79
251	Encarnacion	Edwin	**1.2478**	2013	674	491	1129	114	0.934	2.40
252	Magadan	Dave	**1.2325**	2001	709	344	1034	71	0.951	1.94
253	Freese	Gene	**1.2307**	1966	781	589	1341	136	0.934	2.47

Notes: Career Field Value possible maximum for 3rd Basemen is 1.7000. All players listed with minimum of 500 Adjusted Games Played.

Best Career Fielding – Shortstop Top Ten

1. Troy Tulowitzki (2006-2014)

It most likely won't end up this way so don't get your ire up on the diss for Ozzie Smith. Now we're not saying that Troy Tulowitzki is not a very good fielder, actually much better than he's given credit for in current times. To be 40 points above in Range Factor per Game over the rest of baseball, even at the age of 29, is remarkable. But at his age 29 season, Ozzie's Field Value factor was higher, dipping with age and career length. It's more than likely the man from Colorado will do the same. Where will he end up on the chart? If Troy dips at the same ratio as Ozzie, he'll end up at #23, right in Omar Vizquel territory. That's pretty good company anyway. So Rockies fans, enjoy this ranking today, because Ozzie will eventually take sway, in most circumstances, and the ire on the diss toward the magician from St. Louis will dim. At least we hope it will.

Troy Tulowitzki Fielding Details

Year	CUM GP	PO	A	E	CUM FPCT	CUM RF	Year Field Value
2006	25	47	69	2	0.983	4.64	1.37
2007	180	309	630	13	0.986	5.22	1.75
2008	281	499	941	21	0.986	5.12	1.75
2009	432	714	1374	30	0.986	4.83	1.71
2010	554	925	1762	40	0.985	4.85	1.75
2011	694	1186	2179	46	0.987	4.85	1.75
2012	741	1262	2319	54	0.985	4.83	1.32
2013	862	1445	2698	62	0.985	4.81	1.69
2014	951	1564	2967	66	0.986	4.76	1.73

More Stat Chart – Troy Tulowitzki (1.7030 FV)

Stats for Career	RF PG	Field Pct.	Gold Gloves	Top FV	Def. WAR
Player	4.76	0.986	2	4	13.1 (9)
League During Career	4.36	0.974			
Plus/Minus	40	14			

Note: Defensive War Stat listed cumulative through seasons when predominantly playing SS (Seasons).

Troy Vs. Ozzie Age Progression Chart

Category	Troy	Ozzie
RF Per Game Age 29	4.76	5.46
RF Per Game Career	NA	5.03
FPCT Age 29	0.986	0.977
FPCT Career	NA	0.978
Field Value Age 29	1.7030	1.7365
Field Value Career	NA	1.6876

2. Ozzie Smith (1978-1996)

Regarded as the best defensive player of All-Time by many, not only dWAR, to witness the exploits of the magnificent Ozzie was an awe inspiring experience. From the back flip to his position at the start of the game to the back flips, twists, and turns as he covered the diamond like nobody else from the hole between short and third to the right side of the second base bag. Ozzie Smith is not in Cooperstown because of his bat. It's that impressive glove work, gold for not only the seasons he won the award, but for All-Time.

More Stat Chart – Ozzie Smith (1.6876 FV)

Stats for Career	RF PG	Field Pct.	Gold Gloves	Top FV	Def. WAR
Player	5.03	0.978	13	7	43.4 (19)
League During Career	4.77	0.966			
Plus/Minus	26	12			

Note: Defensive War Stat listed cumulative through seasons when predominantly playing SS (Seasons).

3. Cal Ripken, Jr. (1981-2001)

It's much more than his glove for Cal as we all know. The longevity, the home runs and clutch hits, the diligent every day aspect of the man who ran the shortstop, then third sack lineup toll booth in Baltimore for twenty-one years. But Ripken was also a top notch defender, which somehow seemed incongruous due to his size and relative lack of foot speed. Only 36 stolen bases for his career and caught more than he stole. Yes, his range was average at best, but that does not diminish his steady and accurate approach to the position. Remember, Career Field Value is a weighted average of season values, not a counting stat. It measures a career, and what a career manning the shortstop position did Cal Ripken have.

More Stat Chart – Cal Ripken, Jr. (1.6822 FV)

Stats for Career	RF PG	Field Pct.	Gold Gloves	Top FV	Def. WAR
Player	4.62	0.979	2	3	33.9 (16)
League During Career	4.66	0.969			
Plus/Minus	-4	10			

Note: Defensive War Stat listed cumulative through seasons when predominantly playing SS (Seasons).

4. Bob Allen (1890-1900)

Okay, so we didn't know who he was when the stats kicked out the list. Last year played was 1900 and he played most of his career for the Philadelphia Phillies, plus his name sounds like your accountant. Bob was no Ruth with the bat either, hitting only 0.241 for his career, although he was considered a power hitter. Little known fact: Allen played youth baseball with future President Warren G. Harding. Okay, kids, get out your presidential history book now for another name from the past you may not know a whole lot about. But back to Bob. He had remarkable range, 49 points higher in per game factor than the rest of baseball, and that goes a long way toward making Bob the #4 best fielding shortstop in history.

More Stat Chart – Bob Allen (1.6732 FV)

Stats for Career	RF PG	Field Pct.	Gold Gloves	Top FV	Def. WAR
Player	5.91	0.915	NA	2	6.9 (7)
League During Career	5.42	0.897			
Plus/Minus	49	18			

Note: Defensive War Stat listed cumulative through seasons when predominantly playing SS (Seasons).

5. Rabbit Maranville (1912-1935)

Don't you just love the name. Rabbit. Run Rabbit Run. And that's just what Maranville did, not only on the defensive side of the ball, 20 points up over the field in Range Factor per game, but on the base paths, too, with 291 steals. Only 5'5" tall, Maranville had the record for most seasons played in the National League until Pete Rose broke the record in 1986.

More Stat Chart – Rabbit Maranville (1.6682 FV)

Stats for Career	RF PG	Field Pct.	Gold Gloves	Top FV	Def. WAR
Player	5.80	0.952	NA	3	27.5 (19)
League During Career	5.60	0.940			
Plus/Minus	20	12			

Note: Defensive War Stat listed cumulative through seasons when predominantly playing SS (Seasons).

6. Hughie Jennings (1891-1918)

Playing in much the same era as Bob Allen, Jennings began his baseball career in the American Association in 1891 with the Louisville Colonels. His one remarkable stat is that he got to 10% more balls than the average shortstop at the time, although his time at shortstop pretty much concluded by 1899 when he became a first baseman. Fact outside fielding about Hugh; in 1896, he was hit by a still record 51 pitches. Fact inside the fielding realm; Jennings was the highest rated shortstop in baseball for four straight years from 1894-1897.

More Stat Chart – Hughie Jennings (1.6586 FV)

Stats for Career	RF PG	Field Pct.	Gold Gloves	Top FV	Def. WAR
Player	6.16	0.922	NA	4	9.7 (8)
League During Career	5.58	0.900			
Plus/Minus	58	22			

Note: Defensive War Stat listed cumulative through seasons when predominantly playing SS (Seasons).

7. Eddie Miller (1936-1950)

Miller was the best shortstop in baseball during the World War II years, from 1940-1943 rated tops in Field Value. He was a 7 time All-Star and finished 10th in the MVP voting in 1943, even though batting only 0.224.

More Stat Chart – Eddie Miller (1.6572 FV)

Stats for Career	RF PG	Field Pct.	Gold Gloves	Top FV	Def. WAR
Player	5.36	0.972	NA	4	19.0 (14)
League During Career	5.26	0.954			
Plus/Minus	10	18			

Note: Defensive War Stat listed cumulative through seasons when predominantly playing SS (Seasons). Gold Glove awards were not awarded until 1957.

8. Jack Glasscock (1879-1895)

Now we're really talking old-timer. Born in 1857 in Wheeling, West Virginia, although prior to the Civil War (and this was prior to the conflict), West Virginia was still part of Virginia. He would start his career with the Cleveland Blues, get the nickname Pebbly Jack, and be the top rated fielder for six straight years from 1881-1886, plus again in 1889. Why Pebbly Jack? Habit of picking up pebbles and pocketing them so he didn't get bad hops. And yes, he did play a whole lot of games without a glove.

More Stat Chart – Jack Glasscock (1.6561 FV)

Stats for Career	RF PG	Field Pct.	Gold Gloves	Top FV	Def. WAR
Player	5.19	0.910	NA	7	22.6 (16)
League During Career	4.90	0.883			
Plus/Minus	29	27			

Note: Defensive War Stat listed cumulative through seasons when predominantly playing SS (Seasons).

9. George Wright (1871-1882)

All the way back to the beginning now, George Wright was the best fielder in baseball at its National Association inception. Yes, it is hard to relate. Very few players used gloves then and the fielding percentages looked so bad, you thought you were at a Little League t-ball game. George Wright played for the Boston Red Stockings in 1875, on what many think was one of the best teams ever, going 71-8. At times during the Civil War and prior to the professional leagues starting in 1871, George and older brother Harry played for the Gothams, the 2nd oldest baseball team in history. Today, a vintage baseball team plays under that name in New York City, using the same rules as George and brother Harry did during those years.

More Stat Chart – George Wright (1.6556 FV)

Stats for Career	RF PG	Field Pct.	Gold Gloves	Top FV	Def. WAR
Player	4.90	0.870	NA	4	8.3 (11)
League During Career	4.65	0.825			
Plus/Minus	25	45			

Note: Defensive War Stat listed cumulative through seasons when predominantly playing SS (Seasons).

10. Ernie Banks (1953-1971)

Yes, we've seen him before, and, yes, this is the position which we associate Ernie with. It's odd, in some ways, that Ernie should show up so high on fielding lists when during his time he wasn't given this amount of do. He got some do, winning one Gold Glove, and perhaps would have won more prior to its inception, since there were two top shortstop in Field Value years during his shortstop days, 1953-1961, as well. Banks was a sure-handed, not rangy shortstop, below league average per game and only even per 9 IP, but that only tells part of the story. And the whole story tells it better, Mr. Cub #10 best fielding shortstop in history.

More Stat Chart – Ernie Banks (1.6542 FV)

Stats for Career	RF PG	Field Pct.	Gold Gloves	Top FV	Def. WAR
Player	4.91	0.969	1	2	12.3 (9)
League During Career	4.97	0.962			
Plus/Minus	-8	7			

Note: Defensive War Stat listed cumulative through seasons when predominantly playing SS (Seasons).

Top Fielding Shortstops in History

Rank	Player	First	Career PosFV	Last Year	CUM GP	PO	A	E	CUM FPCT	CUM RF(pg)
1	Tulowitzki	Troy	1.7030	2014	951	1564	2967	66	0.986	4.76
2	Smith	Ozzie	1.6876	1996	2511	4249	8375	281	0.978	5.03
3	Ripken Jr.	Cal	1.6822	1997	2302	3651	6977	225	0.979	4.62
4	Allen	Bob	1.6732	1900	604	1399	2169	330	0.915	5.91
5	Maranville	Rabbit	1.6682	1931	2153	5139	7354	631	0.952	5.80
6	Jennings	Hughie	1.6586	1907	899	2390	3147	470	0.922	6.16
7	Miller	Eddie	1.6572	1950	1395	2976	4500	217	0.972	5.36
8	Glasscock	Jack	1.6561	1895	1628	2821	5630	832	0.910	5.19
9	Wright	George	1.6556	1882	530	714	1878	395	0.868	4.89
10	Banks	Ernie	1.6542	1961	1125	2087	3441	174	0.969	4.91
11	Aparicio	Luis	1.6530	1973	2583	4548	8016	366	0.972	4.86
12	McMillan	Roy	1.6520	1966	2028	3705	6191	290	0.972	4.88
13	Fernandez	Tony	1.6469	1997	1573	2708	4511	151	0.980	4.59
14	Davis	George	1.6457	1908	1372	3231	4787	511	0.940	5.84
15	Bowa	Larry	1.6449	1985	2222	3314	6857	211	0.980	4.58
16	Bell	Jay	1.6348	2003	1515	2309	4595	176	0.975	4.56
17	Burleson	Rick	1.6341	1986	1192	2151	3871	179	0.971	5.05
18	McBride	George	1.6340	1920	1626	3585	5274	484	0.948	5.45
19	Scott	Everett	1.6330	1926	1643	3351	5053	306	0.965	5.12
20	Boudreau	Lou	1.6327	1952	1539	3132	4760	223	0.973	5.13
21	Wallace	Bobby	1.6301	1918	1826	4142	6303	685	0.938	5.72
22	Logan	Johnny	1.6276	1963	1380	2612	4397	256	0.965	5.08
23	Vizquel	Omar	1.6255	2012	2709	4102	7678	183	0.985	4.35
24	Bordick	Mike	1.6252	2003	1577	2604	4410	128	0.982	4.45
25	Bartell	Dick	1.6216	1943	1679	3872	5590	471	0.953	5.64
26	Bancroft	Dave	1.6210	1930	1873	4623	6561	660	0.944	5.97
27	Dent	Bucky	1.6188	1984	1382	2116	4332	156	0.976	4.67
28	Hansen	Ron	1.6166	1972	1143	2011	3503	185	0.968	4.82
29	Marion	Marty	1.6161	1952	1547	2986	4829	252	0.969	5.05
30	Rodriguez	Alex	1.6121	2005	1272	2014	3604	131	0.977	4.42
31	Sewell	Joe	1.6089	1928	1216	2591	3933	333	0.951	5.37
32	Doolan	Mickey	1.6076	1916	1625	3578	5290	570	0.940	5.46
33	Jackson	Travis	1.6075	1936	1326	2878	4636	381	0.952	5.67
34	Groat	Dick	1.6058	1967	1877	3505	5811	374	0.961	4.96
35	Lanier	Hal	1.6055	1973	655	1091	2083	96	0.971	4.85
36	Ramirez	Alexei	1.6039	2014	949	1352	2734	106	0.975	4.31
37	Jurges	Billy	1.6034	1947	1540	3133	4959	305	0.964	5.25
38	Force	Davy	1.6033	1886	716	916	2471	392	0.896	4.73
39	Foli	Tim	1.6016	1985	1524	2687	4804	210	0.973	4.92
40	DiSarcina	Gary	1.6003	2000	1069	1631	3172	131	0.973	4.49
41	Belanger	Mark	1.5999	1982	1942	3005	5786	210	0.977	4.53
42	Brinkman	Ed	1.5989	1975	1795	2924	5466	259	0.970	4.67
43	Wilson	Jack	1.5980	2012	1274	1813	4055	136	0.977	4.61
44	Cardenas	Leo	1.5957	1975	1843	3218	5303	259	0.971	4.62
45	Tinker	Joe	1.5932	1916	1743	3758	5848	635	0.938	5.51
46	Wagner	Honus	1.5922	1917	1887	4576	6041	676	0.940	5.63
47	Kerr	Buddy	1.5917	1951	1038	2045	3297	185	0.967	5.15
48	Schofield	Dick	1.5904	1996	1348	2140	3873	146	0.976	4.46
49	Yount	Robin	1.5896	1984	1479	2588	4794	272	0.964	4.99
50	Metzger	Roger	1.5889	1980	1173	1845	3535	135	0.976	4.59
51	Reese	Pee Wee	1.5879	1958	2014	4040	5891	388	0.962	4.93
52	Rizzuto	Phil	1.5868	1956	1647	3219	4666	263	0.968	4.79
53	Bush	Donie	1.5857	1921	1867	4038	6119	689	0.936	5.44
54	Concepcion	Dave	1.5849	1988	2178	3670	6594	311	0.971	4.71
55	Perez	Neifi	1.5846	2007	1115	1785	3283	117	0.977	4.55
56	Kessinger	Don	1.5833	1979	1955	3151	6212	334	0.966	4.79
57	Kuenn	Harvey	1.5826	1961	748	1343	2116	129	0.964	4.62
58	Fregosi	Jim	1.5826	1973	1396	2397	4169	251	0.963	4.70
59	Corcoran	Tommy	1.5805	1906	2073	4550	7106	956	0.924	5.62
60	Pesky	Johnny	1.5801	1954	591	1175	1810	111	0.964	5.05

Rank	Player	First	Career PosFV	Last Year	CUM GP	PO	A	E	CUM FPCT	CUM RF(pg)
61	Carrasquel	Chico	1.5796	1959	1241	2131	3619	185	0.969	4.63
62	Dahlen	Bill	1.5774	1911	2132	4850	7500	975	0.927	5.79
63	Rogell	Billy	1.5770	1940	1235	2362	3886	287	0.956	5.06
64	Rollins	Jimmy	1.5748	2014	2058	2773	5702	143	0.983	4.12
65	Duffy	Frank	1.5746	1978	839	1292	2445	87	0.977	4.45
66	Trammell	Alan	1.5744	1996	2139	3391	6172	227	0.977	4.47
67	Petrocelli	Rico	1.5735	1976	774	1283	2283	113	0.969	4.61
68	Alley	Gene	1.5728	1973	977	1609	3198	149	0.970	4.92
69	Guillen	Ozzie	1.5715	2000	1896	2911	5335	222	0.974	4.35
70	Fletcher	Art	1.5673	1922	1448	2836	5134	521	0.939	5.50
71	Peters	John	1.5672	1884	557	758	1868	377	0.874	4.71
72	Young	Michael	1.5655	2013	793	1122	2278	81	0.977	4.29
73	Hollocher	Charlie	1.5649	1924	751	1587	2569	202	0.954	5.53
74	Smith	Germany	1.5645	1898	1665	2813	6154	971	0.902	5.39
75	Speier	Chris	1.5638	1989	1900	3057	5781	275	0.970	4.65
76	Lary	Lyn	1.5614	1940	1138	2373	3388	268	0.956	5.06
77	Valentin	John	1.5611	2002	580	914	1707	76	0.972	4.52
78	Wagner	Heinie	1.5605	1916	822	1950	2629	356	0.928	5.57
79	Dark	Alvin	1.5604	1959	1404	2672	4168	286	0.960	4.87
80	Vaughan	Arky	1.5601	1943	1485	2995	4780	397	0.951	5.24
81	Stephens	Vern	1.5598	1953	1330	2385	4150	269	0.960	4.91
82	Turner	Terry	1.5590	1919	741	1376	2452	191	0.952	5.17
83	Cronin	Joe	1.5589	1942	1843	3696	5814	485	0.951	5.16
84	Hardy	J.J.	1.5587	2014	1244	1722	3512	96	0.982	4.21
85	Tejada	Miguel	1.5582	2011	1946	2896	5803	255	0.972	4.47
86	Peralta	Jhonny	1.5574	2014	1304	1929	3684	116	0.980	4.30
87	DeJesus	Ivan	1.5564	1988	1303	1839	4036	228	0.963	4.51
88	Gagne	Greg	1.5560	1997	1765	2559	4930	214	0.972	4.24
89	Ryan	Brendan	1.5557	2014	699	926	2052	68	0.978	4.26
90	Long	Herman	1.5550	1903	1794	4225	6136	1070	0.906	5.78
91	Wills	Maury	1.5543	1972	1555	2550	4804	284	0.963	4.73
92	Owen	Spike	1.5535	1995	1373	2087	3814	139	0.977	4.30
93	Durocher	Leo	1.5527	1943	1509	3097	4431	307	0.961	4.99
94	Clayton	Royce	1.5514	2007	2053	3095	5902	242	0.974	4.38
95	Joost	Eddie	1.5509	1955	1297	2755	3844	291	0.958	5.09
96	Peckinpaugh	Roger	1.5488	1927	1982	3919	6337	553	0.949	5.17
97	Kubek	Tony	1.5474	1965	882	1544	2734	144	0.967	4.85
98	Cabrera	Orlando	1.5439	2011	1844	2825	5098	188	0.977	4.30
99	Sanchez	Rey	1.5439	2005	984	1496	2866	83	0.981	4.43
100	Sand	Heinie	1.5436	1928	772	1811	2443	258	0.943	5.51
101	Templeton	Garry	1.5426	1991	1964	3393	6041	384	0.961	4.80
102	Cruz	Deivi	1.5376	2005	1124	1543	3204	107	0.978	4.22
103	Andrus	Elvis	1.5364	2014	892	1430	2362	111	0.972	4.25
104	Gonzalez	Alex	1.5354	2006	1262	2011	3543	143	0.975	4.40
105	Bridwell	Al	1.5351	1914	1094	2267	3351	366	0.939	5.14
106	Santana	Rafael	1.5340	1990	639	1014	1697	87	0.969	4.24
107	Ordonez	Rey	1.5332	2004	963	1457	2643	102	0.976	4.26
108	Campaneris	Bert	1.5322	1981	2097	3608	6160	365	0.964	4.66
109	Chapman	Ray	1.5288	1920	957	2204	2950	336	0.939	5.39
110	Larkin	Barry	1.5267	2004	2085	3148	5858	235	0.975	4.32
111	Escobar	Alcides	1.5255	2014	810	1181	2154	89	0.974	4.12
112	Franco	Julio	1.5254	1987	715	1161	2020	134	0.960	4.45
113	Cross	Monte	1.5247	1907	1676	3975	5369	810	0.920	5.58
114	Smalley	Roy	1.5241	1987	1069	1688	3274	174	0.966	4.64
115	Irwin	Arthur	1.5239	1894	947	1301	3093	594	0.881	4.64
116	Maxvill	Dal	1.5239	1975	1207	1759	3405	145	0.973	4.28
117	Ward	John	1.5233	1891	826	1422	2641	530	0.885	4.92
118	Appling	Luke	1.5217	1950	2218	4398	7218	643	0.948	5.24
119	Patek	Freddie	1.5206	1981	1588	2690	4786	293	0.962	4.71
120	Escobar	Yunel	1.5190	2014	1016	1445	2777	100	0.977	4.16
121	DeMaestri	Joe	1.5185	1961	1029	1689	2852	156	0.967	4.41
122	Russell	Bill	1.5173	1986	1746	2536	5546	339	0.960	4.63
123	Ely	Bones	1.5155	1902	1236	2581	4323	578	0.923	5.59

Rank	Player	First	Career PosFV	Last Year	CUM GP	PO	A	E	CUM FPCT	CUM RF(pg)
124	Wine	Bobby	1.5153	1972	1067	1754	2974	141	0.971	4.43
125	Griffin	Alfredo	1.5140	1993	1861	3207	5186	340	0.961	4.51
126	Gelbert	Charlie	1.5113	1940	680	1405	2125	182	0.951	5.19
127	Izturis	Cesar	1.5105	2013	1149	1514	3077	90	0.981	4.00
128	Dunston	Shawon	1.5094	2002	1363	2287	3731	205	0.967	4.42
129	Versalles	Zoilo	1.5083	1971	1265	2126	3645	268	0.956	4.56
130	Stallcup	Virgil	1.5081	1952	556	968	1608	94	0.965	4.63
131	Tavener	Jackie	1.5076	1929	626	1238	1908	163	0.951	5.03
132	Uribe	Juan	1.5073	2012	917	1480	2621	104	0.975	4.47
133	Weaver	Buck	1.5064	1920	822	1878	2570	311	0.935	5.41
134	Knickerbocker	Bill	1.5056	1942	649	1205	2043	152	0.955	5.00
135	Harrelson	Bud	1.5056	1980	1400	2387	3975	203	0.969	4.54
136	Ford	Hod	1.5035	1933	846	1821	2644	185	0.960	5.28
137	Uribe	Jose	1.5030	1993	1015	1436	2821	136	0.969	4.19
138	O'Leary	Charley	1.5027	1913	737	1709	2241	273	0.935	5.36
139	Meares	Pat	1.5016	2000	884	1432	2469	142	0.965	4.41
140	Urbanski	Billy	1.5002	1936	653	1386	2001	182	0.949	5.19
141	Wright	Glenn	1.4997	1933	1051	2156	3473	351	0.941	5.36
142	Rigney	Topper	1.4985	1927	660	1150	2017	157	0.953	4.80
143	Fennelly	Frank	1.4976	1890	769	1013	2615	590	0.860	4.72
144	Eckstein	David	1.4976	2008	974	1431	2667	93	0.978	4.21
145	Fletcher	Scott	1.4962	1995	839	1191	2212	101	0.971	4.06
146	Espinoza	Alvaro	1.4960	1997	624	890	1717	77	0.971	4.18
147	Stocker	Kevin	1.4955	2000	838	1202	2440	116	0.969	4.35
148	Elster	Kevin	1.4953	2000	895	1306	2351	98	0.974	4.09
149	Weiss	Walt	1.4934	2000	1462	2057	4009	190	0.970	4.15
150	Aybar	Erick	1.4928	2014	980	1488	2496	110	0.973	4.07
151	Grudzielanek	Mark	1.4923	2007	626	871	1768	107	0.961	4.22
152	Houck	Sadie	1.4915	1887	526	679	1748	386	0.863	4.61
153	Buddin	Don	1.4879	1962	678	1229	1988	155	0.954	4.74
154	Reynolds	Craig	1.4870	1989	1240	1741	3484	182	0.966	4.21
155	Thevenow	Tommy	1.4868	1938	848	1751	2818	243	0.950	5.39
156	Parent	Freddy	1.4857	1910	1129	2253	3788	473	0.927	5.35
157	English	Woody	1.4857	1938	826	1693	2523	191	0.957	5.10
158	Lipon	Johnny	1.4840	1953	717	1350	2143	140	0.961	4.87
159	Jeter	Derek	1.4814	2014	2674	3819	6606	254	0.976	3.90
160	Michael	Gene	1.4786	1975	844	1402	2576	155	0.962	4.71
161	Olson	Ivy	1.4773	1924	1054	2389	3313	417	0.932	5.41
162	Crosetti	Frankie	1.4768	1948	1516	3061	4484	402	0.949	4.98
163	Berra	Dale	1.4764	1987	591	883	1754	114	0.959	4.46
164	Travis	Cecil	1.4748	1947	710	1347	2128	162	0.955	4.89
165	Fermin	Felix	1.4723	1996	815	1230	2199	104	0.971	4.21
166	Betancourt	Yuniesky	1.4716	2013	952	1448	2582	127	0.969	4.23
167	Pagan	Jose	1.4698	1968	662	1085	1702	107	0.963	4.21
168	Hernandez	Enzo	1.4689	1978	683	1068	2080	119	0.964	4.61
169	Veryzer	Tom	1.4673	1984	927	1372	2579	140	0.966	4.26
170	Garciaparra	Nomar	1.4672	2008	1055	1604	2955	149	0.968	4.32
171	Crosby	Bobby	1.4653	2010	604	876	1770	79	0.971	4.38
172	Barry	Jack	1.4645	1915	877	1599	2607	290	0.935	4.80
173	Everett	Adam	1.4639	2011	827	1161	2315	85	0.976	4.20
174	Guzman	Cristian	1.4627	2010	1295	1922	3490	165	0.970	4.18
175	Furcal	Rafael	1.4623	2012	1554	2375	4678	249	0.966	4.54
176	Fernandez	Chico	1.4606	1963	810	1403	2082	146	0.960	4.30
177	Howser	Dick	1.4605	1968	548	975	1428	93	0.963	4.39
178	Strickland	George	1.4603	1960	679	1149	1941	120	0.963	4.55
179	Lee	Manuel	1.4589	1994	522	718	1340	59	0.972	3.94
180	Jeltz	Steve	1.4587	1990	604	855	1515	70	0.971	3.92
181	Gerber	Wally	1.4584	1929	1447	2960	4319	439	0.943	5.03
182	Gonzalez	Alex	1.4575	2014	1548	2259	4272	193	0.971	4.22
183	Thon	Dickie	1.4568	1993	1143	1608	3198	173	0.965	4.20
184	Held	Woodie	1.4555	1969	539	902	1472	98	0.960	4.40
185	Drew	Stephen	1.4550	2014	967	1312	2556	83	0.979	4.00
186	Hoffman	Glenn	1.4550	1989	615	932	1597	88	0.966	4.11

Rank	Player	First	Career PosFV	Last Year	CUM GP	PO	A	E	CUM FPCT	CUM RF(pg)
187	Warstler	Rabbit	1.4543	1940	705	1421	2267	225	0.942	5.23
188	Castro	Starlin	1.4540	2014	735	1102	2047	120	0.963	4.28
189	Pennington	Cliff	1.4540	2014	540	766	1545	75	0.969	4.28
190	Renteria	Edgar	1.4513	2011	2114	2961	5702	272	0.970	4.10
191	Johnson	Ernie	1.4509	1925	624	1196	1869	183	0.944	4.91
192	Harrah	Toby	1.4496	1985	813	1331	2403	155	0.960	4.59
193	Wise	Sam	1.4474	1891	563	908	1672	422	0.859	4.58
194	Kress	Red	1.4462	1940	835	1761	2357	243	0.944	4.93
195	Valentin	Jose	1.4451	2005	1216	1838	3563	234	0.958	4.44
196	Rodgers	Andre	1.4448	1967	619	1065	1870	136	0.956	4.74
197	Taveras	Frank	1.4444	1982	1113	1640	3099	236	0.953	4.26
198	McKean	Ed	1.4425	1899	1564	2820	4853	855	0.900	4.91
199	Thomas	Andres	1.4415	1990	548	841	1632	109	0.958	4.51
200	Fuller	Shorty	1.4410	1896	924	1768	3047	592	0.891	5.21
201	LeMaster	Johnnie	1.4410	1987	992	1545	2811	179	0.961	4.39
202	Ramirez	Rafael	1.4394	1992	1386	2159	3978	301	0.953	4.43
203	Gleason	Bill	1.4385	1889	796	920	2360	535	0.860	4.12
204	Cabrera	Asdrubal	1.4381	2014	731	1071	2002	83	0.974	4.20
205	Gomez	Chris	1.4381	2008	1061	1499	2778	123	0.972	4.03
206	Aurilia	Rich	1.4367	2007	1095	1607	2926	123	0.974	4.14
207	Kasko	Eddie	1.4361	1966	544	918	1461	72	0.971	4.37
208	Newsome	Skeeter	1.4349	1947	902	1736	2713	190	0.959	4.93
209	Elberfeld	Kid	1.4327	1914	944	2184	3080	458	0.920	5.58
210	Bressoud	Eddie	1.4324	1967	1002	1630	2633	164	0.963	4.25
211	Desmond	Ian	1.4316	2014	758	1092	2030	120	0.963	4.12
212	Vizcaino	Jose	1.4310	2006	948	1188	2525	105	0.972	3.92
213	Hunter	Billy	1.4294	1958	528	877	1438	101	0.958	4.38
214	Berroa	Angel	1.4292	2009	706	1077	2029	112	0.965	4.40
215	Hamner	Granny	1.4286	1959	934	1572	2811	248	0.946	4.69
216	Brown	Larry	1.4263	1974	712	1131	1855	112	0.964	4.19
217	Galloway	Chick	1.4256	1928	993	2058	2839	296	0.943	4.93
218	Grammas	Alex	1.4253	1963	671	972	1569	85	0.968	3.79
219	Menke	Denis	1.4188	1974	841	1218	2355	144	0.961	4.25
220	Spencer	Daryl	1.4164	1962	558	940	1551	123	0.953	4.46
221	Lavan	Doc	1.4162	1924	1126	2451	3628	455	0.930	5.40
222	Reyes	Jose	1.4140	2014	1393	1848	3766	159	0.972	4.03
223	Miranda	Willy	1.4135	1959	768	1117	1916	119	0.962	3.95
224	McNair	Eric	1.4122	1942	669	1269	1879	168	0.949	4.71
225	Barmes	Clint	1.4106	2014	730	942	2090	91	0.971	4.15
226	Washington	U L	1.4103	1987	737	1005	2077	141	0.956	4.18
227	Hulswitt	Rudy	1.4098	1910	590	1374	1787	294	0.915	5.36
228	Nelson	Candy	1.4039	1890	560	668	1680	346	0.872	4.19
229	Myers	Billy	1.4019	1941	712	1397	2220	208	0.946	5.08
230	Merullo	Lennie	1.4012	1947	601	1150	1808	172	0.945	4.92
231	Almon	Bill	1.3948	1988	616	911	1673	119	0.956	4.19
232	Picciolo	Rob	1.3946	1985	531	737	1147	59	0.970	3.55
233	Rowe	Jack	1.3920	1890	657	770	1944	364	0.882	4.13
234	Hernandez	Jose	1.3917	2006	836	1141	2174	103	0.970	3.97
235	Jackson	Sonny	1.3903	1973	630	984	1801	149	0.949	4.42
236	Schofield	Dick	1.3890	1971	660	1019	1793	115	0.961	4.26
237	Amaro	Ruben	1.3872	1969	705	1146	1762	100	0.967	4.12
238	McAuliffe	Dick	1.3869	1974	666	992	1685	126	0.955	4.02
239	Blauser	Jeff	1.3851	1999	1100	1323	2735	152	0.964	3.69
240	Oyler	Ray	1.3825	1970	502	659	1207	66	0.966	3.72
241	Boley	Joe	1.3808	1932	527	918	1330	102	0.957	4.27
242	Stillwell	Kurt	1.3797	1996	690	929	1697	116	0.958	3.81
243	Guerrero	Mario	1.3768	1980	576	878	1488	96	0.961	4.11
244	Lake	Eddie	1.3706	1950	609	1040	1719	155	0.947	4.53
245	Rivera	Luis	1.3681	1998	684	929	1831	113	0.961	4.04
246	Offerman	Jose	1.3650	1996	607	880	1605	149	0.943	4.09
247	Greene	Khalil	1.3647	2009	678	911	1883	72	0.975	4.12
248	Woodward	Woody	1.3619	1971	521	720	1310	55	0.974	3.90
249	Bartlett	Jason	1.3614	2012	865	1197	2367	118	0.968	4.12

Rank	Player	First	Career PosFV	Last Year	CUM GP	PO	A	E	CUM FPCT	CUM RF(pg)
250	Lugo	Julio	1.3598	2011	1109	1749	2864	172	0.964	4.16
251	Dente	Sam	1.3587	1955	563	946	1524	109	0.958	4.39
252	Ramirez	Hanley	1.3569	2014	1077	1592	2689	147	0.967	3.97
253	Belliard	Rafael	1.3565	1998	896	926	1886	76	0.974	3.14
254	Scutaro	Marco	1.3552	2012	683	885	1834	73	0.974	3.98
255	Gutierrez	Ricky	1.3543	2004	878	1206	2166	114	0.967	3.84
256	Anderson	Dave	1.3510	1992	502	665	1206	58	0.970	3.73
257	Kopf	Larry	1.3492	1923	664	1351	2054	266	0.928	5.13
258	Lillis	Bob	1.3459	1967	530	859	1386	97	0.959	4.24
259	Cedeno	Ronny	1.3452	2014	653	848	1757	84	0.969	3.99
260	Mendoza	Mario	1.3416	1982	606	645	1452	85	0.961	3.46
261	Smalley	Roy	1.3409	1958	820	1435	2291	207	0.947	4.54
262	Sullivan	John	1.3385	1949	531	1063	1516	158	0.942	4.86
263	Guillen	Carlos	1.3304	2007	856	1183	2255	120	0.966	4.02
264	Lewis	Phil	1.3296	1908	505	1001	1488	198	0.926	4.93
265	Mason	Jim	1.3169	1979	576	823	1436	97	0.959	3.92
266	Cedeno	Andujar	1.3158	1996	599	709	1575	116	0.952	3.81
267	Cora	Alex	1.3107	2011	616	775	1456	64	0.972	3.62
268	Duncan	Mariano	1.2961	1995	540	742	1436	112	0.951	4.03
269	Koenig	Mark	1.2931	1936	747	1457	2193	286	0.927	4.89
270	Stanley	Fred	1.2908	1982	648	757	1345	62	0.971	3.24
271	Chaney	Darrel	1.2867	1979	621	854	1614	106	0.959	3.97
272	Hernandez	Jackie	1.2843	1973	517	852	1283	125	0.945	4.13
273	Shugart	Frank	1.2809	1901	550	1173	1764	391	0.883	5.34
274	Lopez	Felipe	1.2195	2010	627	798	1580	100	0.960	3.79

Notes: Career Field Value possible maximum for Shortstops is 1.7500. All players listed with minimum of 500 Adjusted Games Played.

Best Career Fieldeing – Catchers Top Ten

1. Roy Campanella (1948-1957)

He was on his way to one of the most remarkable careers for a catcher in history, and even though it ended before it should have, he still had one. And not only behind the plate. Campanella hit 242 HR, knocked in 856 runs, and had an OBP of 0.360. He was the MVP of the league three times and an All-Star every year except his first and last. But this really isn't a Troy vs. Ozzie situation at the top of the fielding list. Campanella started out as an old rookie, 26 years of age, and his career ended at the age of 35. So at most you can say, he missed a few likely poorer statistical years at the beginning. His range was grand, arm strong, and glove plus arm accurate. We know it's not the greatest tool to state due to dependence on the type of staff, of which Campanella caught a very good one, but his Range Factor was 56 points higher than the league average, and a good part of that had to do with Campanella.

Roy Campanella Fielding Details

Year	CUM GP	PO	A	E	CUM FPCT	CUM RF	CUM CS%	Year Field Value
1948	78	413	45	9	0.981	5.87	0.667	1.97
1949	205	1097	100	20	0.984	5.84	0.623	2.10
1950	328	1780	154	31	0.984	5.90	0.624	2.03
1951	468	2502	226	42	0.985	5.83	0.643	2.10
1952	590	3164	281	46	0.987	5.84	0.644	2.10
1953	730	3971	338	56	0.987	5.90	0.628	2.10
1954	841	4571	396	63	0.987	5.91	0.616	2.09
1955	962	5243	450	69	0.988	5.92	0.604	2.10
1956	1083	5902	499	80	0.988	5.91	0.588	1.97
1957	1183	6520	550	85	0.988	5.98	0.574	1.95

More Stat Chart – Roy Campanella (2.0572 FV)

Stats for Career	RF PG	Field Pct.	CS%	Gold Gloves	Top FV	Def. WAR
Player	5.98	0.988	0.57	0 (Partial)	5	5.7 (10)
League During Career	5.42	0.984	0.42			
Plus/Minus	56	4	15			

Note: Defensive War Stat listed cumulative through seasons when predominantly playing C (Seasons). Gold Gloves were only awarded during his final year.

2. Ray Schalk (1912-1929)

Defense first would be a good way to describe Schalk, as he played his 18 seasons for all but his last with the Chicago White Sox. Schalk was rated as the best fielding catcher five times during that span in Field Value. Schalk is noted as one of the first small, fleet, and agile catchers and regarded by his peers as the best catcher of his time. How fleet was he? Schalk stole 30 bases in 1916, a record for catchers that stood for 66 years. He was elected to the Hall of Fame by the Veterans Committee in 1955.

More Stat Chart – Ray Schalk (2.0053 FV)

Stats for Career	RF PG	Field Pct.	CS%	Gold Gloves	Top FV	Def. WAR
Player	5.20	0.981	0.51	NA	5	13.7 (18)
League During Career	5.51	0.972	0.44			
Plus/Minus	-31	9	7			

Note: Defensive War Stat listed cumulative through seasons when predominantly playing C (Seasons).

3. Gabby Hartnett (1922-1941)

Hartnett was a composite two way player, winning the MVP award in 1935 and knocking out 236 HR, 1179 RBI, and batting 0.297. He was a plus player at all three defensive categories, with the most remarkable being his throwing out of 56% of the runners who chose to steal against him in a time when other catchers threw out 44%. Gabby, don't call him Charles Leo, was considered the best catcher in National League history prior to the career of Johnny Bench. He was elected to the Hall of Fame in 1955.

More Stat Chart – Gabby Hartnett (2.0010 FV)

Stats for Career	RF PG	Field Pct.	CS%	Gold Gloves	Top FV	Def. WAR
Player	4.77	0.984	0.56	NA	4	6.6 (20)
League During Career	4.68	0.978	0.44			
Plus/Minus	9	6	12			

Note: Defensive War Stat listed cumulative through seasons when predominantly playing C (Seasons).

4. Jim Sundberg (1974-1989)

For some reason as time goes by, the career of Jim Sundberg gets overlooked, even forgotten by those outside cities where he played. I doubt that many would state that he deserves a place this high on the list, although you might argue, for those in the know, that the ranking should be higher. Six Gold Gloves. Pretty impressive. Perhaps it's due to the fact he toiled in Texas when the Rangers weren't particularly good, although he did win a World Series title with Kansas City later in his career and is credited for helping a young pitching staff get there.

More Stat Chart – Jim Sundberg (1.9878 FV)

Stats for Career	RF PG	Field Pct.	CS%	Gold Gloves	Top FV	Def. WAR
Player	5.59	0.993	0.41	6	3	25.0 (16)
League During Career	5.84	0.985	0.35			
Plus/Minus	-25	8	6			

Note: Defensive War Stat listed cumulative through seasons when predominantly playing C (Seasons).

5. Bill Dickey (1928-1946)

He was a Yankee with pop (202 HR, 1209 RBI, 0.313 AVE career) who called the games that won a whole lot of titles. No, he isn't Babe Ruth or Lou Gehrig to Yankee fans. And the pitching staffs on those Bomber teams don't have the same cache as the hitters. But Dickey managed that staff in the House of Ruth and was a top notch defensive catcher throughout his career. And after his career, he would be a mentor and coach for a young Yankee catcher who would continue the tradition at the plate and behind it, Yogi Berra, #8 on this list.

More Stat Chart – Bill Dickey (1.9752 FV)

Stats for Career	RF PG	Field Pct.	CS%	Gold Gloves	Top FV	Def. WAR
Player	5.22	0.988	0.47	NA	4	7.6 (17)
League During Career	4.94	0.982	0.41			
Plus/Minus	28	6	6			

Note: Defensive War Stat listed cumulative through seasons when predominantly playing C (Seasons).

6. Bill Freehan (1961-1976)

Freehan was an active catcher, given lots of credit for handling the pitching staff that included Denny McClain and those thirty wins, and held the record for putouts and chances in a season for nearly thirty years. Freehan had an average arm, or at least record as a catcher who threw out runners, as noted by a career caught stealing percentage under league average, the first player on this list who could say that. Freehan won a Gold Glove five times.

More Stat Chart – Bill Freehan (1.9724 FV)

Stats for Career	RF PG	Field Pct.	CS%	Gold Gloves	Top FV	Def. WAR
Player	6.74	0.993	0.37	5	1	11.8 (15)
League During Career	6.61	0.987	0.38			
Plus/Minus	13	6	-1			

Note: Defensive War Stat listed cumulative through seasons when predominantly playing C (Seasons). In 1974, Freehan played an almost equal amount of games at catcher and 1st base. We have listed that season as a catcher, making 15 for his career in the Defensive War line.

7. Johnny Bench (1967-1983)

Regarded by many as the most complete hitting and fielding catcher in history, Bench won the Gold Glove award ten times. Yes, ten! And he might have won even more if his last three years hadn't been spent at other positions. He was the overall MVP of the league twice and a huge cog of the Big Red Machine, along with Pete Rose and Joe Morgan, for the better part of two decades, which saw them win two World Series titles. Bench was elected to the Hall of Fame in 1989 in his first year of eligibility.

More Stat Chart – Johnny Bench (1.9703 FV)

Stats for Career	RF PG	Field Pct.	CS%	Gold Gloves	Top FV	Def. WAR
Player	5.80	0.990	0.43	10	2	17.5 (14)
League During Career	6.41	0.987	0.35			
Plus/Minus	-61	3	8			

Note: Defensive War Stat listed cumulative through seasons when predominantly playing C (Seasons).

8. Yogi Berra (1946-1965)

He took over for Bill Dickey and the Yankees didn't miss a beat. Regarded as one of the top three catchers in history for his hitting and fielding, Berra is also well known for his odd, and unique, turn of phrase. He was the MVP of the American League three times, but didn't win a Gold Glove, although the fact that the Gold Glove Award did not start handing out mitts until 1957 when Berra was 32 may have had a lot to do with that.

More Stat Chart – Yogi Berra (1.9692 FV)

Stats for Career	RF PG	Field Pct.	CS%	Gold Gloves	Top FV	Def. WAR
Player	5.61	0.989	0.49	0 (Partial)	3	8.6 (17)
League During Career	5.45	0.987	0.45			
Plus/Minus	16	2	4			

Note: Defensive War Stat listed cumulative through seasons when predominantly playing C (Seasons). Defensive War stat based on all seasons, except 1961 and 1962 when Berra played OF and C.

9. Gary Carter (1974-1992)

Carter won three Gold Gloves; we think he should have won more. And Carter could rake as well. We're not sure why he didn't win more of that gold, perhaps due to the fact that he was more steady behind the plate than spectacular, with good numbers for accuracy and arm strength, but not overwhelming stats. Either way, he was Gold Glove and Hall of Fame worthy and stands #9 on the All-Time Best Fielding Catchers list.

More Stat Chart – Gary Carter (1.9686 FV)

Stats for Career	RF PG	Field Pct.	CS%	Gold Gloves	Top FV	Def. WAR
Player	6.32	0.991	0.35	3	5	25.1 (18)
League During Career	6.42	0.986	0.32			
Plus/Minus	-10	5	3			

Note: Defensive War Stat listed cumulative through seasons when predominantly playing C (Seasons).

10. Brad Ausmus (1993-2010)

A defense first backstop throughout his career of four stops; San Diego, Houston, Detroit, and LA Dodger land, Ausmus won three Gold Gloves, the last of which came at 37 years of age.

More Stat Chart – Brad Ausmus (1.9659 FV)

Stats for Career	RF PG	Field Pct.	CS%	Gold Gloves	Top FV	Def. WAR
Player	7.12	0.994	0.35	3	2	18.3 (18)
League During Career	7.29	0.991	0.30			
Plus/Minus	-17	3	5			

Note: Defensive War Stat listed cumulative through seasons when predominantly playing C (Seasons).

Top Fielding Catchers in History

Rank	Player	First	Career PosFV	Last Year	CUM GP	PO	A	E	CUM FPCT	CUM RF (pg)	CS%
1	Campanella	Roy	**2.0572**	1957	1183	6520	550	85	0.988	5.98	0.574
2	Schalk	Ray	**2.0053**	1929	1727	7168	1811	175	0.981	5.20	0.512
3	Hartnett	Gabby	**2.0010**	1941	1793	7292	1254	139	0.984	4.77	0.561
4	Sundberg	Jim	**1.9878**	1989	1927	9767	1007	81	0.993	5.59	0.407
5	Dickey	Bill	**1.9752**	1946	1708	7965	954	108	0.988	5.22	0.466
6	Freehan	Bill	**1.9724**	1976	1581	9941	721	72	0.993	6.74	0.368
7	Bench	Johnny	**1.9703**	1983	1742	9249	850	97	0.990	5.80	0.432
8	Berra	Yogi	**1.9692**	1965	1699	8738	798	110	0.989	5.61	0.486
9	Carter	Gary	**1.9686**	1992	2056	11785	1203	121	0.991	6.32	0.347
10	Ausmus	Brad	**1.9659**	2010	1938	12844	954	79	0.994	7.12	0.355
11	Molina	Yadier	**1.9656**	2014	1303	8295	727	53	0.994	6.92	0.448
12	Killefer	Bill	**1.9631**	1921	1005	4830	1319	148	0.976	6.12	0.482
13	Miller	Damian	**1.9546**	2007	958	6697	509	35	0.995	7.52	0.365
14	Pena	Tony	**1.9537**	1997	1950	11212	1045	117	0.991	6.29	0.339
15	Cochrane	Mickey	**1.9532**	1937	1451	6414	840	111	0.985	5.00	0.394
16	Zimmer	Chief	**1.9507**	1903	1239	4883	1580	328	0.952	5.22	0.436
17	Roseboro	Johnny	**1.9455**	1970	1476	9291	675	107	0.989	6.75	0.418
18	Scioscia	Mike	**1.9411**	1992	1395	8335	737	114	0.988	6.50	0.339
19	Parrish	Lance	**1.9394**	1995	1818	9647	980	94	0.991	5.85	0.382
20	Rosar	Buddy	**1.9367**	1951	934	3845	511	36	0.992	4.66	0.548
21	Hegan	Jim	**1.9356**	1960	1629	7506	695	86	0.990	5.03	0.498
22	Edwards	Johnny	**1.9349**	1974	1392	8925	703	82	0.992	6.92	0.389
23	Bennett	Charlie	**1.9344**	1893	954	5123	1048	379	0.942	6.47	0.373
24	Rodriguez	Ivan	**1.9337**	2011	2427	14870	1222	142	0.991	6.63	0.457
25	Kling	Johnny	**1.9279**	1913	1168	5468	1552	210	0.971	6.01	0.478
26	Meyers	Chief	**1.9278**	1917	911	4537	996	146	0.974	6.07	0.469
27	Battey	Earl	**1.9272**	1967	1087	6176	501	69	0.990	6.14	0.436
28	Martin	Russell	**1.9253**	2014	1121	8076	707	71	0.992	7.83	0.321
29	Ruel	Muddy	**1.9245**	1934	1410	5347	1136	116	0.982	4.60	0.454
30	Ewing	Buck	**1.9242**	1893	636	3301	1017	322	0.931	6.79	0.379
31	Hundley	Randy	**1.9189**	1977	1026	5765	493	61	0.990	6.10	0.420
32	Johnson	Charles	**1.9142**	2005	1160	7218	569	51	0.993	6.71	0.395
33	Azcue	Joe	**1.9123**	1972	868	5329	452	44	0.992	6.66	0.449
34	Schreckengost	Ossee	**1.9114**	1908	751	4321	969	166	0.970	7.04	0.437
35	Snyder	Chris	**1.9112**	2013	690	4565	366	12	0.998	7.15	0.291
36	Criger	Lou	**1.9099**	1912	984	4354	1342	170	0.971	5.79	0.480
37	Lollar	Sherm	**1.9089**	1963	1571	7059	688	62	0.992	4.93	0.468
38	Boone	Bob	**1.9077**	1990	2225	11260	1174	178	0.986	5.59	0.392
39	Howard	Elston	**1.9049**	1968	1138	6447	479	51	0.993	6.09	0.437
40	Wynegar	Butch	**1.9030**	1988	1247	6281	583	75	0.989	5.50	0.398
41	Wilson	Dan	**1.9018**	2005	1281	8109	468	45	0.995	6.70	0.341
42	Bushong	Doc	**1.9015**	1890	668	3481	1001	412	0.916	6.71	0.240
44	Danning	Harry	**1.9003**	1942	801	3257	455	57	0.985	4.63	0.469
45	Bassler	Johnny	**1.8961**	1927	756	2607	708	67	0.980	4.38	0.467
45	Gibson	George	**1.8948**	1918	1194	5214	1386	153	0.977	5.53	0.463
46	Sullivan	Billy	**1.8938**	1916	1122	4776	1314	148	0.976	5.43	0.477
47	Henry	John	**1.8926**	1918	629	3055	826	87	0.978	6.17	0.460
48	Taylor	Zack	**1.8924**	1935	856	2880	752	86	0.977	4.24	0.496
49	Ruiz	Carlos	**1.8893**	2014	899	6295	484	37	0.995	7.54	0.274
50	Avila	Alex	**1.8889**	2014	589	4192	252	26	0.994	7.54	0.292
51	Crandall	Del	**1.8882**	1966	1479	7352	759	89	0.989	5.48	0.455
52	Lopez	Al	**1.8880**	1947	1918	6644	1115	122	0.985	4.05	0.541
53	Molina	Jose	**1.8878**	2014	915	6037	438	39	0.994	7.08	0.367
54	Dalrymple	Clay	**1.8866**	1971	1003	5557	566	78	0.987	6.10	0.487
55	Bergen	Bill	**1.8857**	1911	941	4233	1444	161	0.972	6.03	0.473
56	Grote	Jerry	**1.8852**	1981	1348	8081	635	78	0.991	6.47	0.372
57	Munson	Thurman	**1.8822**	1979	1278	6253	742	127	0.982	5.47	0.441
58	Davis	Jody	**1.8811**	1990	1039	5520	640	81	0.987	5.93	0.349
59	Warner	John	**1.8798**	1908	1032	4498	1309	205	0.966	5.63	0.453
60	Milligan	Jocko	**1.8764**	1893	585	3230	825	304	0.930	6.93	0.364

Rank	Player	First	Career PosFV	Last Year	CUM GP	PO	A	E	CUM FPCT	CUM RF (pg)	CS%
61	Molina	Bengie	1.8757	2010	1285	8125	657	52	0.994	6.83	0.311
62	Schmidt	Walter	1.8735	1925	734	2598	858	69	0.980	4.71	0.498
63	Lucroy	Jonathan	1.8731	2014	557	4174	262	31	0.993	7.96	0.252
64	Blanco	Henry	1.8727	2013	914	5660	474	38	0.994	6.71	0.424
65	Valle	Dave	1.8709	1996	902	4898	407	44	0.992	5.88	0.360
66	Ferrell	Rick	1.8694	1947	1806	7248	1127	135	0.984	4.64	0.445
67	Owen	Mickey	1.8666	1954	1175	4527	581	96	0.982	4.35	0.502
68	Perkins	Cy	1.8656	1931	1111	3809	1037	109	0.978	4.36	0.483
69	Archer	Jimmy	1.8640	1918	736	3293	979	127	0.971	5.80	0.492
70	Wieters	Matt	1.8632	2014	640	4303	271	29	0.994	7.15	0.325
71	Flint	Silver	1.8627	1889	743	3592	1071	456	0.911	6.28	NA
72	Soto	Geovany	1.8609	2014	654	4870	326	41	0.992	7.94	0.271
73	Moran	Pat	1.8598	1914	697	3384	990	109	0.976	6.28	0.461
74	Snyder	Pop	1.8596	1891	877	4208	1444	679	0.893	6.44	0.328
75	Mauer	Joe	1.8570	2013	920	5832	323	30	0.995	6.69	0.332
76	Severeid	Hank	1.8537	1926	1225	4657	1112	131	0.978	4.71	0.434
77	Varitek	Jason	1.8536	2011	1488	10166	542	69	0.994	7.20	0.231
78	Lopez	Javy	1.8536	2006	1351	8990	633	73	0.992	7.12	0.276
79	Rodgers	Buck	1.8534	1969	895	4750	472	63	0.988	5.83	0.433
80	Haller	Tom	1.8531	1972	1199	7012	508	64	0.992	6.27	0.344
81	Gonzalez	Mike	1.8505	1932	868	3050	838	79	0.980	4.48	0.469
82	Foote	Barry	1.8498	1982	637	3263	326	53	0.985	5.63	0.378
83	Downing	Brian	1.8495	1981	675	3383	325	40	0.989	5.49	0.333
84	Simmons	Ted	1.8485	1988	1771	8906	915	130	0.987	5.55	0.336
85	Pytlak	Frankie	1.8476	1946	699	2958	395	29	0.991	4.80	0.432
86	Schneider	Brian	1.8466	2012	992	5991	433	39	0.994	6.48	0.356
87	Wilkins	Rick	1.8463	2001	650	3608	373	31	0.992	6.12	0.382
88	Hoiles	Chris	1.8456	1998	819	4830	320	29	0.994	6.29	0.266
89	Stearns	John	1.8447	1984	699	3712	446	63	0.985	5.95	0.369
90	Mack	Connie	1.8445	1896	609	2698	863	281	0.927	5.85	0.380
91	Lieberthal	Mike	1.8428	2007	1170	7829	490	72	0.991	7.11	0.296
92	Whitt	Ernie	1.8424	1991	1246	6091	497	59	0.991	5.29	0.332
93	Bowerman	Frank	1.8422	1909	826	3659	1072	182	0.963	5.73	0.477
94	Farrell	Duke	1.8411	1905	1003	4101	1417	365	0.938	5.50	0.441
95	McFarland	Ed	1.8408	1908	830	3139	1024	144	0.967	5.03	0.443
96	Snyder	Frank	1.8403	1927	1247	4308	1332	112	0.981	4.52	0.476
97	Hogan	Shanty	1.8397	1937	908	3190	493	56	0.985	4.06	0.471
98	Cerone	Rick	1.8394	1992	1279	6548	536	70	0.990	5.54	0.367
99	Fosse	Ray	1.8390	1979	889	4831	438	78	0.985	5.93	0.391
100	Triandos	Gus	1.8389	1965	992	5123	448	72	0.987	5.62	0.465
101	Kittridge	Malachi	1.8388	1906	1196	5121	1363	264	0.961	5.42	0.394
102	Sanguillen	Manny	1.8380	1979	1114	5996	540	94	0.986	5.87	0.381
103	O'Neill	Steve	1.8377	1928	1532	5967	1698	217	0.972	5.00	0.462
104	Santiago	Benito	1.8363	2005	1917	10817	960	151	0.987	6.14	0.344
105	Matheny	Mike	1.8355	2006	1285	7119	611	44	0.994	6.02	0.346
106	Pierzynski	A.J.	1.8349	2014	1765	11418	753	62	0.995	6.90	0.244
107	McCarver	Tim	1.8343	1979	1387	8206	588	91	0.990	6.34	0.336
108	Spencer	Roy	1.8340	1938	585	2138	275	40	0.984	4.12	0.497
109	Peitz	Heinie	1.8328	1913	960	3723	1094	187	0.963	5.02	0.433
110	White	Sammy	1.8320	1962	1027	4738	506	84	0.984	5.11	0.472
111	Diaz	Bo	1.8311	1989	965	5294	525	82	0.986	6.03	0.334
112	Mueller	Ray	1.8310	1951	917	3095	503	43	0.988	3.92	0.519
113	Wilson	Jimmie	1.8301	1940	1351	4916	931	136	0.977	4.33	0.479
114	Piazza	Mike	1.8291	2006	1629	10846	731	124	0.989	7.11	0.230
115	Kendall	Jason	1.8285	2010	2025	13018	991	144	0.990	6.92	0.290
116	Smith	Hal	1.8278	1965	548	2810	247	33	0.989	5.58	0.418
117	Holbert	Bill	1.8264	1888	538	2840	1013	393	0.907	7.16	NA
118	McCann	Brian	1.8262	2014	1154	8182	529	73	0.992	7.55	0.249
119	Tresh	Mike	1.8261	1949	1019	3961	575	78	0.983	4.45	0.450
120	Romano	Johnny	1.8259	1967	810	4415	343	47	0.990	5.87	0.345
121	Boyle	Jack	1.8254	1898	544	2430	681	237	0.929	5.72	0.369
122	Fisk	Carlton	1.8246	1993	2226	11369	1048	155	0.988	5.58	0.335

Rank	Player	First	Career PosFV	Last Year	CUM GP	PO	A	E	FPCT	CUM RF (pg)	CS%
123	Robinson	Aaron	1.8237	1951	577	2259	271	25	0.990	4.38	0.467
124	Daulton	Darren	1.8235	1995	965	5417	445	66	0.989	6.07	0.292
125	Rodriguez	Ellie	1.8230	1976	737	3713	360	45	0.989	5.53	0.411
126	Pagnozzi	Tom	1.8230	1998	827	4124	389	38	0.992	5.46	0.367
127	Karkovice	Ron	1.8227	1997	918	4757	404	42	0.992	5.62	0.401
128	DeBerry	Hank	1.8221	1930	569	2701	444	59	0.982	5.53	0.380
129	Girardi	Joe	1.8220	2003	1247	7619	605	77	0.991	6.60	0.320
130	Mancuso	Gus	1.8199	1945	1360	5613	803	148	0.977	4.72	0.507
131	Berres	Ray	1.8180	1945	551	1704	278	23	0.989	3.60	0.490
132	Sewell	Luke	1.8163	1942	1562	5444	1084	150	0.978	4.18	0.462
133	Lo Duca	Paul	1.8157	2008	932	6311	491	66	0.990	7.30	0.301
134	Rice	Del	1.8157	1961	1249	5353	537	75	0.987	4.72	0.421
135	Ryan	Mike	1.8152	1974	632	3473	325	34	0.991	6.01	0.433
136	Gowdy	Hank	1.8152	1930	893	3149	1000	105	0.975	4.65	0.522
137	LaValliere	Mike	1.8151	1995	850	4138	416	35	0.992	5.36	0.365
138	Schlei	Admiral	1.8145	1910	561	2527	792	111	0.968	5.92	0.482
139	Rariden	Bill	1.8137	1920	948	4127	1231	150	0.973	5.65	0.436
140	Mitterwald	George	1.8135	1977	796	4289	434	64	0.987	5.93	0.394
141	Yeager	Steve	1.8133	1986	1230	6110	674	88	0.987	5.52	0.376
142	Suzuki	Kurt	1.8122	2014	923	6193	378	43	0.993	7.12	0.259
143	Steinbach	Terry	1.8118	1999	1381	7505	615	92	0.989	5.88	0.358
144	Dempsey	Rick	1.8070	1992	1633	7367	768	99	0.988	4.98	0.393
145	Dyer	Duffy	1.8063	1981	634	3501	291	30	0.992	5.98	0.360
146	Diaz	Einar	1.8052	2006	649	4153	401	46	0.990	7.02	0.331
147	O'Connor	Jack	1.8050	1910	860	3435	984	177	0.961	5.14	0.423
148	Grim	John	1.8042	1899	578	1898	691	156	0.943	4.48	0.408
149	Posada	Jorge	1.8035	2011	1574	10018	694	90	0.992	6.81	0.278
150	Tebbetts	Birdie	1.8017	1952	1108	4667	666	119	0.978	4.81	0.464
151	Hayworth	Ray	1.8007	1945	677	2581	348	40	0.987	4.33	0.436
152	Montero	Miguel	1.8003	2014	837	5721	444	59	0.991	7.37	0.313
153	Clements	Jack	1.7996	1900	1073	4780	1079	392	0.937	5.46	0.333
154	Barrett	Michael	1.7995	2009	885	6024	355	50	0.992	7.21	0.213
155	May	Milt	1.7985	1984	1034	5091	589	82	0.986	5.49	0.356
156	Surhoff	B.J.	1.7974	1995	704	3617	331	47	0.988	5.61	0.300
157	Desautels	Gene	1.7957	1946	699	2837	325	34	0.989	4.52	0.400
158	Oliver	Joe	1.7955	2001	1033	6060	450	71	0.989	6.30	0.309
159	Lombardi	Ernie	1.7949	1947	1544	5694	845	143	0.979	4.24	0.476
160	Manwaring	Kirt	1.7933	1999	993	4946	489	50	0.991	5.47	0.337
161	Bresnahan	Roger	1.7930	1915	974	4309	1195	167	0.971	5.65	0.444
162	House	Frank	1.7929	1961	580	2642	258	34	0.988	5.00	0.474
163	Gedman	Rich	1.7925	1992	979	5274	431	92	0.984	5.83	0.329
164	Miller	Otto	1.7923	1922	890	3870	1053	135	0.973	5.53	0.437
165	Virgil	Ozzie	1.7917	1990	677	3582	360	52	0.987	5.82	0.253
166	Torre	Joe	1.7887	1970	903	4850	428	56	0.990	5.84	0.405
167	Kennedy	Terry	1.7880	1991	1378	6555	623	106	0.985	5.21	0.310
168	Ott	Ed	1.7877	1981	502	2482	259	46	0.983	5.46	0.356
169	Benedict	Bruce	1.7876	1989	971	4651	577	53	0.990	5.38	0.316
170	Ganzel	Charlie	1.7876	1897	578	2618	646	229	0.934	5.65	0.406
171	Redmond	Mike	1.7858	2010	687	3999	313	18	0.996	6.28	0.312
172	Ashby	Alan	1.7842	1989	1299	7086	684	113	0.986	5.98	0.282
173	Brenly	Bob	1.7829	1989	705	3577	408	63	0.984	5.65	0.348
174	Robinson	Wilbert	1.7825	1902	1316	5174	1454	412	0.941	5.04	0.357
175	May	Jerry	1.7818	1973	525	2649	248	29	0.990	5.52	0.423
176	Astroth	Joe	1.7817	1956	511	2057	233	31	0.987	4.48	0.496
177	Hassey	Ron	1.7817	1991	946	4828	364	39	0.993	5.49	0.302
178	Westrum	Wes	1.7814	1957	902	3639	415	62	0.985	4.49	0.489
179	O'Neil	Mickey	1.7813	1927	654	2020	670	77	0.972	4.11	0.531
180	Swift	Bob	1.7807	1953	980	3601	477	64	0.985	4.16	0.444
181	Borders	Pat	1.7802	2005	1015	5398	502	74	0.988	5.81	0.338
182	Ferguson	Joe	1.7802	1983	766	3905	376	56	0.987	5.59	0.340
183	Courtney	Clint	1.7800	1961	802	3556	379	50	0.987	4.91	0.428
184	Ryan	Jack	1.7792	1913	527	2068	690	154	0.947	5.23	0.430

Rank	Player	First	Career PosFV	Last Year	CUM GP	PO	A	E	CUM FPCT	CUM RF (pg)	CS%
185	McLean	Larry	1.7781	1915	761	3032	905	110	0.973	5.17	0.454
186	Wilson	Red	1.7771	1960	580	2884	236	33	0.990	5.38	0.451
187	Ainsmith	Eddie	1.7744	1924	993	4399	1088	193	0.966	5.53	0.458
188	Fletcher	Darrin	1.7743	2002	1143	6678	406	47	0.993	6.20	0.235
189	Barajas	Rod	1.7725	2012	1065	6768	401	51	0.993	6.73	0.275
190	Macfarlane	Mike	1.7717	1999	1058	5597	408	49	0.992	5.68	0.324
191	Ross	David	1.7713	2014	688	4294	342	44	0.991	6.74	0.372
192	Todd	Al	1.7697	1943	752	3006	411	81	0.977	4.54	0.424
193	Hemsley	Rollie	1.7692	1947	1482	5868	897	154	0.978	4.56	0.434
194	Servais	Scott	1.7691	2001	792	4769	383	48	0.991	6.51	0.278
195	Bailey	Ed	1.7691	1965	1064	5267	450	80	0.986	5.37	0.397
196	O'Farrell	Bob	1.7675	1935	1338	4295	980	130	0.976	3.94	0.477
197	Kendall	Fred	1.7672	1980	795	3733	336	54	0.987	5.12	0.303
198	Navarro	Dioner	1.7669	2014	762	5238	362	54	0.990	7.35	0.282
199	Cooper	Walker	1.7668	1957	1223	5166	589	138	0.977	4.71	0.461
200	Brown	Dick	1.7652	1965	614	3150	242	38	0.989	5.52	0.407
201	Herrmann	Ed	1.7649	1978	817	4230	442	61	0.987	5.72	0.333
202	Hargrave	Bubbles	1.7630	1930	747	2420	493	49	0.983	3.90	0.402
203	Pagliaroni	Jim	1.7625	1969	767	4139	302	41	0.991	5.79	0.323
204	Oates	Johnny	1.7615	1981	533	2416	277	36	0.987	5.05	0.382
205	O'Dea	Ken	1.7615	1946	627	2450	336	48	0.983	4.44	0.452
206	Nokes	Matt	1.7605	1995	689	3422	262	38	0.990	5.35	0.278
207	Martinez	Victor	1.7604	2014	858	5377	346	42	0.993	6.67	0.234
208	Estrada	Johnny	1.7598	2008	585	3541	220	26	0.993	6.43	0.242
209	Hernandez	Ramon	1.7595	2013	1447	9013	612	97	0.990	6.65	0.302
210	Dooin	Red	1.7595	1916	1195	5480	1590	320	0.957	5.92	0.443
211	Porter	Darrell	1.7592	1987	1506	6756	754	134	0.982	4.99	0.376
212	O'Brien	Charlie	1.7589	2000	782	4441	396	47	0.990	6.19	0.378
213	Early	Jake	1.7557	1949	694	2566	417	74	0.976	4.30	0.488
214	Harper	Brian	1.7549	1995	688	3618	272	58	0.985	5.65	0.309
215	Carrigan	Bill	1.7549	1916	649	2961	854	115	0.971	5.88	0.444
216	McGuire	Deacon	1.7549	1912	1611	6852	1859	577	0.938	5.41	0.366
217	Etchebarren	Andy	1.7540	1978	931	4884	365	68	0.987	5.64	0.384
218	Wilson	Art	1.7529	1921	738	2930	796	108	0.972	5.05	0.454
219	Iannetta	Chris	1.7526	2014	722	4658	381	23	0.995	6.98	0.247
220	Davis	Spud	1.7510	1945	1282	4374	684	84	0.984	3.95	0.418
221	Berry	Charlie	1.7502	1938	657	2047	406	44	0.982	3.73	0.473
222	McCullough	Clyde	1.7489	1956	989	3953	477	72	0.984	4.48	0.444
223	Essian	Jim	1.7478	1984	642	2834	377	52	0.984	5.00	0.403
224	Berg	Moe	1.7476	1939	529	1693	306	29	0.986	3.78	0.430
225	Berryhill	Damon	1.7468	1997	590	3104	273	41	0.988	5.72	0.307
226	Eusebio	Tony	1.7458	2001	522	3224	212	28	0.992	6.58	0.283
227	Bateman	John	1.7447	1972	953	5686	491	113	0.982	6.48	0.339
228	Nunamaker	Les	1.7441	1922	614	2577	745	94	0.972	5.41	0.431
229	Olivo	Miguel	1.7435	2014	1049	6676	501	84	0.988	6.84	0.337
230	Seminick	Andy	1.7431	1957	1213	5030	598	133	0.977	4.64	0.418
231	Hayes	Frankie	1.7423	1947	1311	4938	661	129	0.977	4.27	0.325
232	Torrealba	Yorvit	1.7409	2013	855	5450	369	36	0.994	6.81	0.296
233	Hundley	Todd	1.7394	2003	1096	6534	473	88	0.988	6.39	0.246
234	Sweeney	Ed	1.7384	1919	613	2853	852	138	0.964	6.04	0.421
235	Schang	Wally	1.7370	1931	1435	5202	1420	223	0.967	4.61	0.449
236	Alomar	Sandy	1.7359	2007	1324	7667	464	86	0.990	6.14	0.298
237	Buck	John	1.7343	2014	1042	6732	363	58	0.992	6.81	0.251
238	Schriver	Pop	1.7337	1901	654	2559	761	233	0.934	5.08	0.396
239	Laird	Gerald	1.7325	2014	753	4506	380	52	0.989	6.49	0.347
240	Agnew	Sam	1.7324	1919	551	2034	773	132	0.955	5.09	0.501
241	Mayne	Brent	1.7308	2004	1143	6186	455	45	0.993	5.81	0.288
242	LaRue	Jason	1.7306	2010	873	4754	419	48	0.991	5.93	0.385
243	Hill	Marc	1.7256	1986	687	2961	281	33	0.990	4.72	0.345
244	Grace	Earl	1.7236	1937	557	1977	247	30	0.987	3.99	0.382
245	Sugden	Joe	1.7215	1905	708	2809	860	165	0.957	5.18	0.396
246	Burgess	Smoky	1.7205	1966	1139	5214	441	71	0.988	4.96	0.366

Rank	Player	First	Career PosFV	Last Year	CUM GP	PO	A	E	FPCT	CUM RF (pg)	CS%
247	Casanova	Paul	1.7205	1974	811	4040	395	69	0.985	5.47	0.400
248	Fitzgerald	Mike	1.7201	1992	748	4184	304	54	0.988	6.00	0.227
249	Masi	Phil	1.7190	1952	1101	3690	495	72	0.983	3.80	0.396
250	Vaughn	Farmer	1.7185	1899	553	2026	629	211	0.926	4.80	0.381
251	Flaherty	John	1.7179	2005	1032	5784	457	67	0.989	6.05	0.293
252	Hendricks	Ellie	1.7175	1979	602	2783	228	31	0.990	5.00	0.379
253	Kreuter	Chad	1.7171	2003	892	4571	370	50	0.990	5.54	0.361
254	Lapp	Jack	1.7168	1916	503	2285	636	93	0.969	5.81	0.417
255	Lopata	Stan	1.7146	1960	695	3406	232	53	0.986	5.23	0.281
256	Powers	Doc	1.7121	1909	594	2670	724	124	0.965	5.71	0.443
257	Melvin	Bob	1.7104	1994	627	2915	247	23	0.993	5.04	0.315
258	Walbeck	Matt	1.7103	2003	651	3303	248	34	0.991	5.45	0.304
259	Smith	Hal	1.7102	1964	648	3116	320	49	0.986	5.30	0.366
260	Roof	Phil	1.7077	1977	835	4151	356	63	0.986	5.40	0.381
261	Murphy	Morgan	1.7075	1901	550	2009	547	174	0.936	4.65	0.378
262	Tenace	Gene	1.7062	1983	892	3945	441	63	0.986	4.92	0.358
263	Sims	Duke	1.7039	1974	646	3762	319	58	0.986	6.32	0.343
264	Duncan	Dave	1.7029	1976	885	4528	352	79	0.984	5.51	0.318
265	Wingo	Ivey	1.7019	1929	1233	4409	1487	234	0.962	4.78	0.461
266	Torborg	Jeff	1.7001	1973	559	2998	214	32	0.990	5.75	0.356
267	Clarke	Tommy	1.6997	1918	576	2254	625	73	0.975	5.00	0.428
268	Evans	Al	1.6979	1951	647	2295	284	56	0.979	3.99	0.455
269	Tettleton	Mickey	1.6960	1995	872	3978	346	39	0.991	4.96	0.288
270	Gooch	Johnny	1.6959	1933	758	2279	511	78	0.973	3.68	0.449
271	Clarke	Boileryard	1.6951	1905	739	2587	806	190	0.947	4.59	0.422
272	Trevino	Alex	1.6946	1990	742	3850	398	89	0.979	5.73	0.341
273	Slaught	Don	1.6943	1997	1237	6158	477	87	0.987	5.36	0.289
274	Stanley	Mike	1.6928	1997	751	3884	233	49	0.988	5.48	0.228
275	Wagner	Hal	1.6925	1949	626	2423	271	53	0.981	4.30	0.339
276	Allanson	Andy	1.6908	1995	501	2395	208	52	0.980	5.20	0.305
277	Garagiola	Joe	1.6905	1954	614	2395	271	38	0.986	4.34	0.365
278	Heath	Mike	1.6901	1991	1083	4919	537	106	0.981	5.04	0.361
279	Tillman	Bob	1.6898	1970	725	4230	253	55	0.988	6.18	0.237
280	Foiles	Hank	1.6891	1963	544	2362	209	36	0.986	4.73	0.406
281	Webster	Lenny	1.6882	2000	528	2648	189	15	0.995	5.37	0.263
282	Kelly	King	1.6870	1893	583	2197	857	368	0.892	5.24	0.463
283	Mathis	Jeff	1.6859	2014	612	3897	359	41	0.990	6.95	0.273
284	Hall	Toby	1.6849	2008	673	3797	258	44	0.989	6.03	0.328
285	Rader	Dave	1.6840	1980	771	3391	285	63	0.983	4.77	0.303
286	Kleinow	Red	1.6804	1911	558	2419	626	89	0.972	5.46	0.436
287	Taubensee	Eddie	1.6799	2001	871	4942	339	65	0.988	6.06	0.230
288	Landrith	Hobie	1.6797	1963	677	3116	284	59	0.983	5.02	0.391
289	Dietz	Dick	1.6775	1973	528	2860	202	61	0.980	5.80	0.262
290	Stanage	Oscar	1.6772	1925	1074	4276	1381	229	0.961	5.27	0.416
291	Moore	Charlie	1.6769	1987	894	3723	435	86	0.980	4.65	0.355
292	Petralli	Geno	1.6769	1993	574	2744	210	39	0.987	5.15	0.317
293	Cannizzaro	Chris	1.6743	1974	714	3161	333	62	0.983	4.89	0.400
294	Miller	Doggie	1.6735	1896	636	2479	693	285	0.918	4.99	0.368
295	Laudner	Tim	1.6732	1989	657	3122	217	53	0.984	5.08	0.294
296	Phelps	Babe	1.6719	1942	592	2251	291	69	0.974	4.29	0.383
297	Martinez	Buck	1.6718	1986	1008	4038	396	70	0.984	4.40	0.353
298	Newman	Jeff	1.6712	1984	513	2011	222	44	0.981	4.35	0.391
299	Bako	Paul	1.6705	2009	758	4477	333	50	0.990	6.35	0.310
300	Peacock	Johnny	1.6695	1945	518	1863	220	36	0.983	4.02	0.353
301	Skinner	Joel	1.6692	1991	560	2425	170	32	0.988	4.63	0.333
302	Reed	Jeff	1.6691	2000	1071	5455	415	73	0.988	5.48	0.293
303	Widger	Chris	1.6668	2006	575	3206	235	52	0.985	5.98	0.219
304	Kluttz	Clyde	1.6664	1952	556	1893	331	49	0.978	4.00	0.503
305	Bemis	Harry	1.6656	1910	588	2496	625	109	0.966	5.31	0.433
306	Martin	J.C.	1.6656	1972	692	3135	267	45	0.987	4.92	0.340
307	Fabregas	Jorge	1.6647	2002	595	3185	298	38	0.989	5.85	0.354
308	Nixon	Russ	1.6640	1968	722	3708	238	47	0.988	5.47	0.288

Rank	Player	First	Career PosFV	Last Year	CUM GP	PO	A	E	CUM FPCT	CUM RF (pg)	CS%
309	Ginsberg	Joe	**1.6627**	1962	574	2304	234	44	0.983	4.42	0.375
310	Henline	Butch	**1.6626**	1931	608	1928	494	72	0.971	3.98	0.395
311	Picinich	Val	**1.6616**	1933	935	3251	732	123	0.970	4.26	0.359
312	Lampkin	Tom	**1.6555**	2002	568	2920	235	36	0.989	5.55	0.336
313	Spohrer	Al	**1.6547**	1935	731	2182	347	74	0.972	3.46	0.415
314	Saltalamacchia	Jarrod	**1.6515**	2014	622	4200	252	54	0.988	7.16	0.223
315	Quirk	Jamie	**1.6505**	1992	525	2344	235	48	0.982	4.91	0.349
316	Ortiz	Junior	**1.6477**	1994	702	2934	324	45	0.986	4.64	0.314
317	Stinson	Bob	**1.6424**	1980	585	2415	226	44	0.984	4.51	0.282
318	Moss	Les	**1.6417**	1957	720	2612	279	64	0.978	4.02	0.406
319	Smith	Earl	**1.6380**	1930	720	2117	502	78	0.971	3.64	0.411
320	Myers	Greg	**1.6374**	2005	894	4405	356	55	0.989	5.33	0.313
321	Daily	Con	**1.6346**	1896	550	2361	613	286	0.912	5.41	0.360
322	Fordyce	Brook	**1.6255**	2004	591	3299	185	42	0.988	5.90	0.225
323	Phelps	Ed	**1.6242**	1913	530	2147	547	88	0.968	5.08	0.397
324	Stinnett	Kelly	**1.6233**	2007	679	3735	261	67	0.984	5.89	0.283
325	Wathan	John	**1.6204**	1985	572	2224	194	44	0.982	4.23	0.318
326	Fitz Gerald	Ed	**1.6184**	1959	651	2398	260	67	0.975	4.08	0.403
327	Myatt	Glenn	**1.6151**	1936	734	2061	419	66	0.974	3.38	0.371
328	Zaun	Gregg	**1.6009**	2010	1067	6135	417	88	0.987	6.14	0.243
329	Grady	Mike	**1.5749**	1906	525	1782	515	132	0.946	4.38	0.367

Notes: Career Field Value possible maximum for Catchers is 2.1000. All players listed with minimum of 500 Adjusted Games Played.

Best Career Outfielders Top Ten

1. Mike Griffin (1887-1898)

Okay, you ask, who is this? No, Mike Griffin is no longer a household name. He's not even the Mike Griffin who played in the 80's, but that guy was a pitcher anyway. This Mike played before the turn of the century and for teams with names we don't really know. Like what teams; Baltimore Orioles of the American Association, Philadelphia Athletics of the Players League, Brooklyn Grooms and Bridegrooms, plus something called the Cleveland Spiders and St. Louis Perfectos, although he never took the field for the last two. Mike hailed from Utica, New York, and was one of the fastest players around, not only patrolling center field, but on the base paths. In twelve seasons, Griffin stole 473; that's #43 on the All-Time list. He also had 108 triples.

Mike Griffin Fielding Details

Year	CUM GP	CUM PO	CUM A	CUM E	CUM FPCT	CUM RF	CUM APG	Year Field Value
1887	136	256	13	22	0.924	1.98	0.096	1.46
1888	273	530	40	42	0.931	2.09	0.147	1.61
1889	382	776	57	68	0.925	2.18	0.149	1.40
1890	497	1054	90	83	0.932	2.30	0.181	1.70
1891	631	1407	121	99	0.939	2.42	0.192	1.70
1892	758	1674	146	103	0.946	2.40	0.193	1.67
1893	851	1906	165	112	0.949	2.43	0.194	1.57
1894	957	2203	179	122	0.951	2.49	0.187	1.65
1895	1088	2552	202	134	0.954	2.53	0.186	1.70
1896	1210	2868	210	147	0.954	2.54	0.174	1.52
1897	1344	3221	223	164	0.955	2.56	0.166	1.70
1898	1478	3535	243	173	0.956	2.56	0.164	1.70

More Stat Chart – Mike Griffin (1.6182 FV)

Stats for Career	RF PG	Field Pct.	APG	Gold Gloves	Top FV	Def. WAR
Player	2.56	0.956	0.164	NA	5	-0.8 (12)
League During Career	2.06	0.916	NA			
Plus/Minus	50	40				

Note: Defensive War Stat listed cumulative through seasons when predominantly playing OF (Seasons).
APG equals Assists per Game. Range Factor is total OF, not individual positions.

2. Tris Speaker (1907-1928)

Now this Hall of Fame player we know, and although we today know him more for his batting prowess, in his era, Speaker was known as much for his glove, which, BTW, was spectacular. He still holds the record for assists, double plays, and assisted double plays as an outfielder. Speaker was the first player to hit 50 doubles and steal 50 bases in a season.

More Stat Chart – Tris Speaker (1.6169 FV)

Stats for Career	RF PG	Field Pct.	APG	Gold Gloves	Top FV	Def. WAR
Player	2.68	0.970	0.166	NA	6	2.5 (22)
League During Career	2.17	0.960	NA			
Plus/Minus	51	10				

Note: Defensive War Stat listed cumulative through seasons when predominantly playing OF (Seasons).
APG equals Assists per Game. Range Factor is total OF, not individual positions.

3. Kirby Puckett (1984-1995)

The round mound of bounding over the fence and pulling back a home run. And while he may have been short and round, he was as skilled at playing centerfield like nobody else in Minnesota history and now #3 on the All-Time list with six Gold Gloves to his credit. Plus a Hall of Fame election in 2001 in his first year of eligibility.

More Stat Chart – Kirby Puckett (1.6107 FV)

Stats for Career	RF PG	Field Pct.	APG	Gold Gloves	Top FV	Def. WAR
Player	2.67	0.989	0.084	6	1	-1.0 (12)
League During Career	2.39	0.981	NA			
Plus/Minus	28	8				

Note: Defensive War Stat listed cumulative through seasons when predominantly playing OF (Seasons). APG equals Assists per Game. Range Factor is total OF, not individual positions.

4. Jim Fogarty (1884-1890)

No, not the guy who played for Credence Clearwater, but a compatriot of Griffin's in the sometimes glove days. Fogarty bested Mike twice as the best outfielder of the year back in the days of train travel and Indian wars. Only two, you say. Puckett won six Gold Gloves. Yeh, but that's among six outfielders chosen per year for the Gold Gloves. When you're speaking Top Field Value Outfielder, those Silver Mitts, that's only one per year. And, unfortunately, Fogarty didn't have the chance to win more of those as he passed at the age of 27. Did that short career have something to do with ending up this high on the list? Probably, but it doesn't take away the fact that Fogarty was one of the best outfielders of All-Time.

More Stat Chart – Jim Fogarty (1.6099 FV)

Stats for Career	RF PG	Field Pct.	APG	Gold Gloves	Top FV	Def. WAR
Player	2.50	0.940	0.250	NA	2	2.8 (7)
League During Career	1.93	0.893	NA			
Plus/Minus	57	47				

Note: Defensive War Stat listed cumulative through seasons when predominantly playing OF (Seasons). APG equals Assists per Game. Range Factor is total OF, not individual positions.

5. Tom Oliver (1930-1933)

His graceful style drew comparisons to the best centerfielders, but his hitting prowess, after a successful rookie season, did not keep pace. He was a slap hitter; think the Ben Revere of his time. In fact, Oliver went 1,931 games in his career without hitting a home run. Therefore, Oliver's career was short, from age 27 to 30, placing him #5 on the list, in part due to that. Tom ended up on the other side of the diamond in roles as coach and scout through the 1950s.

More Stat Chart – Tom Oliver (1.6097 FV)

Stats for Career	RF PG	Field Pct.	APG	Gold Gloves	Top FV	Def. WAR
Player	2.90	0.986	0.089	NA	1	1.3 (4)
League During Career	2.84	0.971	NA			
Plus/Minus	6	15				

Note: Defensive War Stat listed cumulative through seasons when predominantly playing OF (Seasons). APG equals Assists per Game. Range Factor is total OF, not individual positions.

6. Richie Ashburn (1948-1962)

This Hall of Fame outfielder played for the Philadelphia Phillies and is loved for his career as a player and later broadcaster. We never saw him play in his prime, but those that have have told us they're surprised he's this high on the list, because they didn't consider his arm that good. And even when, later in his career, there was such a thing as the Gold Glove, baseball did not award it to Ashburn, even though in 1957, the first year of the award, Ashburn was still rated highly as a fielder. So why does our rating system think so highly of Ashburn and why should the rest of baseball? Ashburn was so fast, he covered tons of ground. How much ground did he cover? In 1951, his range factor was 3.55 per game; league average that year for centerfielders was 2.87. In 1957, that first Gold Glove year, Mays won one and had a Range Factor of 2.91; Ashburn 3.33. That's 10% more balls than Mays and he had a better Fielding Percentage and more Assists Per Game than Mays that year, too.

More Stat Chart – Richie Ashburn (1.6038 FV)

Stats for Career	RF PG	Field Pct.	APG	Gold Gloves	Top FV	Def. WAR
Player	2.98	0.983	0.085	0 (Partial)	5	5.3 (15)
League During Career	2.29	0.978	NA			
Plus/Minus	69	5				

Note: Defensive War Stat listed cumulative through seasons when predominantly playing OF (Seasons). APG equals Assists per Game. For most of Ashburn's career, the Gold Glove was not awarded, starting in 1957.

7. Dom DiMaggio (1940-1953)

No, say it ain't so, ... don't say it ain't Joe. No, Joe is not the best fielding outfielder in the DiMaggio family, it's Dom. In fact, Joe does not even come in 2nd. Vince is #16; Joe #39. Still, that's pretty darn good when you consider that all three DiMaggios rate in the Top 40 of a list with over 900 players who played at least five hundred games roaming the farthest reaches of the park. The youngest of the three, Dom was known as the Little Professor due to wearing glasses and being small, only 5'9".

More Stat Chart – Dom DiMaggio (1.5997 FV)

Stats for Career	RF PG	Field Pct.	APG	Gold Gloves	Top FV	Def. WAR
Player	2.92	0.978	0.107	NA	1	3.0 (11)
League During Career	2.43	0.977	NA			
Plus/Minus	49	1				

Note: Defensive War Stat listed cumulative through seasons when predominantly playing OF (Seasons). APG equals Assists per Game. Range Factor is total OF, not individual positions.

8. Roy Thomas (1899-1911)

Thomas played for the Philadelphia Phillies for most of his career, born just outside the city in Norristown, Pennsylvania, and graduated from the University of Pennsylvania. Thomas, on offense, was the ultimate table setter, with an OBP for his career over 0.400 (0.412), and was simply a run scoring machine. Roy Thomas is the only major leaguer in history to score three times as many runs as he drove in. On defense, at the time of his retirement, he held the Major League record for fielding percentage.

More Stat Chart – Roy Thomas (1.5941 FV)

Stats for Career	RF PG	Field Pct.	APG	Gold Gloves	Top FV	Def. WAR
Player	2.43	0.972	0.131	NA	1	-2.3 (13)
League During Career	2.01	0.950	NA			
Plus/Minus	42	22				

Note: Defensive War Stat listed cumulative through seasons when predominantly playing OF (Seasons). APG equals Assists per Game. Range Factor is total OF, not individual positions.

9. Pop Corkhill (1883-1892)

Not certain why there's so many pre-1900 players in the Top Ten of the outfielders (may have something to do with less teams), but that's not taking anything away from Pop. He threw out over 2 runners every 10 games; only Jim Fogarty did better than that in the Top Ten. Just what were runners thinking about in those days; okay, they may not have had a glove all the time, but they still had arms. Even though his Field Value was not considered best in any season (lower range than some), it's been stated he won five fielding titles in his day.

More Stat Chart – Pop Corkhill (1.5927 FV)

Stats for Career	RF PG	Field Pct.	APG	Gold Gloves	Top FV	Def. WAR
Player	2.29	0.947	0.215	NA	0	2.3 (10)
League During Career	1.87	0.892	NA			
Plus/Minus	42	55				

Note: Defensive War Stat listed cumulative through seasons when predominantly playing OF (Seasons). APG equals Assists per Game. Range Factor is total OF, not individual positions.

10. Alex Gordon (2007-Present)

Finally, somebody we know, although to be frank, he was probably pretty obscure to most prior to the 2014 World Series. However, one thing those who watched the playoffs noticed, is this guy can field. And to be among the best fielders in baseball history, albeit still benefiting from the less than full career factor (Age 30 in 2014) that will eventually drop his Field Value down, is remarkable considering that he's a corner outfielder, not a centerfielder.

More Stat Chart – Alex Gordon (1.5918 FV)

Stats for Career	RF PG	Field Pct.	APG	Gold Gloves	Top FV	Def. WAR
Player	2.21	0.993	0.095	4	1	6.1 (6)
League During Career	2.23	0.986	NA			
Plus/Minus	-2	7				

Note: Defensive War Stat listed cumulative through seasons when predominantly playing OF (Seasons). APG equals Assists per Game. Gold Gloves through 2014 season. Range Factor is total OF, not individual positions.

Keeping Things In Perspective
Outfield Age Progression Chart

Category	Griffin	Speaker	Puckett	Fogarty	Ashburn	Gordon
RF Per Game Age 26	2.42	2.62	2.86	2.50	3.20	2.40
RF Per Game Career	2.56	2.68	2.67	2.50	2.98	2.21*
FPCT Age 26	0.939	0.960	0.988	0.940	0.985	0.979
FPCT Career	0.956	0.970	0.989	0.940	0.983	0.993*
Assists PG Age 26	0.192	0.206	0.096	0.250	0.103	0.034
Assists PG Career	0.164	0.166	0.084	0.250	0.085	0.095*
Field Value Age 26	**1.5769**	**1.6527**	**1.6287**	**1.6059**	**1.6635**	**1.1200**
Field Value Career	1.6182	1.6169	1.6107	1.6059	1.6038	1.5918*

Note: Numbers for Age 26 are cumulative through age 26 season. Alex Gordon Career #'s incomplete, listed through 2014 season, Age 30 season. Jim Fogarty total career through Age 26.

Top Fielding Outfielders in History

Rank	Player	First	PosFV	LYear	CUM GP	PO	A	E	FPCT	CUM RF (pg)	APG
1	Griffin	Mike	1.6182	1898	1478	3535	243	173	0.956	2.56	0.164
2	Speaker	Tris	1.6169	1928	2698	6788	449	222	0.970	2.68	0.166
3	Puckett	Kirby	1.6107	1995	1696	4392	142	51	0.989	2.67	0.084
4	Fogarty	Jim	1.6099	1890	685	1540	171	110	0.940	2.50	0.250
5	Oliver	Tom	1.6097	1933	504	1425	45	21	0.986	2.92	0.089
6	Ashburn	Richie	1.6038	1962	2104	6089	178	110	0.983	2.98	0.085
7	DiMaggio	Dom	1.5997	1952	1373	3859	147	89	0.978	2.92	0.107
8	Thomas	Roy	1.5941	1911	1434	3291	188	102	0.972	2.43	0.131
9	Corkhill	Pop	1.5927	1892	1041	2158	224	134	0.947	2.29	0.215
10	Gordon	Alex	1.5918	2014	677	1432	64	11	0.993	2.21	0.095
11	Otis	Amos	1.5909	1984	1928	4936	126	47	0.991	2.63	0.065
12	Welch	Curt	1.5902	1893	1075	2366	210	185	0.933	2.40	0.195
13	Felsch	Happy	1.5882	1920	741	1921	116	53	0.975	2.75	0.157
14	Carey	Max	1.5839	1929	2421	6363	339	235	0.966	2.77	0.140
15	Flood	Curt	1.5825	1971	1697	4021	114	54	0.987	2.44	0.067
16	DiMaggio	Vince	1.5818	1946	1081	2840	125	57	0.981	2.74	0.116
17	Butler	Brett	1.5788	1997	2164	5296	122	41	0.992	2.50	0.056
18	Lange	Bill	1.5770	1899	716	1732	136	116	0.942	2.61	0.190
19	Granderson	Curtis	1.5768	2014	1350	3152	53	20	0.994	2.37	0.039
20	Jones	Andruw	1.5717	2012	2060	4956	125	50	0.990	2.47	0.061
21	Victorino	Shane	1.5707	2014	1176	2509	70	13	0.995	2.19	0.060
22	West	Sam	1.5696	1942	1573	4300	151	76	0.983	2.83	0.096
23	Rose	Pete	1.5640	1984	1327	2579	99	24	0.991	2.02	0.075
24	Ellsbury	Jacoby	1.5629	2014	873	2087	22	9	0.996	2.42	0.025
25	Yount	Robin	1.5595	1993	1218	3202	54	32	0.990	2.67	0.044
26	Mostil	Johnny	1.5586	1929	907	2561	101	79	0.971	2.93	0.111
27	Remsen	Jack	1.5585	1884	566	1173	83	176	0.877	2.22	0.147
28	Eggler	Dave	1.5553	1885	575	1204	87	144	0.900	2.25	0.151
29	Judnich	Wally	1.5546	1949	604	1636	33	20	0.988	2.76	0.055
30	Barrett	Jimmy	1.5545	1908	855	1814	143	95	0.954	2.29	0.167
31	Brodie	Steve	1.5545	1902	1420	3139	208	142	0.959	2.36	0.146
32	Jackson	Austin	1.5529	2014	721	1779	31	18	0.990	2.51	0.043
33	Spence	Stan	1.5528	1949	990	2582	96	44	0.984	2.71	0.097
34	Murphy	Dwayne	1.5526	1989	1272	3579	80	47	0.987	2.88	0.063
35	Kreevich	Mike	1.5516	1945	1177	3304	93	64	0.982	2.89	0.079
36	Markakis	Nick	1.5486	2014	1360	2679	93	18	0.994	2.04	0.068
37	Holmes	Tommy	1.5461	1952	1231	2823	115	33	0.989	2.39	0.093
38	Craft	Harry	1.5459	1942	552	1394	46	21	0.986	2.61	0.083
39	DiMaggio	Joe	1.5447	1951	1721	4516	153	105	0.978	2.71	0.089
40	Span	Denard	1.5428	2014	946	2284	36	22	0.991	2.45	0.038
41	Statz	Jigger	1.5417	1928	638	1770	85	59	0.969	2.91	0.133
42	Mays	Willie	1.5415	1973	2842	7095	195	141	0.981	2.57	0.069
43	Delahanty	Ed	1.5413	1903	1344	2951	243	166	0.951	2.38	0.181
44	Jones	Adam	1.5397	2014	1082	2757	73	44	0.985	2.62	0.067
45	Glanville	Doug	1.5392	2004	1050	2300	68	22	0.991	2.26	0.065
46	Suzuki	Ichiro	1.5382	2014	2168	4592	110	37	0.992	2.17	0.051
47	Bostock	Lyman	1.5378	1978	511	1223	30	15	0.988	2.45	0.059
48	Blair	Paul	1.5378	1980	1878	4343	111	54	0.988	2.37	0.059
49	Moreno	Omar	1.5367	1986	1323	3405	93	63	0.982	2.64	0.070
50	Landis	Jim	1.5360	1967	1265	2927	72	32	0.989	2.37	0.057
51	Berry	Ken	1.5355	1975	1311	2722	85	30	0.989	2.14	0.065

Rank	Player	First	PosFV	LYear	CUM GP	PO	A	E	FPCT	CUM RF (pg)	APG
52	Virdon	Bill	1.5353	1968	1542	3777	100	73	0.982	2.51	0.065
53	Moore	Terry	1.5343	1948	1189	3117	102	48	0.985	2.71	0.086
54	Paskert	Dode	1.5311	1921	1633	3734	223	125	0.969	2.42	0.137
55	Erstad	Darin	1.5310	2009	912	2180	50	10	0.996	2.45	0.055
56	Jones	Fielder	1.5304	1915	1770	3580	225	144	0.964	2.15	0.127
57	Welsh	Jimmy	1.5304	1930	687	1756	100	55	0.971	2.70	0.146
58	Bourn	Michael	1.5299	2014	1076	2362	48	21	0.991	2.24	0.045
59	Jones	Charley	1.5298	1888	885	1697	163	252	0.881	2.10	0.184
60	Bruton	Bill	1.5295	1964	1561	3905	105	77	0.981	2.57	0.067
61	McAleer	Jimmy	1.5292	1902	1015	2464	151	154	0.944	2.58	0.149
62	Winn	Randy	1.5289	2010	1720	3686	78	31	0.992	2.19	0.045
63	Wells	Vernon	1.5270	2013	1673	3726	74	25	0.993	2.27	0.044
64	Johnston	Dick	1.5252	1891	743	1621	172	193	0.903	2.41	0.231
65	Waner	Lloyd	1.5248	1945	1818	4860	151	87	0.983	2.76	0.083
66	Callison	Johnny	1.5243	1973	1777	3349	175	57	0.984	1.98	0.098
67	Lemon	Chet	1.5236	1990	1925	4993	115	81	0.984	2.65	0.060
68	Myers	Hy	1.5228	1925	1182	2898	151	87	0.972	2.58	0.128
69	Hunter	Torii	1.5226	2014	2141	5031	125	47	0.991	2.41	0.058
70	Shaffer	Orator	1.5221	1890	854	1309	290	259	0.861	1.87	0.340
71	Lynn	Fred	1.5202	1990	1825	4556	114	55	0.988	2.56	0.062
72	York	Tom	1.5189	1885	963	1946	130	291	0.877	2.16	0.135
73	Cramer	Doc	1.5186	1948	2142	5412	152	118	0.979	2.61	0.080
74	Oakes	Rebel	1.5184	1915	970	2154	119	93	0.961	2.34	0.123
75	Pinson	Vada	1.5183	1975	2403	5097	172	101	0.981	2.19	0.072
76	Wilson	Chief	1.5159	1916	1269	2430	181	85	0.968	2.06	0.143
77	Beltran	Carlos	1.5153	2014	2012	4879	135	71	0.986	2.49	0.067
78	Unser	Del	1.5150	1982	1407	3123	112	52	0.984	2.30	0.080
79	Barfield	Jesse	1.5150	1992	1387	2951	162	62	0.980	2.24	0.117
80	Douthit	Taylor	1.5144	1933	1036	3109	70	91	0.972	3.07	0.068
81	Edmonds	Jim	1.5137	2010	1872	4533	129	58	0.988	2.49	0.069
82	Leach	Tommy	1.5135	1918	1079	2548	133	70	0.975	2.48	0.123
83	DeJesus	David	1.5132	2014	1321	2802	64	23	0.992	2.17	0.048
84	Upton	B.J.	1.5129	2014	1070	2585	64	35	0.987	2.48	0.060
85	Finley	Steve	1.5122	2007	2488	5663	134	72	0.988	2.33	0.054
86	Chapman	Sam	1.5115	1951	1309	3579	115	107	0.972	2.82	0.088
87	Wright	George	1.5098	1986	566	1355	35	22	0.984	2.46	0.062
88	Piersall	Jim	1.5096	1967	1614	3851	95	39	0.990	2.44	0.059
89	Murphy	Dale	1.5089	1993	1853	4053	113	71	0.983	2.25	0.061
90	White	Devon	1.5085	2001	1869	4737	97	71	0.986	2.59	0.052
91	Wynn	Jimmy	1.5075	1977	1810	3912	139	80	0.981	2.24	0.077
92	Grissom	Marquis	1.5073	2005	2097	4880	99	61	0.988	2.37	0.047
93	Tuttle	Bill	1.5073	1963	1191	2698	97	48	0.983	2.35	0.081
94	Davis	Willie	1.5068	1979	2323	5449	143	127	0.978	2.41	0.062
95	Mitchell	Mike	1.5056	1914	1107	2107	180	97	0.959	2.07	0.163
96	Sheckard	Jimmy	1.5045	1913	2071	4203	307	197	0.958	2.18	0.148
97	Lofton	Kenny	1.5041	2007	2045	4856	141	79	0.984	2.44	0.069
98	Young	Chris	1.5018	2014	1062	2505	41	27	0.990	2.40	0.039
99	Kaline	Al	1.5011	1973	2488	5035	170	73	0.986	2.09	0.068
100	Tucker	Thurman	1.5007	1950	574	1617	52	21	0.988	2.91	0.091
101	Maddox	Garry	1.5007	1986	1687	4449	94	78	0.983	2.69	0.056
102	Williams	Bernie	1.5005	2006	1926	4709	65	48	0.990	2.48	0.034
103	Sizemore	Grady	1.4999	2014	951	2276	21	16	0.993	2.42	0.022
104	McRae	Brian	1.4996	1999	1307	3081	37	33	0.990	2.39	0.028
105	Manning	Rick	1.4995	1987	1508	3831	71	58	0.985	2.59	0.047
106	Heidrick	Emmet	1.4991	1908	748	1562	133	97	0.946	2.27	0.178
107	Moseby	Lloyd	1.4991	1991	1529	3765	73	62	0.984	2.51	0.048
108	Rivers	Mickey	1.4990	1984	1253	3150	95	61	0.982	2.59	0.076
109	Pettis	Gary	1.4987	1992	1128	2948	63	44	0.986	2.67	0.056
110	Cedeno	Cesar	1.4987	1986	1718	4131	102	64	0.985	2.46	0.059
111	Dykstra	Lenny	1.4979	1996	1221	3108	58	41	0.987	2.59	0.048
112	Van Slyke	Andy	1.4976	1995	1499	3336	107	43	0.988	2.30	0.071
113	Jones	Ruppert	1.4972	1987	1205	3051	75	43	0.986	2.59	0.062
114	Jacobson	Baby Doll	1.4969	1927	1378	3477	113	99	0.973	2.61	0.082
115	McReynolds	Kevin	1.4965	1994	1469	3120	104	44	0.987	2.19	0.071
116	Dawson	Andre	1.4964	1996	2323	5158	157	93	0.983	2.29	0.068
117	Simmons	Al	1.4956	1944	2142	4988	169	94	0.982	2.41	0.079
118	Gardner	Brett	1.4950	2014	777	1494	38	13	0.992	1.97	0.049
119	Snodgrass	Fred	1.4949	1916	818	1757	134	69	0.965	2.31	0.164
120	Kotsay	Mark	1.4943	2013	1538	3301	124	45	0.987	2.23	0.081
121	Williams	Cy	1.4940	1930	1818	4180	226	123	0.973	2.42	0.124
122	Uhlaender	Ted	1.4937	1972	793	1588	36	15	0.991	2.05	0.045
123	Busby	Jim	1.4932	1962	1280	3284	68	42	0.988	2.62	0.053
124	Gomez	Carlos	1.4923	2014	923	2159	50	32	0.986	2.39	0.054

Rank	Player	First	PosFV	LYear	CUM GP	PO	A	E	FPCT	CUM RF (pg)	APG
125	Rowand	Aaron	1.4923	2011	1344	2836	62	31	0.989	2.16	0.046
126	White	Roy	1.4921	1979	1625	3356	86	43	0.988	2.12	0.053
127	Hanlon	Ned	1.4920	1892	1251	2653	208	350	0.891	2.29	0.166
128	McCutchen	Andrew	1.4918	2014	872	2039	42	27	0.987	2.39	0.048
129	Thomas	Gorman	1.4915	1984	1159	2905	53	49	0.984	2.55	0.046
130	Roush	Edd	1.4912	1931	1848	4537	222	137	0.972	2.58	0.120
131	Burns	George	1.4909	1925	1844	3918	197	128	0.970	2.23	0.107
132	Jay	Jon	1.4904	2014	673	1283	17	7	0.995	1.93	0.025
133	Hornung	Joe	1.4903	1890	1054	1925	176	178	0.922	1.99	0.167
134	Flagstead	Ira	1.4903	1930	1036	2482	159	71	0.974	2.55	0.153
135	Kauff	Benny	1.4903	1920	853	1881	136	85	0.960	2.36	0.159
136	Yastrzemski	Carl	1.4899	1983	2076	3941	195	82	0.981	1.99	0.094
137	Clarke	Fred	1.4898	1915	2189	4790	254	256	0.952	2.30	0.116
138	Murcer	Bobby	1.4897	1980	1644	3269	125	65	0.981	2.06	0.076
139	Bell	Gus	1.4897	1962	1642	3500	133	54	0.985	2.21	0.081
140	Hunter	Brian	1.4892	2003	930	1926	69	40	0.980	2.15	0.074
141	Gutierrez	Franklin	1.4890	2013	739	1779	25	16	0.991	2.44	0.034
142	Duffy	Hugh	1.4880	1905	1681	3392	240	220	0.943	2.16	0.143
143	Schulte	Fred	1.4865	1937	1060	2853	81	72	0.976	2.77	0.076
144	Hoy	Dummy	1.4864	1902	1795	3958	273	394	0.915	2.36	0.152
145	Cameron	Mike	1.4861	2011	1957	4952	78	71	0.986	2.57	0.040
146	Aaron	Hank	1.4856	1976	2760	5539	201	117	0.980	2.08	0.073
147	Milner	Eddie	1.4848	1988	719	1690	44	23	0.987	2.41	0.061
148	Wilson	Willie	1.4847	1994	2031	5060	76	67	0.987	2.53	0.037
149	Clemente	Roberto	1.4832	1972	2370	4696	266	140	0.973	2.09	0.112
150	Seymour	Cy	1.4832	1913	1333	2855	188	177	0.945	2.28	0.141
151	McTamany	Jim	1.4827	1891	813	1542	151	161	0.913	2.08	0.186
152	Hamilton	Darryl	1.4815	2001	1238	2711	46	14	0.995	2.23	0.037
153	Evans	Dwight	1.4813	1991	2146	4371	157	59	0.987	2.11	0.073
154	Johnson	Lance	1.4812	2000	1387	3508	68	62	0.983	2.58	0.049
155	Stahl	Chick	1.4812	1906	1295	2435	162	105	0.961	2.01	0.125
156	Selbach	Kip	1.4811	1906	1568	3392	197	214	0.944	2.29	0.126
157	North	Billy	1.4802	1981	1066	2820	63	57	0.981	2.70	0.059
158	Brantley	Michael	1.4795	2014	667	1320	33	8	0.994	2.03	0.049
159	Brunansky	Tom	1.4792	1994	1679	3506	117	60	0.984	2.16	0.070
160	Almada	Mel	1.4790	1939	607	1466	71	47	0.970	2.53	0.117
161	Lewis	Darren	1.4785	2002	1315	2778	42	16	0.994	2.14	0.032
162	Stanley	Mickey	1.4785	1978	1290	2819	61	27	0.991	2.23	0.047
163	Henderson	Dave	1.4783	1994	1388	3334	99	55	0.984	2.47	0.071
164	Doby	Larry	1.4776	1959	1440	3616	88	63	0.983	2.57	0.061
165	Griffey	Ken	1.4772	2009	2386	5602	155	89	0.985	2.41	0.065
166	Maloney	Billy	1.4769	1908	596	1248	73	63	0.954	2.22	0.122
167	Gwynn	Tony	1.4768	2001	2326	4512	160	62	0.987	2.01	0.069
168	Bradley	Phil	1.4761	1990	996	1931	60	24	0.988	2.00	0.060
169	Tovar	Cesar	1.4759	1976	945	2043	71	44	0.980	2.24	0.075
170	Shannon	Spike	1.4754	1908	690	1303	66	36	0.974	1.98	0.096
171	Downing	Brian	1.4752	1987	777	1491	39	7	0.995	1.97	0.050
172	Bumbry	Al	1.4746	1985	1241	2975	68	44	0.986	2.45	0.055
173	Milan	Clyde	1.4744	1922	1903	4095	294	216	0.953	2.31	0.154
174	Wolf	Jimmy	1.4743	1892	1042	1642	229	168	0.918	1.80	0.220
175	Hines	Paul	1.4735	1891	1376	2694	237	385	0.884	2.13	0.172
176	Hidalgo	Richard	1.4735	2005	1091	2058	82	28	0.987	1.96	0.075
177	Birmingham	Joe	1.4720	1914	712	1478	129	70	0.958	2.26	0.181
178	Nicol	Hugh	1.4717	1890	823	1290	226	146	0.912	1.84	0.275
179	McBride	Bake	1.4713	1983	963	2163	59	25	0.989	2.31	0.061
180	Averill	Earl	1.4693	1941	1589	3969	115	126	0.970	2.57	0.072
181	Allen	Ethan	1.4690	1938	1123	2746	103	56	0.981	2.54	0.092
182	Philley	Dave	1.4689	1962	1454	3242	137	64	0.981	2.32	0.094
183	Ward	Gary	1.4679	1990	1094	2436	81	41	0.984	2.30	0.074
184	McIntyre	Matty	1.4677	1912	1039	2037	133	81	0.964	2.09	0.128
185	Arnovich	Morrie	1.4674	1946	544	1260	52	25	0.981	2.41	0.096
186	Singleton	Chris	1.4673	2005	697	1556	32	21	0.987	2.28	0.046
187	Brown	Tom	1.4672	1898	1783	3623	348	490	0.890	2.23	0.195
188	Johnson	Bob	1.4667	1945	1769	4003	208	141	0.968	2.38	0.118
189	Geronimo	Cesar	1.4664	1983	1376	2901	81	35	0.988	2.17	0.059
190	Rice	Harry	1.4664	1933	911	2160	114	80	0.966	2.50	0.125
191	Anderson	Garret	1.4660	2010	1952	4056	111	48	0.989	2.13	0.057
192	O'Neill	Paul	1.4657	2001	1932	3725	110	46	0.988	1.98	0.057
193	Berger	Wally	1.4653	1940	1296	3324	87	91	0.974	2.63	0.067
194	Baker	Dusty	1.4653	1986	1842	3663	110	56	0.985	2.05	0.060
195	Cromartie	Warren	1.4638	1991	780	1615	74	39	0.977	2.17	0.095
196	Slagle	Jimmy	1.4638	1908	1292	2692	168	150	0.950	2.21	0.130
197	Cobb	Ty	1.4637	1928	2934	6361	392	271	0.961	2.30	0.134

Rank	Player	First	PosFV	LYear	CUM GP	PO	A	E	FPCT	CUM RF (pg)	APG
198	Colavito	Rocky	1.4637	1968	1774	3323	123	70	0.980	1.94	0.069
199	Phillips	Adolfo	1.4633	1972	593	1241	43	26	0.980	2.17	0.073
200	Damon	Johnny	1.4631	2012	2128	4716	80	56	0.988	2.25	0.038
201	McCosky	Barney	1.4624	1952	1036	2490	48	41	0.984	2.45	0.046
202	Mantle	Mickey	1.4620	1966	2019	4438	117	82	0.982	2.26	0.058
203	Neale	Greasy	1.4611	1924	736	1569	87	48	0.972	2.25	0.118
204	Goodwin	Tom	1.4610	2004	1125	2347	34	22	0.991	2.12	0.030
205	Ott	Mel	1.4610	1946	2313	4511	256	98	0.980	2.06	0.111
206	Haas	Mule	1.4609	1938	1022	2486	68	42	0.984	2.50	0.067
207	Hotaling	Pete	1.4598	1888	825	1476	163	246	0.869	1.99	0.198
208	Gilkey	Bernard	1.4598	2001	1085	1955	107	36	0.983	1.90	0.099
209	Bay	Harry	1.4595	1907	665	1391	72	48	0.968	2.20	0.108
210	Rios	Alex	1.4595	2014	1573	3288	90	45	0.987	2.15	0.057
211	Winfield	Dave	1.4594	1994	2469	4975	166	95	0.982	2.08	0.067
212	Chapman	Ben	1.4593	1945	1495	3476	156	125	0.967	2.43	0.104
213	Waner	Paul	1.4591	1944	2288	4872	241	132	0.975	2.23	0.105
214	Taveras	Willy	1.4588	2010	624	1445	40	23	0.985	2.38	0.064
215	Cardenal	Jose	1.4585	1980	1778	3565	143	90	0.976	2.09	0.080
216	Cowens	Al	1.4582	1986	1477	2854	112	46	0.985	2.01	0.076
217	Strunk	Amos	1.4581	1924	1327	2830	159	61	0.980	2.25	0.120
218	Devereaux	Mike	1.4578	1998	1059	2410	44	29	0.988	2.32	0.042
219	Oliva	Tony	1.4573	1972	1178	2332	71	61	0.975	2.04	0.060
220	Medwick	Joe	1.4571	1948	1852	3994	139	84	0.980	2.23	0.075
221	Veach	Bobby	1.4571	1925	1740	3754	207	150	0.964	2.28	0.119
222	Bescher	Bob	1.4570	1918	1188	2493	137	109	0.960	2.21	0.115
223	Raines	Tim	1.4569	2002	2125	4198	134	54	0.988	2.04	0.063
224	Robinson	Frank	1.4558	1976	2132	3978	135	68	0.984	1.93	0.063
225	Gonzalez	Tony	1.4558	1971	1447	2783	73	39	0.987	1.97	0.050
226	Foster	George	1.4554	1986	1880	3809	119	62	0.984	2.09	0.063
227	Gladden	Dan	1.4545	1993	1137	2520	81	43	0.984	2.29	0.071
228	Kelley	Joe	1.4540	1908	1465	2864	212	144	0.955	2.10	0.145
229	Sweeney	Ryan	1.4537	2014	685	1254	36	8	0.994	1.88	0.053
230	Smoot	Homer	1.4537	1906	678	1363	81	71	0.953	2.13	0.119
231	Anderson	Brady	1.4526	2002	1705	3714	59	42	0.989	2.21	0.035
232	Smith	Reggie	1.4526	1980	1668	3676	127	94	0.976	2.28	0.076
233	Powell	Ray	1.4524	1924	826	2020	124	91	0.959	2.60	0.150
234	Thomson	Bobby	1.4524	1960	1506	3563	111	74	0.980	2.44	0.074
235	Vosmik	Joe	1.4524	1944	1370	2958	107	66	0.979	2.24	0.078
236	Curtis	Chad	1.4521	2001	1202	2503	75	48	0.982	2.14	0.062
237	Hooper	Harry	1.4520	1925	2284	3981	344	151	0.966	1.89	0.151
238	Bonds	Bobby	1.4516	1981	1736	3659	128	89	0.977	2.18	0.074
239	Rice	Sam	1.4513	1934	2270	4774	278	184	0.965	2.23	0.122
240	Young	Gerald	1.4512	1994	568	1194	38	12	0.990	2.17	0.067
241	Payton	Jay	1.4509	2010	1249	2532	61	33	0.987	2.08	0.049
242	Thompson	Sam	1.4508	1906	1406	2165	283	171	0.935	1.74	0.201
243	Crisp	Coco	1.4508	2014	1354	3180	38	27	0.992	2.38	0.028
244	Van Haltren	George	1.4507	1903	1827	3490	348	358	0.915	2.10	0.190
245	Pierre	Juan	1.4503	2013	1846	3879	45	40	0.990	2.13	0.024
246	Hatcher	Billy	1.4501	1995	1143	2289	67	33	0.986	2.06	0.059
247	Lock	Don	1.4499	1969	831	1789	59	45	0.976	2.22	0.071
248	Cabrera	Melky	1.4495	2014	1263	2331	82	27	0.989	1.91	0.065
249	Andrews	Ed	1.4493	1891	652	1257	129	134	0.912	2.13	0.198
250	Groth	Johnny	1.4492	1960	1155	2566	82	36	0.987	2.29	0.071
251	Puhl	Terry	1.4490	1991	1300	2576	57	18	0.993	2.03	0.044
252	Gillespie	Pete	1.4484	1887	714	1229	90	142	0.903	1.85	0.126
253	Beaumont	Ginger	1.4483	1910	1407	2845	167	139	0.956	2.14	0.119
254	Magee	Sherry	1.4480	1919	1861	3800	176	123	0.970	2.14	0.095
255	Jensen	Jackie	1.4479	1961	1391	2739	124	68	0.977	2.06	0.089
256	Maddox	Elliott	1.4476	1980	719	1493	61	18	0.989	2.16	0.085
257	Snider	Duke	1.4475	1964	1918	4099	123	66	0.985	2.20	0.064
258	Braun	Ryan	1.4465	2014	952	1772	47	16	0.991	1.91	0.049
259	Frederick	Johnny	1.4464	1934	733	1813	60	50	0.974	2.56	0.082
260	Pence	Hunter	1.4461	2014	1213	2529	80	43	0.984	2.15	0.066
261	Wheat	Zack	1.4457	1927	2337	4996	232	183	0.966	2.24	0.099
262	Cuyler	Kiki	1.4456	1938	1807	4034	191	121	0.972	2.34	0.106
263	Rice	Jim	1.4453	1988	1543	3103	137	66	0.980	2.10	0.089
264	Snyder	Cory	1.4449	1994	877	1674	89	31	0.983	2.01	0.101
265	Brandt	Jackie	1.4445	1967	1100	2131	76	44	0.980	2.01	0.069
266	Wilson	Mookie	1.4445	1991	1273	3084	54	58	0.982	2.47	0.042
267	Buhner	Jay	1.4443	2001	1397	2527	101	33	0.988	1.88	0.072
268	Hendrick	George	1.4443	1988	1813	3751	114	57	0.985	2.13	0.063
269	Mazzilli	Lee	1.4440	1989	868	1933	48	28	0.986	2.28	0.055
270	Becker	Rich	1.4429	2000	739	1481	55	27	0.983	2.08	0.074

Rank	Player	First	PosFV	LYear	CUM GP	PO	A	E	FPCT	CUM RF (pg)	APG
271	Surhoff	B.J.	1.4427	2005	995	1796	74	20	0.989	1.88	0.074
272	Weaver	Farmer	1.4422	1894	651	1206	135	106	0.927	2.06	0.207
273	Cruz	Jose	1.4422	2008	1397	2882	81	43	0.986	2.12	0.058
274	McDowell	Oddibe	1.4412	1994	746	1687	40	22	0.987	2.32	0.054
275	Wilson	Glenn	1.4410	1993	1131	2225	109	55	0.977	2.06	0.096
276	Bigbee	Carson	1.4408	1926	1031	2302	142	86	0.966	2.37	0.138
277	Duncan	Pat	1.4406	1924	707	1466	70	47	0.970	2.17	0.099
278	Armas	Tony	1.4403	1989	1306	3091	78	60	0.981	2.43	0.060
279	Walker	Larry	1.4402	2005	1814	3314	155	48	0.986	1.91	0.085
280	Lindstrom	Freddie	1.4399	1936	551	1311	49	24	0.983	2.47	0.089
281	Ellis	Rube	1.4395	1912	510	1070	84	70	0.943	2.26	0.165
282	Agee	Tommie	1.4395	1973	1073	2371	53	61	0.975	2.26	0.049
283	Lewis	Duffy	1.4371	1921	1432	2657	210	123	0.959	2.00	0.147
284	Hisle	Larry	1.4360	1979	1017	2213	70	52	0.978	2.24	0.069
285	Kelly	Roberto	1.4354	2000	1312	2898	57	44	0.985	2.25	0.043
286	Noren	Irv	1.4353	1960	801	1778	76	31	0.984	2.31	0.095
287	Maxwell	Charlie	1.4348	1963	834	1665	44	21	0.988	2.05	0.053
288	Tresh	Tom	1.4348	1969	727	1380	50	31	0.979	1.97	0.069
289	LeFlore	Ron	1.4346	1982	1040	2521	89	86	0.968	2.51	0.086
290	Staub	Rusty	1.4340	1985	1675	3018	165	103	0.969	1.90	0.099
291	Buford	Don	1.4336	1972	555	983	37	12	0.988	1.84	0.067
292	Bonds	Barry	1.4331	2007	2877	5638	174	97	0.984	2.02	0.060
293	Magee	Lee	1.4323	1919	519	1123	83	38	0.969	2.32	0.160
294	O'Brien	Darby	1.4313	1892	703	1331	90	101	0.934	2.02	0.128
295	Bates	Johnny	1.4311	1914	1080	2078	162	106	0.955	2.07	0.150
296	Cooney	Johnny	1.4310	1944	794	1791	56	22	0.988	2.33	0.071
297	Bruce	Jay	1.4307	2014	968	1930	65	34	0.983	2.06	0.067
298	Francoeur	Jeff	1.4304	2014	1213	2294	120	40	0.984	1.99	0.099
299	Marshall	Willard	1.4304	1955	1145	2184	125	50	0.979	2.02	0.109
300	Jordan	Brian	1.4301	2006	1366	2712	85	33	0.988	2.05	0.062
301	Cordova	Marty	1.4297	2003	761	1576	51	26	0.984	2.14	0.067
302	Jackson	Joe	1.4297	1920	1289	2362	183	100	0.962	1.97	0.142
303	Salmon	Tim	1.4296	2006	1267	2694	99	64	0.978	2.20	0.078
304	Oliver	Al	1.4284	1985	1376	3136	65	64	0.980	2.33	0.047
305	Del Greco	Bobby	1.4272	1965	665	1456	49	29	0.981	2.26	0.074
306	Williams	Billy	1.4268	1976	2088	3562	143	101	0.973	1.77	0.068
307	Hamilton	Billy	1.4267	1901	1584	3444	182	288	0.926	2.29	0.115
308	Ross	Cody	1.4265	2014	1073	1811	59	20	0.989	1.74	0.055
309	Wood	George	1.4262	1892	1232	2139	203	276	0.895	1.90	0.165
310	Hershberger	Mike	1.4261	1971	1037	1763	84	38	0.980	1.78	0.081
311	Dalrymple	Abner	1.4260	1891	951	1655	146	285	0.863	1.89	0.154
312	Mumphrey	Jerry	1.4258	1988	1386	3057	74	40	0.981	2.26	0.053
313	Ryan	Jimmy	1.4257	1903	1943	3698	375	365	0.918	2.10	0.193
314	Hofman	Solly	1.4253	1916	702	1478	113	55	0.967	2.27	0.161
315	Stubbs	Drew	1.4252	2014	742	1602	37	26	0.984	2.21	0.050
316	Burke	Eddie	1.4252	1897	789	1673	119	153	0.921	2.27	0.151
317	Geiger	Gary	1.4243	1970	749	1464	58	21	0.986	2.03	0.077
318	Furillo	Carl	1.4236	1960	1739	3322	151	74	0.979	2.00	0.087
319	McGeachy	Jack	1.4234	1891	602	1053	131	118	0.909	1.97	0.218
320	Burks	Ellis	1.4232	2003	1695	3436	83	60	0.983	2.08	0.049
321	Russell	Jim	1.4228	1951	942	2255	67	45	0.981	2.46	0.071
322	Tasby	Willie	1.4227	1963	543	1133	26	24	0.980	2.13	0.048
323	Belle	Albert	1.4225	2000	1311	2639	91	66	0.976	2.08	0.069
324	Davalillo	Vic	1.4221	1979	1066	2121	58	31	0.986	2.04	0.054
325	May	Carlos	1.4221	1977	677	1083	60	18	0.984	1.69	0.089
326	Heathcote	Cliff	1.4216	1931	1157	2620	157	82	0.971	2.40	0.136
327	Stenzel	Jake	1.4215	1899	741	1569	93	131	0.927	2.24	0.126
328	Ganley	Bob	1.4213	1909	564	1013	64	42	0.962	1.91	0.113
329	Hall	Jimmie	1.4209	1970	806	1507	48	29	0.982	1.93	0.060
330	Carroll	Cliff	1.4205	1893	991	1683	156	194	0.905	1.86	0.157
331	Lezcano	Sixto	1.4205	1985	1196	2401	106	51	0.980	2.10	0.089
332	Rudi	Joe	1.4204	1982	1195	2294	60	22	0.991	1.97	0.050
333	Brown	Eddie	1.4202	1928	731	1867	38	59	0.970	2.61	0.052
334	Crawford	Carl	1.4200	2014	1577	3253	56	36	0.989	2.10	0.036
335	Evers	Hoot	1.4199	1956	1051	2440	71	43	0.983	2.39	0.068
336	Maris	Roger	1.4193	1968	1383	2649	76	49	0.982	1.97	0.055
337	Bodie	Ping	1.4192	1921	995	1893	139	73	0.965	2.04	0.140
338	Pafko	Andy	1.4191	1959	1570	3199	130	54	0.984	2.12	0.083
339	Seery	Emmett	1.4187	1892	914	1567	173	203	0.896	1.90	0.189
340	Scott	Tony	1.4183	1984	853	1803	53	27	0.986	2.18	0.062
341	Clark	Jack	1.4183	1989	1039	2004	96	48	0.978	2.02	0.092
342	Mack	Shane	1.4181	1998	832	1788	39	27	0.985	2.20	0.047
343	May	Dave	1.4177	1978	1021	2177	68	50	0.978	2.20	0.067

Rank	Player	First	PosFV	LYear	CUM GP	PO	A	E	FPCT	CUM RF (pg)	APG
344	Cooley	Duff	1.4173	1905	1094	2388	96	145	0.945	2.27	0.088
345	Jones	Jacque	1.4171	2008	1248	2586	68	40	0.985	2.13	0.054
346	Combs	Earle	1.4168	1935	1387	3449	69	95	0.974	2.54	0.050
347	Heyward	Jason	1.4166	2014	673	1364	33	18	0.987	2.08	0.049
348	Shotton	Burt	1.4160	1922	1279	2816	173	184	0.942	2.34	0.135
349	Moore	Gene	1.4159	1945	914	1892	109	52	0.975	2.19	0.119
350	Baines	Harold	1.4156	1997	1061	2031	69	47	0.978	1.98	0.065
351	Blanco	Gregor	1.4154	2014	665	1016	27	7	0.993	1.57	0.041
352	Bragg	Darren	1.4152	2004	835	1390	49	18	0.988	1.72	0.059
353	Lankford	Ray	1.4151	2004	1593	3528	72	63	0.983	2.26	0.045
354	Miller	Rick	1.4147	1985	1248	2786	69	42	0.986	2.29	0.055
355	Crawford	Sam	1.4141	1917	2299	3626	268	143	0.965	1.69	0.117
356	Martinez	Dave	1.4139	2001	1638	3024	101	43	0.986	1.91	0.062
357	Minoso	Minnie	1.4136	1964	1665	3276	139	91	0.974	2.05	0.083
358	Gore	George	1.4134	1892	1297	2359	243	368	0.876	2.01	0.187
359	Gonzalez	Luis	1.4134	2008	2445	4483	110	64	0.986	1.88	0.045
360	Jamieson	Charlie	1.4133	1932	1638	3423	196	122	0.967	2.21	0.120
361	Brye	Steve	1.4130	1978	623	1219	45	12	0.991	2.03	0.072
362	Deer	Rob	1.4129	1996	1053	2260	76	56	0.977	2.22	0.072
363	Greenwell	Mike	1.4128	1996	1165	2091	85	42	0.981	1.87	0.073
364	Holliday	Bug	1.4125	1898	891	1690	125	127	0.935	2.04	0.140
365	McCarthy	Tommy	1.4121	1896	1189	2019	268	263	0.897	1.92	0.225
366	Adams	Buster	1.4119	1947	527	1339	35	29	0.979	2.61	0.066
367	Law	Rudy	1.4119	1986	665	1446	27	21	0.986	2.22	0.041
368	Gallagher	Dave	1.4118	1995	699	1336	38	9	0.993	1.97	0.054
369	Delsing	Jim	1.4117	1960	698	1606	41	19	0.989	2.36	0.059
370	Cassidy	John	1.4113	1885	571	745	148	168	0.842	1.56	0.259
371	Walker	Tilly	1.4110	1923	1348	2904	221	167	0.949	2.32	0.164
372	Musial	Stan	1.4108	1963	1890	3730	130	64	0.984	2.04	0.069
373	Dobbs	John	1.4106	1905	563	1181	59	60	0.954	2.20	0.105
374	Conigliaro	Tony	1.4104	1971	839	1483	48	33	0.979	1.82	0.057
375	Burch	Al	1.4101	1911	555	1088	98	62	0.950	2.14	0.177
376	Wilson	Preston	1.4096	2007	1077	2283	57	43	0.982	2.17	0.053
377	Buford	Damon	1.4093	2001	631	1254	28	14	0.989	2.03	0.044
378	Pearson	Albie	1.4093	1966	833	1725	40	36	0.980	2.12	0.048
379	Kemp	Matt	1.4092	2014	1109	2126	64	37	0.983	1.97	0.058
380	Higginson	Bobby	1.4091	2005	1311	2590	124	64	0.977	2.07	0.095
381	Bay	Jason	1.4086	2013	1275	2302	68	27	0.989	1.86	0.053
382	Witt	Whitey	1.4085	1926	729	1601	59	50	0.971	2.28	0.081
383	Walker	Curt	1.4084	1930	1310	2776	144	112	0.963	2.23	0.110
384	Falk	Bibb	1.4083	1931	1222	2520	136	92	0.967	2.17	0.111
385	Byrd	Marlon	1.4082	2014	1387	2941	68	43	0.986	2.17	0.049
386	Zisk	Richie	1.4081	1980	905	1680	68	33	0.981	1.93	0.075
387	Sommer	Joe	1.4073	1890	713	1326	109	157	0.901	2.01	0.153
388	Green	Shawn	1.4072	2007	1762	3301	88	48	0.986	1.92	0.050
389	Stone	George	1.4066	1910	837	1490	76	68	0.958	1.87	0.091
390	Patterson	Corey	1.4059	2011	1164	2333	48	32	0.987	2.05	0.041
391	Sievers	Roy	1.4058	1962	838	1790	56	35	0.981	2.20	0.067
392	McHenry	Austin	1.4058	1922	529	1128	81	51	0.960	2.29	0.153
393	Williams	Ken	1.4052	1929	1298	2948	167	137	0.958	2.40	0.129
394	Diering	Chuck	1.4036	1956	631	1274	50	18	0.987	2.10	0.079
395	Harper	Tommy	1.4035	1976	1227	2168	51	31	0.986	1.81	0.042
396	Lee	Hal	1.4033	1936	718	1696	40	49	0.973	2.42	0.056
397	Nicholson	Bill	1.4024	1953	1471	2954	118	67	0.979	2.09	0.080
398	Carter	Joe	1.4023	1998	1731	3669	111	89	0.977	2.18	0.064
399	Coleman	John	1.4020	1890	510	833	110	137	0.873	1.85	0.216
400	Radford	Paul	1.4016	1894	902	1404	217	179	0.901	1.80	0.241
401	Whitted	Possum	1.4014	1921	651	1391	69	38	0.975	2.24	0.106
402	Goslin	Goose	1.4012	1938	2188	4792	221	209	0.960	2.29	0.101
403	Monday	Rick	1.4011	1984	1688	3534	86	76	0.979	2.14	0.051
404	Hayes	Von	1.4007	1992	1040	2247	56	41	0.983	2.21	0.054
405	Burkett	Jesse	1.4006	1905	2053	3961	270	383	0.917	2.06	0.132
406	Henderson	Rickey	1.4006	2003	2850	6466	131	141	0.979	2.31	0.046
407	Jose	Felix	1.4006	2003	689	1300	48	27	0.980	1.96	0.070
408	Benard	Marvin	1.4005	2003	797	1410	36	21	0.986	1.81	0.045
409	Allison	Bob	1.4005	1970	1320	2486	82	67	0.975	1.95	0.062
410	McGee	Willie	1.3996	1999	2008	4259	129	108	0.976	2.19	0.064
411	Jackson	Darrin	1.3993	1999	908	1797	50	21	0.989	2.03	0.055
412	Kemp	Steve	1.3993	1988	1004	1962	55	37	0.982	2.01	0.055
413	Werth	Jayson	1.3991	2014	1323	2439	82	37	0.986	1.91	0.062
414	Shanks	Howie	1.3988	1925	702	1423	99	45	0.971	2.17	0.141
415	Gonzalez	Juan	1.3987	2005	1312	2594	91	46	0.983	2.05	0.069
416	Case	George	1.3984	1947	1187	2805	88	90	0.970	2.44	0.074

Rank	Player	First	PosFV	LYear	CUM GP	PO	A	E	FPCT	CUM RF (pg)	APG
417	Slaughter	Enos	1.3984	1959	2064	3925	152	82	0.980	1.98	0.074
418	Leach	Freddy	1.3974	1932	875	1940	76	51	0.975	2.30	0.087
419	Davis	Chili	1.3973	1994	1184	2565	77	80	0.971	2.23	0.065
420	Pickering	Ollie	1.3969	1908	859	1628	109	94	0.949	2.02	0.127
421	Chavez	Endy	1.3964	2014	1058	1780	60	19	0.990	1.74	0.057
422	Orsulak	Joe	1.3963	1997	1257	2284	105	43	0.982	1.90	0.084
423	Ordonez	Magglio	1.3962	2011	1740	3209	108	44	0.987	1.91	0.062
424	Demaree	Frank	1.3960	1944	1076	2124	97	51	0.978	2.06	0.090
425	Galan	Augie	1.3959	1949	1359	2996	88	61	0.981	2.27	0.065
426	Stovey	Harry	1.3959	1893	944	1801	165	229	0.896	2.08	0.175
427	Alou	Matty	1.3957	1974	1312	2346	88	51	0.979	1.86	0.067
428	Hockett	Oris	1.3957	1945	520	1206	40	33	0.974	2.40	0.077
429	Richardson	Hardy	1.3954	1892	544	1029	110	89	0.928	2.09	0.202
430	Mann	Fred	1.3953	1887	511	818	69	120	0.881	1.74	0.135
431	Nixon	Otis	1.3952	1999	1530	3155	56	36	0.989	2.10	0.037
432	Pagan	Angel	1.3951	2014	825	1793	37	29	0.984	2.22	0.045
433	Wyrostek	Johnny	1.3947	1954	1105	2372	96	64	0.975	2.23	0.087
434	Thomas	Frank	1.3946	1965	1045	2116	96	50	0.978	2.12	0.092
435	O'Leary	Troy	1.3945	2003	1147	1946	59	30	0.985	1.75	0.051
436	King	Jim	1.3941	1967	851	1505	70	26	0.984	1.85	0.082
437	Murray	Red	1.3940	1917	1171	1962	176	113	0.950	1.83	0.150
438	Moses	Wally	1.3938	1951	1792	4000	147	113	0.973	2.31	0.082
439	Moore	Jo-Jo	1.3937	1941	1294	2501	116	68	0.975	2.02	0.090
440	Vaughn	Greg	1.3930	2003	1267	2517	65	38	0.985	2.04	0.051
441	Singleton	Ken	1.3930	1982	1538	2684	82	57	0.980	1.80	0.053
442	Mitchell	Dale	1.3919	1956	931	1906	41	30	0.985	2.09	0.044
443	Youngs	Ross	1.3915	1926	1199	2160	191	116	0.953	1.96	0.159
444	Lowrey	Peanuts	1.3915	1955	978	2113	81	38	0.983	2.24	0.083
445	Moore	Johnny	1.3915	1937	737	1522	78	49	0.970	2.17	0.106
446	Byrnes	Eric	1.3910	2010	968	1666	45	23	0.987	1.77	0.046
447	Jeffcoat	Hal	1.3908	1958	559	1201	63	29	0.978	2.26	0.113
448	Titus	John	1.3907	1913	1356	2139	201	101	0.959	1.73	0.148
449	Abreu	Bobby	1.3907	2014	2153	3951	136	73	0.982	1.90	0.063
450	Northrup	Jim	1.3902	1975	1267	2470	56	50	0.981	1.99	0.044
451	Klein	Chuck	1.3901	1944	1600	3250	194	135	0.962	2.15	0.121
452	Southworth	Billy	1.3900	1929	1115	2442	127	92	0.965	2.30	0.114
453	Coleman	Vince	1.3900	1997	1311	2452	109	68	0.974	1.95	0.083
454	Lawton	Matt	1.3898	2006	1292	2596	59	42	0.984	2.05	0.046
455	Martin	Hersh	1.3896	1945	555	1379	41	38	0.974	2.56	0.074
456	Henrich	Tommy	1.3891	1949	1017	2008	96	40	0.981	2.07	0.094
457	Metzler	Alex	1.3889	1930	519	1203	52	46	0.965	2.42	0.100
458	Gonzalez	Carlos	1.3889	2014	791	1325	52	14	0.990	1.74	0.066
459	Moryn	Walt	1.3887	1961	670	1200	55	36	0.972	1.87	0.082
460	Flack	Max	1.3883	1925	1336	2282	181	71	0.972	1.84	0.135
461	Davis	Eric	1.3882	2001	1439	3099	61	50	0.984	2.20	0.042
462	Manning	Jack	1.3879	1886	691	876	146	196	0.839	1.48	0.211
463	Tolan	Bobby	1.3872	1979	1005	2131	50	54	0.976	2.17	0.050
464	Bichette	Dante	1.3869	2001	1565	2830	128	80	0.974	1.89	0.082
465	Westlake	Wally	1.3867	1955	834	1840	58	33	0.983	2.28	0.070
466	Gordon	Sid	1.3859	1955	918	1788	69	29	0.985	2.02	0.075
467	Harley	Dick	1.3859	1903	738	1447	125	141	0.918	2.13	0.169
468	Miller	Dusty	1.3857	1899	645	1142	114	105	0.923	1.95	0.177
469	Oglivie	Ben	1.3856	1986	1439	3030	102	70	0.978	2.18	0.071
470	Jenkins	Geoff	1.3855	2008	1278	2381	98	42	0.983	1.94	0.077
471	Harper	George	1.3854	1929	933	1925	96	62	0.970	2.17	0.103
472	Moran	Herbie	1.3847	1915	584	1017	82	49	0.957	1.88	0.140
473	Shelby	John	1.3846	1991	948	1949	55	36	0.982	2.11	0.058
474	Reichardt	Rick	1.3844	1973	882	1545	49	29	0.982	1.81	0.056
475	Cruz	Jose	1.3843	1988	2156	4391	125	120	0.974	2.09	0.058
476	Manush	Heinie	1.3840	1939	1845	3841	105	83	0.979	2.14	0.057
477	Elliott	Bob	1.3836	1953	537	1070	44	24	0.979	2.07	0.082
478	Leibold	Nemo	1.3836	1925	1120	2318	176	101	0.961	2.23	0.157
479	Kirkland	Willie	1.3834	1966	995	1740	83	48	0.974	1.83	0.083
480	Morales	Jerry	1.3833	1983	1256	2357	73	43	0.983	1.93	0.058
481	Ludwick	Ryan	1.3833	2014	988	1682	39	12	0.993	1.74	0.039
482	Piniella	Lou	1.3830	1984	1401	2529	105	52	0.981	1.88	0.075
483	Roberts	Dave	1.3830	2008	790	1540	25	14	0.991	1.98	0.032
484	Woodling	Gene	1.3829	1962	1566	2924	93	35	0.989	1.93	0.059
485	Wilmot	Walt	1.3822	1898	956	1968	147	227	0.903	2.21	0.154
486	Parra	Gerardo	1.3822	2014	809	1521	63	29	0.982	1.96	0.078
487	Mondesi	Raul	1.3820	2005	1504	2933	114	76	0.976	2.03	0.076
488	Sosa	Sammy	1.3819	2007	2218	4523	143	128	0.973	2.10	0.064
489	Rivera	Jim	1.3818	1961	1038	2065	78	51	0.977	2.06	0.075

Rank	Player	First	PosFV	LYear	CUM GP	PO	A	E	FPCT	CUM RF (pg)	APG
490	Donovan	Patsy	1.3816	1907	1813	2924	264	201	0.941	1.76	0.146
491	Litwhiler	Danny	1.3815	1951	915	1927	57	37	0.982	2.17	0.062
492	Keeler	Willie	1.3808	1910	2039	3097	258	138	0.960	1.65	0.127
493	Smith	Elmer	1.3806	1901	1086	2202	143	200	0.921	2.16	0.132
494	Choo	Shin-Soo	1.3803	2014	885	1782	62	30	0.984	2.08	0.070
495	Kearns	Austin	1.3802	2013	1051	2219	50	31	0.987	2.16	0.048
496	Sample	Bill	1.3795	1986	711	1378	32	18	0.987	1.98	0.045
497	Repoz	Roger	1.3795	1971	623	1091	27	12	0.989	1.79	0.043
498	Tobin	Jack	1.3793	1927	1491	2614	202	127	0.957	1.89	0.135
499	Landreaux	Ken	1.3792	1987	1138	2206	57	44	0.981	1.99	0.050
500	Griffey Sr.	Ken	1.3791	1991	1703	3258	106	66	0.981	1.98	0.062
501	McLouth	Nate	1.3787	2014	937	1780	23	17	0.991	1.92	0.025
502	Flick	Elmer	1.3781	1910	1456	2373	197	145	0.947	1.77	0.135
503	Alou	Felipe	1.3779	1974	1531	2879	82	62	0.979	1.93	0.054
504	Green	Lenny	1.3779	1968	883	1659	29	27	0.984	1.91	0.033
505	Davis	Rajai	1.3773	2014	924	1704	40	26	0.985	1.89	0.043
506	Bell	Beau	1.3773	1941	599	1152	56	30	0.976	2.02	0.093
507	Ennis	Del	1.3770	1959	1840	3621	150	120	0.969	2.05	0.082
508	Robinson	Floyd	1.3770	1968	886	1470	42	30	0.981	1.71	0.047
509	Ruth	Babe	1.3769	1935	2241	4444	204	155	0.968	2.07	0.091
510	Demeter	Don	1.3768	1967	802	1424	35	14	0.990	1.82	0.044
511	Clinton	Lou	1.3766	1967	619	1083	47	23	0.980	1.83	0.076
512	O'Rourke	Jim	1.3763	1893	1444	2243	228	299	0.892	1.71	0.158
513	Whiten	Mark	1.3752	2000	878	1825	77	58	0.970	2.17	0.088
514	Altman	George	1.3752	1967	783	1446	52	35	0.977	1.91	0.066
515	Menosky	Mike	1.3750	1923	682	1420	85	52	0.967	2.21	0.125
516	Roenicke	Gary	1.3747	1988	918	1608	53	20	0.988	1.81	0.058
517	Vukovich	George	1.3746	1985	528	961	24	13	0.987	1.87	0.045
518	Richbourg	Lance	1.3744	1932	631	1452	48	46	0.970	2.38	0.076
519	Polonia	Luis	1.3743	2000	1056	1986	68	36	0.983	1.95	0.064
520	Williams	Gerald	1.3739	2005	1100	1802	53	33	0.983	1.69	0.048
521	Williams	Ted	1.3738	1960	2151	4158	140	113	0.974	2.00	0.065
522	Bonnell	Barry	1.3736	1986	859	1643	58	32	0.982	1.98	0.068
523	Post	Wally	1.3736	1964	1055	2002	103	64	0.970	2.00	0.098
524	Meusel	Irish	1.3736	1927	1216	2391	129	107	0.959	2.07	0.106
525	Solters	Moose	1.3734	1943	825	1852	88	80	0.960	2.35	0.107
526	Pilarcik	Al	1.3732	1961	531	872	40	13	0.986	1.72	0.075
527	Kiner	Ralph	1.3723	1955	1382	2875	80	80	0.974	2.14	0.058
528	Keller	Charlie	1.3716	1952	1019	2235	46	46	0.980	2.24	0.045
529	Plantier	Phil	1.3714	1997	506	939	40	20	0.980	1.93	0.079
530	White	Rondell	1.3714	2007	1288	2564	50	35	0.987	2.03	0.039
531	O'Neill	Tip	1.3711	1892	1024	1794	81	169	0.917	1.83	0.079
532	West	Max	1.3710	1948	591	1243	53	33	0.975	2.19	0.090
533	Gaston	Cito	1.3709	1978	773	1479	64	48	0.970	2.00	0.083
534	Irvin	Monte	1.3699	1956	585	1233	45	22	0.983	2.18	0.077
535	Henderson	Ken	1.3696	1980	1252	2552	68	61	0.977	2.09	0.054
536	Baumholtz	Frank	1.3694	1956	843	1785	62	38	0.980	2.19	0.074
537	Hall	Mel	1.3692	1996	1041	2011	56	39	0.981	1.99	0.054
538	Thompson	Milt	1.3692	1996	1063	2168	46	37	0.984	2.08	0.043
539	Podsednik	Scott	1.3688	2012	1003	2069	31	33	0.985	2.09	0.031
540	Blake	Harry	1.3684	1899	514	920	84	55	0.948	1.95	0.163
541	Darwin	Bobby	1.3674	1977	538	964	39	25	0.976	1.86	0.072
542	Walker	Dixie	1.3670	1949	1736	3455	154	103	0.972	2.08	0.089
543	Wynne	Marvell	1.3668	1990	839	1629	38	26	0.985	1.99	0.045
544	Swartwood	Ed	1.3668	1892	637	984	132	187	0.856	1.75	0.207
545	Lindell	Johnny	1.3662	1953	689	1660	48	35	0.980	2.48	0.070
546	Miller	Bing	1.3660	1936	1601	3342	126	102	0.971	2.17	0.079
547	Goodman	Ival	1.3660	1944	1000	2061	78	55	0.975	2.14	0.078
548	Jones	Cleon	1.3658	1976	1111	2007	64	47	0.978	1.86	0.058
549	Strawberry	Darryl	1.3640	1998	1384	2515	76	62	0.977	1.87	0.055
550	Cree	Birdie	1.3635	1915	689	1252	81	48	0.965	1.93	0.118
551	Greer	Rusty	1.3633	2002	989	1935	40	43	0.979	2.00	0.040
552	Lewis	Buddy	1.3622	1949	619	1285	66	41	0.971	2.18	0.107
553	Reiser	Pete	1.3622	1952	634	1409	47	31	0.979	2.30	0.074
554	Sauer	Hank	1.3621	1959	1228	2408	105	67	0.974	2.05	0.086
555	Mench	Kevin	1.3619	2010	673	1108	34	12	0.990	1.70	0.051
556	Martinez	Carmelo	1.3612	1991	598	1125	52	24	0.980	1.97	0.087
557	Hafey	Chick	1.3609	1937	1195	2527	106	80	0.971	2.20	0.089
558	Daniels	Kal	1.3608	1992	635	1096	45	23	0.980	1.80	0.071
559	Javier	Stan	1.3601	2001	1565	3038	48	37	0.988	1.97	0.031
560	Dye	Jermaine	1.3599	2009	1707	3267	96	65	0.981	1.97	0.056
561	Rasmus	Colby	1.3595	2014	746	1684	19	28	0.984	2.28	0.025
562	Graney	Jack	1.3592	1922	1282	2488	151	130	0.953	2.06	0.118

Rank	Player	First	PosFV	LYear	CUM GP	PO	A	E	FPCT	CUM RF (pg)	APG
563	Bauer	Hank	1.3590	1961	1449	2384	107	46	0.982	1.72	0.074
564	Gosger	Jim	1.3588	1974	555	994	25	15	0.985	1.84	0.045
565	Richards	Gene	1.3587	1984	806	1550	74	47	0.972	2.01	0.092
566	Roseman	Chief	1.3582	1890	654	953	97	162	0.866	1.61	0.148
567	Merced	Orlando	1.3577	2003	709	1241	65	29	0.978	1.84	0.092
568	Tucker	Michael	1.3572	2006	1279	2047	68	32	0.985	1.65	0.053
569	Brown	Ollie	1.3567	1977	992	1622	71	39	0.977	1.71	0.072
570	Ethier	Andre	1.3565	2014	1219	2023	62	27	0.987	1.71	0.051
571	Ford	Dan	1.3556	1984	1065	2206	49	60	0.974	2.12	0.046
572	Bell	Derek	1.3556	2001	1172	2205	67	58	0.975	1.94	0.057
573	Marsans	Armando	1.3555	1918	575	1234	71	45	0.967	2.27	0.123
574	Office	Rowland	1.3555	1983	771	1480	27	23	0.985	1.95	0.035
575	Collins	Dave	1.3554	1990	1118	2275	50	34	0.986	2.08	0.045
576	Grieve	Ben	1.3551	2005	776	1385	32	20	0.986	1.83	0.041
577	Stone	John	1.3550	1938	1131	2398	101	85	0.967	2.21	0.089
578	Giles	Brian	1.3547	2009	1834	3446	95	71	0.980	1.93	0.052
579	Roberts	Leon	1.3546	1984	788	1574	40	30	0.982	2.05	0.051
580	Murphy	Danny	1.3544	1915	612	816	87	31	0.967	1.48	0.142
581	Bass	Kevin	1.3541	1995	1301	2332	73	43	0.982	1.85	0.056
582	Cullenbine	Roy	1.3539	1946	843	1666	100	57	0.969	2.09	0.119
583	Sanders	Reggie	1.3533	2007	1727	3336	102	68	0.981	1.99	0.059
584	Rucker	Johnny	1.3533	1946	607	1422	46	44	0.971	2.42	0.076
585	Parker	Dave	1.3532	1989	1867	3791	143	142	0.965	2.11	0.077
586	Lee	Carlos	1.3530	2011	1770	3049	99	50	0.984	1.78	0.056
587	Justice	David	1.3523	2002	1158	2196	72	52	0.978	1.96	0.062
588	Fox	Pete	1.3517	1945	1368	2793	96	68	0.977	2.11	0.070
589	Matthews	Gary	1.3517	2010	1220	2430	56	47	0.981	2.04	0.046
590	Rivera	Ruben	1.3515	2003	630	1191	29	22	0.982	1.94	0.046
591	Schulte	Frank	1.3514	1918	1737	2689	194	103	0.966	1.66	0.112
592	Lockman	Whitey	1.3512	1959	752	1660	43	41	0.976	2.26	0.057
593	Stengel	Casey	1.3506	1925	1183	2171	147	87	0.964	1.96	0.124
594	James	Chris	1.3506	1995	568	1059	29	14	0.987	1.92	0.051
595	Matsui	Hideki	1.3506	2012	706	1326	41	24	0.983	1.94	0.058
596	Owens	Eric	1.3505	2003	743	1174	34	18	0.985	1.63	0.046
597	Encarnacion	Juan	1.3502	2007	1287	2504	54	51	0.980	1.99	0.042
598	Wilson	Hack	1.3502	1934	1257	2810	98	105	0.965	2.31	0.078
599	Evans	Steve	1.3497	1915	902	1389	114	71	0.955	1.67	0.126
600	Joshua	Von	1.3494	1980	590	1154	36	30	0.975	2.02	0.061
601	Rothrock	Jack	1.3494	1937	639	1408	41	35	0.976	2.27	0.064
602	McCarthy	Jack	1.3490	1907	1046	1960	128	120	0.946	2.00	0.122
603	Mann	Les	1.3489	1928	1368	2610	173	97	0.966	2.03	0.126
604	Oldring	Rube	1.3480	1918	1130	2116	95	78	0.966	1.96	0.084
605	Moon	Wally	1.3477	1965	1141	1939	75	46	0.978	1.77	0.066
606	Collins	Shano	1.3477	1925	1343	2442	177	103	0.962	1.95	0.132
607	Mertes	Sam	1.3475	1906	974	1737	140	123	0.939	1.93	0.144
608	Fultz	Dave	1.3471	1905	554	1153	55	61	0.952	2.18	0.099
609	Dowd	Tommy	1.3471	1901	960	1816	100	137	0.933	2.00	0.104
610	Gant	Ron	1.3465	2003	1468	2819	63	64	0.978	1.96	0.043
611	Jones	Davy	1.3464	1915	1006	1969	119	83	0.962	2.08	0.118
612	Lacy	Lee	1.3458	1987	1006	1860	79	34	0.983	1.93	0.079
613	Mele	Sam	1.3457	1956	840	1480	67	23	0.985	1.84	0.080
614	Ibanez	Raul	1.3448	2014	1641	2715	90	38	0.987	1.71	0.055
615	Spikes	Charlie	1.3447	1980	533	924	52	31	0.969	1.83	0.098
616	Moreland	Keith	1.3444	1988	677	1083	48	24	0.979	1.67	0.071
617	Carbo	Bernie	1.3443	1979	702	1234	63	29	0.978	1.85	0.090
618	Eisenreich	Jim	1.3442	1998	1078	1932	31	24	0.988	1.82	0.029
619	Francona	Tito	1.3440	1970	911	1581	34	26	0.984	1.77	0.037
620	Bautista	Jose	1.3439	2014	794	1385	75	28	0.981	1.84	0.094
621	Weatherly	Roy	1.3439	1950	676	1565	53	41	0.975	2.39	0.078
622	Kapler	Gabe	1.3437	2010	1075	1869	52	34	0.983	1.79	0.048
623	Grubb	Johnny	1.3435	1987	1042	1992	66	39	0.981	1.98	0.063
624	Sheridan	Pat	1.3432	1991	779	1448	33	26	0.983	1.90	0.042
625	Browning	Pete	1.3432	1894	998	1892	143	269	0.883	2.04	0.143
626	Purcell	Blondie	1.3428	1890	908	1368	132	224	0.870	1.65	0.145
627	Valentine	Ellis	1.3427	1985	856	1570	85	47	0.972	1.93	0.099
628	Buckner	Bill	1.3426	1984	644	1225	28	18	0.986	1.95	0.043
629	Calderon	Ivan	1.3425	1993	755	1536	44	39	0.976	2.09	0.058
630	Heilmann	Harry	1.3424	1930	1594	2794	183	117	0.962	1.87	0.115
631	Marty	Joe	1.3424	1941	502	1121	37	33	0.972	2.31	0.074
632	Beniquez	Juan	1.3422	1988	1155	2535	69	60	0.977	2.25	0.060
633	Burroughs	Jeff	1.3420	1984	1281	2144	84	59	0.974	1.74	0.066
634	Conine	Jeff	1.3419	2007	950	1590	55	27	0.984	1.73	0.058
635	Johnson	Lou	1.3417	1969	606	945	30	19	0.981	1.61	0.050

Rank	Player	First	PosFV	LYear	CUM GP	PO	A	E	FPCT	CUM RF (pg)	APG
636	Mueller	Don	1.3415	1958	1084	1816	69	35	0.982	1.74	0.064
637	Garr	Ralph	1.3413	1980	1176	2237	77	76	0.968	1.97	0.065
638	Felix	Gus	1.3412	1927	532	1242	56	59	0.957	2.44	0.105
639	Cimoli	Gino	1.3412	1965	909	1547	61	43	0.974	1.77	0.067
640	Reynolds	Carl	1.3409	1939	1112	2539	88	81	0.970	2.36	0.079
641	Schierholtz	Nate	1.3408	2014	654	1009	41	11	0.990	1.61	0.063
642	Everett	Carl	1.3402	2006	1098	2053	74	51	0.977	1.94	0.067
643	Rettenmund	Merv	1.3401	1979	747	1346	37	21	0.985	1.85	0.050
644	Walls	Lee	1.3401	1964	599	1073	34	26	0.977	1.85	0.057
645	Sierra	Ruben	1.3400	2005	1625	2951	108	94	0.970	1.88	0.066
646	Barrett	Johnny	1.3397	1946	510	1115	39	31	0.974	2.26	0.076
647	Hammonds	Jeffrey	1.3397	2005	933	1676	43	26	0.985	1.84	0.046
648	Johnstone	Jay	1.3387	1984	1308	2373	100	53	0.979	1.89	0.076
649	Hart	Corey	1.3386	2014	828	1560	29	22	0.986	1.92	0.035
650	Herndon	Larry	1.3385	1988	1337	2675	76	80	0.972	2.06	0.057
651	Stephenson	Riggs	1.3383	1934	913	1759	68	42	0.978	2.00	0.074
652	Hatcher	Mickey	1.3377	1990	575	1151	46	21	0.983	2.08	0.080
653	Martin	Jerry	1.3376	1984	910	1530	44	29	0.982	1.73	0.048
654	Walker	Harry	1.3371	1955	691	1592	68	55	0.968	2.40	0.098
655	Long	Terrence	1.3369	2006	847	1648	30	35	0.980	1.98	0.035
656	Williams	Walt	1.3364	1975	565	913	52	19	0.981	1.71	0.092
657	Hoffman	Danny	1.3361	1911	809	1564	99	85	0.951	2.06	0.122
658	Kingery	Mike	1.3357	1996	674	1160	42	20	0.984	1.78	0.062
659	Drew	JD	1.3352	2011	1521	2846	71	49	0.983	1.92	0.047
660	Hinton	Chuck	1.3341	1971	928	1590	47	35	0.979	1.76	0.051
661	Jackson	Reggie	1.3334	1987	2102	4062	133	142	0.967	2.00	0.063
662	Cruz	Nelson	1.3332	2014	865	1722	43	29	0.984	2.04	0.050
663	Stewart	Shannon	1.3330	2008	1284	2453	51	41	0.984	1.95	0.040
664	Lum	Mike	1.3328	1981	816	1450	36	21	0.986	1.82	0.044
665	Hemphill	Charlie	1.3322	1911	1175	2033	139	130	0.944	1.85	0.118
666	Felix	Junior	1.3310	1994	558	1232	37	37	0.972	2.27	0.066
667	Webster	Mitch	1.3308	1995	1004	1911	33	40	0.980	1.94	0.033
668	Wertz	Vic	1.3306	1955	889	1709	72	49	0.973	2.00	0.081
669	Swisher	Nick	1.3302	2014	997	1883	44	29	0.985	1.93	0.044
670	Michaels	Jason	1.3297	2011	726	1102	34	13	0.989	1.56	0.047
671	Kelly	King	1.3295	1893	750	892	285	259	0.820	1.57	0.380
672	Dernier	Bob	1.3294	1989	794	1596	25	30	0.982	2.04	0.031
673	Kelly	Pat	1.3291	1981	997	1770	61	42	0.978	1.84	0.061
674	Green	Danny	1.3288	1905	912	1578	107	105	0.941	1.85	0.117
675	Burnitz	Jeromy	1.3286	2006	1635	2916	95	71	0.977	1.84	0.058
676	Cerv	Bob	1.3282	1962	594	1094	47	28	0.976	1.92	0.079
677	Luzinski	Greg	1.3270	1980	1221	1845	67	55	0.972	1.57	0.055
678	Canseco	Jose	1.3270	2001	1017	2002	63	62	0.971	2.03	0.062
679	Fowler	Dexter	1.3270	2014	731	1533	25	27	0.983	2.13	0.034
680	Johnson	Reed	1.3269	2014	1183	1693	53	18	0.989	1.43	0.045
681	Heath	Jeff	1.3265	1949	1299	2705	85	80	0.972	2.15	0.065
682	Davis	Mike	1.3259	1989	819	1719	46	58	0.968	2.16	0.056
683	Cuddyer	Michael	1.3256	2014	912	1586	72	24	0.986	1.82	0.079
684	Dorgan	Mike	1.3255	1890	600	914	99	155	0.867	1.69	0.165
685	Hinchman	Bill	1.3254	1918	750	1229	91	64	0.954	1.76	0.121
686	Kirkpatrick	Ed	1.3253	1977	577	981	26	11	0.989	1.75	0.045
687	Venable	Will	1.3249	2014	845	1393	15	18	0.987	1.67	0.018
688	Matthews	Gary	1.3248	1987	1876	3226	135	112	0.968	1.79	0.072
689	Hopp	Johnny	1.3248	1952	717	1664	24	26	0.985	2.35	0.033
690	Sheffield	Gary	1.3243	2009	1646	2778	107	67	0.977	1.75	0.065
691	Bradley	Milton	1.3242	2011	865	1907	60	37	0.982	2.27	0.069
692	McNeely	Earl	1.3237	1931	576	1163	56	33	0.974	2.12	0.097
693	Stanton	Giancarlo	1.3235	2014	617	1310	40	31	0.978	2.19	0.065
694	Miller	Ward	1.3234	1917	619	1157	72	55	0.957	1.99	0.116
695	Selkirk	George	1.3231	1942	773	1559	55	38	0.977	2.09	0.071
696	Powell	Jake	1.3231	1945	645	1453	44	38	0.975	2.32	0.068
697	Blefary	Curt	1.3229	1972	544	831	40	25	0.972	1.60	0.074
698	Zernial	Gus	1.3224	1959	1007	2081	81	71	0.968	2.15	0.080
699	Wilkerson	Brad	1.3224	2008	800	1386	53	26	0.982	1.80	0.066
700	Meusel	Bob	1.3220	1930	1304	2426	157	114	0.958	1.98	0.120
701	Laabs	Chet	1.3218	1947	820	1780	62	44	0.977	2.25	0.076
702	Skinner	Bob	1.3217	1965	950	1600	71	53	0.969	1.76	0.075
703	Comorosky	Adam	1.3213	1935	718	1660	38	49	0.972	2.36	0.053
704	Dolan	Cozy	1.3208	1906	738	1285	107	98	0.934	1.89	0.145
705	Howard	Frank	1.3207	1972	1435	2114	82	57	0.975	1.53	0.057
706	Griffith	Tommy	1.3203	1925	1333	2164	189	108	0.956	1.77	0.142
707	Martin	Pepper	1.3195	1944	613	1299	59	37	0.973	2.22	0.096
708	Becker	Beals	1.3193	1915	758	1327	103	68	0.955	1.89	0.136

Rank	Player	First	PosFV	LYear	CUM GP	PO	A	E	FPCT	CUM RF (pg)	APG
709	James	Dion	1.3192	1996	682	1226	23	18	0.986	1.83	0.034
710	Brown	Emil	1.3181	2009	672	1159	48	29	0.977	1.80	0.071
711	Nixon	Trot	1.3180	2008	1058	1912	49	33	0.983	1.85	0.046
712	Washington	Claudell	1.3177	1990	1685	3198	104	91	0.973	1.96	0.062
713	Ward	Turner	1.3174	2000	546	917	30	12	0.987	1.73	0.055
714	Cotto	Henry	1.3169	1993	760	1324	32	15	0.989	1.78	0.042
715	Hamilton	Josh	1.3166	2014	931	1886	44	40	0.980	2.07	0.047
716	Holmes	Ducky	1.3161	1905	883	1605	137	143	0.924	1.97	0.155
717	Youngblood	Joel	1.3157	1989	745	1242	71	26	0.981	1.76	0.095
718	McCormick	Mike	1.3157	1951	653	1430	47	30	0.980	2.26	0.072
719	Herman	Babe	1.3151	1945	1185	2265	106	96	0.961	2.00	0.089
720	Ochoa	Alex	1.3149	2002	718	1072	52	22	0.981	1.57	0.072
721	Snyder	Russ	1.3144	1970	1099	1856	49	37	0.981	1.73	0.045
722	Soriano	Alfonso	1.3143	2014	1094	1935	98	56	0.973	1.86	0.090
723	Murphy	David	1.3139	2014	959	1506	49	16	0.990	1.62	0.051
724	Lord	Bris	1.3134	1913	713	1226	97	60	0.957	1.86	0.136
725	Smith	Jack	1.3130	1929	1219	2476	141	106	0.961	2.15	0.116
726	Sanders	Deion	1.3128	2001	542	1159	22	22	0.982	2.18	0.041
727	Cravath	Gavvy	1.3127	1920	1090	1675	176	109	0.944	1.70	0.161
728	Moses	John	1.3122	1992	636	1009	32	11	0.990	1.64	0.050
729	Hartsel	Topsy	1.3121	1911	1312	2115	108	102	0.956	1.69	0.082
730	Bell	George	1.3120	1992	1227	2292	81	88	0.964	1.93	0.066
731	Holliday	Matt	1.3119	2014	1550	2636	65	48	0.983	1.74	0.042
732	Anderson	John	1.3117	1908	1009	1852	111	127	0.939	1.95	0.110
733	Repulski	Rip	1.3117	1961	802	1555	28	39	0.976	1.97	0.035
734	Redus	Gary	1.3112	1994	777	1421	59	39	0.974	1.90	0.076
735	Johnson	Roy	1.3111	1938	1066	2231	128	156	0.938	2.21	0.120
736	Briggs	Johnny	1.3110	1975	1037	1971	57	56	0.973	1.86	0.055
737	Thomas	Derrel	1.3108	1985	542	893	32	11	0.988	1.71	0.059
738	Kuenn	Harvey	1.3106	1966	826	1396	43	32	0.978	1.74	0.052
739	Brock	Lou	1.3104	1979	2507	4394	142	196	0.959	1.81	0.057
740	Smith	Al	1.3101	1964	1118	2050	63	56	0.974	1.89	0.056
741	Lumley	Harry	1.3091	1910	700	1052	97	66	0.946	1.64	0.139
742	Pasqua	Dan	1.3087	1994	595	1129	32	19	0.984	1.95	0.054
743	Alou	Moises	1.3078	2008	1921	3116	95	65	0.980	1.67	0.049
744	Coan	Gil	1.3075	1955	749	1741	53	49	0.973	2.40	0.071
745	Tartabull	Jose	1.3074	1970	543	941	25	14	0.986	1.78	0.046
746	Jackson	Bo	1.3073	1994	557	1075	49	44	0.962	2.02	0.088
747	Seybold	Socks	1.3071	1908	935	1398	91	60	0.961	1.59	0.097
748	Guerrero	Vladimir	1.3071	2010	1608	3165	128	125	0.963	2.05	0.080
749	Felder	Mike	1.3071	1994	724	1244	40	21	0.984	1.77	0.055
750	Burns	Oyster	1.3071	1895	894	1271	139	123	0.920	1.58	0.155
751	Seerey	Pat	1.3064	1949	504	1016	38	24	0.978	2.09	0.075
752	Robinson	Bill	1.3061	1983	1059	1783	66	40	0.979	1.75	0.062
753	Clines	Gene	1.3047	1978	611	1068	54	24	0.979	1.84	0.088
754	Horton	Willie	1.3046	1978	1190	1921	58	58	0.972	1.66	0.049
755	Mieske	Matt	1.3046	2000	558	875	31	19	0.979	1.62	0.056
756	McCracken	Quinton	1.3044	2006	749	1173	38	20	0.984	1.62	0.051
757	Zarilla	Al	1.3043	1953	978	1869	69	51	0.974	1.98	0.071
758	Simpson	Joe	1.3040	1983	511	896	37	21	0.978	1.83	0.072
759	Ramirez	Manny	1.3040	2010	1942	3207	129	75	0.978	1.72	0.066
760	Whitfield	Terry	1.3040	1986	539	865	41	22	0.976	1.68	0.076
761	Tebeau	George	1.3038	1895	570	1026	78	122	0.900	1.94	0.137
762	Roettger	Wally	1.3038	1934	510	1081	27	16	0.986	2.17	0.053
763	Vollmer	Clyde	1.3031	1954	551	1187	27	20	0.984	2.20	0.049
764	Rivera	Juan	1.3028	2012	830	1374	67	24	0.984	1.74	0.081
765	Webb	Earl	1.3028	1933	537	964	64	45	0.958	1.91	0.119
766	Jensen	Woody	1.3018	1939	628	1349	22	39	0.972	2.18	0.035
767	Easler	Mike	1.3016	1987	538	926	38	26	0.974	1.79	0.071
768	Hahn	Ed	1.3014	1910	545	709	57	24	0.970	1.41	0.105
769	Swoboda	Ron	1.3014	1973	767	1218	53	37	0.972	1.66	0.069
770	Howard	Thomas	1.3008	2000	717	1145	34	17	0.986	1.64	0.047
771	Stairs	Matt	1.3006	2010	787	1181	58	20	0.984	1.57	0.074
772	Henderson	Steve	1.3005	1988	898	1680	67	57	0.968	1.95	0.075
773	Watson	Bob	1.3005	1982	570	890	24	26	0.972	1.60	0.042
774	Maldonado	Candy	1.3004	1995	1215	1938	68	48	0.977	1.65	0.056
775	Stargell	Willie	1.3004	1974	1296	1985	102	84	0.961	1.61	0.079
776	Palmeiro	Orlando	1.2995	2007	755	1019	28	8	0.992	1.39	0.037
777	Moeller	Danny	1.2993	1916	660	1002	96	72	0.938	1.66	0.145
778	Wright	Taffy	1.2985	1949	898	1778	63	53	0.972	2.05	0.070
779	Jones	Mack	1.2979	1971	871	1529	27	38	0.976	1.79	0.031
780	Taylor	Danny	1.2974	1936	563	1251	33	28	0.979	2.28	0.059
781	Tiernan	Mike	1.2974	1899	1474	2100	159	187	0.924	1.53	0.108

Rank	Player	First	PosFV	LYear	CUM GP	PO	A	E	FPCT	CUM RF (pg)	APG
782	Gibson	Kirk	1.2974	1995	1239	2523	41	63	0.976	2.07	0.033
783	Barnhart	Clyde	1.2971	1928	547	1120	48	32	0.973	2.14	0.088
784	Valo	Elmer	1.2971	1961	1329	2769	72	67	0.977	2.14	0.054
785	Hickman	Jim	1.2965	1973	871	1470	51	38	0.976	1.75	0.059
786	Guerrero	Pedro	1.2957	1992	541	954	34	23	0.977	1.83	0.063
787	Gross	Greg	1.2950	1989	1204	1596	83	31	0.982	1.39	0.069
788	Berkman	Lance	1.2945	2011	1089	1682	50	38	0.979	1.59	0.046
789	Hartzell	Roy	1.2941	1916	550	893	84	42	0.959	1.78	0.153
790	Lemon	Jim	1.2934	1963	901	1631	47	68	0.961	1.86	0.052
791	Stanton	Leroy	1.2930	1978	682	1213	49	37	0.972	1.85	0.072
792	Summa	Homer	1.2919	1930	773	1368	75	58	0.961	1.87	0.097
793	Willingham	Josh	1.2916	2014	942	1613	47	25	0.985	1.76	0.050
794	Bonilla	Bobby	1.2915	2001	889	1502	54	40	0.975	1.75	0.061
795	Lowenstein	John	1.2904	1985	906	1391	55	23	0.984	1.60	0.061
796	Crawford	Willie	1.2896	1977	982	1659	54	44	0.975	1.74	0.055
797	Fairly	Ron	1.2894	1977	1037	1475	69	30	0.981	1.49	0.067
798	Leonard	Jeffrey	1.2890	1990	1147	2045	75	57	0.974	1.85	0.065
799	Orsatti	Ernie	1.2890	1935	529	1159	37	26	0.979	2.26	0.070
800	Catalanotto	Frank	1.2889	2010	607	931	24	8	0.992	1.57	0.040
801	Wohlford	Jim	1.2888	1986	877	1550	46	33	0.980	1.82	0.052
802	Monroe	Craig	1.2884	2009	748	1251	46	32	0.976	1.73	0.061
803	Mitchell	Kevin	1.2883	1998	808	1456	48	45	0.971	1.86	0.059
804	Walker	Gee	1.2881	1945	1613	3661	112	154	0.961	2.34	0.069
805	Welch	Frank	1.2870	1927	623	1216	85	61	0.955	2.09	0.136
806	Rodriguez	Henry	1.2864	2002	771	1193	43	25	0.980	1.60	0.056
807	Phillips	Tony	1.2862	1999	811	1594	43	45	0.973	2.02	0.053
808	Alou	Jesus	1.2858	1979	1050	1691	63	56	0.968	1.67	0.060
809	Kennedy	Bob	1.2857	1957	821	1400	63	33	0.978	1.78	0.077
810	Walton	Jerome	1.2856	1998	513	947	12	16	0.984	1.87	0.023
811	Bressler	Rube	1.2854	1932	840	1712	61	53	0.971	2.11	0.073
812	Stewart	Bud	1.2851	1954	535	1048	34	20	0.982	2.02	0.064
813	Woods	Al	1.2841	1982	531	1077	29	29	0.974	2.08	0.055
814	Boston	Daryl	1.2829	1994	847	1552	37	38	0.977	1.88	0.044
815	Davis	Tommy	1.2824	1972	1233	1900	63	61	0.970	1.59	0.051
816	Mokan	Johnny	1.2824	1927	528	990	55	37	0.966	1.98	0.104
817	Guillen	Jose	1.2817	2010	1449	2637	109	79	0.972	1.90	0.075
818	Robertson	Dave	1.2816	1922	726	1258	70	63	0.955	1.83	0.096
819	Incaviglia	Pete	1.2811	1998	1022	1719	68	63	0.966	1.75	0.067
820	Anthony	Eric	1.2789	1997	548	874	35	18	0.981	1.66	0.064
821	Porter	Dick	1.2780	1934	599	1045	35	30	0.973	1.80	0.058
822	Mota	Manny	1.2778	1979	1021	1459	57	33	0.979	1.48	0.056
823	Smith	Seth	1.2771	2014	628	996	23	13	0.987	1.62	0.037
824	Powell	Hosken	1.2766	1983	511	934	34	25	0.975	1.89	0.067
825	Smith	Lonnie	1.2757	1994	1356	2388	101	92	0.964	1.84	0.074
826	Northey	Ron	1.2752	1956	820	1361	81	42	0.972	1.76	0.099
827	Nieman	Bob	1.2743	1962	926	1672	47	44	0.975	1.86	0.051
828	Young	Delmon	1.2734	2014	831	1460	63	39	0.975	1.83	0.076
829	Cline	Ty	1.2731	1971	548	880	27	13	0.986	1.66	0.049
830	Marshall	Mike	1.2719	1991	777	1219	39	28	0.978	1.62	0.050
831	Hermanski	Gene	1.2713	1953	575	1088	52	27	0.977	1.98	0.090
832	Braggs	Glenn	1.2711	1992	610	1250	34	50	0.963	2.10	0.056
833	Kubel	Jason	1.2709	2014	628	1038	44	17	0.985	1.72	0.070
834	Mueller	Heinie	1.2702	1935	557	1269	58	55	0.960	2.38	0.104
835	Winningham	Herm	1.2690	1992	677	1132	29	24	0.980	1.71	0.043
836	Leiber	Hank	1.2679	1942	698	1464	41	41	0.973	2.16	0.059
837	Cedeno	Roger	1.2675	2005	952	1534	32	38	0.976	1.64	0.034
838	Nady	Xavier	1.2674	2014	660	1054	40	21	0.981	1.66	0.061
839	Upton	Justin	1.2667	2014	1027	1981	30	62	0.970	1.96	0.029
840	Anderson	Mike	1.2665	1979	618	928	41	20	0.980	1.57	0.066
841	Wagner	Leon	1.2663	1969	1140	1705	51	65	0.964	1.54	0.045
842	Burrell	Pat	1.2660	2011	1328	2018	92	53	0.975	1.59	0.069
843	Gamble	Oscar	1.2653	1984	818	1412	59	35	0.977	1.80	0.072
844	Baylor	Don	1.2629	1986	822	1575	27	38	0.977	1.95	0.033
845	Mouton	James	1.2626	2001	563	786	25	14	0.983	1.44	0.044
846	White	Jo-Jo	1.2619	1944	685	1613	52	60	0.965	2.43	0.076
847	Floyd	Cliff	1.2614	2007	1264	2081	76	54	0.976	1.71	0.060
848	Watkins	George	1.2608	1936	817	1684	69	84	0.954	2.15	0.084
849	Cavarretta	Phil	1.2607	1954	538	1060	48	26	0.977	2.06	0.089
850	Maye	Lee	1.2597	1971	1040	1793	47	57	0.970	1.77	0.045
851	Cruise	Walton	1.2595	1923	664	1263	53	52	0.962	1.98	0.080
852	Brooks	Hubie	1.2571	1993	582	971	32	35	0.966	1.72	0.055
853	Good	Wilbur	1.2569	1918	624	1044	83	70	0.942	1.81	0.133
854	Blades	Ray	1.2560	1932	623	1313	51	52	0.963	2.19	0.082

Rank	Player	First	PosFV	LYear	CUM GP	PO	A	E	FPCT	CUM RF (pg)	APG
855	Joyce	Matthew	1.2559	2014	634	1002	23	16	0.985	1.62	0.036
856	Carty	Rico	1.2554	1976	807	1338	33	43	0.970	1.70	0.041
857	Martin	Al	1.2553	2003	1079	1697	54	56	0.969	1.62	0.050
858	Metkovich	Catfish	1.2544	1954	644	1532	31	39	0.976	2.43	0.048
859	Barry	Shad	1.2535	1908	625	974	84	50	0.955	1.69	0.134
860	O'Doul	Lefty	1.2534	1934	804	1591	35	60	0.964	2.02	0.044
861	Hollandsworth	Todd	1.2517	2006	1016	1516	48	32	0.980	1.54	0.047
862	Campbell	Bruce	1.2513	1942	1194	2186	105	105	0.956	1.92	0.088
863	Tartabull	Danny	1.2510	1997	916	1547	46	47	0.971	1.74	0.050
864	Donlin	Mike	1.2502	1912	867	1521	109	135	0.924	1.88	0.126
865	Bautista	Danny	1.2500	2004	818	1312	30	22	0.984	1.64	0.037
866	Radcliff	Rip	1.2496	1943	887	1655	45	58	0.967	1.92	0.051
867	Reynolds	R.J.	1.2491	1990	629	1056	37	30	0.973	1.74	0.059
868	Mullin	Pat	1.2478	1953	637	1270	46	41	0.970	2.07	0.072
869	Freeman	Buck	1.2466	1907	837	1171	76	66	0.950	1.49	0.091
870	Bush	Randy	1.2457	1993	537	868	15	15	0.983	1.64	0.028
871	Dallessandro	Dom	1.2430	1947	505	1018	24	21	0.980	2.06	0.048
872	Browne	George	1.2415	1911	1077	1619	129	137	0.927	1.62	0.120
873	Dilone	Miguel	1.2401	1985	539	1047	24	27	0.975	1.99	0.045
874	Neis	Bernie	1.2377	1927	520	1146	69	64	0.950	2.34	0.133
875	Simpson	Harry	1.2377	1959	579	1078	33	30	0.974	1.92	0.057
876	May	Derrick	1.2363	1999	615	970	31	26	0.975	1.63	0.050
877	Edwards	Hank	1.2360	1953	560	1039	34	21	0.981	1.92	0.061
878	Torres	Rusty	1.2359	1980	573	866	35	21	0.977	1.57	0.061
879	Smith	Elmer	1.2358	1925	870	1429	95	69	0.957	1.75	0.109
880	Roth	Braggo	1.2352	1921	727	1184	97	76	0.944	1.76	0.133
881	Hawpe	Brad	1.2342	2013	763	1242	48	30	0.977	1.69	0.063
882	Thomasson	Gary	1.2331	1980	587	1188	32	38	0.970	2.08	0.055
883	Lopez	Hector	1.2318	1966	652	1063	39	38	0.967	1.69	0.060
884	Dougherty	Patsy	1.2265	1911	940	1404	86	110	0.931	1.59	0.091
885	Dellucci	David	1.2250	2009	729	1132	19	15	0.987	1.58	0.026
886	Gessler	Doc	1.2214	1911	713	915	95	59	0.945	1.42	0.133
887	Hoag	Myril	1.2204	1945	876	1673	78	63	0.965	2.00	0.089
888	Klesko	Ryan	1.2200	2007	888	1140	34	31	0.974	1.32	0.038
889	Hermida	Jeremy	1.2194	2012	583	1068	20	27	0.976	1.87	0.034
890	Wakefield	Dick	1.2171	1949	557	1146	36	50	0.959	2.12	0.065
891	Johnson	Alex	1.2166	1976	1000	1641	61	84	0.953	1.70	0.061
892	Spangler	Al	1.2143	1970	714	1034	27	29	0.973	1.49	0.038
893	Kingman	Dave	1.2098	1983	648	1137	47	53	0.957	1.83	0.073
894	Stephens	Gene	1.2082	1964	772	1063	51	31	0.973	1.44	0.066
895	McCreery	Tom	1.2063	1903	628	1083	95	123	0.905	1.88	0.151
896	Paciorek	Tom	1.2038	1987	794	1223	34	27	0.979	1.58	0.043
897	Bradford	Buddy	1.2009	1976	587	941	28	29	0.971	1.65	0.048
898	Cangelosi	John	1.2000	1999	631	989	30	29	0.972	1.61	0.048
899	Dunn	Adam	1.1974	2014	1132	1968	53	69	0.967	1.79	0.047
900	Devore	Josh	1.1960	1914	519	791	81	71	0.925	1.68	0.156
901	Twitchell	Larry	1.1947	1894	608	937	68	124	0.890	1.65	0.112
902	Vander Wal	John	1.1931	2004	591	922	18	17	0.982	1.59	0.030
903	Hill	Glenallen	1.1924	2000	848	1486	41	57	0.964	1.80	0.048
904	Gomes	Jonny	1.1919	2014	669	983	32	19	0.982	1.52	0.048
905	Murphy	Eddie	1.1893	1926	568	755	63	50	0.942	1.44	0.111
906	Quentin	Carlos	1.1881	2014	721	1226	26	25	0.980	1.74	0.036
907	Byrd	Sammy	1.1844	1936	645	1105	29	29	0.975	1.76	0.045
908	Finney	Lou	1.1810	1946	688	1483	56	63	0.961	2.24	0.081
909	Dwyer	Jim	1.1779	1990	634	997	38	22	0.979	1.63	0.060
910	Lynch	Jerry	1.1677	1966	706	955	44	37	0.964	1.42	0.062
911	Stainback	Tuck	1.1620	1946	629	1300	38	48	0.965	2.13	0.060
912	Fothergill	Bob	1.1471	1933	832	1646	37	69	0.961	2.02	0.044
913	Garms	Debs	1.1368	1945	501	973	30	35	0.966	2.00	0.060
914	Covington	Wes	1.1277	1966	803	1054	41	45	0.961	1.36	0.051

Notes: Career Field Value possible maximum for Outfielders is 1.7000. All players listed with minimum of 500 Adjusted Games Played. Game played for outfielders from 2000 forward contains total amount of games played fall all positions combined and may reflect higher than individual games played.

Best Career Fielding – Pitchers Top Ten

1. Al Spalding (1871-1878)

Do we really think that the top two fielding pitchers in history came from the first decade of the game when many years and most players didn't wear a glove? Quickly put, ... no. It's more than likely they were good fielders, even great for their time, but benefit from having less competition, fewer pitchers and teams to take the top spots in the grid of categories each year, and thus made it easier to get the top Field Value in a season. It is interesting, however, that #1 goes to the player who eventually made wearing a glove popular and started a sporting goods company that would outfit most. What comes around goes around or whatever the saying may be. Remember, in 1877, Al was the first well-known player to wear a glove, although that really didn't have much impact on this, as he only pitched in four games from 1877 on.

More Stat Chart – Al Spalding (1.1340 FV)

Stats for Career	RF9IP	Field Pct.	Gold Gloves	Top FV
Player	2.68	0.886	NA	2
League During Career	2.17	0.836		
Plus/Minus	51	50		

Keeping Perspective, Pitchers & Their Competition For Top Field Value

Year	#Teams	#Pitchers	Year	#Teams	#Pitchers
1871	9	19	1940	16	224
1880	8	32	1950	16	231
1890	25	186	1960	16	238
1900	8	70	1970	24	363
1910	16	202	1980	26	379
1920	16	208	1990	26	483
1930	16	199	2000	30	606
2010	30	635			
2014	30	692			

Note: Teams (Total number of teams in all Major Leagues); Pitchers (Total number of pitchers in all Major League during that season.) 1890 (25) and 1884 (33) were the only years prior to 1900 with more than 17 teams and over 131 pitchers.

2. Tommy Bond (1874-1884)

Irish born, forty game winner three times. He played for teams we don't even know; i.e. the Brooklyn Atlantics (National Association), those Hartford Dark Blues (National Association/National League), the Boston Red Caps (National League), Worcester Ruby Legs (National League), Boston Reds (Union Association), and Indiana Hoosiers (Union Association). Must have smelled bad; six teams in a ten year span and a great pitcher to boot. He would be regarded as the best fielding pitcher in baseball five times, per Field Value. So here he is, Tommy Bond, #2 on the list. In 1877, he was the first pitcher to win the National League's version of the pitcher's triple crown, tops in wins (40), ERA (2.11), and strikeouts (170).

More Stat Chart – Tommy Bond (1.1314 FV)

Stats for Career	RF 9IP	Field Pct.	Gold Gloves	Top FV
Player	2.76	0.911	NA	5
League During Career	2.27	0.877		
Plus/Minus	49	34		

3. Bob Lemon (1941-1958)

Bob really didn't start pitching, at least at the Major League level, until after his three year stint in the Navy during World War II, so that starting date above should really be 1946 if we're strictly talking pitching. His remarkable fielding achievement on the mound, that he snagged 50% more balls each nine innings than the average pitcher. Lemon played his entire career with the Cleveland Indians, starting out as a utility player, but was forced into pitching full time by a lack of the ability to hit with consistency.

More Stat Chart – Bob Lemon (1.1103 FV)

Stats for Career	RF9IP	Field Pct.	Gold Gloves	Top FV
Player	3.07	0.969	0 (Partial)	2
League During Career	2.02	0.958		
Plus/Minus	105	11		

Note: Lemon played in two seasons 1957-8 when the Gold Glove was awarded.

4. Jim Devlin (1873-1877)

Another of those first decade pitchers, Devlin toiled on the mound for only three seasons, starting in his third campaign, 1875. Prior to that, Devlin was primarily an infielder. Why does Devlin rank this highly? Another case of a ton of innings over a short period of time; for example in 1877, Devlin pitched 559 innings and tied for the top Field Value at 1.15. So why did Devlin quit the game in 1877? He was banished from baseball after admitting to throwing games, along with three of his teammates on the Louisville Grays.

More Stat Chart – Jim Devlin (1.1096 FV)

Stats for Career	RF9IP	Field Pct.	Gold Gloves	Top FV
Player	2.25	0.921	NA	1
League During Career	2.17	0.888		
Plus/Minus	8	33		

5. Carl Morton (1969-1976)

Carl Morton pitched for eight seasons with the Montreal Expos and the Atlanta Braves and not once won a Gold Glove and was rated at the top 1.15 Field Value only once. Then why does he rate this highly? Consistency, always rated between 1.05 and 1.15 for a year. Good Range, 49 points above the average pitcher. Good Glove and Accurate Arm, 26 points plus. He was an outfielder in college at the University of Oklahoma and started his minor league career as an outfielder.

More Stat Chart – Carl Morton (1.1093 FV)

Stats for Career	RF PG	Field Pct.	Gold Gloves	Top FV
Player	2.35	0.975	0	1
League During Career	1.86	0.949		
Plus/Minus	49	26		

6. Addie Joss (1902-1910)

Much like Morton, but in an earlier era, Joss was a consistent fielding pitcher, garnering Field Value ratings above 1.10 for six of his ten seasons. He was elected to the Hall of Fame with a special exception as the Veterans Committee waived the usual ten year minimum playing time for his career.

More Stat Chart – Addie Joss (1.1074 FV)

Stats for Career	RF9IP	Field Pct.	Gold Gloves	Top FV
Player	3.83	0.965	NA	1
League During Career	3.23	0.944		
Plus/Minus	60	21		

7. Frank Owen (1901-1909)

Another turn of the century player with good fielding stats who won 82 games, including three seasons of 20 wins in a row (not that hard to do at the time) before his career ended at the age of 29. Owen played as a rookie for the Detroit Tigers, but spent the rest of his career with the White Sox. One of the few pitchers in baseball history to record an average of over 4 putouts and assists per game. Known as Yip, because he was from Ypsilanti, Michigan. Any other info on whether Frank was actually a great fielding pitcher. In Dennis Pagot's book, The Heartland War, 1902-1904, about the fight for players between the American Association and Western League, where Owen played in 1902, there's a quote, "was said to be the best fielding pitcher seen in many a year."

More Stat Chart – Frank Owen (1.1070 FV)

Stats for Career	RF9IP	Field Pct.	Gold Gloves	Top FV
Player	4.07	0.978	NA	2
League During Career	3.27	0.946		
Plus/Minus	80	32		

8. Christy Mathewson (1900-1916)

Hall of Fame pitcher Mathewson comes in at the #8 spot. He won 373 games, predominantly for the New York Giants (finished his career for one year with the Cincinnati Reds). Interesting tidbits, not about his fielding, ... Mathewson played professional football, including part of the 1902 season with the Pittsburgh Stars in the first year of the National Football League. Now back to baseball; because of his Christian beliefs, he would not pitch on Sunday.

More Stat Chart – Christy Mathewson (1.1058 FV)

Stats for Career	RF PG	Field Pct.	Gold Gloves	Top FV
Player	3.35	0.971	NA	4
League During Career	2.83	0.943		
Plus/Minus	52	28		

9. John Ward (1878-1894)

Known as Monte, or John Montgomery Ward, he pitched for only the first seven years of his career, injuring his arm during a base running mishap. He played the last part of that year in the outfield, throwing with his opposite hand. Ward moved full-time to the infield after that, not pitching one innings from 1885 on. He helped form the first player's union after graduating from Columbia Law School. It was known as the Brotherhood of Professional Base Ball Players, and even resulted, due to disagreements with the reserve clause, in the establishment of the Player's League in 1890, which took half of the National League's players in a profit sharing arrangement with owners. How instrumental was Ward in that? The team he played for was named the Brooklyn Ward's Wonders. The league lasted only one year; even their owners thought they were sharing too much money with the players and sold their teams back to the National League.

More Stat Chart – John Ward (1.1058 FV)

Stats for Career	RF PG	Field Pct.	Gold Gloves	Top FV
Player	2.71	0.932	NA	0
League During Career	2.26	0.900		
Plus/Minus	45	32		

10. Mel Stottlemyre (1964-1974)

Even though he never won a Gold Glove, Stottlemyre was rated at the top of the Field Value statistics 3 times and consistently scored between a Field Value of 1.05 and 1.15 for all but his first and final year. He pitched his entire career for the New York Yankees.

More Stat Chart – Mel Stottlemyre (1.1015 FV)

Stats for Career	RF PG	Field Pct.	Gold Gloves	Top FV
Player	2.75	0.969	NA	3
League During Career	1.92	0.953		
Plus/Minus	83	16		

Top Fielding Pitchers in History

Rank	Player	First	PosFV	year	CUM IP	PO	A	E	CUM FPCT	RF (p9IP)
1	Spalding	Al	**1.1340**	1877	2891	215	654	118	0.880	2.71
2	Bond	Tommy	**1.1314**	1884	3629	218	896	109	0.911	2.76
3	Lemon	Bob	**1.1103**	1958	2850	263	709	31	0.969	3.07
4	Devlin	Jim	**1.1096**	1877	1405	89	262	30	0.921	2.25
5	Morton	Carl	**1.1093**	1976	1649	182	249	11	0.975	2.35
6	Joss	Addie	**1.1074**	1910	2327	144	846	36	0.965	3.83
7	Owen	Frank	**1.1070**	1909	1368	92	527	14	0.978	4.07
8	Mathewson	Christy	**1.1058**	1916	4781	281	1503	52	0.972	3.36
9	Ward	John	**1.1058**	1884	2462	169	574	54	0.932	2.72
10	Stottlemyre	Mel	**1.1015**	1974	2661	242	570	26	0.969	2.75
11	Maddux	Greg	**1.1010**	2008	5008	546	1194	53	0.970	3.13
12	Walsh	Ed	**1.1007**	1917	2964	233	1207	56	0.963	4.37
13	Breitenstein	Ted	**1.0986**	1901	2964	244	690	57	0.942	2.84
14	Altrock	Nick	**1.0973**	1924	1514	167	610	29	0.964	4.62
15	Buehrle	Mark	**1.0967**	2014	3085	171	579	19	0.975	2.19
16	Alexander	Pete	**1.0941**	1930	5190	189	1419	25	0.985	2.79
17	Corcoran	Larry	**1.0915**	1887	2392	182	498	67	0.910	2.56
18	Jansen	Larry	**1.0911**	1956	1766	138	335	11	0.977	2.41
19	Glavine	Tom	**1.0898**	2008	4413	262	856	26	0.977	2.28
20	Suggs	George	**1.0893**	1915	1652	74	521	17	0.972	3.24
21	Coveleski	Stan	**1.0881**	1928	3082	174	851	29	0.972	2.99
22	Mays	Carl	**1.0881**	1929	3021	174	1138	44	0.968	3.91
23	Coveleski	Harry	**1.0849**	1918	1248	46	461	28	0.948	3.66
24	Hernandez	Livan	**1.0843**	2012	3189	211	600	15	0.982	2.29
25	Walters	Bucky	**1.0839**	1950	3105	153	746	24	0.974	2.61
26	Hecker	Guy	**1.0838**	1890	2906	216	639	60	0.934	2.65
27	Foutz	Dave	**1.0828**	1894	1997	195	408	49	0.925	2.72
28	Rudolph	Dick	**1.0815**	1927	2049	79	624	22	0.970	3.09
29	Fitzsimmons	Freddie	**1.0815**	1943	3224	237	942	28	0.977	3.29
30	Wainwright	Adam	**1.0807**	2014	1542	131	205	7	0.980	1.96
31	Ruth	Babe	**1.0800**	1933	1221	95	354	15	0.968	3.31
32	Halladay	Roy	**1.0797**	2013	2749	228	391	15	0.976	2.03
33	Burdette	Lew	**1.0797**	1967	3067	245	622	27	0.970	2.54
34	Mullane	Tony	**1.0786**	1894	4531	328	1041	123	0.918	2.72
35	Reuschel	Rick	**1.0786**	1991	3548	328	667	29	0.972	2.52
36	Dauss	Hooks	**1.0782**	1926	3391	99	1128	41	0.968	3.26
37	Ferguson	Charlie	**1.0781**	1887	1515	99	310	36	0.919	2.43
38	Sweeney	Charlie	**1.0781**	1887	1031	73	246	32	0.909	2.79
39	Radke	Brad	**1.0776**	2006	2451	213	314	7	0.987	1.94
40	Stieb	Dave	**1.0771**	1998	2895	272	493	22	0.972	2.38
41	Galvin	Pud	**1.0764**	1892	6003	325	1404	163	0.914	2.59
42	Passeau	Claude	**1.0759**	1947	2720	130	583	17	0.977	2.36
43	Petry	Dan	**1.0758**	1991	2080	255	336	12	0.980	2.56
44	Bradley	George	**1.0755**	1884	2940	216	630	98	0.896	2.59
45	Barnes	Jesse	**1.0740**	1927	2570	138	748	22	0.976	3.10
46	McBride	Dick	**1.0739**	1876	2082	125	319	69	0.865	1.92
47	Mullin	George	**1.0736**	1915	3687	229	1244	82	0.947	3.60
48	Howell	Harry	**1.0735**	1910	2568	209	965	51	0.958	4.12
49	Jones	Randy	**1.0734**	1982	1933	114	465	18	0.970	2.70
50	Willis	Vic	**1.0733**	1910	3996	271	1124	60	0.954	3.14
51	Mulcahy	Hugh	**1.0731**	1947	1162	75	285	15	0.960	2.79
52	Schumacher	Hal	**1.0731**	1946	2482	154	646	24	0.971	2.90
53	Niekro	Phil	**1.0717**	1987	5404	386	878	37	0.972	2.10
54	Osteen	Claude	**1.0713**	1975	3460	159	699	26	0.971	2.23
55	Buffinton	Charlie	**1.0713**	1892	3404	172	851	94	0.916	2.70
56	Chandler	Spud	**1.0710**	1947	1485	106	385	10	0.980	2.98
57	Davis	Curt	**1.0709**	1946	2325	146	616	21	0.973	2.95
58	Tobin	Jim	**1.0694**	1945	1900	96	479	21	0.965	2.72
59	Stratton	Scott	**1.0688**	1895	1883	119	483	40	0.938	2.88
60	Taylor	Jack	**1.0687**	1907	2617	127	738	42	0.954	2.97
61	Kennedy	Brickyard	**1.0682**	1903	3021	123	767	57	0.940	2.65

Rank	Player	First	PosFV	year	CUM IP	PO	A	E	CUM FPCT	RF (p9IP)
62	Perry	Gaylord	1.0678	1983	5350	349	877	38	0.970	2.06
63	McCormick	Jim	1.0677	1887	4276	263	922	99	0.923	2.49
64	Langford	Rick	1.0673	1986	1491	145	211	6	0.983	2.15
65	Rommel	Eddie	1.0671	1932	2556	159	810	32	0.968	3.41
66	Weaver	Sam	1.0670	1886	1326	81	311	39	0.910	2.66
67	Gumbert	Harry	1.0667	1950	2156	129	670	17	0.979	3.34
68	Ferrell	Wes	1.0667	1941	2623	122	532	17	0.975	2.24
69	Webb	Brandon	1.0664	2009	1320	100	268	20	0.948	2.51
70	Wood	Wilbur	1.0663	1978	2684	84	523	14	0.977	2.04
71	Ehmke	Howard	1.0656	1930	2821	143	853	44	0.958	3.18
72	Hart	Bill	1.0653	1901	1582	90	461	46	0.923	3.13
73	Dickson	Murry	1.0645	1959	3052	236	668	30	0.968	2.67
74	Smith	Frank	1.0644	1915	2273	167	782	37	0.962	3.76
75	Harmon	Bob	1.0639	1918	2054	88	620	26	0.965	3.10
76	Friend	Bob	1.0638	1966	3611	228	630	27	0.969	2.14
77	Martinez	Dennis	1.0637	1998	4000	319	763	42	0.963	2.43
78	Jackson	Larry	1.0633	1968	3263	257	656	38	0.960	2.52
79	Valenzuela	Fernando	1.0631	1997	2930	200	586	30	0.963	2.41
80	Barrett	Red	1.0629	1949	1263	98	261	11	0.970	2.56
81	Young	Cy	1.0628	1911	7355	229	2014	146	0.939	2.74
82	Clarkson	John	1.0627	1894	4536	221	1143	162	0.894	2.71
83	McMahon	Sadie	1.0625	1897	2634	101	664	70	0.916	2.61
84	Nagy	Charles	1.0622	2003	1955	185	335	12	0.977	2.39
85	Patterson	Roy	1.0618	1907	1365	75	432	23	0.957	3.34
86	Nichols	Kid	1.0618	1906	5056	311	1031	67	0.952	2.39
87	Radbourn	Charley	1.0615	1891	4535	230	942	111	0.913	2.33
88	Morgan	Cy	1.0607	1913	1445	53	508	33	0.944	3.49
89	Purkey	Bob	1.0607	1966	2115	184	464	23	0.966	2.76
90	Nehf	Art	1.0604	1929	2708	142	749	22	0.976	2.96
91	Rogers	Steve	1.0604	1985	2838	237	462	31	0.958	2.22
92	Callahan	Nixey	1.0603	1903	1603	127	506	43	0.936	3.55
93	Stein	Ed	1.0601	1898	1656	110	353	28	0.943	2.52
94	Donahue	Red	1.0601	1906	2975	127	903	51	0.953	3.12
95	Terrell	Walt	1.0601	1992	1987	194	285	10	0.980	2.17
96	Frey	Benny	1.0598	1936	1160	54	354	15	0.965	3.17
97	Bush	Joe	1.0597	1928	3087	208	839	34	0.969	3.05
98	Smith	Bob	1.0595	1937	2246	118	539	13	0.981	2.63
99	Sudhoff	Willie	1.0590	1906	2086	106	762	56	0.939	3.74
100	Moore	Mike	1.0586	1995	2832	278	444	33	0.956	2.29
101	Rixey	Eppa	1.0586	1933	4495	131	1195	30	0.978	2.66
102	Warneke	Lon	1.0583	1945	2782	126	538	8	0.988	2.15
103	Duke	Zach	1.0582	2014	1145	61	215	5	0.982	2.17
104	Gura	Larry	1.0579	1985	2047	107	369	7	0.986	2.09
105	Grimes	Burleigh	1.0578	1934	4180	225	1252	71	0.954	3.18
106	Kilroy	Matt	1.0573	1898	2436	156	599	91	0.892	2.79
107	Wright	Clyde	1.0569	1975	1729	108	344	18	0.962	2.35
108	Caldwell	Mike	1.0567	1984	2409	116	499	15	0.976	2.30
109	Wood	Joe	1.0565	1920	1436	123	409	17	0.969	3.33
110	Mahler	Rick	1.0562	1991	1951	160	338	21	0.960	2.30
111	Hubbell	Carl	1.0561	1943	3590	155	824	33	0.967	2.45
112	Auker	Elden	1.0560	1942	1963	120	460	20	0.967	2.66
113	Christopher	Russ	1.0557	1948	1000	93	314	9	0.978	3.66
114	Arroyo	Bronson	1.0556	2014	2365	215	319	16	0.971	2.03
115	Willett	Ed	1.0554	1915	1773	72	695	41	0.949	3.89
116	Ortiz	Russ	1.0553	2010	1661	106	267	5	0.987	2.02
117	Garcia	Mike	1.0547	1961	2175	134	359	14	0.972	2.04
118	Caruthers	Bob	1.0546	1892	2829	192	580	61	0.927	2.46
119	Candiotti	Tom	1.0542	1999	2725	230	437	18	0.974	2.20
120	Dunn	Jack	1.0532	1904	1077	77	278	23	0.939	2.97
121	White	Doc	1.0531	1913	3041	236	963	50	0.960	3.55
122	Taylor	Jack	1.0531	1899	2079	101	579	77	0.898	2.94
123	Minner	Paul	1.0526	1956	1310	75	310	13	0.967	2.64
124	Brewer	Tom	1.0524	1961	1509	125	343	16	0.967	2.79

Rank	Player	First	PosFV	year	CUM IP	PO	A	E	CUM FPCT	RF (p9IP)
125	Bickford	Vern	1.0522	1954	1076	68	202	6	0.978	2.26
126	Hudson	Tim	1.0516	2014	3003	251	478	24	0.968	2.18
127	Hernandez	Felix	1.0516	2014	2061	154	249	12	0.971	1.76
128	Seaver	Tom	1.0515	1986	4783	328	692	42	0.960	1.92
129	Rueter	Kirk	1.0512	2005	1918	135	441	7	0.988	2.70
130	Baldwin	Lady	1.0510	1890	1017	34	222	18	0.934	2.27
131	Shocker	Urban	1.0509	1928	2682	155	599	15	0.980	2.53
132	Erickson	Scott	1.0502	2006	2361	223	400	29	0.956	2.38
133	Shantz	Bobby	1.0498	1964	1936	174	468	16	0.976	2.99
134	Hutchinson	Fred	1.0498	1953	1464	108	310	13	0.970	2.57
135	Brandt	Ed	1.0497	1938	2268	78	512	14	0.977	2.34
136	Westbrook	Jake	1.0495	2013	1748	193	377	18	0.969	2.94
137	Dubuc	Jean	1.0492	1919	1444	79	537	31	0.952	3.84
138	Brown	Clint	1.0492	1942	1486	75	387	12	0.975	2.80
139	Palmer	Jim	1.0492	1984	3948	292	577	34	0.962	1.98
140	Oswalt	Roy	1.0491	2013	2245	168	310	9	0.982	1.92
141	Wyse	Hank	1.0487	1951	1258	56	291	15	0.959	2.48
142	Garver	Ned	1.0486	1961	2477	203	469	27	0.961	2.44
143	Quinn	Jack	1.0486	1933	3920	139	1240	45	0.968	3.17
144	Sutcliffe	Rick	1.0486	1994	2698	211	404	17	0.973	2.05
145	Zettlein	George	1.0485	1876	2176	111	411	87	0.857	2.16
146	Dickey	R.A.	1.0485	2014	1500	90	286	13	0.967	2.26
147	Fernandez	Alex	1.0473	2000	1760	125	297	15	0.966	2.16
148	Spahn	Warren	1.0472	1965	5244	222	999	58	0.955	2.10
149	Gubicza	Mark	1.0468	1997	2223	237	352	19	0.969	2.38
150	Garland	Jon	1.0467	2013	2151	175	341	16	0.970	2.16
151	Daily	Ed	1.0464	1891	1238	65	290	35	0.910	2.58
152	Cuppy	Nig	1.0460	1901	2284	94	552	34	0.950	2.55
153	Morris	Jack	1.0459	1994	3824	387	413	29	0.965	1.88
154	Griffith	Clark	1.0458	1914	3386	179	863	64	0.942	2.77
155	Newhouser	Hal	1.0456	1955	2993	135	611	22	0.971	2.24
156	Kershaw	Clayton	1.0454	2014	1378	47	205	5	0.981	1.65
157	Mussina	Mike	1.0454	2008	3563	231	497	15	0.980	1.84
158	Johnson	Walter	1.0453	1927	5915	276	1351	52	0.969	2.48
159	Lary	Frank	1.0442	1965	2162	174	351	21	0.962	2.19
160	Rhoden	Rick	1.0442	1989	2594	173	386	6	0.989	1.94
161	Boddicker	Mike	1.0441	1993	2124	245	366	32	0.950	2.59
162	Tewksbury	Bob	1.0440	1998	1807	138	344	10	0.980	2.40
163	Greinke	Zack	1.0438	2014	1872	158	254	5	0.988	1.98
164	Key	Jimmy	1.0437	1998	2592	172	452	22	0.966	2.17
165	Rucker	Nap	1.0436	1916	2375	55	625	24	0.966	2.58
166	Hughes	Jay	1.0434	1902	1097	85	283	28	0.929	3.02
167	Brown	Kevin	1.0431	2005	3256	388	563	49	0.951	2.63
168	Peterson	Fritz	1.0431	1976	2218	116	429	21	0.963	2.21
169	Tyler	Lefty	1.0428	1921	2230	117	672	38	0.954	3.18
170	Seaton	Tom	1.0426	1917	1340	54	378	20	0.956	2.90
171	Fitzmorris	Al	1.0425	1978	1277	119	242	9	0.976	2.54
172	Smoltz	John	1.0421	2009	3473	320	433	28	0.964	1.95
173	Ford	Whitey	1.0418	1967	3170	173	630	33	0.961	2.28
174	Mulder	Mark	1.0418	2008	1314	55	262	10	0.969	2.17
175	Young	Irv	1.0418	1911	1385	105	400	22	0.958	3.28
176	Wise	Rick	1.0416	1982	3127	206	504	13	0.982	2.04
177	Carsey	Kid	1.0416	1901	2222	109	578	67	0.911	2.78
178	Rogers	Kenny	1.0415	2008	3303	258	744	44	0.958	2.73
179	King	Silver	1.0414	1897	3191	146	638	56	0.933	2.21
180	Kralick	Jack	1.0414	1967	1218	75	211	8	0.973	2.11
181	Lowe	Derek	1.0411	2013	2671	221	452	17	0.975	2.27
182	Tannehill	Jesse	1.0411	1911	2750	110	837	47	0.953	3.10
183	Tapani	Kevin	1.0409	2001	2265	157	290	8	0.982	1.78
184	Sparks	Steve	1.0404	2004	1320	115	269	13	0.967	2.62
185	Dwyer	Frank	1.0404	1899	2810	204	577	54	0.935	2.50
186	Reynolds	Shane	1.0403	2004	1792	121	287	9	0.978	2.05
187	Herbert	Ray	1.0400	1966	1881	126	389	13	0.975	2.46

Rank	Player	First	PosFV	year	CUM IP	PO	A	E	CUM FPCT	RF (p9IP)
188	Vazquez	Javier	**1.0399**	2011	2840	162	418	13	0.978	1.84
189	Moyer	Jamie	**1.0399**	2012	4074	279	644	22	0.977	2.04
190	Cullop	Nick	**1.0396**	1921	1024	44	317	17	0.955	3.17
191	Hoffer	Bill	**1.0394**	1901	1254	73	281	21	0.944	2.54
192	Gomez	Ruben	**1.0393**	1967	1454	127	297	19	0.957	2.62
193	Jackson	Al	**1.0390**	1969	1389	113	311	20	0.955	2.75
194	Haddock	George	**1.0390**	1894	1580	90	395	49	0.908	2.76
195	Abbott	Jim	**1.0388**	1999	1674	72	300	9	0.976	2.00
196	Sullivan	Frank	**1.0388**	1963	1732	121	275	9	0.978	2.06
197	Tanana	Frank	**1.0387**	1993	4188	226	638	19	0.978	1.86
198	McLish	Cal	**1.0384**	1964	1609	131	302	11	0.975	2.42
199	Plank	Eddie	**1.0380**	1917	4496	229	1108	40	0.971	2.68
200	Fraser	Chick	**1.0378**	1909	3356	315	938	94	0.930	3.36
201	Monbouquette	Bill	**1.0378**	1968	1962	155	266	7	0.984	1.93
202	Hendrix	Claude	**1.0377**	1920	2371	77	724	32	0.962	3.04
203	Horlen	Joe	**1.0376**	1972	2002	159	421	16	0.973	2.61
204	McDowell	Jack	**1.0375**	1999	1889	139	245	13	0.967	1.83
205	Ring	Jimmy	**1.0371**	1928	2354	78	659	25	0.967	2.82
206	Hudson	Sid	**1.0369**	1954	2181	151	514	31	0.955	2.74
207	Jenkins	Fergie	**1.0367**	1983	4501	363	660	49	0.954	2.05
208	Frankhouse	Fred	**1.0366**	1939	1888	108	476	24	0.961	2.78
209	Hernandez	Roberto	**1.0365**	2014	1265	107	196	6	0.981	2.16
210	Hough	Charlie	**1.0363**	1994	3801	235	578	22	0.974	1.92
211	Doak	Bill	**1.0359**	1929	2783	103	934	43	0.960	3.35
212	Blyleven	Bert	**1.0358**	1992	4970	287	662	30	0.969	1.72
213	Houtteman	Art	**1.0356**	1957	1555	105	339	17	0.963	2.57
214	Hudlin	Willis	**1.0355**	1944	2613	150	734	38	0.959	3.04
215	Staley	Gerry	**1.0355**	1961	1982	146	481	19	0.971	2.85
216	Cahill	Trevor	**1.0351**	2014	1040	49	194	9	0.964	2.10
217	Melton	Cliff	**1.0351**	1944	1454	45	397	16	0.965	2.74
218	Myers	Brett	**1.0349**	2013	1710	157	224	10	0.974	2.01
219	Wickersham	Dave	**1.0348**	1969	1123	80	200	10	0.966	2.24
220	Keefe	Tim	**1.0347**	1893	5048	260	1060	166	0.888	2.35
221	Packard	Gene	**1.0347**	1919	1410	85	476	22	0.962	3.58
222	Mountain	Frank	**1.0344**	1886	1216	61	268	45	0.880	2.56
223	Hutchison	Bill	**1.0342**	1897	3078	138	664	74	0.916	2.35
224	Kuroda	Hiroki	**1.0342**	2014	1319	90	183	7	0.975	1.86
225	Fillingim	Dana	**1.0339**	1925	1076	16	328	6	0.983	2.88
226	Turner	Jim	**1.0339**	1945	1132	55	269	12	0.964	2.58
227	Drabek	Doug	**1.0336**	1998	2535	266	342	29	0.954	2.16
228	John	Tommy	**1.0335**	1989	4710	237	1028	49	0.963	2.42
229	Clark	Watty	**1.0334**	1937	1747	54	384	11	0.976	2.26
230	Hershiser	Orel	**1.0333**	2000	3130	332	569	51	0.946	2.59
231	Tudor	John	**1.0329**	1990	1797	85	321	11	0.974	2.03
232	Hill	Ken	**1.0328**	2001	1973	183	347	15	0.972	2.42
233	Marichal	Juan	**1.0326**	1975	3507	291	577	47	0.949	2.23
234	Leibrandt	Charlie	**1.0325**	1993	2308	151	465	25	0.961	2.40
235	Broglio	Ernie	**1.0324**	1966	1337	106	215	9	0.973	2.16
236	Stewart	Lefty	**1.0320**	1935	1722	68	370	12	0.973	2.29
237	Stivetts	Jack	**1.0319**	1899	2888	166	584	62	0.924	2.34
238	Leonard	Dutch	**1.0318**	1953	3218	174	719	32	0.965	2.50
239	Patten	Case	**1.0317**	1908	2062	146	568	54	0.930	3.12
240	Bush	Guy	**1.0315**	1945	2722	138	643	21	0.974	2.58
241	Mayer	Erskine	**1.0315**	1919	1427	58	411	16	0.967	2.96
242	Drysdale	Don	**1.0312**	1969	3432	188	686	59	0.937	2.29
243	Busby	Steve	**1.0311**	1980	1061	76	198	23	0.923	2.32
244	Cantwell	Ben	**1.0306**	1937	1534	95	463	19	0.967	3.27
245	Ellsworth	Dick	**1.0304**	1971	2156	120	437	25	0.957	2.33
246	Whitney	Jim	**1.0303**	1890	3496	123	769	99	0.900	2.30
247	O'Brien	Darby	**1.0303**	1891	1081	61	227	22	0.929	2.40
248	Genewich	Joe	**1.0302**	1930	1402	69	349	12	0.972	2.68
249	Schmitz	Johnny	**1.0301**	1956	1813	113	483	23	0.963	2.96
250	Forsch	Bob	**1.0297**	1989	2795	234	405	18	0.973	2.06

Rank	Player	First	PosFV	year	CUM IP	PO	A	E	CUM FPCT	RF (p9IP)
251	Russell	Jack	1.0295	1940	2051	132	610	28	0.964	3.26
252	Hughson	Tex	1.0293	1949	1376	70	231	9	0.971	1.97
253	Buhl	Bob	1.0293	1967	2587	211	461	18	0.974	2.34
254	Perez	Odalis	1.0292	2008	1335	65	246	5	0.984	2.10
255	McLain	Denny	1.0290	1972	1886	154	212	13	0.966	1.75
256	Barr	Jim	1.0286	1983	2065	148	388	26	0.954	2.34
257	Derringer	Paul	1.0280	1945	3645	153	656	26	0.969	2.00
258	Roberts	Robin	1.0280	1966	4689	316	601	31	0.967	1.76
259	Splittorff	Paul	1.0277	1984	2555	125	450	15	0.975	2.03
260	Hawley	Pink	1.0276	1901	3013	129	688	70	0.921	2.44
261	Waits	Rick	1.0274	1985	1427	91	252	8	0.977	2.16
262	Borowy	Hank	1.0274	1951	1717	85	350	11	0.975	2.28
263	McGregor	Scott	1.0273	1988	2141	119	317	9	0.980	1.83
264	Carpenter	Chris	1.0267	2012	2219	185	251	10	0.978	1.77
265	Fox	Howie	1.0266	1954	1108	60	290	12	0.967	2.84
266	Cuellar	Mike	1.0265	1977	2808	108	453	30	0.949	1.80
267	Hampton	Mike	1.0262	2010	2268	143	476	27	0.958	2.46
268	Bagby	Jim	1.0260	1923	1822	115	411	21	0.962	2.60
269	Klinger	Bob	1.0257	1947	1090	54	241	6	0.980	2.44
270	Javery	Al	1.0256	1946	1143	43	242	14	0.953	2.24
271	Clemens	Roger	1.0256	2007	4917	320	575	25	0.973	1.64
272	Vance	Dazzy	1.0256	1935	2967	126	570	18	0.975	2.11
273	Myers	Elmer	1.0253	1922	1102	65	325	18	0.956	3.19
274	Wilhelm	Kaiser	1.0252	1921	1432	64	472	31	0.945	3.37
275	Pascual	Camilo	1.0251	1971	2931	210	507	20	0.973	2.20
276	Bernhard	Bill	1.0251	1907	1792	83	560	34	0.950	3.23
277	Dobson	Chuck	1.0250	1975	1258	70	184	5	0.981	1.82
278	Wilson	Jim	1.0249	1958	1539	94	235	4	0.988	1.92
279	Niekro	Joe	1.0247	1988	3584	253	532	26	0.969	1.97
280	Gleason	Kid	1.0246	1895	2389	163	476	66	0.906	2.41
281	Denny	John	1.0245	1986	2149	179	451	32	0.952	2.64
282	Richmond	Lee	1.0243	1886	1583	50	317	47	0.886	2.09
283	Masterson	Justin	1.0240	2014	1142	97	181	13	0.955	2.19
284	Sanders	Ben	1.0238	1892	1385	74	310	35	0.916	2.50
285	Lohse	Kyle	1.0236	2014	2370	194	295	6	0.988	1.86
286	Mercer	Win	1.0234	1902	2470	167	611	84	0.903	2.83
287	Colborn	Jim	1.0232	1978	1597	114	274	17	0.958	2.19
288	Gallardo	Yovani	1.0230	2014	1289	85	166	6	0.977	1.75
289	Parnell	Mel	1.0230	1956	1753	69	327	12	0.971	2.03
290	Brown	Lloyd	1.0229	1940	1693	99	427	17	0.969	2.80
291	Brown	Mordecai	1.0229	1916	3172	171	843	36	0.966	2.88
292	Rush	Bob	1.0226	1960	2411	171	428	28	0.955	2.24
293	Morgan	Mike	1.0224	2002	2772	215	465	25	0.965	2.21
294	Haren	Dan	1.0222	2014	2232	147	228	10	0.974	1.51
295	Mogridge	George	1.0221	1927	2266	127	638	32	0.960	3.04
296	Baldwin	Mark	1.0220	1893	2811	175	545	77	0.903	2.30
297	Cook	Aaron	1.0218	2012	1406	139	283	21	0.953	2.70
298	Sewell	Rip	1.0218	1949	2119	142	445	28	0.954	2.49
299	Burgmeier	Tom	1.0214	1984	1259	124	293	13	0.970	2.98
300	Francis	Jeff	1.0214	2014	1269	48	202	1	0.996	1.77
301	Raschi	Vic	1.0213	1955	1819	84	259	8	0.977	1.70
302	Lucas	Red	1.0213	1938	2542	109	516	12	0.981	2.21
303	Cicotte	Eddie	1.0211	1920	3223	128	998	70	0.941	3.14
304	Ashby	Andy	1.0211	2004	1811	131	265	11	0.973	1.97
305	Shields	James	1.0210	2014	1910	161	204	23	0.941	1.72
306	Moehler	Brian	1.0209	2010	1567	132	224	7	0.981	2.04
307	Bell	George	1.0209	1911	1086	26	337	18	0.953	3.01
308	Garvin	Ned	1.0208	1904	1401	55	476	42	0.927	3.41
309	Shaw	Dupee	1.0208	1888	1762	63	330	43	0.901	2.01
310	Falkenberg	Cy	1.0207	1917	2275	100	727	52	0.941	3.27
311	Rhines	Billy	1.0206	1899	1900	88	433	39	0.930	2.47
312	Tesreau	Jeff	1.0206	1918	1679	52	440	23	0.955	2.64
313	O'Day	Hank	1.0204	1890	1651	76	333	42	0.907	2.23

Rank	Player	First	PosFV	year	CUM IP	PO	A	E	CUM FPCT	RF (p9IP)
314	Lyons	Ted	1.0204	1946	4161	219	943	51	0.958	2.51
315	Cummings	Candy	1.0202	1877	2150	99	318	64	0.867	1.75
316	Mungo	Van	1.0202	1945	2113	99	448	23	0.960	2.33
317	Newcombe	Don	1.0202	1960	2155	159	313	18	0.963	1.97
318	Duggleby	Bill	1.0202	1907	1732	86	543	43	0.936	3.27
319	Riddle	Elmer	1.0201	1949	1023	49	184	3	0.987	2.05
320	Saberhagen	Bret	1.0201	2001	2563	203	415	24	0.963	2.17
321	Sutton	Don	1.0200	1988	5282	334	613	31	0.968	1.61
322	Crowder	Alvin	1.0196	1936	2344	56	387	7	0.984	1.70
323	Law	Vern	1.0196	1967	2672	212	453	19	0.972	2.24
324	Brecheen	Harry	1.0195	1953	1908	78	376	8	0.983	2.14
325	Stoneman	Bill	1.0195	1974	1236	82	153	7	0.971	1.71
326	Carroll	Ownie	1.0195	1934	1331	81	341	20	0.955	2.85
327	Butcher	Max	1.0194	1945	1786	98	402	13	0.975	2.52
328	Rusie	Amos	1.0191	1901	3770	176	878	122	0.896	2.52
329	Roberts	Dave	1.0189	1981	2099	83	383	16	0.967	2.00
330	Chesbro	Jack	1.0188	1909	2897	103	836	56	0.944	2.92
331	Antonelli	Johnny	1.0188	1961	1992	72	342	21	0.952	1.87
332	Lidle	Cory	1.0188	2006	1323	99	238	8	0.977	2.29
333	Orth	Al	1.0186	1909	3355	172	957	83	0.932	3.03
334	Harder	Mel	1.0186	1947	3426	209	734	45	0.954	2.48
335	Smith	Sherry	1.0185	1927	2053	91	686	33	0.959	3.41
336	Kennedy	Vern	1.0185	1945	2026	98	439	22	0.961	2.39
337	Boland	Bernie	1.0184	1921	1062	56	268	11	0.967	2.75
338	Hamels	Cole	1.0184	2014	1801	74	230	11	0.965	1.52
339	Luque	Dolf	1.0183	1935	3220	188	786	43	0.958	2.72
340	Leary	Tim	1.0182	1994	1491	130	221	10	0.972	2.12
341	Tekulve	Kent	1.0182	1989	1436	92	327	13	0.970	2.63
342	Wolff	Roger	1.0181	1947	1025	57	177	5	0.979	2.05
343	Rivera	Mariano	1.0181	2013	1284	110	258	6	0.984	2.58
344	McNally	Dave	1.0181	1975	2730	97	417	21	0.961	1.69
345	Smith	Zane	1.0173	1996	1919	104	380	17	0.966	2.27
346	Blaeholder	George	1.0173	1936	1914	141	469	36	0.944	2.87
347	Sain	Johnny	1.0173	1955	2126	127	371	19	0.963	2.11
348	Chance	Dean	1.0173	1971	2147	111	373	33	0.936	2.03
349	Grove	Orval	1.0172	1949	1177	72	275	18	0.951	2.65
350	Leifield	Lefty	1.0170	1920	1838	85	558	27	0.960	3.15
351	Hemming	George	1.0168	1897	1588	81	330	31	0.930	2.33
352	Goldsmith	Fred	1.0168	1884	1610	96	351	60	0.882	2.50
353	Flaherty	Patsy	1.0168	1911	1303	89	458	47	0.921	3.78
354	Weilman	Carl	1.0167	1920	1521	59	444	28	0.947	2.98
355	Lee	Bill	1.0167	1982	1944	83	415	28	0.947	2.31
356	Guidry	Ron	1.0165	1988	2392	107	307	8	0.981	1.56
357	Suppan	Jeff	1.0164	2012	2543	177	358	18	0.967	1.89
358	Holtzman	Ken	1.0161	1979	2867	117	471	26	0.958	1.85
359	Rowe	Schoolboy	1.0159	1949	2219	97	421	14	0.974	2.10
360	Ewing	John	1.0159	1891	1059	44	228	19	0.935	2.31
361	Garber	Gene	1.0159	1988	1510	159	280	15	0.967	2.62
362	Donovan	Dick	1.0158	1965	2017	144	336	20	0.960	2.14
363	Ford	Russ	1.0156	1915	1487	59	403	27	0.945	2.80
364	Carleton	Tex	1.0156	1940	1607	93	334	14	0.968	2.39
365	Groom	Bob	1.0155	1918	2336	98	685	52	0.938	3.02
366	Pavano	Carl	1.0153	2012	1789	113	241	7	0.981	1.78
367	Ramos	Pedro	1.0150	1970	2356	146	328	11	0.977	1.81
368	Hoyt	La Marr	1.0149	1986	1311	76	196	9	0.968	1.87
369	Bagby	Jim	1.0148	1947	1666	122	359	22	0.956	2.60
370	Coleman	Joe	1.0147	1979	2569	179	351	25	0.955	1.86
371	Phillips	Bill	1.0147	1903	1296	82	393	38	0.926	3.30
372	Trout	Dizzy	1.0145	1957	2726	193	645	50	0.944	2.77
373	Wiedman	Stump	1.0145	1888	2318	143	444	76	0.885	2.28
374	Jarvis	Pat	1.0144	1973	1284	103	180	11	0.963	1.98
375	Blass	Steve	1.0144	1974	1597	137	251	16	0.960	2.19
376	Scott	Jim	1.0142	1917	1892	54	571	40	0.940	2.97

Rank	Player	First	PosFV	year	CUM IP	PO	A	E	CUM FPCT	RF (p9IP)
377	Figueroa	Ed	1.0142	1981	1310	89	182	16	0.944	1.86
378	Wegman	Bill	1.0139	1995	1483	166	208	18	0.954	2.27
379	Porter	Henry	1.0139	1889	1793	50	375	52	0.891	2.13
380	Lee	Bill	1.0134	1947	2864	163	662	58	0.934	2.59
381	Dotson	Richard	1.0133	1990	1857	116	269	11	0.972	1.87
382	Russell	Reb	1.0132	1919	1292	41	325	12	0.968	2.55
383	Sorensen	Lary	1.0132	1988	1736	151	263	22	0.950	2.15
384	McGinnity	Joe	1.0131	1908	3441	202	929	100	0.919	2.96
385	McDonald	Ben	1.0128	1997	1291	95	179	11	0.961	1.91
386	Pineiro	Joel	1.0128	2011	1754	163	225	11	0.972	1.99
387	Pelty	Barney	1.0128	1912	1908	130	659	52	0.938	3.72
388	Dineen	Bill	1.0128	1909	3075	133	800	56	0.943	2.73
389	Kendrick	Kyle	1.0126	2014	1139	76	199	11	0.962	2.17
390	Harkins	John	1.0125	1888	1183	85	234	40	0.889	2.43
391	Viau	Lee	1.0124	1892	1442	55	301	35	0.910	2.22
392	Nixon	Willard	1.0120	1958	1234	74	217	7	0.977	2.12
393	Blackwell	Ewell	1.0118	1955	1321	46	311	19	0.949	2.43
394	Scott	Mike	1.0118	1991	2069	156	299	23	0.952	1.98
395	Buzhardt	John	1.0118	1968	1491	133	275	13	0.969	2.46
396	Fisher	Jack	1.0115	1969	1976	157	312	15	0.969	2.14
397	Hatten	Joe	1.0112	1952	1087	70	224	13	0.958	2.43
398	Johnson	Ken	1.0112	1970	1737	93	322	16	0.963	2.15
399	Carroll	Clay	1.0110	1978	1353	60	310	11	0.971	2.46
400	Sanford	Jack	1.0110	1967	2049	122	365	21	0.959	2.14
401	Whitehill	Earl	1.0108	1939	3565	166	701	47	0.949	2.19
402	Black	Bud	1.0106	1995	2053	89	356	13	0.972	1.95
403	Witt	Mike	1.0105	1993	2108	147	298	23	0.951	1.90
404	Blanton	Cy	1.0104	1942	1218	51	253	15	0.953	2.25
405	Seymour	Cy	1.0104	1902	1029	62	337	66	0.858	3.49
406	Grimsley	Ross	1.0103	1982	2039	60	357	13	0.970	1.84
407	Alexander	Doyle	1.0102	1989	3368	264	521	32	0.961	2.10
408	Norris	Mike	1.0099	1990	1124	100	177	15	0.949	2.22
409	Kaat	Jim	1.0099	1983	4530	262	744	56	0.947	2.00
410	Cunningham	Bert	1.0098	1901	2727	197	676	111	0.887	2.88
411	Lopat	Ed	1.0097	1955	2439	100	468	19	0.968	2.10
412	Hands	Bill	1.0096	1975	1951	140	297	24	0.948	2.02
413	Burkett	John	1.0096	2003	2648	177	314	9	0.982	1.67
414	Flanagan	Mike	1.0096	1992	2770	89	430	11	0.979	1.69
415	Crandall	Doc	1.0096	1918	1534	76	432	20	0.962	2.98
416	Jones	Bobby	1.0095	2002	1519	93	235	11	0.968	1.94
417	Sorrell	Vic	1.0095	1937	1672	68	321	17	0.958	2.09
418	Leonard	Dennis	1.0093	1986	2187	135	292	24	0.947	1.76
419	Trachsel	Steve	1.0090	2008	2501	196	387	15	0.975	2.10
420	Phillippe	Deacon	1.0089	1911	2607	93	624	33	0.956	2.48
421	Nolan	Gary	1.0087	1977	1675	95	189	3	0.990	1.53
422	Saunders	Joe	1.0086	2014	1387	60	227	5	0.983	1.86
423	Grove	Lefty	1.0086	1941	3941	65	722	38	0.954	1.80
424	MacFayden	Danny	1.0085	1943	2706	118	635	39	0.951	2.50
425	Minton	Greg	1.0085	1990	1131	95	261	13	0.965	2.83
426	Rhoads	Bob	1.0085	1909	1692	81	509	26	0.958	3.14
427	Boyle	Henry	1.0085	1889	1756	83	311	38	0.912	2.02
428	Kennedy	Ian	1.0085	2014	1066	61	109	5	0.971	1.43
429	Porterfield	Bob	1.0083	1959	1568	80	280	15	0.960	2.07
430	Martinez	Ramon	1.0081	2001	1896	171	237	14	0.967	1.94
431	Fassero	Jeff	1.0081	2006	2034	106	354	14	0.970	2.04
432	Garland	Wayne	1.0080	1981	1040	93	142	11	0.955	2.03
433	Thurston	Sloppy	1.0079	1933	1543	71	390	15	0.968	2.69
434	Lamp	Dennis	1.0078	1992	1831	128	353	18	0.964	2.36
435	Beattie	Jim	1.0078	1986	1149	96	181	9	0.969	2.17
436	Gumbert	Ad	1.0077	1896	1985	111	435	48	0.919	2.48
437	Astacio	Pedro	1.0076	2006	2197	189	294	14	0.972	1.98
438	Goltz	Dave	1.0075	1983	2040	152	287	21	0.954	1.94
439	Weimer	Jake	1.0074	1909	1473	122	402	32	0.942	3.20

Rank	Player	First	PosFV	year	CUM IP	PO	A	E	CUM FPCT	RF (p9IP)
440	Avery	Steve	1.0074	2003	1555	63	302	13	0.966	2.11
441	Grant	Mudcat	1.0071	1971	2442	162	376	19	0.966	1.98
442	Hurst	Bruce	1.0070	1994	2417	98	355	15	0.968	1.69
443	Perry	Jim	1.0067	1975	3286	191	506	29	0.960	1.91
444	Terry	Adonis	1.0067	1897	3514	244	722	104	0.903	2.47
445	Knetzer	Elmer	1.0066	1917	1267	41	371	22	0.949	2.93
446	Giusti	Dave	1.0064	1977	1717	134	264	15	0.964	2.09
447	Bunker	Wally	1.0063	1971	1085	70	179	8	0.969	2.06
448	Richard	J.R.	1.0063	1980	1606	113	195	20	0.939	1.73
449	Rozema	Dave	1.0063	1986	1106	108	168	8	0.972	2.25
450	Valdez	Ismael	1.0061	2005	1827	127	276	14	0.966	1.98
451	Munger	Red	1.0061	1956	1229	44	288	9	0.974	2.43
452	Pennock	Herb	1.0060	1934	3572	101	824	26	0.973	2.33
453	Ewing	Bob	1.0059	1912	2301	93	539	30	0.955	2.47
454	Carlson	Hal	1.0057	1930	2002	74	497	17	0.971	2.57
455	Seward	Ed	1.0055	1891	1486	75	291	49	0.882	2.22
456	Torrez	Mike	1.0055	1984	3044	223	472	41	0.944	2.05
457	Cardwell	Don	1.0051	1970	2123	164	394	25	0.957	2.37
458	Pappas	Milt	1.0050	1973	3186	245	486	23	0.969	2.06
459	Hamilton	Earl	1.0047	1924	2343	124	612	27	0.965	2.83
460	Benz	Joe	1.0047	1919	1360	37	504	45	0.923	3.58
461	Blake	Sheriff	1.0046	1937	1620	55	401	13	0.972	2.53
462	Reulbach	Ed	1.0043	1917	2632	136	814	54	0.946	3.25
463	Bosio	Chris	1.0042	1996	1710	147	246	15	0.963	2.07
464	Sallee	Slim	1.0041	1921	2822	86	661	21	0.973	2.38
465	Pearson	Monte	1.0040	1941	1430	62	285	10	0.972	2.18
466	Morris	Ed	1.0040	1890	2678	97	477	70	0.891	1.93
467	Hoyt	Waite	1.0038	1938	3762	153	842	35	0.966	2.38
468	Dobson	Pat	1.0035	1977	2120	142	289	19	0.958	1.83
469	Meadows	Lee	1.0035	1929	3161	84	850	52	0.947	2.66
470	Gooden	Dwight	1.0034	2000	2801	224	423	34	0.950	2.08
471	Ruether	Dutch	1.0033	1927	2125	60	494	17	0.970	2.35
472	Gibson	Bob	1.0033	1975	3884	291	484	42	0.949	1.80
473	Hooton	Burt	1.0033	1985	2652	165	373	16	0.971	1.83
474	Billingham	Jack	1.0033	1980	2231	133	344	17	0.966	1.92
475	Gaston	Milt	1.0030	1934	2105	106	460	26	0.956	2.42
476	Mitchell	Clarence	1.0029	1932	2217	104	615	21	0.972	2.92
477	Killian	Ed	1.0028	1910	1598	82	455	27	0.952	3.02
478	Corridon	Frank	1.0025	1910	1216	72	453	33	0.941	3.89
479	Capuano	Chris	1.0025	2014	1365	55	210	10	0.964	1.75
480	Seibold	Socks	1.0025	1933	1064	51	229	5	0.982	2.37
481	Miller	Bob	1.0022	1974	1551	106	335	22	0.952	2.56
482	Carrick	Bill	1.0021	1902	1325	52	353	40	0.910	2.75
483	Toney	Fred	1.0021	1923	2206	57	555	26	0.959	2.50
484	Welch	Bob	1.0021	1994	3092	243	394	26	0.961	1.85
485	Zambrano	Carlos	1.0021	2012	1959	168	291	25	0.948	2.11
486	Bruce	Bob	1.0020	1967	1122	95	164	8	0.970	2.08
487	Barnes	Virgil	1.0019	1928	1094	39	268	12	0.962	2.53
488	Quisenberry	Dan	1.0017	1990	1043	97	264	13	0.965	3.11
489	Lawrence	Brooks	1.0016	1960	1041	84	185	13	0.954	2.33
490	McCormick	Mike	1.0014	1971	2380	102	394	12	0.976	1.88
491	Knell	Phil	1.0013	1895	1452	118	310	51	0.894	2.65
492	Blue	Vida	1.0010	1986	3343	127	427	19	0.967	1.49
493	Palmer	David	1.0008	1989	1085	103	163	10	0.964	2.21
494	Appier	Kevin	1.0007	2004	2595	202	225	12	0.973	1.48
495	Garcia	Freddy	1.0007	2013	2264	170	288	16	0.966	1.82
496	Pittinger	Togie	1.0007	1907	2041	93	528	49	0.927	2.74
497	Phoebus	Tom	1.0007	1972	1030	84	125	6	0.972	1.83
498	Fisher	Ray	1.0004	1920	1756	75	610	39	0.946	3.51
499	Killen	Frank	1.0003	1900	2511	96	612	82	0.896	2.54
500	Heimach	Fred	1.0002	1933	1289	67	378	13	0.972	3.11
501	Staley	Harry	1.0001	1895	2269	56	455	40	0.927	2.03
502	Miller	Stu	1.0001	1968	1694	152	341	14	0.972	2.62

Rank	Player	First	PosFV	year	CUM IP	PO	A	E	CUM FPCT	RF (p9IP)
503	Pfeffer	Jeff	1.0000	1924	2407	58	549	23	0.963	2.27
504	Zachary	Tom	0.9997	1936	3126	83	773	29	0.967	2.46
505	Clancy	Jim	0.9996	1991	2517	185	301	26	0.949	1.74
506	Thomson	John	0.9993	2007	1270	113	186	7	0.977	2.12
507	Coombs	Jack	0.9993	1920	2320	151	510	23	0.966	2.56
508	Dean	Dizzy	0.9991	1947	1967	76	283	15	0.960	1.64
509	Pelfrey	Mike	0.9991	2014	1073	68	149	8	0.964	1.82
510	Fryman	Woodie	0.9990	1983	2411	97	389	6	0.988	1.81
511	Danks	John	0.9989	2014	1303	48	193	7	0.972	1.66
512	French	Larry	0.9988	1942	3152	124	628	39	0.951	2.15
513	Hearn	Jim	0.9987	1959	1704	106	355	22	0.954	2.44
514	Fisher	Cherokee	0.9987	1878	1320	127	210	58	0.853	2.30
515	Pettitte	Andy	0.9986	2013	3316	130	542	35	0.950	1.82
516	Hunter	Catfish	0.9983	1979	3449	225	319	23	0.959	1.42
517	Marquis	Jason	0.9983	2013	1921	158	283	21	0.955	2.07
518	Jacobs	Elmer	0.9980	1927	1189	46	355	14	0.966	3.03
519	McGlothlin	Jim	0.9980	1973	1300	99	243	16	0.955	2.37
520	Thomas	Tommy	0.9980	1937	2176	56	372	11	0.975	1.77
521	Wiltse	Hooks	0.9979	1915	2112	123	579	35	0.953	2.99
522	Langston	Mark	0.9979	1999	2963	127	493	39	0.941	1.88
523	Cooper	Wilbur	0.9978	1926	3480	102	785	41	0.956	2.29
524	Boyd	Oil Can	0.9977	1991	1390	128	187	11	0.966	2.04
525	Gallia	Bert	0.9977	1920	1277	54	341	20	0.952	2.78
526	Larkin	Terry	0.9976	1880	1567	59	268	43	0.884	1.88
527	Gullickson	Bill	0.9976	1994	2560	185	277	16	0.967	1.62
528	Henderson	Hardie	0.9975	1888	1788	107	307	65	0.864	2.08
529	Peters	Gary	0.9972	1972	2081	111	312	15	0.966	1.83
530	Feller	Bob	0.9971	1956	3827	146	510	25	0.963	1.54
531	Benton	Rube	0.9971	1925	2517	75	680	29	0.963	2.70
532	Conway	Pete	0.9969	1889	1040	32	241	28	0.907	2.36
533	Bouton	Jim	0.9968	1978	1239	112	177	15	0.951	2.10
534	Karger	Ed	0.9967	1911	1092	78	325	24	0.944	3.32
535	Zahn	Geoff	0.9966	1985	1849	87	326	24	0.945	2.01
536	Uhle	George	0.9965	1936	3120	175	624	33	0.960	2.31
537	Rijo	Jose	0.9965	2002	1880	144	248	14	0.966	1.88
538	Faber	Red	0.9964	1933	4087	130	1108	71	0.946	2.73
539	Adams	Babe	0.9963	1926	2995	58	648	17	0.976	2.12
540	Darling	Ron	0.9961	1995	2360	177	391	37	0.939	2.17
541	Bunning	Jim	0.9961	1971	3760	206	372	23	0.962	1.38
542	Slaton	Jim	0.9961	1986	2684	180	378	24	0.959	1.87
543	McDaniel	Lindy	0.9961	1975	2139	127	447	22	0.963	2.41
544	Bush	David	0.9960	2013	1144	94	118	4	0.981	1.67
545	Parmelee	Roy	0.9958	1939	1120	71	246	17	0.949	2.55
546	Marshall	Mike	0.9956	1981	1387	105	283	15	0.963	2.52
547	Koslo	Dave	0.9956	1955	1591	75	307	14	0.965	2.16
548	Short	Chris	0.9953	1973	2325	112	359	17	0.965	1.82
549	Reed	Ron	0.9952	1984	2478	170	340	13	0.975	1.85
550	Bielecki	Mike	0.9952	1997	1231	115	174	9	0.970	2.11
551	Hernandez	Orlando	0.9951	2007	1315	101	171	4	0.986	1.86
552	Daal	Omar	0.9951	2003	1199	72	224	13	0.958	2.22
553	Hentgen	Pat	0.9950	2004	2075	131	237	14	0.963	1.60
554	Kison	Bruce	0.9948	1985	1810	140	297	16	0.965	2.17
555	Mossi	Don	0.9947	1965	1548	69	239	3	0.990	1.79
556	Kramer	Jack	0.9945	1951	1637	73	298	17	0.956	2.04
557	Morgan	Tom	0.9944	1963	1023	76	233	11	0.966	2.72
558	Esper	Duke	0.9942	1898	1728	67	381	26	0.945	2.33
559	Kremer	Ray	0.9941	1933	1955	37	331	10	0.974	1.69
560	Menefee	Jock	0.9938	1903	1111	77	283	32	0.918	2.92
561	Hadley	Bump	0.9937	1941	2946	140	573	28	0.962	2.18
562	Gastright	Hank	0.9936	1896	1301	39	239	21	0.930	1.92
563	Santana	Ervin	0.9935	2014	1883	136	149	11	0.963	1.36
564	Ojeda	Bob	0.9935	1994	1884	113	323	16	0.965	2.08
565	Davenport	Dave	0.9934	1919	1537	25	407	26	0.943	2.53

Rank	Player	First	PosFV	year	CUM IP	PO	A	E	CUM FPCT	RF (p9IP)
566	James	Bill	0.9933	1919	1180	50	384	31	0.933	3.31
567	Wynn	Early	0.9932	1963	4564	193	670	29	0.967	1.70
568	Haefner	Mickey	0.9931	1950	1467	53	287	11	0.969	2.09
569	Cain	Matt	0.9931	2014	1811	112	196	14	0.957	1.53
570	Higbe	Kirby	0.9930	1950	1952	92	285	11	0.972	1.74
571	Brett	Ken	0.9928	1981	1526	104	263	13	0.966	2.16
572	Eldred	Cal	0.9928	2005	1368	101	143	6	0.976	1.61
573	Newsom	Bobo	0.9927	1953	3759	112	534	28	0.958	1.55
574	Bakely	Jersey	0.9923	1891	1783	74	369	71	0.862	2.24
575	Craig	Roger	0.9923	1966	1536	120	274	18	0.956	2.31
576	Stottlemyre	Todd	0.9920	2002	2192	166	261	18	0.960	1.75
577	Shawkey	Bob	0.9919	1927	2937	146	697	41	0.954	2.58
578	Ponson	Sidney	0.9916	2009	1760	140	221	13	0.965	1.85
579	Root	Charley	0.9914	1941	3197	95	506	15	0.976	1.69
580	Wilcox	Milt	0.9913	1986	2017	122	357	27	0.947	2.14
581	Jennings	Jason	0.9912	2009	1128	84	141	9	0.962	1.79
582	Bahnsen	Stan	0.9911	1982	2529	154	414	35	0.942	2.02
583	Gomez	Lefty	0.9909	1943	2503	56	393	20	0.957	1.61
584	Barr	Bob	0.9909	1891	1327	65	272	64	0.840	2.29
585	Betts	Huck	0.9907	1935	1366	42	327	13	0.966	2.43
586	Stobbs	Chuck	0.9905	1961	1920	116	301	10	0.977	1.95
587	Dempster	Ryan	0.9904	2013	2387	169	337	24	0.955	1.91
588	Douglas	Phil	0.9904	1922	1708	61	521	32	0.948	3.07
589	Brown	Mace	0.9903	1946	1075	42	251	10	0.967	2.45
590	Matlack	Jon	0.9902	1983	2363	68	346	21	0.952	1.58
591	McCaskill	Kirk	0.9901	1996	1729	150	266	21	0.952	2.17
592	Robertson	Charlie	0.9896	1928	1005	26	190	5	0.977	1.93
593	Abernathy	Ted	0.9896	1972	1148	92	304	21	0.950	3.11
594	Ruffing	Red	0.9895	1947	4344	153	677	27	0.968	1.72
595	Bosman	Dick	0.9893	1976	1591	119	213	11	0.968	1.88
596	Bell	Gary	0.9893	1969	2015	141	278	16	0.963	1.87
597	Cox	Danny	0.9892	1995	1298	123	151	16	0.945	1.90
598	Fromme	Art	0.9892	1915	1438	48	419	30	0.940	2.92
599	Rasmussen	Eric	0.9890	1983	1018	55	163	7	0.969	1.93
600	Lincecum	Tim	0.9889	2014	1567	89	151	10	0.960	1.38
601	Leever	Sam	0.9889	1910	2661	83	659	34	0.956	2.51
602	Pattin	Marty	0.9888	1980	2039	123	274	14	0.966	1.75
603	Brunet	George	0.9884	1971	1432	46	225	11	0.961	1.70
604	Peavy	Jake	0.9884	2014	2148	171	251	14	0.968	1.77
605	Donohue	Pete	0.9883	1932	2112	71	499	29	0.952	2.43
606	Swift	Bill	0.9882	1998	1600	151	330	28	0.945	2.71
607	Neagle	Denny	0.9880	2003	1890	69	230	8	0.974	1.42
608	Daily	Hugh	0.9880	1887	1415	22	262	34	0.893	1.81
609	Maglie	Sal	0.9880	1958	1723	96	280	10	0.974	1.96
610	Guzman	Jose	0.9879	1994	1224	83	170	12	0.955	1.86
611	Lindblad	Paul	0.9879	1978	1214	56	205	6	0.978	1.94
612	Harriss	Slim	0.9879	1928	1750	35	521	26	0.955	2.86
613	Guthrie	Jeremy	0.9879	2014	1616	114	201	22	0.935	1.75
614	Belcher	Tim	0.9879	2000	2443	212	249	19	0.960	1.70
615	Estes	Shawn	0.9878	2008	1678	96	291	18	0.956	2.08
616	Ragan	Pat	0.9876	1923	1608	56	411	20	0.959	2.61
617	Cadore	Leon	0.9875	1924	1257	57	292	15	0.959	2.50
618	Loes	Billy	PosFV 0.9874	1961	1190	80	223	13	0.959	2.29
619	Hobbie	Glen	0.9873	1964	1263	86	282	22	0.944	2.62
620	Swindell	Greg	0.9871	2002	2233	86	297	9	0.977	1.54
621	Benes	Andy	0.9870	2002	2505	156	241	10	0.975	1.43
622	McWilliams	Larry	0.9870	1990	1558	85	275	13	0.965	2.08
623	Raffensberger	Ken	0.9869	1954	2152	71	335	17	0.960	1.70
624	Lieber	Jon	0.9868	2008	2198	169	270	20	0.956	1.80
625	Morris	Matt	0.9867	2008	1806	107	234	14	0.961	1.70
626	Lerch	Randy	0.9865	1986	1099	63	189	9	0.966	2.06
627	Chamberlain	Elton	0.9864	1896	2522	105	463	54	0.913	2.03
628	Washburn	Ray	0.9864	1970	1210	91	216	13	0.959	2.28

Rank	Player	First	PosFV	year	CUM IP	PO	A	E	CUM FPCT	RF (p9IP)
629	Stanley	Bob	0.9859	1989	1707	122	357	24	0.952	2.53
630	Siever	Ed	0.9857	1908	1507	75	427	35	0.935	3.00
631	Aldridge	Vic	0.9857	1928	1601	26	354	12	0.969	2.14
632	Terry	Ralph	0.9855	1967	1849	150	235	13	0.967	1.87
633	Carlton	Steve	0.9855	1988	5217	109	724	42	0.952	1.44
634	Bones	Ricky	0.9855	2001	1278	107	157	9	0.967	1.86
635	Benton	Larry	0.9855	1935	2297	93	469	22	0.962	2.20
636	Dobson	Joe	0.9854	1954	2170	126	341	11	0.977	1.94
637	Appleton	Pete	0.9853	1945	1141	58	266	12	0.964	2.56
638	Weyhing	Gus	0.9853	1901	4324	201	743	128	0.881	1.96
639	Casey	Dan	0.9852	1890	1680	67	339	47	0.896	2.17
640	Fowler	Art	0.9851	1964	1024	55	157	5	0.977	1.86
641	Collins	Rip	0.9851	1931	1712	90	437	18	0.967	2.77
642	Bohanon	Brian	0.9851	2001	1116	61	173	5	0.979	1.89
643	Gruber	Henry	0.9850	1891	1239	26	307	39	0.895	2.42
644	Duryea	Jesse	0.9846	1893	1088	47	252	34	0.898	2.47
645	Park	Chan Ho	0.9845	2010	1993	143	320	20	0.959	2.09
646	Wright	Jamey	0.9844	2014	2037	185	351	27	0.952	2.37
647	Potter	Nels	0.9844	1949	1686	98	307	18	0.957	2.16
648	Lavender	Jimmy	0.9843	1917	1207	35	325	14	0.963	2.68
649	Perez	Pascual	0.9840	1991	1244	105	198	15	0.953	2.19
650	McJames	Doc	0.9835	1901	1361	36	307	35	0.907	2.27
651	Mamaux	Al	0.9835	1924	1293	33	327	15	0.960	2.51
652	Santana	Johan	0.9835	2012	2026	98	230	19	0.945	1.46
653	Andujar	Joaquin	0.9835	1988	2153	142	437	54	0.915	2.42
654	Getzein	Charlie	0.9834	1892	2540	135	434	68	0.893	2.02
655	Gross	Kevin	0.9833	1997	2488	181	343	22	0.960	1.90
656	Knepper	Bob	0.9830	1990	2708	103	451	30	0.949	1.84
657	Weaver	Jeff	0.9828	2010	1838	115	229	13	0.964	1.68
658	Bridges	Tommy	0.9828	1946	2826	144	469	24	0.962	1.95
659	Smith	Bryn	0.9827	1993	1791	132	279	19	0.956	2.06
660	Penny	Brad	0.9827	2014	1925	132	232	8	0.978	1.70
661	Walberg	Rube	0.9827	1937	2644	113	558	37	0.948	2.28
662	Russell	Jeff	0.9826	1996	1100	71	192	10	0.963	2.15
663	Naylor	Rollie	0.9825	1924	1011	59	256	13	0.960	2.80
664	Oeschger	Joe	0.9824	1925	1818	64	447	22	0.959	2.53
665	Hess	Otto	0.9823	1915	1418	96	380	30	0.941	3.02
666	Lima	Jose	0.9822	2006	1568	114	179	9	0.970	1.68
667	Heintzelman	Ken	0.9822	1952	1502	37	267	7	0.977	1.82
668	Smithson	Mike	0.9821	1989	1356	86	168	12	0.955	1.69
669	McDowell	Roger	0.9821	1996	1050	118	253	24	0.939	3.18
670	Jimenez	Ubaldo	0.9820	2014	1401	88	188	15	0.948	1.77
671	Olivares	Omar	0.9819	2001	1592	126	294	19	0.957	2.37
672	Kile	Darryl	0.9818	2002	2165	136	287	27	0.940	1.76
673	Wilson	C.J.	0.9817	2014	1298	50	179	14	0.942	1.59
674	Bonham	Bill	0.9817	1980	1487	103	297	26	0.939	2.42
675	Murphy	Tom	0.9816	1979	1444	100	263	23	0.940	2.26
676	Dravecky	Dave	0.9814	1989	1063	58	176	10	0.959	1.98
677	LaCoss	Mike	0.9812	1991	1740	126	308	20	0.956	2.25
678	Lynch	Jack	0.9809	1890	1924	80	308	71	0.845	1.81
679	Ditmar	Art	0.9809	1962	1268	103	172	13	0.955	1.95
680	Powell	Jack	0.9808	1912	4389	127	967	72	0.938	2.24
681	Lovett	Tom	0.9807	1894	1305	63	231	35	0.894	2.03
682	Shaute	Joe	0.9806	1934	1818	87	356	17	0.963	2.19
683	White	Will	0.9802	1886	3543	117	715	106	0.887	2.11
684	Looper	Braden	0.9801	2009	1176	71	145	4	0.982	1.65
685	Wilson	Earl	0.9798	1970	2052	183	295	28	0.945	2.10
686	Malone	Pat	0.9798	1937	1915	63	311	14	0.964	1.76
687	Jay	Joey	0.9796	1966	1546	105	221	14	0.959	1.90
688	Rawley	Shane	0.9796	1989	1871	80	307	17	0.958	1.86
689	Anderson	Brian	0.9795	2005	1547	76	314	18	0.956	2.27
690	Stone	George	0.9795	1975	1021	47	177	8	0.966	1.98
691	Smith	Eddie	0.9791	1947	1596	56	290	19	0.948	1.95

Rank	Player	First	PosFV	year	CUM IP	PO	A	E	CUM FPCT	RF (p9IP)
692	Ames	Red	0.9790	1919	3198	107	1000	74	0.937	3.12
693	Loaiza	Esteban	0.9788	2008	2099	148	288	14	0.969	1.87
694	Donovan	Bill	0.9788	1918	2965	173	654	49	0.944	2.51
695	Willis	Dontrelle	0.9784	2011	1222	52	200	19	0.930	1.86
696	Trout	Steve	0.9783	1989	1501	77	310	22	0.946	2.32
697	Aguilera	Rick	0.9783	2000	1291	99	177	5	0.982	1.92
698	Lown	Turk	0.9782	1962	1032	74	198	11	0.961	2.37
699	Ferguson	Alex	0.9782	1929	1242	57	293	15	0.959	2.54
700	McQuillan	George	0.9781	1918	1576	53	390	17	0.963	2.53
701	Haddix	Harvey	0.9781	1965	2235	115	358	21	0.957	1.90
702	Cormier	Rheal	0.9779	2007	1222	80	241	10	0.970	2.36
703	Rau	Doug	0.9777	1981	1261	29	184	7	0.968	1.52
704	Franco	John	0.9776	2005	1246	63	234	11	0.964	2.15
705	Vaughn	Hippo	0.9775	1921	2730	92	740	74	0.918	2.74
706	Allen	Johnny	0.9775	1944	1950	104	366	21	0.957	2.17
707	McGlothen	Lynn	0.9775	1982	1498	98	174	7	0.975	1.63
708	Scott	Jack	0.9773	1929	1815	62	399	21	0.956	2.29
709	Magrane	Joe	0.9773	1996	1097	62	191	15	0.944	2.08
710	Hume	Tom	0.9772	1987	1086	60	195	7	0.973	2.11
711	Lake	Joe	0.9772	1913	1318	42	466	45	0.919	3.47
712	Reynoso	Armando	0.9771	2002	1080	78	247	18	0.948	2.71
713	Silva	Carlos	0.9771	2010	1242	74	162	5	0.979	1.71
714	Brown	Buster	0.9770	1913	1452	75	434	30	0.944	3.16
715	Dierker	Larry	0.9770	1977	2334	152	287	23	0.950	1.69
716	Overall	Orval	0.9770	1913	1535	64	401	29	0.941	2.73
717	Cueto	Johnny	0.9767	2014	1208	98	171	21	0.928	2.00
718	Cloninger	Tony	0.9766	1972	1768	114	279	26	0.938	2.00
719	Bender	Chief	0.9765	1925	3017	173	809	55	0.947	2.93
720	Siebert	Sonny	0.9765	1975	2152	159	329	26	0.949	2.04
721	Wyatt	Whit	0.9765	1945	1761	74	316	18	0.956	1.99
722	Zito	Barry	0.9764	2013	2570	85	320	15	0.964	1.42
723	Taylor	Dummy	0.9764	1908	1916	95	509	35	0.945	2.84
724	Beebe	Fred	0.9761	1916	1294	68	370	31	0.934	3.05
725	Shirley	Bob	0.9761	1987	1432	62	249	12	0.963	1.95
726	Overmire	Stubby	0.9760	1952	1131	70	217	10	0.966	2.28
727	Demaree	Al	0.9758	1919	1424	28	317	7	0.980	2.18
728	Morrison	Johnny	0.9758	1930	1535	19	318	13	0.963	1.98
729	Trucks	Virgil	0.9757	1958	2682	156	420	27	0.955	1.93
730	Viola	Frank	0.9757	1996	2836	84	371	32	0.934	1.44
731	Harper	Jack	0.9756	1906	1217	49	317	24	0.938	2.71
732	Maul	Al	0.9755	1901	1435	71	342	41	0.910	2.59
733	Pierce	Billy	0.9753	1964	3307	123	487	28	0.956	1.66
734	Rodriguez	Wandy	0.9753	2014	1471	78	190	9	0.968	1.64
735	Reuss	Jerry	0.9751	1990	3670	170	603	42	0.948	1.90
736	Foytack	Paul	0.9750	1964	1498	71	188	10	0.963	1.56
737	Heving	Joe	0.9748	1945	1039	77	255	19	0.946	2.88
738	Medich	Doc	0.9748	1982	1996	114	286	21	0.950	1.80
739	Mays	Al	0.9748	1890	1251	47	282	49	0.870	2.37
740	Martinez	Pedro	0.9747	2009	2827	155	264	23	0.948	1.33
741	Shaw	Bob	0.9743	1967	1778	114	299	24	0.945	2.09
742	Kitson	Frank	0.9742	1907	2214	78	552	38	0.943	2.56
743	Klippstein	Johnny	0.9741	1967	1968	106	324	15	0.966	1.97
744	Roe	Preacher	0.9741	1954	1914	90	295	10	0.975	1.81
745	Nomo	Hideo	0.9740	2008	1976	115	181	13	0.958	1.35
746	Abbott	Glenn	0.9739	1984	1286	113	187	17	0.946	2.10
747	Smiley	John	0.9738	1997	1908	70	261	11	0.968	1.56
748	Miller	Jake	0.9738	1933	1070	83	264	22	0.940	2.92
749	Camnitz	Howie	0.9738	1915	2085	63	486	31	0.947	2.37
750	Cone	David	0.9738	2003	2899	220	272	28	0.946	1.53
751	Haines	Jesse	0.9737	1937	3209	107	651	27	0.966	2.13
752	Lewis	Ted	0.9737	1901	1405	57	282	25	0.931	2.17
753	Labine	Clem	0.9734	1962	1080	97	207	14	0.956	2.53
754	Kolp	Ray	0.9734	1934	1688	86	351	12	0.973	2.33

Rank	Player	First	PosFV	year	CUM IP	PO	A	E	CUM FPCT	RF (p9IP)
755	Schilling	Curt	0.9734	2007	3261	183	297	22	0.956	1.32
756	Reed	Rick	0.9733	2003	1546	108	211	12	0.964	1.86
757	Nolasco	Ricky	0.9733	2014	1472	98	150	11	0.958	1.52
758	Vuckovich	Pete	0.9732	1986	1455	87	222	21	0.936	1.91
759	May	Jakie	0.9732	1932	1562	53	321	9	0.977	2.15
760	Earnshaw	George	0.9732	1936	1915	71	371	30	0.936	2.08
761	Burba	Dave	0.9731	2004	1778	137	206	11	0.969	1.74
762	Price	David	0.9730	2014	1221	43	134	9	0.952	1.30
763	Sanchez	Anibal	0.9729	2014	1177	101	149	18	0.933	1.91
764	Smith	Al	0.9728	1945	1662	55	367	17	0.961	2.28
765	Gonzalez	Gio	0.9727	2014	1089	41	132	7	0.961	1.43
766	Hammaker	Atlee	0.9727	1995	1079	38	183	6	0.974	1.84
767	Collins	Ray	0.9725	1915	1336	38	300	15	0.958	2.28
768	Forster	Terry	0.9722	1986	1106	48	243	15	0.951	2.37
769	Lanning	Johnny	0.9721	1947	1071	73	212	15	0.950	2.39
770	Burris	Ray	0.9721	1987	2188	157	300	23	0.952	1.88
771	Wells	David	0.9718	2007	3439	149	451	30	0.952	1.57
772	Browning	Tom	0.9718	1995	1921	78	245	20	0.942	1.51
773	McGinnis	Jumbo	0.9717	1887	1604	50	340	62	0.863	2.19
774	Wilhelm	Hoyt	0.9717	1972	2254	114	373	11	0.978	1.94
775	Dessens	Elmer	0.9715	2010	1174	66	174	4	0.984	1.84
776	Briles	Nelson	0.9714	1978	2112	131	263	14	0.966	1.68
777	Verlander	Justin	0.9712	2014	1978	122	218	27	0.926	1.55
778	Campbell	Bill	0.9709	1987	1229	119	172	13	0.957	2.13
779	Johnson	Si	0.9707	1947	2281	56	404	14	0.970	1.81
780	Downing	Al	0.9707	1977	2268	72	368	18	0.961	1.75
781	Welch	Mickey	0.9706	1892	4802	217	705	133	0.874	1.73
782	Pollet	Howie	0.9705	1956	2107	82	396	20	0.960	2.04
783	Lonborg	Jim	0.9704	1979	2464	189	268	22	0.954	1.67
784	Bradley	Tom	0.9704	1975	1018	65	124	11	0.945	1.67
785	Glade	Fred	0.9700	1908	1073	37	329	24	0.938	3.07
786	Jones	Sam	0.9700	1935	3883	196	874	52	0.954	2.48
787	Holloway	Ken	0.9700	1930	1160	61	301	17	0.955	2.81
788	Heusser	Ed	0.9700	1948	1087	56	198	12	0.955	2.10
789	Feldman	Scott	0.9699	2014	1090	81	162	12	0.953	2.01
790	Gregg	Vean	0.9699	1925	1393	50	338	25	0.939	2.51
791	Muncrief	Bob	0.9698	1951	1401	80	222	9	0.971	1.94
792	Hernandez	Willie	0.9697	1989	1045	58	169	4	0.983	1.96
793	Simmons	Curt	0.9694	1967	3348	127	514	23	0.965	1.72
794	Floyd	Gavin	0.9694	2014	1206	80	145	10	0.957	1.68
795	Young	Curt	0.9694	1993	1107	61	157	7	0.969	1.77
796	Caldwell	Ray	0.9694	1921	2242	80	523	25	0.960	2.42
797	Millwood	Kevin	0.9693	2012	2720	145	285	13	0.971	1.42
798	McBean	Al	0.9693	1970	1072	73	252	24	0.931	2.73
799	Knowles	Darold	0.9691	1980	1092	51	276	29	0.919	2.70
800	Williams	Woody	0.9690	2007	2216	159	252	18	0.958	1.67
801	Clark	Mark	0.9687	2000	1246	57	153	6	0.972	1.52
802	Ostermueller	Fritz	0.9685	1948	2067	108	373	23	0.954	2.09
803	Koosman	Jerry	0.9684	1985	3839	116	582	42	0.943	1.64
804	Franklin	Ryan	0.9681	2011	1201	99	115	5	0.977	1.60
805	Maholm	Paul	0.9680	2014	1556	68	266	15	0.957	1.93
806	Sutter	Bruce	0.9677	1988	1042	90	145	9	0.963	2.03
807	Moose	Bob	0.9677	1976	1304	87	231	21	0.938	2.19
808	Ruthven	Dick	0.9677	1986	2109	149	298	41	0.916	1.91
809	Gordon	Tom	0.9676	2009	2108	185	268	20	0.958	1.93
810	Kline	Ron	0.9676	1970	2078	147	319	20	0.959	2.02
811	Drabowsky	Moe	0.9675	1972	1641	100	222	13	0.961	1.77
812	Hahn	Noodles	0.9675	1906	2029	101	447	54	0.910	2.43
813	Hawkins	Andy	0.9675	1991	1558	105	186	9	0.970	1.68
814	Tomko	Brett	0.9671	2011	1816	116	210	11	0.967	1.62
815	Hanson	Erik	0.9671	1998	1555	136	163	14	0.955	1.73
816	Castillo	Frank	0.9669	2005	1595	104	213	11	0.966	1.79
817	Waddell	Rube	0.9668	1910	2961	170	740	91	0.909	2.77

Rank	Player	First	PosFV	year	CUM IP	PO	A	E	CUM FPCT	RF (p9IP)
818	Higuera	Teddy	0.9668	1994	1380	55	143	7	0.966	1.29
819	Bird	Doug	0.9666	1983	1214	94	124	5	0.978	1.62
820	Haas	Moose	0.9665	1987	1655	143	191	13	0.963	1.82
821	Gullett	Don	0.9663	1978	1390	49	173	6	0.974	1.44
822	Volquez	Edinson	0.9662	2014	1043	54	119	8	0.956	1.49
823	Barker	Len	0.9662	1987	1324	76	177	13	0.951	1.72
824	Benge	Ray	0.9662	1938	1875	59	317	16	0.959	1.80
825	Alvarez	Wilson	0.9660	2005	1748	58	215	8	0.972	1.41
826	Krukow	Mike	0.9660	1989	2190	146	284	23	0.949	1.77
827	Lolich	Mickey	0.9658	1979	3638	100	448	38	0.935	1.36
828	Ehret	Red	0.9658	1898	2754	104	598	94	0.882	2.29
829	Colon	Bartolo	0.9657	2014	2786	152	337	36	0.931	1.58
830	Drago	Dick	0.9656	1981	1875	83	268	13	0.964	1.68
831	Vangilder	Elam	0.9656	1929	1716	67	384	18	0.962	2.37
832	Caster	George	0.9655	1946	1378	75	253	16	0.953	2.14
833	Marquard	Rube	0.9654	1925	3307	63	697	39	0.951	2.07
834	Bannister	Floyd	0.9653	1992	2388	86	264	10	0.972	1.32
835	Lopez	Rodrigo	0.9652	2012	1351	91	172	11	0.960	1.75
836	Kaufmann	Tony	0.9651	1935	1086	55	220	8	0.972	2.28
837	Townsend	Happy	0.9647	1906	1138	61	295	21	0.944	2.82
838	Schneider	Pete	0.9647	1919	1274	35	296	26	0.927	2.34
839	Rapp	Pat	0.9647	2001	1387	97	186	10	0.966	1.84
840	Cheney	Larry	0.9646	1919	1881	55	501	46	0.924	2.66
841	Harang	Aaron	0.9645	2014	2150	110	237	14	0.961	1.45
842	Regan	Phil	0.9645	1972	1373	90	200	7	0.976	1.90
843	Rasmussen	Dennis	0.9645	1995	1461	49	242	8	0.973	1.79
844	Meche	Gil	0.9641	2010	1432	94	157	12	0.954	1.58
845	Marcum	Johnny	0.9639	1939	1099	61	183	12	0.953	2.00
846	Turley	Bob	0.9639	1963	1713	88	211	9	0.971	1.57
847	Fisher	Eddie	0.9638	1973	1539	107	262	17	0.956	2.16
848	Erskine	Carl	0.9637	1959	1719	105	262	20	0.948	1.92
849	O'Dell	Billy	0.9637	1967	1817	88	252	13	0.963	1.68
850	Oliver	Darren	0.9637	2013	1916	72	283	10	0.973	1.67
851	Veale	Bob	0.9637	1974	1926	37	270	21	0.936	1.43
852	Lemaster	Denny	0.9636	1972	1788	78	232	13	0.960	1.56
853	Wilson	Jack	0.9635	1942	1132	83	182	12	0.957	2.11
854	Davis	Doug	0.9634	2011	1716	68	239	16	0.950	1.61
855	Coffman	Dick	0.9633	1945	1460	82	293	19	0.952	2.31
856	Weiland	Bob	0.9633	1940	1388	44	265	15	0.954	2.00
857	Mathews	Bobby	0.9633	1887	4956	236	791	223	0.822	1.86
858	Vander Meer	Johnny	0.9631	1951	2105	82	404	29	0.944	2.08
859	Lackey	John	0.9630	2014	2263	162	248	26	0.940	1.63
860	Vargas	Jason	0.9629	2014	1167	40	143	6	0.968	1.41
861	Winter	George	0.9629	1908	1656	94	490	46	0.927	3.17
862	Tiant	Luis	0.9628	1982	3486	221	389	35	0.946	1.57
863	Stone	Steve	0.9627	1981	1788	125	254	22	0.945	1.91
864	Messersmith	Andy	0.9627	1979	2230	136	318	41	0.917	1.83
865	Lanier	Max	0.9627	1953	1619	78	324	17	0.959	2.23
866	O'Toole	Jim	0.9626	1967	1615	80	223	20	0.938	1.69
867	Surkont	Max	0.9626	1957	1194	52	190	12	0.953	1.82
868	Fowler	Dick	0.9624	1952	1303	83	201	13	0.956	1.96
869	Eckersley	Dennis	0.9622	1998	3286	208	365	31	0.949	1.57
870	Batista	Miguel	0.9619	2012	1956	119	272	19	0.954	1.80
871	Face	Roy	0.9617	1969	1375	104	212	14	0.958	2.07
872	McIntire	Harry	0.9616	1913	1650	38	439	31	0.939	2.60
873	Ellis	Dock	0.9615	1979	2128	173	287	23	0.952	1.95
874	Williams	Lefty	0.9615	1920	1186	36	217	12	0.955	1.92
875	Candelaria	John	0.9614	1993	2526	58	339	11	0.973	1.41
876	Miller	Frank	0.9614	1923	1010	24	286	12	0.963	2.76
877	Marberry	Firpo	0.9614	1936	2067	92	370	17	0.965	2.01
878	Blankenship	Ted	0.9613	1930	1331	32	265	9	0.971	2.01
879	Meekin	Jouett	0.9610	1900	2603	117	457	60	0.905	1.98
880	Worthington	Al	0.9609	1969	1247	82	229	17	0.948	2.25

Fields of Gold, Baseball's Best Glove Work - 115

Rank	Player	First	PosFV	year	CUM IP	PO	A	E	CUM FPCT	RF (p9IP)
881	Wolf	Randy	0.9609	2014	2294	103	320	18	0.959	1.66
882	Orosco	Jesse	0.9608	2003	1295	61	188	4	0.984	1.73
883	Perritt	Pol	0.9608	1921	1470	62	349	30	0.932	2.52
884	Blanton	Joe	0.9603	2013	1567	103	177	14	0.952	1.61
885	Hollingsworth	Al	0.9602	1946	1520	67	297	13	0.966	2.15
886	Gray	Dolly	0.9602	1933	1951	81	399	38	0.927	2.21
887	Segui	Diego	0.9599	1977	1808	128	243	17	0.956	1.85
888	Timlin	Mike	0.9597	2008	1204	101	188	14	0.954	2.16
889	Honeycutt	Rick	0.9596	1997	2160	99	428	32	0.943	2.20
890	Culp	Ray	0.9595	1973	1898	135	237	22	0.944	1.76
891	Hamilton	Joey	0.9594	2003	1341	84	169	17	0.937	1.70
892	Renko	Steve	0.9590	1983	2494	161	316	26	0.948	1.72
893	Scheib	Carl	0.9590	1954	1071	66	191	9	0.966	2.16
894	Lee	Cliff	0.9587	2014	2157	83	187	18	0.938	1.13
895	Correia	Kevin	0.9585	2014	1405	129	142	12	0.958	1.74
896	Hogsett	Chief	0.9585	1944	1222	57	285	24	0.934	2.52
897	Brown	Hal	0.9584	1964	1680	93	243	8	0.977	1.80
898	Rigney	Johnny	0.9584	1947	1186	32	202	11	0.955	1.78
899	Meyer	Russ	0.9579	1959	1531	69	257	13	0.962	1.92
900	Hammel	Jason	0.9579	2014	1166	75	128	6	0.971	1.57
901	Hassler	Andy	0.9576	1985	1123	41	195	12	0.952	1.89
902	Hendrickson	Mark	0.9576	2011	1169	62	167	7	0.970	1.76
903	Haynes	Jimmy	0.9572	2004	1201	75	166	15	0.941	1.81
904	Scherzer	Max	0.9571	2014	1239	78	100	10	0.947	1.29
905	Quantrill	Paul	0.9568	2005	1256	47	198	10	0.961	1.76
906	Smith	Charlie	0.9567	1914	1350	36	398	24	0.948	2.89
907	Harshman	Jack	0.9564	1960	1169	25	175	8	0.962	1.54
908	Haynes	Joe	0.9564	1952	1581	83	283	13	0.966	2.08
909	Kemmerer	Russ	0.9564	1963	1067	72	181	15	0.944	2.13
910	Shaw	Jim	0.9563	1921	1600	71	330	29	0.933	2.26
911	Odom	Blue Moon	0.9562	1976	1509	141	243	41	0.904	2.29
912	Pizarro	Juan	0.9558	1974	2034	74	299	12	0.969	1.65
913	Gromek	Steve	0.9557	1957	2065	126	248	13	0.966	1.63
914	Curtis	John	0.9556	1984	1641	66	260	12	0.964	1.79
915	Maloney	Jim	0.9555	1971	1849	100	232	15	0.957	1.62
916	Schourek	Pete	0.9553	2001	1149	40	153	7	0.965	1.51
917	Benson	Kris	0.9553	2010	1244	83	157	10	0.960	1.74
918	Nelson	Gene	0.9553	1993	1080	80	127	7	0.967	1.73
919	Stewart	Dave	0.9552	1995	2630	197	232	26	0.943	1.47
920	Gibbon	Joe	0.9550	1972	1120	38	254	20	0.936	2.35
921	Rooker	Jim	0.9549	1980	1810	80	282	20	0.948	1.80
922	Ohka	Tomokazu	0.9548	2009	1070	85	149	15	0.940	1.97
923	Gott	Jim	0.9547	1995	1120	79	145	7	0.970	1.80
924	Hawkins	LaTroy	0.9546	2014	1430	93	199	12	0.961	1.84
925	Boswell	Dave	0.9546	1971	1065	62	129	8	0.960	1.61
926	Barber	Steve	0.9541	1974	1999	106	372	38	0.926	2.15
927	Forsch	Ken	0.9541	1986	2127	134	305	26	0.944	1.86
928	Lester	Jon	0.9539	2014	1596	80	169	15	0.943	1.40
929	McQuillan	Hugh	0.9536	1927	1562	52	404	39	0.921	2.63
930	Rhem	Flint	0.9535	1936	1725	33	389	25	0.944	2.20
931	Collins	Phil	0.9535	1935	1324	65	243	26	0.922	2.09
932	Porcello	Rick	0.9534	2014	1073	80	129	15	0.933	1.75
933	Voiselle	Bill	0.9532	1950	1373	59	224	20	0.934	1.85
934	Tidrow	Dick	0.9531	1984	1747	97	212	12	0.963	1.59
935	Singer	Bill	0.9530	1977	2174	95	310	34	0.923	1.68
936	Hall	Dick	0.9530	1971	1260	69	171	6	0.976	1.71
937	Niggeling	Johnny	0.9528	1946	1251	50	199	7	0.973	1.79
938	Jones	Sam	0.9528	1964	1643	84	209	21	0.933	1.60
939	Cooper	Mort	0.9527	1949	1841	50	270	16	0.952	1.56
940	Sabathia	CC	0.9526	2014	2821	41	301	17	0.953	1.09
941	Sparks	Tully	0.9526	1910	2336	107	544	46	0.934	2.51
942	Soto	Mario	0.9526	1988	1730	95	203	22	0.931	1.55
943	Karl	Scott	0.9525	2000	1002	49	171	16	0.932	1.98

Rank	Player	First	PosFV	year	CUM IP	PO	A	E	CUM FPCT	RF (p9IP)
944	Bowman	Joe	0.9524	1945	1466	85	254	15	0.958	2.08
945	Sheets	Ben	0.9521	2012	1597	115	159	15	0.948	1.54
946	Lush	Johnny	0.9520	1910	1239	64	350	33	0.926	3.01
947	Zachry	Pat	0.9520	1985	1177	60	176	13	0.948	1.80
948	Fogg	Josh	0.9518	2009	1159	79	169	13	0.950	1.93
949	Robinson	Don	0.9517	1992	1958	112	222	12	0.965	1.53
950	Milton	Eric	0.9515	2009	1582	47	145	5	0.975	1.09
951	Swan	Craig	0.9514	1984	1236	79	138	11	0.952	1.58
952	Fornieles	Mike	0.9514	1963	1157	74	209	15	0.950	2.20
953	Beck	Boom-Boom	0.9513	1945	1034	47	193	16	0.938	2.09
954	Lundgren	Carl	0.9511	1909	1322	70	317	16	0.960	2.63
955	Hargan	Steve	0.9505	1977	1632	130	272	27	0.937	2.22
956	Merritt	Jim	0.9502	1975	1483	45	203	13	0.950	1.51
957	Hughes	Tom	0.9499	1913	2644	96	675	63	0.924	2.62
958	Gardner	Mark	0.9499	2001	1765	104	201	7	0.978	1.56
959	Petty	Jesse	0.9498	1930	1208	26	221	20	0.925	1.84
960	Sele	Aaron	0.9497	2007	2153	119	233	21	0.944	1.47
961	McMahon	Don	0.9495	1974	1311	83	187	10	0.964	1.85
962	Padilla	Vicente	0.9494	2012	1571	90	204	17	0.945	1.68
963	Kellner	Alex	0.9494	1959	1849	83	280	17	0.955	1.77
964	Koufax	Sandy	0.9493	1966	2324	64	228	14	0.954	1.13
965	Sherdel	Bill	0.9492	1932	2709	77	540	29	0.955	2.05
966	Johnson	Randy	0.9492	2009	4135	90	448	57	0.904	1.17
967	Hallahan	Bill	0.9491	1938	1740	67	330	32	0.925	2.05
968	Clement	Matt	0.9490	2006	1413	125	149	17	0.942	1.75
969	Pfiester	Jack	0.9487	1911	1067	59	278	23	0.936	2.84
970	Rhodes	Gordon	0.9482	1936	1049	34	204	17	0.933	2.04
971	Jefferson	Jesse	0.9481	1981	1086	70	186	25	0.911	2.12
972	Scarborough	Ray	0.9479	1953	1429	100	263	25	0.936	2.29
973	Brazle	Al	0.9475	1954	1377	43	284	13	0.962	2.14
974	LaRoche	Dave	0.9475	1983	1049	48	144	8	0.960	1.65
975	Benton	Al	0.9474	1952	1688	97	301	26	0.939	2.12
976	Galehouse	Denny	0.9474	1949	2004	104	320	18	0.959	1.90
977	Chen	Bruce	0.9471	2014	1526	62	194	8	0.970	1.51
978	McCatty	Steve	0.9468	1985	1188	76	131	10	0.954	1.57
979	Swift	Bill	0.9467	1943	1638	41	231	11	0.961	1.49
980	Dietrich	Bill	0.9466	1948	2004	95	369	24	0.951	2.08
981	Fingers	Rollie	0.9466	1985	1701	108	253	14	0.963	1.91
982	Lee	Thornton	0.9464	1948	2331	67	428	38	0.929	1.91
983	Krausse	Lew	0.9459	1974	1284	84	153	9	0.963	1.66
984	Davis	Dixie	0.9459	1926	1319	69	268	17	0.952	2.30
985	Weaver	Jered	0.9458	2014	1688	84	142	12	0.950	1.20
986	Ruffin	Bruce	0.9455	1997	1268	58	199	12	0.955	1.82
987	Marchildon	Phil	0.9455	1950	1214	52	168	15	0.936	1.63
988	Whitson	Ed	0.9454	1991	2240	123	274	21	0.950	1.59
989	Burnett	A.J.	0.9452	2014	2567	158	298	36	0.927	1.60
990	Johnson	Hank	0.9444	1939	1066	29	184	7	0.968	1.80
991	Coakley	Andy	0.9443	1911	1072	45	260	21	0.936	2.56
992	Hildebrand	Oral	0.9443	1940	1431	52	236	10	0.966	1.81
993	Gumpert	Randy	0.9443	1952	1053	44	169	11	0.951	1.82
994	Billingsley	Chad	0.9442	2013	1175	59	140	10	0.952	1.52
995	Murphy	Johnny	0.9437	1947	1045	77	226	22	0.932	2.61
996	Shoun	Clyde	0.9434	1949	1287	43	225	14	0.950	1.87
997	Nash	Jim	0.9432	1972	1107	60	115	10	0.946	1.42
998	Gray	Ted	0.9431	1955	1134	52	168	9	0.961	1.75
999	Smith	Phenomenal	0.9430	1891	1169	32	199	44	0.840	1.78
1000	Portugal	Mark	0.9429	1999	1826	163	210	22	0.944	1.84
1001	Ruhle	Vern	0.9427	1986	1411	111	174	13	0.956	1.82
1002	Wood	Kerry	0.9426	2012	1380	73	123	9	0.956	1.28
1003	Williams	Stan	0.9426	1972	1764	109	246	21	0.944	1.81
1004	Chase	Ken	0.9425	1943	1165	37	218	21	0.924	1.97

Rank	Player	First	PosFV	year	CUM IP	PO	A	E	CUM FPCT	RF (p9IP)
1005	Bonham	Tiny	0.9425	1949	1551	63	165	8	0.966	1.32
1006	Smith	Pete	0.9423	1998	1026	66	138	8	0.962	1.79
1007	Hoeft	Billy	0.9418	1966	1847	87	249	17	0.952	1.64
1008	Walk	Bob	0.9417	1993	1666	154	232	26	0.937	2.09
1009	Crane	Ed	0.9417	1893	1550	72	307	71	0.842	2.20
1010	Jackson	Danny	0.9416	1997	2073	105	285	30	0.929	1.69
1011	Eaton	Adam	0.9416	2009	1179	92	146	11	0.956	1.82
1012	Leiter	Al	0.9410	2005	2391	57	287	14	0.961	1.29
1013	Witt	Bobby	0.9410	2001	2465	148	294	30	0.936	1.61
1014	Cleveland	Reggie	0.9409	1981	1809	121	227	24	0.935	1.73
1015	Tavarez	Julian	0.9408	2009	1404	115	205	18	0.947	2.05
1016	Harris	Mickey	0.9406	1952	1050	40	151	8	0.960	1.64
1017	Hudson	Charles	0.9404	1989	1008	69	106	5	0.972	1.56
1018	Darwin	Danny	0.9404	1998	3017	184	364	27	0.953	1.63
1019	Redman	Mark	0.9404	2008	1239	53	168	13	0.944	1.61
1020	Podres	Johnny	0.9397	1969	2265	80	313	18	0.956	1.56
1021	Hacker	Warren	0.9395	1961	1283	64	156	8	0.965	1.54
1022	Ellis	Sammy	0.9394	1969	1004	56	123	13	0.932	1.60
1023	Perranoski	Ron	0.9393	1973	1175	45	222	18	0.937	2.05
1024	Keough	Matt	0.9391	1986	1190	98	141	16	0.937	1.81
1025	Newton	Doc	0.9388	1909	1201	41	333	53	0.876	2.80
1026	Kinder	Ellis	0.9387	1957	1480	52	174	9	0.962	1.37
1027	Moore	Earl	0.9387	1914	2776	66	627	60	0.920	2.25
1028	Wickman	Bob	0.9386	2007	1059	75	155	17	0.931	1.95
1029	Walker	Bill	0.9385	1936	1490	64	282	24	0.935	2.09
1030	Hermanson	Dustin	0.9385	2006	1283	89	141	12	0.950	1.61
1031	Reynolds	Allie	0.9384	1954	2492	111	349	32	0.935	1.66
1032	Richie	Lew	0.9384	1913	1359	57	327	26	0.937	2.54
1033	Wakefield	Tim	0.9382	2011	3226	227	328	30	0.949	1.55
1034	Wight	Bill	0.9380	1958	1563	45	355	40	0.909	2.30
1035	Warhop	Jack	0.9378	1915	1413	49	381	44	0.907	2.74
1036	Lavelle	Gary	0.9377	1987	1085	48	181	14	0.942	1.90
1037	Liriano	Francisco	0.9377	2014	1163	32	153	6	0.969	1.43
1038	Weaver	Monte	0.9374	1939	1052	28	196	15	0.937	1.92
1039	LaPoint	Dave	0.9373	1991	1487	46	186	9	0.963	1.40
1040	Leonard	Dutch	0.9370	1925	2192	53	432	28	0.945	1.99
1041	Navarro	Jaime	0.9367	2000	2055	122	197	24	0.930	1.40
1042	Travers	Bill	0.9363	1983	1121	48	167	12	0.947	1.73
1043	Masterson	Walt	0.9363	1956	1650	92	281	32	0.921	2.03
1044	Harnisch	Pete	0.9358	2001	1959	119	168	14	0.953	1.32
1045	Pena	Orlando	0.9358	1975	1202	64	163	19	0.923	1.70
1046	Schmidt	Jason	0.9354	2009	1996	91	162	11	0.958	1.14
1047	Fernandez	Sid	0.9352	1997	1867	25	160	6	0.969	0.89
1048	Stange	Lee	0.9351	1970	1216	81	148	11	0.954	1.69
1049	Montefusco	John	0.9347	1986	1652	82	187	16	0.944	1.47
1050	Perez	Melido	0.9346	1995	1355	69	140	19	0.917	1.39
1051	Richert	Pete	0.9346	1974	1166	53	168	18	0.925	1.71
1052	Bailey	Bill	0.9344	1922	1084	34	315	26	0.931	2.90
1053	Healy	John	0.9343	1892	1875	57	340	61	0.867	1.91
1054	Mizell	Vinegar Bend	0.9343	1962	1529	79	217	21	0.934	1.74
1055	Sanderson	Scott	0.9342	1996	2562	153	264	18	0.959	1.47
1056	Larsen	Don	0.9341	1967	1548	92	244	17	0.952	1.95
1057	McDowell	Sam	0.9338	1975	2492	79	328	33	0.925	1.47
1058	Lefferts	Craig	0.9337	1994	1146	56	154	8	0.963	1.65
1059	Byrd	Paul	0.9333	2009	1697	112	180	24	0.924	1.55
1060	Danforth	Dave	0.9332	1925	1186	35	262	13	0.958	2.25
1061	Bibby	Jim	0.9329	1984	1723	88	216	20	0.938	1.59
1062	Krueger	Bill	0.9327	1995	1194	33	144	4	0.978	1.33
1063	Mesa	Jose	0.9327	2007	1549	112	197	17	0.948	1.80
1064	Young	Matt	0.9326	1993	1190	50	159	29	0.878	1.58
1065	Jackson	Edwin	0.9321	2014	1585	125	157	23	0.925	1.60
1066	Beckett	Josh	0.9318	2014	2051	132	222	19	0.949	1.55

Rank	Player	First	PosFV	year	CUM IP	PO	A	E	CUM FPCT	RF (p9IP)
1067	Davis	Storm	0.9312	1994	1781	121	196	13	0.961	1.60
1068	Plesac	Dan	0.9311	2003	1072	9	100	3	0.973	0.92
1069	Pipgras	George	0.9309	1935	1488	49	242	22	0.930	1.76
1070	Bedard	Erik	0.9305	2014	1304	52	118	6	0.966	1.17
1071	Blair	Willie	0.9302	2001	1274	65	140	9	0.958	1.45
1072	Hoffman	Trevor	0.9300	2010	1089	66	83	4	0.974	1.23
1073	Conley	Gene	0.9298	1963	1589	78	241	19	0.944	1.81
1074	Heaton	Neal	0.9295	1993	1507	68	189	13	0.952	1.53
1075	Elarton	Scott	0.9294	2008	1065	53	109	5	0.970	1.37
1076	Smith	Lee	0.9294	1997	1289	52	111	4	0.976	1.14
1077	McGraw	Tug	0.9291	1984	1515	75	219	23	0.927	1.75
1078	Jones	Todd	0.9291	2008	1072	70	112	8	0.958	1.53
1079	Jackson	Mike	0.9291	2004	1188	57	166	9	0.961	1.69
1080	Andrews	Ivy	0.9289	1938	1041	30	174	9	0.958	1.76
1081	Moore	Ray	0.9288	1963	1073	41	133	10	0.946	1.46
1082	Ryan	Nolan	0.9281	1993	5386	220	547	90	0.895	1.28
1083	Hamlin	Luke	0.9278	1944	1405	52	171	19	0.921	1.43
1084	Stanton	Mike	0.9276	2007	1114	51	159	18	0.921	1.70
1085	Doheny	Ed	0.9275	1903	1393	72	416	71	0.873	3.15
1086	May	Rudy	0.9275	1983	2622	87	382	37	0.927	1.61
1087	Griffin	Tom	0.9272	1982	1495	85	225	27	0.920	1.87
1088	Jones	Percy	0.9269	1930	1026	35	243	17	0.942	2.44
1089	Finley	Chuck	0.9266	2002	3197	122	325	46	0.907	1.26
1090	Stoner	Lil	0.9265	1931	1004	26	225	14	0.947	2.25
1091	Rusch	Glendon	0.9261	2009	1477	51	170	8	0.965	1.35
1092	Schupp	Ferdie	0.9261	1922	1054	23	230	15	0.944	2.16
1093	Power	Ted	0.9256	1993	1160	61	119	7	0.963	1.40
1094	Mlicki	Dave	0.9255	2002	1233	90	125	10	0.956	1.57
1095	Bolin	Bobby	0.9253	1973	1576	87	190	15	0.949	1.58
1096	Coleman	Joe	0.9251	1955	1134	44	145	10	0.950	1.50
1097	Show	Eric	0.9250	1991	1655	74	206	23	0.924	1.52
1098	Scanlan	Doc	0.9250	1911	1252	28	262	19	0.939	2.08
1099	Wells	Ed	0.9248	1934	1232	57	222	13	0.955	2.04
1100	Helling	Rick	0.9247	2006	1526	53	120	11	0.940	1.02
1101	Escobar	Kelvim	0.9246	2009	1507	83	131	8	0.964	1.28
1102	Knott	Jack	0.9243	1946	1557	45	286	18	0.948	1.91
1103	Baldwin	James	0.9241	2005	1323	88	162	17	0.936	1.70
1104	Washburn	Jarrod	0.9240	2009	1864	68	206	13	0.955	1.32
1105	Ayers	Doc	0.9237	1921	1429	64	354	39	0.915	2.63
1106	Foreman	Frank	0.9234	1902	1722	70	323	53	0.881	2.05
1107	Branca	Ralph	0.9227	1956	1484	72	169	12	0.953	1.46
1108	Hitchcock	Sterling	0.9222	2004	1286	36	136	10	0.945	1.20
1109	Smith	George	0.9218	1923	1143	33	286	19	0.944	2.51
1110	Weathers	Dave	0.9213	2009	1376	56	162	13	0.944	1.43
1111	Cook	Dennis	0.9213	2002	1012	40	116	9	0.945	1.39
1112	Sothoron	Allen	0.9208	1926	1582	66	312	56	0.871	2.15
1113	McDermott	Mickey	0.9207	1961	1317	44	247	15	0.951	1.99
1114	Villone	Ron	0.9206	2009	1168	65	184	24	0.912	1.92
1115	De La Rosa	Jorge	0.9206	2014	1132	43	145	12	0.940	1.49
1116	Bedrosian	Steve	0.9204	1995	1191	64	122	10	0.949	1.41
1117	Jackson	Grant	0.9201	1982	1359	55	170	16	0.934	1.49
1118	Ramsey	Toad	0.9201	1890	2101	44	280	107	0.752	1.39
1119	Spillner	Dan	0.9197	1985	1493	81	157	11	0.956	1.44
1120	Lilly	Ted	0.9196	2013	1983	67	213	17	0.943	1.27
1121	Sturdivant	Tom	0.9194	1964	1137	72	163	13	0.948	1.86
1122	Lockwood	Skip	0.9188	1980	1236	61	119	10	0.947	1.31
1123	Elliott	Jumbo	0.9187	1934	1207	32	160	16	0.923	1.43
1124	Christenson	Larry	0.9187	1983	1403	85	177	24	0.916	1.68
1125	Farrell	Turk	0.9185	1969	1705	64	212	14	0.952	1.46
1126	Hammond	Chris	0.9183	2006	1124	48	172	16	0.932	1.76
1127	Leiter	Mark	0.9180	2001	1184	62	156	15	0.936	1.66
1128	Burns	Britt	0.9176	1985	1094	17	117	9	0.937	1.10
1129	Isringhausen	Jason	0.9170	2012	1008	62	144	17	0.924	1.84

Rank	Player	First	PosFV	year	CUM IP	PO	A	E	CUM FPCT	RF (p9IP)
1130	Rhodes	Arthur	0.9155	2011	1188	38	125	9	0.948	1.24
1131	Ross	Buck	0.9152	1945	1365	53	204	13	0.952	1.69
1132	Mulholland	Terry	0.9148	2006	2576	114	385	51	0.907	1.74
1133	Falcone	Pete	0.9148	1984	1435	18	144	7	0.959	1.02
1134	McGill	Willie	0.9144	1896	1251	27	230	31	0.892	1.85
1135	DeLeon	Jose	0.9144	1995	1897	79	161	16	0.938	1.14
1136	Deshaies	Jim	0.9141	1995	1525	45	205	14	0.947	1.48
1137	Russell	Allan	0.9138	1925	1394	56	364	34	0.925	2.71
1138	Ortiz	Ramon	0.9125	2013	1448	87	170	29	0.899	1.60
1139	Bonderman	Jeremy	0.9121	2013	1231	98	105	18	0.919	1.48
1140	Lyle	Sparky	0.9115	1982	1390	54	198	21	0.923	1.63
1141	Harris	Greg	0.9114	1995	1467	101	228	32	0.911	2.02
1142	Borbon	Pedro	0.9108	1980	1027	54	152	16	0.928	1.81
1143	Perez	Oliver	0.9106	2014	1253	29	127	10	0.940	1.12
1144	Foster	Alan	0.9104	1976	1025	78	115	14	0.932	1.69
1145	Piatt	Wiley	0.9102	1903	1390	28	274	53	0.851	1.95
1146	Brewer	Jim	0.9095	1976	1041	30	150	10	0.947	1.56
1147	Delock	Ike	0.9094	1963	1238	72	160	12	0.951	1.69
1148	Johnson	Syl	0.9092	1940	2166	63	291	13	0.965	1.47
1149	Kirby	Clay	0.9090	1976	1548	79	172	29	0.896	1.46
1150	Hiller	John	0.9086	1980	1242	45	136	8	0.958	1.31
1151	Mercker	Kent	0.9081	2008	1325	53	158	17	0.925	1.43
1152	Nuxhall	Joe	0.9081	1966	2303	95	341	32	0.932	1.70
1153	Wells	Kip	0.9074	2012	1338	67	181	29	0.895	1.67
1154	Pena	Alejandro	0.9073	1996	1058	62	112	18	0.906	1.48
1155	Reardon	Jeff	0.9071	1994	1132	44	75	11	0.915	0.95
1156	Guzman	Juan	0.9064	2000	1483	68	132	21	0.905	1.21
1157	Johnson	Jason	0.9063	2008	1357	57	133	17	0.918	1.26
1158	McClure	Bob	0.9058	1993	1159	33	161	13	0.937	1.51
1159	Byrne	Tommy	0.9053	1957	1362	59	173	14	0.943	1.53
1160	Righetti	Dave	0.9047	1995	1404	35	150	12	0.939	1.19
1161	Wehmeier	Herm	0.9047	1958	1803	87	259	26	0.930	1.73
1162	Aase	Don	0.9040	1990	1109	67	135	13	0.940	1.64
1163	Young	Chris	0.9040	2014	1056	56	78	5	0.964	1.14
1164	Jones	Doug	0.9035	2000	1128	60	152	21	0.910	1.69
1165	Robertson	Nate	0.9032	2010	1152	42	141	19	0.906	1.43
1166	Wilson	Don	0.9026	1974	1748	93	191	24	0.922	1.46
1167	Aguirre	Hank	0.9019	1970	1376	48	167	28	0.885	1.41
1168	Smith	Elmer	0.9013	1898	1210	22	172	38	0.836	1.44
1169	Morton	Guy	0.9008	1924	1630	35	414	50	0.900	2.48
1170	Halicki	Ed	0.9000	1980	1063	71	120	26	0.880	1.62
1171	Davis	Mark	0.8976	1997	1145	29	151	16	0.918	1.41
1172	Gossage	Rich	0.8975	1994	1809	78	180	21	0.925	1.28
1173	Mahaffey	Roy	0.8965	1936	1056	34	152	12	0.939	1.59
1174	Humphries	Johnny	0.8965	1946	1002	31	148	17	0.913	1.61
1175	Bere	Jason	0.8964	2003	1111	74	116	11	0.945	1.54
1176	Harper	Harry	0.8961	1923	1256	40	240	29	0.906	2.01
1177	Garza	Matt	0.8953	2014	1346	78	100	21	0.894	1.19
1178	Berenguer	Juan	0.8953	1992	1205	63	106	11	0.939	1.26
1179	Contreras	Carlos	0.8942	2014	1192	46	129	17	0.911	1.32
1180	Latman	Barry	0.8922	1967	1219	79	152	20	0.920	1.71
1181	Hughey	Jim	0.8908	1900	1008	27	196	35	0.864	1.99
1182	Norman	Fred	0.8889	1980	1940	64	232	26	0.919	1.37
1183	Hernandez	Roberto	0.8888	2007	1071	53	127	17	0.914	1.51
1184	Sullivan	Mike	0.8883	1899	1123	48	229	44	0.863	2.22
1185	Underwood	Tom	0.8857	1984	1586	49	180	26	0.898	1.30
1186	Sadecki	Ray	0.8846	1977	2501	62	312	52	0.878	1.35
1187	Plunk	Eric	0.8843	1999	1151	43	93	13	0.913	1.06
1188	Mitchell	Willie	0.8833	1919	1632	63	344	43	0.904	2.24
1189	Wicker	Bob	0.8833	1906	1037	62	199	31	0.894	2.27
1190	Cushman	Ed	0.8805	1890	1226	16	189	37	0.847	1.51
1191	Twitchell	Wayne	0.8772	1979	1063	46	108	20	0.885	1.30
1192	Schatzeder	Dan	0.8765	1991	1317	60	149	27	0.886	1.43

Rank	Player	First	PosFV	year	CUM IP	PO	A	E	CUM FPCT	RF (p9IP)
1193	Kazmir	Scott	0.8748	2014	1370	50	126	18	0.907	1.16

Notes: Career Field Value possible maximum for Pitchers is 1.1500. Pitchers listed with minimum of 1000 Innings Pitched. Range Factor is listed as per 9 Innings Pitched, not Games Played.

Chapter 4

Team Gold, All-Time Best Fielders by Franchise

It's a list for every team and may be the list of best fielders in this book we find most interesting. For each current franchise, we will list the Top Ten Fielders at each position who played a minimum of 250 games at that spot for that team (including all their older team incarnations, i.e. Brooklyn and Los Angeles Dodgers) or 500 innings pitched per franchise for those on the mound. At times we may list a player with less than that, for recently added teams and a few others. We will also include several more of the interesting players at that position who may not have reached the Top Ten just for context. If there are more players who qualified to be listed than those we note, the number behind the position indicates the total number of qualified players at that position for that franchise.

Now just a bit about what this all means. We are going to choose the best of every team and list them in an opening chart. That chart will contain the top fielder per the numbers. This does not necessarily mean that they were the best. I know it's controversial either way. For example, Bill Mazeroski will not be listed as the top fielding second baseman for the Pittsburgh Pirates, even though most think he is. Now why would that be and how do we put that into context? There's a couple reasons why, but the most prevalent is career longevity and age of the player during the span of their career, as we've discussed at some length before. Bill Mazeroski played for the Pirates from the age of 18 to 36. As players age, the Field Value for most players decreases due to a lack of range and other factors, including durability in the number of games played per season. If the player Bill Mazeroski is compared against stopped his career at the age of 28, when those factors were still at their height, would his career Field Value be greater? Now here's the surprise, that's not what happened with Jose Lind, the man listed ahead of him. You remember Jose. Good fielder, Gold Glove winner in his last year with Pittsburgh in 1992. But was he really better than Maz, considering those other factors? The answer seems to be yes. If Mazeroski's career had ended with Pittsburgh at the age of 28, his Field Value would have been 1.4034 vs. the 1.4054 at the end of his actual career. So Lind would still be in first, with a 1.4309. Context. It's difficult. We'll explain more about those numbers when we get to the various clubs, but suffice it to say, it's something that should be considered when keeping the list in perspective. And you can come to any conclusion you like; that's perfectly fine with us.

Now for a couple questions that are bound to come up and we realize that there will be more we don't anticipate.

Is there a position where using these numbers as comparison is the most difficult? Yes, we think that's pitcher. As we've noted before, there's very little additional value to a team beyond the pitcher's main purpose, in comparison to other positions, for their fielding. Part of that's due to the limited amount of innings played, except for the pre-1900 players and even there it was less. But the reason why it's the most difficult position to know whether one player is the better fielder or not is that range is dependent on the type of pitcher the player is (ground vs. fly ball outs vs. strikeouts). Yes, this comes into play with other positions, but to a much diminished extent, so now back to pitchers. Nolan Ryan, for example, just had less opportunity to field the ball due to all those strikeouts, although he wasn't that great at fielding the opportunities once he did. Now strikeouts, while important in that equation, is not the predominant reason why an older era pitcher is better or worse. Remember, each season is scored against the era they pitched in.

How do relief pitchers fare? Not well. They should be judged against each other and not the group. The durability factor, since they pitch fewer innings than the starters, will drag the Field Value factor down.

How do we compare what their true value (i.e. payroll value) was against another player? If you see one player at third base with a 1.7000 career value and another with a 1.6000, that means (with some conditions we've explained before) that his fielding would be worth 6.2% more (1.7000/1.6000).

Why aren't outfielders separated by position? Because in Field Value there is no distinction between the individual positions (right, center, left). They are judged in total against the Games/Innings Played, Fielding Percentage, Range Factor, and Assists Per Game/9 Innings Played as a group. You're going to see centerfielders at the top of most franchise lists. They were, due to range and opportunity, the best fielders on their teams in almost every year. I know that might be disappointing to some, but you're free to do your own separation if you like, as we've done in the Hall of Fame section. That will be an interesting list.

Legend for the list. FV = Field Value (Career Average). Lyear = Last Year played for the franchise. G = Games. RF = Range Factor per Game (Position Players), Range Factor per nine Innings Pitched (Pitchers). CS% = Caught Stealing Percentage (Catchers). ApG = Assists Per Game (Outfielders). IP = Innings Pitched.

Field Value – Position Values (Career Max/Ave/Min)

Position	Maximum	Average	Minimum
1B	1.4000	1.0000	1.0000
2B	1.5000	1.1000	1.0000
3B	1.7000	1.3000	1.0500
SS	1.7500	1.3500	1.1000
OF	1.7000	1.3000	1.0000
P	1.1500	1.0000	0.8500
DH	0.8500	0.8500	0.8500
C	2.1000	1.7000	1.5500

Arizona Diamondbacks

They've only been around for a decade and one half, but in that time, the Diamondbacks have had nine Gold Glove Award winners, with Steve Finley, Orlando Hudson, and Gerardo Parra winning two apiece. No surprise here that Finley and Hudson are the top defensive players at their position in the history of the franchise, but why not Parra? Well, first off, Gerardo Parra won those Gold Gloves in 2011 and 2013 at Left Field and Right Field respectively after Major League Baseball went to individual outfield positions to give awards in 2011 for the first time since 1960. What does that do? Well, it rewards players who just aren't as good as many of their counterparts who play center. We realize it may not be fair to say this, but it's what we believe, ... let's go back to rewarding the best outfielders, regardless of position. Since Field Value does not segment outfield positions, taking into account pure Field Percentage, Range Factor, Durability, and Assists Per Game/9IP, it doesn't push Parra up because of position. So therefore, he finishes fifth in the outfield rankings, behind Chris Young and Steve Finley. And who doesn't believe they were better outfielders anyway?

Chris Young
Eric Byrnes   Steve Finley
Stephen Drew
Aaron Hill
Matt Williams   Travis Lee
Danny Haren
Chris Snyder

BEST FIELDING TEAM

Arizona Diamondbacks

Rank	FIRST BASE		FV	Lyear	G	FPCT	RF
1	Lee	Travis	1.2641	2000	283	0.997	8.31
2	Goldschmidt	Paul	1.2289	2014	450	0.996	9.51
3	Jackson	Conor	1.0333	2010	334	0.989	8.72
NR	Grace	Mark	1.0447	2003	272	0.993	7.42
NR	Tracy	Chad	1.0318	2009	246	0.994	8.12

Rank	SECOND BASE		FV	Lyear	G	FPCT	RF
1	Hill	Aaron	1.3130	2014	386	0.992	4.79
2	Hudson	Orlando	1.2382	2008	399	0.984	4.89
3	Bell	Jay	1.2067	2002	390	0.981	4.32
4	Spivey	Junior	1.0911	2003	307	0.980	4.18
NR	Counsell	Craig	1.3663	2006	248	0.991	4.66

Rank	SHORTSTOP		FV	Lyear	G	FPCT	RF
1	Drew	Stephen	1.4420	2012	753	0.978	4.00
2	Womack	Tony	1.2754	2003	487	0.964	3.78
NR	Cintron	Alex	1.3178	2005	280	0.974	3.83
NR	Counsell	Craig	1.4129	2006	201	0.978	3.90
NR	Gregorius	Didi	1.4054	2014	167	0.976	4.30

Rank	THIRD BASE		FV	Lyear	G	FPCT	RF
1	Williams	Matt	1.4960	2003	581	0.969	2.56
2	Tracy	Chad	1.3307	2009	340	0.940	2.48
3	Reynolds	Mark	1.3090	2010	526	0.937	2.31
NR	Prado	Martin	1.4225	2014	212	0.966	2.41
NR	Counsell	Craig	1.4772	2006	219	0.976	2.42

Rank	CATCHER		FV	Lyear	G	FPCT	RF	CS%
1	Snyder	Chris	1.9496	2010	537	0.998	7.15	0.304
2	Miller	Damian	1.9406	2002	450	0.993	7.78	0.368
3	Montero	Miguel	1.8003	2014	837	0.991	7.37	0.313
4	Stinnett	Kelly	1.7034	2005	302	0.987	6.33	0.319
NR	Barajas	Rod	1.8146	2003	208	0.998	5.47	0.318

Rank	OUTFIELD		FV	Lyear	G	FPCT	RF	ApG
1	Finley	Steve	1.5216	2004	821	0.992	2.28	0.048
2	Young	Chris	1.5174	2012	851	0.989	2.50	0.039
3	Byrnes	Eric	1.4242	2009	438	0.989	1.97	0.048
4	Gonzalez	Luis	1.4009	2006	1177	0.988	1.77	0.041
5	Green	Shawn	1.3937	2006	276	0.996	1.74	0.018
6	Parra	Gerardo	1.3822	2014	766	0.983	1.98	0.081
7	Bautista	Danny	1.2920	2004	413	0.984	1.75	0.046
8	Upton	Justin	1.2639	2012	715	0.967	2.06	0.032
9	Dellucci	David	1.2151	2003	361	0.984	1.50	0.019

Rank	PITCHING		FV	Lyear	IP	FPCT	RF
1	Haren	Danny	1.0683	2010	586	1.000	1.44
2	Webb	Brandon	1.0664	2009	1320	0.948	2.51
3	Anderson	Brian	1.0347	2002	841	0.965	2.62
4	Miley	Wade	1.0160	2014	639	0.955	1.51
5	Kennedy	Ian	1.0156	2013	748	0.960	1.46
6	Collmenter	Josh	0.9931	2014	516	1.000	1.59
7	Schilling	Curt	0.9699	2003	782	0.942	1.13
8	Davis	Doug	0.9689	2009	542	0.935	1.68
9	Batista	Miguel	0.9605	2006	724	0.944	1.89
10	Johnson	Randy	0.9481	2008	1630	0.912	0.97

Franchise When and Where
Arizona Diamondbacks (1998 to Present)

Atlanta Braves

Storied franchise around since 1876 in various locales, there's bound to be a divergence of talent from those various incarnations when you look at who were the best fielders, and that's certainly true. While the outfield is filled with players from the recent past that most regard as great (Andruw Jones, Marquis Grissom) and a family legacy member who was the middle brother on the overall best list at #16 (Vince DiMaggio), the rest of the best in the field team is predominantly unknown. So how did they get here? Ed Gremminger, nicknamed Battleship, suits up at 3rd base because in his only two seasons with the Boston Beaneaters, one of the forerunners to the Braves, he was the top fielder in the league both years. Eddie Miller gets the nod at shortstop, just beating out Maranville. Even though it would be easy to say this was due to Maranville's 2nd stint with the team playing shortstop at age 37-39, that would be misleading. At age 25, Maranville's FV was 1.7063, still below Miller. It's pick or choose at 2nd. At 1st base, Bob Horner may not have played there often, but when he did, he was superior to his other era teammates. Zach Taylor at catcher was a player from the roaring 20s and benefits from the recent catchers for the Braves being more offensive than defensive powers.

Vince DiMaggio
Andruw Jones
Marquis Grissom
Claude Ritchey
Eddie Miller
Ed Gremminger
Bob Horner
Tommy Bond
Zach Taylor

BEST FIELDING TEAM

Atlanta Braves

Rank	FIRST BASE (28)		FV	Lyear	G	FPCT	RF
1	Horner	Bob	1.3286	1986	273	0.995	10.53
2	Chambliss	Chris	1.2615	1986	710	0.994	9.96
3	Adcock	Joe	1.2554	1962	1109	0.994	9.46
4	McGriff	Fred	1.2501	1997	629	0.993	9.36
5	Konetchy	Ed	1.2456	1918	399	0.992	11.10
6	Fletcher	Elbie	1.2046	1949	486	0.991	10.31
7	Freeman	Freddie	1.2042	2014	623	0.994	8.89
8	Holke	Walter	1.2013	1922	534	0.994	10.85
9	McInnis	Stuffy	1.1892	1924	300	0.992	10.40
10	Cepeda	Orlando	1.1816	1972	386	0.993	9.42
11	Perry	Gerald	1.1550	1989	476	0.988	9.58
12	Tenney	Fred	1.1330	1911	1556	0.982	10.54

Rank	SECOND BASE (26)		FV	Lyear	G	FPCT	RF
1	Ritchey	Claude	1.3722	1909	289	0.968	5.57
2	Hubbard	Glenn	1.3666	1987	1180	0.983	5.56
3	Millan	Felix	1.3496	1972	776	0.980	5.18
4	Lowe	Bobby	1.3451	1901	1011	0.948	5.72
5	Maguire	Freddie	1.3443	1931	432	0.972	5.75
6	Sweeney	Bill	1.3320	1913	432	0.948	5.64
7	Cuccinello	Tony	1.3307	1943	544	0.971	5.69
8	O'Connell	Danny	1.3255	1957	403	0.982	5.39
9	Maranville	Rabbit	1.2776	1935	323	0.972	5.40
10	Schoendienst	Red	1.2742	1960	263	0.981	5.03
14	Lemke	Mark	1.2358	1997	934	0.984	4.50
19	Uggla	Dan	1.1540	2014	479	0.978	4.59

Rank	SHORTSTOP (27)		FV	Lyear	G	FPCT	RF
1	Miller	Eddie	1.7382	1942	524	0.972	5.55
2	Maranville	Rabbit	1.6880	1931	1466	0.948	5.86
3	Simmons	Andrelton	1.6845	2014	351	0.981	4.54
4	McMillan	Roy	1.6662	1964	391	0.975	4.76
5	Logan	Johnny	1.6470	1961	1330	0.966	5.10
6	Bancroft	Dave	1.5843	1927	431	0.950	5.85
7	Escobar	Yunel	1.5711	2010	392	0.976	4.36
8	Long	Herman	1.5613	1902	1606	0.910	5.75
9	Bridwell	Al	1.5217	1912	341	0.938	5.38
10	Warstler	Rabbit	1.5056	1940	408	0.942	5.34
16	Furcal	Rafael	1.4639	2005	777	0.965	4.60
23	Blauser	Jeff	1.3946	1997	972	0.963	3.71

Rank	THIRD BASE (22)		FV	Lyear	G	FPCT	RF
1	Gremminger	Ed	1.7000	1903	280	0.943	3.65
2	Collins	Jimmy	1.6609	1900	658	0.929	3.96
3	Brain	Dave	1.6593	1907	269	0.917	3.88
4	Pendleton	Terry	1.6233	1996	585	0.954	2.87
5	Nash	Billy	1.5912	1895	1126	0.901	3.65
6	Whitney	Pinky	1.5409	1936	280	0.966	3.06
7	Evans	Darrell	1.5378	1989	710	0.945	3.19
8	Mathews	Eddie	1.5347	1966	2130	0.956	2.94
9	Boyer	Clete	1.5315	1971	511	0.966	2.99
10	Oberkfell	Ken	1.5193	1988	531	0.967	2.51
14	Jones	Chipper	1.4118	2012	1992	0.954	2.31
20	Horner	Bob	1.3471	1985	684	0.946	2.49

Rank	CATCHER (26)		FV	Lyear	G	FPCT	RF	CS%
1	Taylor	Zack	1.9575	1929	305	0.983	4.16	0.482
2	Lopez	Al	1.9444	1940	465	0.983	4.11	0.622
3	Crandall	Del	1.9015	1963	1305	0.989	5.43	0.460
4	Bergen	Marty	1.8999	1899	337	0.954	4.87	0.444
5	Bennett	Charlie	1.8736	1893	337	0.956	5.74	0.373

6	Lopez	Javy	**1.8681**	2003	1106	0.992	7.20	0.284
7	Hogan	Shanty	**1.8526**	1935	306	0.987	3.83	0.545
8	Moran	Pat	**1.8484**	1905	356	0.972	6.36	0.446
9	Olson	Greg	**1.8463**	1993	399	0.992	5.91	0.300
10	Gowdy	Hank	**1.8332**	1930	731	0.973	4.91	0.526
13	McCann	Brian	**1.7986**	2013	1046	0.991	7.45	0.238
14	Torre	Joe	**1.7956**	1968	796	0.990	5.75	0.415

Rank	OUTFIELD (73)		FV	Lyear	G	FPCT	RF	ApG
1	DiMaggio	Vince	**1.6786**	1938	279	0.977	2.89	0.143
2	Jones	Andruw	**1.6184**	2007	1758	0.991	2.62	0.064
3	Grissom	Marquis	**1.5993**	1996	294	0.996	2.27	0.065
4	Johnston	Dick	**1.5691**	1889	529	0.908	2.45	0.233
5	Beaumont	Ginger	**1.5622**	1909	381	0.965	2.23	0.163
6	Welsh	Jimmy	**1.5554**	1930	535	0.970	2.79	0.164
7	Holmes	Tommy	**1.5469**	1951	1225	0.989	2.39	0.093
8	Baker	Dusty	**1.5451**	1975	598	0.984	2.44	0.067
9	Duffy	Hugh	**1.5395**	1900	1128	0.953	2.35	0.122
10	Moore	Gene	**1.5339**	1941	550	0.977	2.29	0.147
11	Berger	Wally	**1.5285**	1937	1031	0.975	2.80	0.068
12	Hornung	Joe	**1.5273**	1888	699	0.937	2.03	0.155
13	Murphy	Dale	**1.5242**	1990	1622	0.983	2.29	0.063
14	Brodie	Steve	**1.5202**	1891	265	0.952	2.03	0.166
15	Bruton	Bill	**1.5109**	1960	1042	0.978	2.59	0.080
16	Jordan	Brian	**1.5041**	2006	493	0.992	2.14	0.067
17	Stahl	Chick	**1.4905**	1900	519	0.960	1.87	0.152
18	Workman	Chuck	**1.4865**	1946	288	0.983	2.03	0.135
19	Aaron	Hank	**1.4862**	1974	2756	0.980	2.08	0.073
20	Jethroe	Sam	**1.4760**	1952	432	0.971	2.71	0.104
21	Francoeur	Jeff	**1.4677**	2009	625	0.982	2.05	0.102
22	Magee	Sherry	**1.4645**	1917	320	0.975	2.29	0.091
23	Butler	Brett	**1.4583**	1983	257	0.990	1.97	0.066
24	Powell	Ray	**1.4530**	1924	825	0.959	2.60	0.150
25	Southworth	Billy	**1.4497**	1923	333	0.958	2.31	0.162
26	James	Dion	**1.4405**	1989	292	0.993	1.99	0.031
27	Nixon	Otis	**1.4247**	1999	397	0.989	2.34	0.040
28	Gordon	Sid	**1.4219**	1953	524	0.987	2.03	0.059
29	Brown	Eddie	**1.4208**	1928	432	0.968	2.46	0.060
30	Heyward	Jason	**1.4166**	**2014**	673	0.987	2.08	0.049
36	Gant	Ron	**1.3945**	1993	610	0.978	2.15	0.039
40	Justice	David	**1.3876**	1996	742	0.975	2.08	0.063

Rank	PITCHING (98)		FV	Lyear	IP	FPCT	RF	
1	Bond	Tommy	**1.1490**	1881	2127	0.945	2.69	
2	Morton	Carl	**1.1215**	1976	949	0.975	2.24	
3	Maddux	Greg	**1.1064**	2003	2527	0.968	3.16	
4	Glavine	Tom	**1.0995**	2008	3408	0.980	2.30	
5	Andrews	Nate	**1.0982**	1945	679	0.974	2.48	
6	Burdette	Lew	**1.0968**	1963	2638	0.971	2.58	
7	Tobin	Jim	**1.0886**	1945	1368	0.960	3.03	
8	Niekro	Phil	**1.0834**	1987	4623	0.972	2.17	
9	Rudolph	Dick	**1.0826**	1927	2035	0.970	3.10	
10	Barnes	Jesse	**1.0816**	1925	1183	0.983	3.01	
11	Nichols	Kid	**1.0745**	1901	4538	0.955	2.39	
33	Clarkson	John	**1.0434**	1892	2093	0.888	2.66	

Franchise When and Where
Atlanta Braves (1966 to Present)
Milwaukee Braves (1953-1965)
Boston Braves (1912-1935); (1941-1952)
Boston Bees (1936-1940)
Boston Rustlers (1911); Boston Doves (1907-1910)
Boston Beaneaters (1883-1906); Boston Red Stockings (1876-1882)

Baltimore Orioles

When you take a gander at the names on the Orioles best list, you get the feeling you'd love to see these mates play the game together. Brooks, Cal, Bobby, and Paul were some of the best defensive players of the past fifty years, plus they could do a whole lot more than just catch and toss the ball. It would be logical to say that Eddie Murray deserves a chance to play with that crew as well, being that the man who beat him out for the honor, John Anderson, was a short stint player at the beginning of the franchise (1901 Milwaukee Brewers, 1902-1903 St. Louis Browns) and the fact that at the age John Anderson left the team, 29, Eddie's FV was higher, 1.3045. Oh, well. And we'd just love to get Frank Robinson on the field again with Brooks, but placing Frank on an All-Time fielding list might be too much of a stretch. Frank ranked #38 of 63 outfielders ranked in Oriole history.

Paul Blair
Sam West
Wally Judnich
Cal Ripken, Jr.
Bobby Grich
Brooks Robinson
John Anderson
Harry Howell
Hank Severeid

BEST FIELDING TEAM

Baltimore Orioles

FIRST BASE (18)

Rank			FV	Lyear	G	FPCT	RF
1	Anderson	John	1.2941	1903	384	0.984	11.17
2	Murray	Eddie	1.2822	1988	1602	0.993	9.78
3	Palmeiro	Rafael	1.2567	2005	949	0.995	9.26
4	Jones	Tom	1.2048	1909	817	0.986	11.32
5	Gentile	Jim	1.1620	1963	561	0.991	8.69
6	May	Lee	1.1586	1980	361	0.994	9.09
7	Blue	Lu	1.1567	1930	416	0.990	10.42
8	Burns	Jack	1.1331	1936	741	0.992	9.76
9	McQuinn	George	1.1291	1945	1125	0.993	9.69
10	Davis	Chris	1.1182	2014	324	0.995	8.94
11	Powell	Boog	1.1157	1974	1265	0.991	8.81
14	Sisler	George	1.0743	1927	1587	0.987	10.42

SECOND BASE (24)

Rank			FV	Lyear	G	FPCT	RF
1	Grich	Bobby	1.4554	1976	668	0.984	5.77
2	Melillo	Ski	1.4131	1935	1099	0.973	6.08
3	Alomar	Roberto	1.3739	1998	394	0.986	4.89
4	Adair	Jerry	1.3422	1966	582	0.986	5.00
5	Pratt	Del	1.3414	1917	855	0.955	5.42
6	Johnson	Davey	1.3407	1972	947	0.983	5.01
7	Gedeon	Joe	1.3368	1920	394	0.972	5.43
8	Gardner	Billy	1.3187	1959	570	0.981	4.99
9	Priddy	Jerry	1.3153	1949	291	0.968	5.84
10	Williams	Jimmy	1.2906	1909	257	0.962	5.05
15	Roberts	Brian	1.2411	2013	1213	0.987	4.56

SHORTSTOP (18)

Rank			FV	Lyear	G	FPCT	RF
1	Ripken Jr.	Cal	1.6822	1997	2302	0.979	4.62
2	Hardy	J.J.	1.6555	2014	587	0.986	4.43
3	Aparicio	Luis	1.6523	1967	713	0.974	4.70
4	Bordick	Mike	1.6446	2002	737	0.987	4.55
5	Lary	Lyn	1.6325	1940	260	0.959	5.60
6	Wallace	Bobby	1.6290	1916	1452	0.942	5.59
7	Izturis	Cesar	1.6187	2011	274	0.985	4.20
8	Belanger	Mark	1.6115	1981	1898	0.977	4.59
9	Hunter	Billy	1.5817	1954	276	0.960	4.99
10	Tejada	Miguel	1.5552	2007	596	0.971	4.51
12	Stephens	Vern	1.5108	1947	816	0.954	4.93
15	Gerber	Wally	1.4749	1928	1276	0.943	5.07

THIRD BASE (15)

Rank			FV	Lyear	G	FPCT	RF
1	Robinson	Brooks	1.6397	1977	2870	0.971	3.10
2	Clift	Harlond	1.5793	1943	1419	0.949	3.28
3	Ferris	Hobe	1.5782	1909	262	0.946	3.58
4	Machado	Manny	1.5540	2014	289	0.969	2.93
5	Mora	Melvin	1.5299	2009	807	0.961	2.75
6	Christman	Mark	1.5262	1946	336	0.975	3.13
7	DeCinces	Doug	1.5214	1981	792	0.957	2.96
8	Austin	Jimmy	1.5060	1929	1187	0.933	3.45
9	Ripken Jr.	Cal	1.4725	2001	675	0.961	2.52
10	Worthington	Craig	1.4654	1991	332	0.952	2.55
11	Gomez	Leo	1.4568	1995	446	0.960	2.48
12	Batista	Tony	1.4502	2003	337	0.954	2.54

CATCHER (20)

Rank			FV	Lyear	G	FPCT	RF	CS%
1	Severeid	Hank	1.8774	1925	1121	0.979	4.81	0.439
2	Triandos	Gus	1.8716	1962	784	0.987	5.50	0.496
3	Dempsey	Rick	1.8662	1992	1230	0.989	5.06	0.402
4	Johnson	Charles	1.8660	2000	218	0.994	6.26	0.338
5	Wieters	Matt	1.8632	2014	640	0.994	7.15	0.325
6	Courtney	Clint	1.8594	1961	401	0.988	4.94	0.477

			FV		G	FPCT	RF	ApG
7	Hoiles	Chris	**1.8456**	1998	819	0.994	6.29	0.266
8	Ferrell	Rick	**1.8325**	1943	658	0.983	4.45	0.446
9	Sugden	Joe	**1.8174**	1905	282	0.980	5.83	0.453
10	Schang	Wally	**1.7847**	1929	324	0.979	3.76	0.463
11	Etchebarren	Andy	**1.7699**	1975	714	0.989	5.81	0.408
12	Lollar	Sherm	**1.7530**	1951	287	0.988	3.98	0.474

Rank	OUTFIELD (63)		FV	Lyear	G	FPCT	RF	ApG
1	West	Sam	**1.6125**	1938	676	0.984	2.93	0.092
2	Judnich	Wally	**1.5962**	1947	547	0.989	2.82	0.053
3	Blair	Paul	**1.5842**	1976	1654	0.988	2.48	0.063
4	Jones	Adam	**1.5533**	2014	1017	0.986	2.67	0.065
5	Markakis	Nick	**1.5486**	2014	1360	0.994	2.04	0.068
6	Walker	Tilly	**1.5336**	1915	307	0.953	2.42	0.202
7	Jacobson	Baby Doll	**1.5278**	1926	1189	0.973	2.69	0.084
8	Schulte	Fred	**1.5038**	1932	669	0.973	2.84	0.094
9	Solters	Moose	**1.5021**	1939	304	0.968	2.60	0.118
10	Byrnes	Milt	**1.4979**	1945	361	0.987	2.55	0.089
11	Heidrick	Emmet	**1.4954**	1908	383	0.953	2.37	0.151
12	Orsulak	Joe	**1.4927**	1992	577	0.987	2.25	0.090
13	Rice	Harry	**1.4898**	1927	350	0.961	2.33	0.177
14	Manush	Heinie	**1.4874**	1930	343	0.990	2.23	0.064
15	Devereaux	Mike	**1.4857**	1996	861	0.988	2.46	0.044
16	Diering	Chuck	**1.4813**	1956	266	0.982	2.53	0.102
17	Bumbry	Al	**1.4808**	1984	1224	0.986	2.46	0.056
18	Brandt	Jackie	**1.4783**	1965	768	0.978	2.21	0.070
19	Surhoff	B.J.	**1.4649**	2005	728	0.991	1.91	0.070
20	Belle	Albert	**1.4624**	2000	264	0.986	1.85	0.095
21	Anderson	Brady	**1.4586**	2001	1632	0.989	2.22	0.034
22	Shotton	Burt	**1.4557**	1917	1025	0.942	2.40	0.134
23	Lynn	Fred	**1.4401**	1988	414	0.990	2.45	0.027
24	Patterson	Corey	**1.4395**	2010	333	0.985	2.35	0.057
25	Buford	Don	**1.4374**	1972	543	0.988	1.85	0.066
26	Matos	Luis	**1.4373**	2006	491	0.989	2.36	0.041
27	Williams	Ken	**1.4356**	1927	1060	0.957	2.48	0.133
28	Bigbie	Larry	**1.4318**	2005	344	0.996	1.93	0.038
29	Bell	Beau	**1.4255**	1939	451	0.974	2.02	0.104
30	Singleton	Ken	**1.4224**	1982	950	0.985	1.85	0.042
38	Robinson	Frank	**1.3907**	1971	740	0.982	1.73	0.050
49	Baylor	Don	**1.3125**	1975	465	0.980	1.89	0.034

Rank	PITCHING (86)		FV	Lyear	IP	FPCT	RF	
1	Howell	Harry	**1.1162**	1910	1581	0.963	4.64	
2	Auker	Elden	**1.0860**	1942	729	0.972	2.53	
3	Sudhoff	Willie	**1.0710**	1905	980	0.954	4.04	
4	Martinez	Dennis	**1.0646**	1986	1775	0.972	2.44	
5	Erickson	Scott	**1.0639**	2002	1288	0.948	2.53	
6	Mussina	Mike	**1.0619**	2000	2010	0.986	1.85	
7	Boddicker	Mike	**1.0578**	1988	1274	0.947	2.76	
8	Palmer	Jim	**1.0492**	1984	3948	0.962	1.98	
9	Shocker	Urban	**1.0483**	1924	1750	0.980	2.51	
10	Stewart	Lefty	**1.0462**	1932	1237	0.979	2.34	
12	Cuellar	Mike	**1.0455**	1976	2028	0.957	1.76	
67	Powell	Jack	**0.9522**	1912	2230	0.934	2.28	

Franchise When and Where
Baltimore Orioles (1954 to Present)
St. Louis Browns (1902-1953)
Milwaukee Brewers (1901)

Boston Red Sox

At the top of the chart comes Tris Speaker, the #2 outfielder of All-Time, both in Boston and Cleveland. Standing beside him is Dom DiMaggio, #7 outfielder All-Time overall. At second base, you have Bobby Doerr, #4 All-Time at his position. That's three Top Ten fielders. And Tony Pena, while he's a bit outside that Top Ten Overall status, just wait till you see him appear two more times in the Best of Team lists. Same goes, one time more, for Everett Scott. Okay, I hear some asking, why not Yaz in the outfield? He was Gold Glove worthy seven times. Short answer, longevity and position. After his last Gold Glove season, 1977, Carl's Field Value was 1.5059 and he was already 37 years old. At the age of 30, FV 1.5179. But it was more about position. Of the players ranked ahead of him on the Boston list, only Darren Bragg and Reggie Smith played more games outside centerfield than they played there. All others were centerfielders by trade. Is it fair that centerfielders take most of the top positions? You decide. Just don't forget to take into account that a centerfielder gets to 25-50% more balls on average than a corner outfielder.

BEST FIELDING TEAM

Boston Red Sox

Rank	FIRST BASE (23)		FV	Lyear	G	FPCT	RF
1	LaChance	Candy	1.3469	1905	448	0.987	11.23
2	McInnis	Stuffy	1.3417	1921	512	0.996	11.29
3	Todt	Phil	1.2630	1930	852	0.992	10.90
4	Goodman	Billy	1.1610	1955	392	0.991	9.53
5	Runnels	Pete	1.1498	1962	407	0.995	7.64
6	Scott	George	1.1443	1979	988	0.989	9.26
7	Lupien	Tony	1.1416	1943	282	0.993	9.94
8	Stapleton	Dave	1.1403	1986	318	0.993	8.79
9	Burns	George	1.1366	1923	286	0.988	10.78
10	Buckner	Bill	1.1345	1990	502	0.990	9.18
11	Yastrzemski	Carl	1.1190	1983	765	0.994	9.11
17	Youkilis	Kevin	1.0824	2012	594	0.997	8.20

Rank	SECOND BASE (21)		FV	Lyear	G	FPCT	RF
1	Doerr	Bobby	1.4133	1951	1852	0.980	5.74
2	Ferris	Hobe	1.3874	1907	985	0.954	5.56
3	Runnels	Pete	1.3343	1961	343	0.985	5.20
4	Barrett	Marty	1.3307	1990	906	0.986	4.91
5	Pedroia	Dustin	1.3190	2014	1143	0.992	4.50
6	Reed	Jody	1.3139	1992	496	0.984	5.12
7	Schilling	Chuck	1.3070	1965	502	0.985	4.95
8	Andrews	Mike	1.2608	1970	551	0.975	4.91
9	Remy	Jerry	1.2605	1984	685	0.982	4.90
10	Wambsganss	Bill	1.2588	1925	259	0.961	5.93
14	Griffin	Doug	1.1929	1977	603	0.981	4.80
15	Goodman	Billy	1.1903	1956	576	0.972	5.30

Rank	SHORTSTOP (22)		FV	Lyear	G	FPCT	RF
1	Scott	Everett	1.6461	1921	1093	0.966	5.22
2	Burleson	Rick	1.6415	1980	1004	0.970	5.05
3	Stephens	Vern	1.6398	1952	511	0.971	4.91
4	Pesky	Johnny	1.6108	1952	549	0.965	5.11
5	Petrocelli	Rico	1.5735	1976	774	0.969	4.61
6	Valentin	John	1.5715	2001	556	0.972	4.59
7	Wagner	Heinie	1.5702	1916	805	0.929	5.60
8	Bressoud	Eddie	1.5241	1965	534	0.966	4.47
9	Garciaparra	Nomar	1.5178	2004	956	0.969	4.38
10	Cronin	Joe	1.5060	1942	897	0.953	4.97
12	Aparicio	Luis	1.4924	1973	362	0.968	4.46
13	Parent	Freddy	1.4848	1907	909	0.927	5.31

Rank	THIRD BASE (20)		FV	Lyear	G	FPCT	RF
1	Pesky	Johnny	1.5851	1952	457	0.963	3.28
2	Collins	Jimmy	1.5806	1906	735	0.932	3.46
3	Boggs	Wade	1.5702	1992	1520	0.959	2.71
4	Malzone	Frank	1.5652	1965	1335	0.956	3.07
5	Lowell	Mike	1.5562	2010	528	0.972	2.63
6	Vitt	Ossie	1.5184	1921	268	0.972	3.31
7	Petrocelli	Rico	1.5083	1976	727	0.970	2.80
8	Valentin	John	1.4860	2001	353	0.957	2.61
9	Gardner	Larry	1.4782	1917	929	0.940	3.05
10	Cooper	Scott	1.4477	1994	318	0.944	2.46
14	Tabor	Jim	1.3906	1944	789	0.931	3.19
18	Hobson	Butch	1.3454	1980	568	0.926	2.67

Rank	CATCHER (25)		FV	Lyear	G	FPCT	RF	CS%
1	Pena	Tony	2.0255	1993	539	0.994	6.41	0.332
2	Criger	Lou	1.9656	1908	613	0.975	6.12	0.503
3	Ferrell	Rick	1.9297	1937	514	0.987	4.85	0.444
4	Desautels	Gene	1.8976	1940	345	0.991	4.99	0.424
5	Varitek	Jason	1.8536	2011	1488	0.994	7.20	0.231

			FV	Lyear	G	FPCT	RF	ApG
6	White	Sammy	**1.8495**	1959	967	0.985	5.11	0.478
7	Gedman	Rich	**1.8233**	1990	857	0.984	5.90	0.350
8	Fisk	Carlton	**1.8090**	1980	990	0.983	5.65	0.356
9	Berry	Charlie	**1.8024**	1932	332	0.980	3.71	0.510
10	Tebbetts	Birdie	**1.7922**	1950	407	0.981	4.35	0.444
12	Carrigan	Bill	**1.7549**	1916	649	0.971	5.88	0.444
13	Tillman	Bob	**1.7431**	1967	496	0.988	6.55	0.248

Rank	OUTFIELD (55)		FV	Lyear	G	FPCT	RF	ApG
1	Speaker	Tris	**1.6594**	1915	1053	0.962	2.63	0.197
2	Oliver	Tom	**1.6097**	1933	504	0.986	2.92	0.089
3	DiMaggio	Dom	**1.5997**	1952	1373	0.978	2.92	0.107
4	Lynn	Fred	**1.5995**	1980	811	0.987	2.81	0.080
5	Cramer	Doc	**1.5943**	1940	719	0.977	2.76	0.097
6	Flagstead	Ira	**1.5811**	1929	765	0.976	2.74	0.150
7	Piersall	Jim	**1.5719**	1958	879	0.989	2.62	0.074
8	Damon	Johnny	**1.5603**	2005	590	0.991	2.51	0.041
9	Ellsbury	Jacoby	**1.5472**	2013	732	0.995	2.36	0.026
10	Crisp	Coco	**1.5442**	2008	361	0.996	2.50	0.039
11	Geiger	Gary	**1.5218**	1965	542	0.988	2.25	0.083
12	Bragg	Darren	**1.5196**	1998	374	0.989	1.98	0.059
13	Smith	Reggie	**1.5083**	1973	981	0.976	2.45	0.073
14	Burks	Ellis	**1.5072**	1992	701	0.986	2.43	0.061
15	Yastrzemski	Carl	**1.4899**	1983	2076	0.981	1.99	0.094
16	Evans	Dwight	**1.4865**	1989	2079	0.987	2.12	0.073
17	Stahl	Chick	**1.4749**	1906	776	0.962	2.09	0.107
18	Almada	Mel	**1.4716**	1937	293	0.973	2.19	0.126
19	Jensen	Jackie	**1.4684**	1961	1026	0.977	2.07	0.090
20	Lewis	Darren	**1.4560**	2001	479	0.992	2.01	0.040
21	Johnson	Bob	**1.4551**	1945	282	0.976	2.14	0.135
22	Lewis	Duffy	**1.4531**	1917	1165	0.955	2.02	0.155
23	Hooper	Harry	**1.4528**	1920	1637	0.964	1.84	0.159
24	Rice	Jim	**1.4453**	1988	1543	0.980	2.10	0.089
25	Vosmik	Joe	**1.4452**	1939	290	0.976	2.14	0.079
26	Harper	Tommy	**1.4445**	1974	348	0.984	2.00	0.055
27	O'Leary	Troy	**1.4176**	2001	985	0.985	1.77	0.053
28	Greenwell	Mike	**1.4128**	1996	1165	0.981	1.87	0.073
29	Conigliaro	Tony	**1.4029**	1970	767	0.977	1.79	0.055
30	Brunansky	Tom	**1.3940**	1994	392	0.985	2.11	0.048
34	Williams	Ted	**1.3738**	1960	2151	0.974	2.00	0.065
43	Drew	JD	**1.3017**	2011	584	0.988	1.79	0.031

Rank	PITCHING (92)		FV	Lyear	IP	FPCT	RF
1	Wingfield	Ted	**1.0971**	1927	545	0.970	3.76
2	Mays	Carl	**1.0910**	1919	1105	0.965	4.23
3	Bush	Joe	**1.0896**	1921	780	0.974	3.07
4	Ehmke	Howard	**1.0886**	1926	990	0.955	3.07
5	Ruth	Babe	**1.0819**	1919	1190	0.967	3.32
6	Ferriss	Dave	**1.0797**	1950	880	0.979	2.40
7	Quinn	Jack	**1.0742**	1925	833	0.971	3.21
8	Wood	Joe	**1.0566**	1915	1418	0.969	3.32
9	Brewer	Tom	**1.0524**	1961	1509	0.967	2.79
10	Monbouquette	Bill	**1.0480**	1965	1622	0.985	1.88
22	Clemens	Roger	**1.0248**	1996	2776	0.970	1.59
27	Young	Cy	**1.0156**	1908	2728	0.949	2.45

Franchise When and Where
Boston Red Sox (1908 to Present)
Boston Americans (1901-1907)

Chicago White Sox

They've got a Fielder in center, who patrolled the grounds of South Park III during the first year of the American League White Sox, helping them win 83 games against 53 losses for the championship (no World Series yet), all while batting to the tune of a 0.412 OBP. Flanking him in the outfield, a player from pre-WWII Chicago in a Comiskey Park of the 1910-1990 incarnation with all that territory to cover, Mike Kreevich. How much territory? Foul poles 363'. Center 420'. And who's Mike? Twice a Top Ten MVP player within three seasons (1937, 1939). On the other side of the outfield, Chris Singleton, in the current park, but not yet U.S. Cellular, bursting onto the scene as a rookie with a 3.16 Range Factor per 9, even though his career could not sustain his rookie prowess. All generations of White Sox play represented in their All-Time Defensive Outfield. For the infield, all they have is Nellie Fox, Hall of Fame, #2 Best FV 2B ever; Willie Kamm, #1 Defensive 3B Ever, Jiggs Donahue, the #8 Defensive 1B, plus some guy named Ron, don't call me Lavern, Hansen, a mid-1960s shortstop, bringing up a pretty good rear at #28 Overall All-Time. Add in #2 catcher Schalk and you might just have the best defensive infield of the team best bunch.

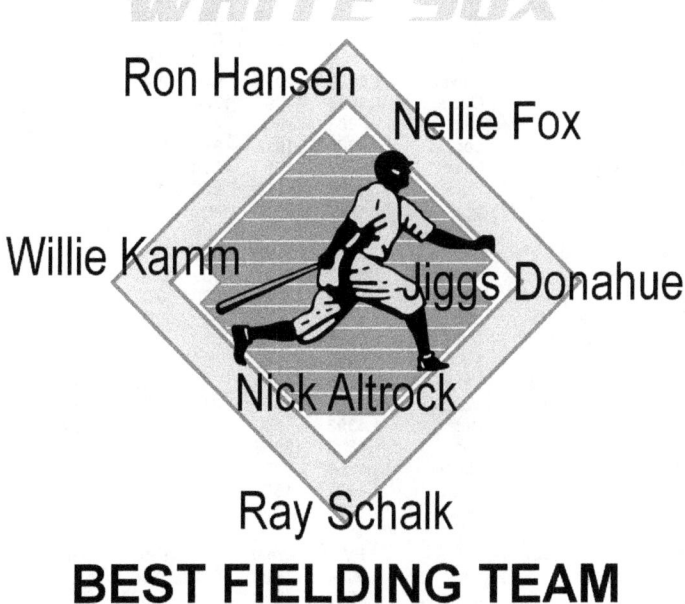

Fielder Jones
Mike Kreevich
Chris Singleton
Ron Hansen
Nellie Fox
Willie Kamm
Jiggs Donahue
Nick Altrock
Ray Schalk

BEST FIELDING TEAM

Chicago White Sox

Rank	FIRST BASE (22)		FV	Lyear	G	FPCT	RF
1	Donahue	Jiggs	1.3242	1909	646	0.989	11.99
2	Isbell	Frank	1.2543	1909	619	0.986	11.50
3	Bonura	Zeke	1.2461	1937	526	0.994	10.65
4	Sheely	Earl	1.2400	1927	938	0.990	10.65
5	Gandil	Chick	1.2089	1919	452	0.994	10.52
6	Skowron	Bill	1.1808	1966	313	0.994	8.99
7	Walker	Greg	1.1499	1990	689	0.993	8.99
8	Spencer	Jim	1.1481	1977	268	0.995	8.90
9	Allen	Dick	1.1470	1974	335	0.991	8.92
10	Kuhel	Joe	1.1465	1946	881	0.992	10.13
14	Konerko	Paul	1.1103	2014	1873	0.995	8.98
16	Thomas	Frank	1.0555	2004	971	0.991	8.66

Rank	SECOND BASE (19)		FV	Lyear	G	FPCT	RF
1	Fox	Nellie	1.4538	1963	2098	0.984	5.48
2	Collins	Eddie	1.3849	1926	1654	0.973	5.44
3	Bernazard	Tony	1.3770	1983	300	0.984	5.43
4	Kerr	John	1.3109	1931	291	0.971	5.93
5	Schalk	Roy	1.3022	1945	275	0.971	5.53
6	Hayes	Jackie	1.2670	1940	758	0.977	5.79
7	Durham	Ray	1.2609	2002	1124	0.977	4.62
8	Fletcher	Scott	1.2568	1991	367	0.990	4.39
9	Beckham	Gordon	1.2353	2014	627	0.984	4.80
10	Michaels	Cass	1.2213	1954	373	0.972	5.64
13	Orta	Jorge	1.1893	1979	688	0.974	4.70
14	Kolloway	Don	1.1551	1948	545	0.965	5.68

Rank	SHORTSTOP (17)		FV	Lyear	G	FPCT	RF
1	Hansen	Ron	1.7004	1969	658	0.971	4.93
2	Aparicio	Luis	1.6919	1970	1508	0.971	5.04
3	Dent	Bucky	1.6624	1976	505	0.975	4.95
4	Carrasquel	Chico	1.6426	1955	835	0.971	4.85
5	Davis	George	1.6344	1908	716	0.945	5.54
6	Ramirez	Alexei	1.6039	2014	949	0.975	4.31
7	Guillen	Ozzie	1.5998	1997	1724	0.974	4.46
8	Uribe	Juan	1.5503	2008	470	0.977	4.52
9	Tannehill	Lee	1.5385	1912	367	0.933	5.65
10	Appling	Luke	1.5217	1950	2218	0.948	5.24
11	Weaver	Buck	1.5064	1920	822	0.935	5.41
16	Valentin	Jose	1.4017	2004	499	0.960	4.51

Rank	THIRD BASE (18)		FV	Lyear	G	FPCT	RF
1	Kamm	Willie	1.6652	1931	1159	0.967	3.42
2	Ventura	Robin	1.5725	1998	1220	0.957	2.69
3	Tannehill	Lee	1.5408	1912	668	0.938	3.56
4	Soderholm	Eric	1.5328	1979	310	0.974	3.00
5	Melton	Bill	1.5009	1975	867	0.949	3.10
6	Baker	Floyd	1.4556	1951	455	0.972	2.96
7	Law	Vance	1.4491	1984	315	0.959	2.39
8	Ward	Pete	1.4393	1969	562	0.945	2.94
9	Crede	Joe	1.4382	2008	791	0.963	2.61
10	Dykes	Jimmie	1.4354	1939	462	0.952	2.85
11	Weaver	Buck	1.4322	1920	427	0.946	3.42
12	Kennedy	Bob	1.3797	1956	414	0.939	3.05

Rank	CATCHER (20)		FV	Lyear	G	FPCT	RF	CS%
1	Schalk	Ray	2.0064	1928	1722	0.981	5.21	0.512
2	Lollar	Sherm	1.9540	1963	1241	0.993	5.17	0.475
3	Sullivan	Billy	1.9040	1914	1033	0.977	5.49	0.483
4	Downing	Brian	1.8564	1977	365	0.989	5.50	0.360
5	Pierzynski	A.J.	1.8551	2012	1025	0.995	7.05	0.227

			FV		G	FPCT	RF	ApG
6	Fisk	Carlton	**1.8370**	1993	1236	0.992	5.52	0.320
7	Tresh	Mike	**1.8306**	1948	981	0.983	4.54	0.450
8	Sewell	Luke	**1.8287**	1938	421	0.985	4.43	0.408
9	Karkovice	Ron	**1.8227**	1997	918	0.992	5.62	0.401
10	Herrmann	Ed	**1.7942**	1974	612	0.988	5.85	0.366
17	Crouse	Buck	**1.6736**	1930	440	0.964	3.82	0.486
18	Martin	J.C.	**1.6593**	1967	495	0.984	4.60	0.357

Rank	OUTFIELD (71)		FV	Lyear	G	FPCT	RF	ApG
1	Kreevich	Mike	**1.6058**	1941	794	0.980	2.90	0.093
2	Singleton	Chris	**1.6023**	2001	438	0.991	2.48	0.062
3	Jones	Fielder	**1.5975**	1908	1153	0.973	2.24	0.130
4	Felsch	Happy	**1.5882**	1920	741	0.975	2.75	0.157
5	Simmons	Al	**1.5757**	1935	409	0.986	2.55	0.083
6	Landis	Jim	**1.5709**	1964	1035	0.990	2.49	0.062
7	Tucker	Thurman	**1.5661**	1947	432	0.987	3.03	0.100
8	Henderson	Ken	**1.5595**	1975	343	0.987	2.84	0.044
9	Mostil	Johnny	**1.5586**	1929	907	0.971	2.93	0.111
10	Lemon	Chet	**1.5531**	1981	755	0.982	2.92	0.073
11	Johnson	Lance	**1.5408**	1995	927	0.987	2.71	0.047
12	Philley	Dave	**1.5386**	1950	631	0.981	2.56	0.113
13	Berry	Ken	**1.5262**	1970	865	0.987	2.02	0.061
14	Agee	Tommie	**1.5132**	1967	320	0.976	2.33	0.056
15	Rios	Alexis	**1.5106**	2013	592	0.986	2.40	0.047
16	Gallagher	Dave	**1.4943**	1990	292	0.994	2.34	0.048
17	Raines	Tim	**1.4824**	1995	577	0.989	2.12	0.068
18	Ordonez	Magglio	**1.4647**	2004	989	0.988	2.05	0.063
19	Rowand	Aaron	**1.4624**	2005	596	0.986	1.95	0.045
20	Falk	Bibb	**1.4544**	1928	1027	0.969	2.22	0.113
21	Cameron	Mike	**1.4530**	1998	316	0.987	2.21	0.035
22	Jackson	Joe	**1.4512**	1920	646	0.972	2.15	0.110
23	Hooper	Harry	**1.4498**	1925	647	0.971	2.02	0.130
24	Moses	Wally	**1.4458**	1946	602	0.979	2.36	0.078
25	De Aza	Alejandro	**1.4335**	**2014**	517	0.987	2.05	0.031
26	Law	Rudy	**1.4327**	1985	476	0.985	2.28	0.040
27	Baines	Harold	**1.4314**	1989	1022	0.979	2.01	0.067
28	May	Carlos	**1.4280**	1976	666	0.985	1.68	0.090
29	Bodie	Ping	**1.4214**	1914	472	0.967	1.97	0.133
30	Minoso	Minnie	**1.4182**	1964	1262	0.973	2.08	0.084
44	Dye	Jermaine	**1.3720**	2009	705	0.984	1.97	0.051
58	Viciedo	Dayan	**1.2949**	**2014**	400	0.978	1.63	0.080

Rank	PITCHING (88)		FV	Lyear	IP	FPCT	RF	
1	Altrock	Nick	**1.1101**	1909	1349	0.969	4.66	
2	Owen	Frank	**1.1098**	1909	1312	0.978	4.03	
3	Walsh	Ed	**1.1016**	1916	2946	0.963	4.37	
4	Buehrle	Mark	**1.0960**	2011	2477	0.974	2.19	
5	Herbert	Ray	**1.0871**	1964	711	0.985	2.48	
6	Seaver	Tom	**1.0841**	1986	547	0.984	2.06	
7	Smith	Frank	**1.0790**	1910	1717	0.964	3.80	
8	Wood	Wilbur	**1.0757**	1978	2524	0.978	2.06	
9	Callahan	Nixey	**1.0619**	1903	526	0.942	4.18	
10	Patterson	Roy	**1.0618**	1907	1365	0.957	3.34	
19	Cicotte	Eddie	**1.0382**	1920	2322	0.954	3.07	
46	Sale	Chris	**0.9942**	**2014**	675	0.979	1.27	

Franchise When and Where
Chicago White Sox (1901 to Present)

Chicago Cubs

It's an infield of Hall of Famers manning their positions at 1st and 2nd in Ernie Banks and Ryne Sandberg. But wait, Ernie wants to play shortstop, too, so we'll just have to move Mark Grace to first to round out the squad. Sorry, Ernie, you can't play two, even though you were the best rated fielder in Chicago Cub history at both positions, but we will let you play both games of the doubleheader since we know you really like doing that. Ned Williamson gets the nod at third from the retro turn of the century era while Gabby Hartnett, another Hall of Famer pulls on the gear at catcher. In the outfield, it's a bunch of who are theys from yesteryear (Jigger Statz, Bill Lange, and Tommy Leach), but they must deserve it, outdistancing any much better known players in Andre Dawson at #14 or Billy Williams at #33 by a mile. And we won't even get into Sammy Sosa, way down the pike at #38. They'll all have to pinch hit. On the mound, bringing his new glove, is Al Spalding. Kinda makes sense that Al makes somebody's team, but you know he'll be hawking sporting goods every day in the clubhouse, which just might cause a problem that Ernie will have to take care of.

Jigger Statz
Tommy Leach
Bill Lange
CUBS

Ernie Banks
Ryne Sandberg
Ned Williamson
Mark Grace
Al Spalding
Gabby Hartnett

BEST FIELDING TEAM

Chicago Cubs

Rank	FIRST BASE (17)		FV	Lyear	G	FPCT	RF
1	Banks	Ernie	**1.3398**	1971	1259	0.994	10.18
2	Grace	Mark	**1.3184**	2000	1890	0.995	9.60
3	Everitt	Bill	**1.2589**	1900	308	0.973	11.20
4	Waitkus	Eddie	**1.2506**	1948	357	0.993	9.99
5	Buckner	Bill	**1.2386**	1984	855	0.992	10.34
6	Durham	Leon	**1.2310**	1988	575	0.994	9.48
7	Long	Dale	**1.2284**	1959	326	0.991	9.25
8	Anson	Cap	**1.1834**	1897	2058	0.974	10.57
9	Fondy	Dee	**1.1778**	1957	765	0.989	9.38
10	Merkle	Fred	**1.1693**	1920	486	0.986	11.24
11	Grimm	Charlie	**1.1398**	1936	1321	0.992	10.21
12	Rizzo	Anthony	**1.1275**	2014	384	0.995	9.03

Rank	SECOND BASE (22)		FV	Lyear	G	FPCT	RF
1	Sandberg	Ryne	**1.4234**	1997	1994	0.989	5.10
2	Trillo	Manny	**1.3862**	1988	636	0.974	5.46
3	Herman	Billy	**1.3805**	1941	1340	0.966	6.05
4	Morandini	Mickey	**1.3582**	1999	284	0.992	4.33
5	Adams	Sparky	**1.3581**	1927	370	0.976	6.03
6	Pfeffer	Fred	**1.3437**	1897	1073	0.916	6.48
7	Hubbs	Ken	**1.3353**	1963	319	0.979	5.36
8	Baker	Gene	**1.3105**	1956	434	0.967	5.59
9	Beckert	Glenn	**1.2901**	1973	1206	0.974	5.20
10	Barney	Darwin	**1.2794**	2014	508	0.990	4.31
12	Evers	Johnny	**1.2729**	1913	1368	0.952	5.26
20	Johnson	Don	**1.1818**	1948	495	0.966	5.32

Rank	SHORTSTOP (24)		FV	Lyear	G	FPCT	RF
1	Banks	Ernie	**1.6542**	1961	1125	0.969	4.91
2	DeJesus	Ivan	**1.6289**	1981	736	0.963	5.00
3	Jurges	Billy	**1.6185**	1947	965	0.963	5.28
4	Kessinger	Don	**1.6167**	1975	1618	0.964	4.94
5	Tinker	Joe	**1.5942**	1916	1501	0.936	5.55
6	Bowa	Larry	**1.5803**	1985	483	0.976	4.52
7	Hollocher	Charlie	**1.5649**	1924	751	0.954	5.53
8	Rodgers	Andre	**1.5503**	1964	433	0.960	4.96
9	Dahlen	Bill	**1.5477**	1898	712	0.909	6.21
10	Dunston	Shawon	**1.5335**	1997	1228	0.968	4.50
13	Castro	Starlin	**1.4540**	2013	735	0.963	4.28
21	Smalley	Roy	**1.3444**	1953	643	0.945	4.83

Rank	THIRD BASE (21)		FV	Lyear	G	FPCT	RF
1	Williamson	Ned	**1.6384**	1885	601	0.870	3.72
2	Santo	Ron	**1.5734**	1973	2102	0.954	3.07
3	Burns	Tom	**1.5361**	1891	696	0.888	3.62
4	Deal	Charlie	**1.5179**	1921	606	0.964	3.22
5	Steinfeldt	Harry	**1.5175**	1910	730	0.949	3.00
6	Buechele	Steve	**1.4954**	1995	323	0.968	2.33
7	Hack	Stan	**1.4921**	1947	1836	0.957	2.96
8	Jackson	Randy	**1.4836**	1959	687	0.951	3.07
9	Friberg	Bernie	**1.4815**	1925	319	0.950	3.02
10	Cey	Ron	**1.4605**	1986	518	0.954	2.31
17	Ramirez	Aramis	**1.3508**	2011	1097	0.955	2.27
20	Zimmerman	Heinie	**1.2835**	1916	533	0.914	3.08

Rank	CATCHER (27)		FV	Lyear	G	FPCT	RF	CS%
1	Hartnett	Gabby	**2.0074**	1940	1759	0.984	4.77	0.565
2	Killefer	Bill	**2.0044**	1921	307	0.981	5.78	0.494
3	Kling	Johnny	**1.9691**	1911	960	0.973	6.07	0.489
4	Hundley	Randy	**1.9471**	1977	939	0.992	6.17	0.423
5	Gonzalez	Mike	**1.9430**	1929	269	0.989	4.42	0.542

Rank			FV	Lyear	G	FPCT	RF	ApG
6	Soto	Geovany	1.9126	2012	533	0.992	7.87	0.266
7	Davis	Jody	1.8911	1988	961	0.987	5.95	0.347
8	Wilkins	Rick	1.8883	1995	432	0.993	5.99	0.398
9	Barrett	Michael	1.8844	2007	409	0.993	7.77	0.215
10	Archer	Jimmy	1.8745	1916	677	0.971	5.92	0.489
13	Girardi	Joe	1.8021	2002	561	0.990	6.21	0.369
20	McCullough	Clyde	1.7428	1956	651	0.983	4.52	0.437

Rank	OUTFIELD (74)		FV	Lyear	G	FPCT	RF	ApG
1	Statz	Jigger	1.6009	1925	432	0.964	3.01	0.155
2	Lange	Bill	1.5770	1899	716	0.942	2.61	0.190
3	Leach	Tommy	1.5671	1914	330	0.977	2.47	0.127
4	Phillips	Adolfo	1.5482	1969	418	0.978	2.37	0.091
5	Thomson	Bobby	1.5317	1959	264	0.988	2.27	0.083
6	Sheckard	Jimmy	1.5224	1912	999	0.969	2.07	0.136
7	Pafko	Andy	1.5217	1950	757	0.986	2.62	0.110
8	Gore	George	1.5086	1886	706	0.870	2.06	0.227
9	McRae	Brian	1.4975	1997	399	0.991	2.36	0.023
10	Lowrey	Peanuts	1.4861	1949	555	0.982	2.41	0.106
11	Paskert	Dode	1.4822	1920	338	0.968	2.31	0.139
12	Byrd	Marlon	1.4807	2012	282	0.990	2.46	0.050
13	Monday	Rick	1.4773	1976	655	0.983	2.31	0.053
14	Dawson	Andre	1.4576	1992	826	0.987	1.85	0.062
15	Cuyler	Kiki	1.4529	1935	927	0.975	2.32	0.101
16	Carroll	Cliff	1.4525	1891	266	0.928	1.79	0.162
17	Hofman	Solly	1.4493	1916	552	0.965	2.33	0.149
18	Heathcote	Cliff	1.4461	1930	698	0.981	2.34	0.136
19	Dalrymple	Abner	1.4442	1886	709	0.857	1.87	0.150
20	Galan	Augie	1.4384	1941	772	0.980	2.30	0.070
21	Slagle	Jimmy	1.4364	1908	891	0.957	2.10	0.116
22	Wilson	Hack	1.4356	1931	837	0.966	2.49	0.080
23	Martin	Jerry	1.4316	1980	273	0.980	2.12	0.070
24	Murcer	Bobby	1.4284	1979	342	0.983	1.74	0.067
25	Williams	Billy	1.4270	1974	2087	0.973	1.78	0.069
26	Williams	Cy	1.4235	1917	494	0.971	2.35	0.107
27	Moryn	Walt	1.4231	1960	563	0.976	1.92	0.082
28	Kelly	King	1.4198	1886	444	0.826	1.61	0.464
29	Brock	Lou	1.4157	1964	301	0.965	2.11	0.106
30	Flack	Max	1.4146	1922	767	0.975	1.80	0.142
38	Sosa	Sammy	1.4013	2004	1821	0.974	2.12	0.064
47	Schulte	Frank	1.3709	1916	1544	0.966	1.64	0.115

Rank	PITCHING (107)		FV	Lyear	IP	FPCT	RF	
1	Spalding	Al	1.1455	1877	540	0.948	2.42	
2	Jackson	Larry	1.1230	1966	838	0.985	2.87	
3	Maddux	Greg	1.1126	2006	2016	0.972	3.06	
4	Clarkson	John	1.1083	1887	1731	0.904	2.79	
5	Corcoran	Larry	1.0933	1885	2338	0.911	2.55	
6	Tyler	Lefty	1.0923	1921	542	0.977	3.50	
7	McCormick	Jim	1.0885	1886	563	0.944	2.70	
8	Reuschel	Rick	1.0880	1984	2290	0.966	2.66	
9	Alexander	Pete	1.0870	1926	1884	0.988	2.82	
10	Warneke	Lon	1.0831	1945	1625	0.990	2.27	
23	Brown	Mordecai	1.0424	1916	2329	0.973	2.89	
33	Jenkins	Fergie	1.0310	1983	2674	0.951	1.96	

Franchise When and Where
Chicago Cubs (1903 to Present)
Chicago Orphans (1898-1902)
Chicago Colts (1890-1897)
Chicago White Stockings (1876-1889)

Cincinnati Reds

The Big Red Machine is well represented with Pete Rose in the outfield and Johnny Bench at catcher, even though teammate Joe Morgan just could not outseat #1 Overall Second Baseman Bid McPhee for a spot. You have Vada Pinson, Gold Glove Winner and underrated overall player in centerfield, plus Pop Corkhill in right, who played in the pre-1900 era when the team was nicknamed the Red Stockings at League Park #1, not just monikered the Reds, and sported a handlebar mustache more conducive to barbershop quartets than the baseball diamond. Well, he was pretty suited to the field as well, winning five fielding titles (then known for fielding percentage) during his ten year tenure in the bigs. For the infield, you'd have to admit that the right side of that arena was populated by the best combo in history for defensive exploits. Besides #1 second baseman Bid McPhee, there is #2 first baseman Frank McCormick.

Vada Pinson
Pete Rose   Pop Corkhill

Ray McMillan
                Bid McPhee
Don Hoak
                Frank McCormick
         Bronson Arroyo

         Johnny Bench
BEST FIELDING TEAM

Cincinnati Reds

FIRST BASE (22)

Rank			FV	Lyear	G	FPCT	RF
1	McCormick	Frank	**1.3536**	1945	1206	0.995	10.44
2	Pipp	Wally	**1.2520**	1928	341	0.993	10.93
3	May	Lee	**1.2134**	1971	671	0.993	9.26
4	Comiskey	Charlie	**1.2128**	1894	265	0.980	10.56
5	Kluszewski	Ted	**1.2040**	1957	1255	0.993	9.19
6	Kelly	George	**1.1840**	1930	345	0.992	10.52
7	Benzinger	Todd	**1.1730**	1991	274	0.994	8.70
8	Driessen	Dan	**1.1687**	1984	1156	0.995	8.37
9	Perez	Tony	**1.1460**	1986	1092	0.993	8.29
10	Casey	Sean	**1.1314**	2005	1030	0.995	8.82
16	Votto	Joey	**1.1066**	**2014**	930	0.993	8.67

SECOND BASE (22)

Rank			FV	Lyear	G	FPCT	RF
1	McPhee	Bid	**1.4438**	1899	2126	0.944	6.33
2	Rath	Morrie	**1.4236**	1920	264	0.975	5.70
3	Boone	Bret	**1.4110**	1998	677	0.990	4.69
4	Morgan	Joe	**1.3792**	1979	1116	0.986	5.10
5	Helms	Tommy	**1.3705**	1971	658	0.982	5.30
6	Frey	Lonny	**1.3550**	1946	889	0.974	5.65
7	Reese	Pokey	**1.3400**	2001	341	0.985	4.99
8	Egan	Dick	**1.3277**	1913	603	0.957	5.25
9	Phillips	Brandon	**1.3270**	**2014**	1307	0.990	4.69
10	Huggins	Miller	**1.3252**	1909	757	0.950	5.45
14	Temple	Johnny	**1.3019**	1959	948	0.975	5.22
15	Oester	Ron	**1.2382**	1990	1171	0.980	4.94

SHORTSTOP (22)

Rank			FV	Lyear	G	FPCT	RF
1	McMillan	Roy	**1.6660**	1960	1302	0.971	4.94
2	Miller	Eddie	**1.6534**	1947	697	0.972	5.39
3	Herzog	Buck	**1.6508**	1916	355	0.940	5.82
4	Smith	Germany	**1.6265**	1896	781	0.920	5.57
5	Beard	Ollie	**1.5955**	1890	254	0.896	5.18
6	Cozart	Zack	**1.5893**	**2014**	446	0.980	4.10
7	Concepcion	Dave	**1.5849**	1988	2178	0.971	4.71
8	Cardenas	Leo	**1.5787**	1968	1138	0.969	4.54
9	Durocher	Leo	**1.5713**	1933	381	0.961	5.08
10	Corcoran	Tommy	**1.5596**	1906	1163	0.934	5.62
12	Larkin	Barry	**1.5267**	2004	2085	0.975	4.32
18	Joost	Eddie	**1.4049**	1942	368	0.941	4.82

THIRD BASE (26)

Rank			FV	Lyear	G	FPCT	RF
1	Hoak	Don	**1.6457**	1958	261	0.968	3.21
2	Bell	Buddy	**1.5906**	1988	373	0.971	2.46
3	Groh	Heinie	**1.5619**	1921	883	0.965	3.24
4	Irwin	Charlie	**1.5440**	1900	603	0.928	3.47
5	Pinelli	Babe	**1.5315**	1927	579	0.949	3.41
6	Werber	Billy	**1.5233**	1941	397	0.950	3.21
7	Sabo	Chris	**1.4945**	1996	792	0.963	2.40
8	Mesner	Steve	**1.4909**	1945	398	0.956	3.19
9	Perez	Tony	**1.4736**	1971	760	0.946	2.82
10	Latham	Arlie	**1.4702**	1895	680	0.875	3.50
11	Rolen	Scott	**1.4694**	2012	319	0.972	2.43
17	Frazier	Todd	**1.4327**	**2014**	371	0.970	2.23

CATCHER (27)

Rank			FV	Lyear	G	FPCT	RF	CS%
1	Bench	Johnny	**1.9703**	1983	1742	0.990	5.80	0.432
2	Edwards	Johnny	**1.9417**	1967	731	0.991	7.10	0.396
3	Mueller	Ray	**1.8982**	1949	491	0.988	4.31	0.520
4	Hanigan	Ryan	**1.8812**	2013	460	0.995	6.93	0.404
5	Oliver	Joe	**1.8715**	1997	738	0.990	6.50	0.328
6	Diaz	Bo	**1.8543**	1989	453	0.988	6.02	0.348

Rank				FV	Lyear	G	FPCT	RF	ApG
7	Peitz	Heinie		**1.8510**	1904	648	0.968	4.96	0.459
8	Lamanno	Ray		**1.8387**	1948	400	0.980	4.86	0.416
9	Keenan	Jim		**1.8386**	1891	320	0.940	6.22	0.375
10	McLean	Larry		**1.8359**	1912	580	0.974	5.42	0.471
11	Lombardi	Ernie		**1.8323**	1941	1053	0.979	4.18	0.488
22	Wingo	Ivey		**1.7247**	1929	955	0.966	4.67	0.479
Rank	**OUTFIELD (78)**			**FV**	**Lyear**	**G**	**FPCT**	**RF**	**ApG**
1	Corkhill	Pop		**1.6199**	1891	644	0.941	2.19	0.225
2	Rose	Pete		**1.5910**	1978	1264	0.992	2.04	0.077
3	Pinson	Vada		**1.5599**	1968	1551	0.981	2.37	0.071
4	Craft	Harry		**1.5459**	1942	552	0.986	2.61	0.083
5	Jones	Charley		**1.5447**	1887	653	0.878	2.14	0.168
6	Bell	Gus		**1.5349**	1961	1186	0.987	2.36	0.073
7	Geronimo	Cesar		**1.5283**	1980	1141	0.989	2.32	0.065
8	Tolan	Bobby		**1.5187**	1973	569	0.978	2.50	0.054
9	Clay	Dain		**1.5141**	1946	403	0.987	2.72	0.065
10	Robinson	Frank		**1.5137**	1965	1278	0.986	2.05	0.070
11	Milner	Eddie		**1.5106**	1988	635	0.986	2.52	0.069
12	Seymour	Cy		**1.5098**	1905	554	0.937	2.51	0.143
13	Paskert	Dode		**1.5094**	1921	377	0.961	2.46	0.149
14	Stubbs	Drew		**1.5040**	2012	481	0.989	2.40	0.050
15	Allen	Ethan		**1.5036**	1930	388	0.985	2.73	0.077
16	Hatcher	Billy		**1.4999**	1992	275	0.988	2.18	0.051
17	Mitchell	Mike		**1.4932**	1912	842	0.960	1.95	0.160
18	Bescher	Bob		**1.4911**	1913	733	0.959	2.26	0.123
19	Roush	Edd		**1.4865**	1931	1360	0.971	2.63	0.111
20	O'Neill	Paul		**1.4858**	1992	711	0.988	2.04	0.073
21	Foster	George		**1.4835**	1981	1207	0.988	2.18	0.062
22	Hoy	Dummy		**1.4779**	1902	553	0.918	2.59	0.128
23	Harper	Tommy		**1.4715**	1967	616	0.990	1.86	0.045
24	Householder	Paul		**1.4700**	1984	286	0.992	1.81	0.080
25	Burns	George		**1.4695**	1924	400	0.968	2.31	0.110
26	Neale	Greasy		**1.4683**	1924	720	0.973	2.28	0.121
27	Baumholtz	Frank		**1.4507**	1949	280	0.980	2.08	0.107
28	Davis	Eric		**1.4487**	1996	934	0.986	2.37	0.046
29	Bates	Johnny		**1.4478**	1914	377	0.952	2.26	0.156
30	Freel	Ryan		**1.4470**	2008	391	0.988	2.08	0.084
33	Bruce	Jay		**1.4307**	**2014**	968	0.983	2.06	0.067
75	Dunn	Adam		**1.2140**	2008	1000	0.968	1.81	0.051
Rank	**PITCHING (104)**			**FV**	**Lyear**	**IP**	**FPCT**	**RF**	
1	Arroyo	Bronson		**1.0954**	2013	1690	0.980	2.08	
2	Latos	Mat		**1.0945**	2014	522	0.991	1.86	
3	Purkey	Bob		**1.0871**	1964	1588	0.966	2.74	
4	Suggs	George		**1.0795**	1913	1029	0.967	3.09	
5	Starr	Ray		**1.0726**	1943	528	0.978	2.23	
6	Walters	Bucky		**1.0705**	1948	2356	0.971	2.42	
7	Parrott	Tom		**1.0700**	1895	726	0.923	2.96	
8	Mays	Carl		**1.0664**	1928	703	0.964	4.11	
9	Breitenstein	Ted		**1.0663**	1900	1039	0.961	2.75	
10	Rixey	Eppa		**1.0646**	1933	2891	0.983	2.48	
43	Seaver	Tom		**1.0000**	1982	1086	0.949	1.69	
65	Cueto	Johnny		**0.9767**	2014	1208	0.928	2.00	

Franchise When and Where
Cincinnati Reds (1890-1953); (1960 to Present)
Cincinnati Redlegs (1954-1959)
Cincinnati Red Stockings (1882-1889)

Cleveland Indians

There's Tris Speaker again, still plying his outfield trade from the ages of 28-38, now for the Indians with only a slight diminution in his skill (1.6138 FV Cleveland; 1.6598 FV Boston, Age 19-27). There's Willie Kamm again, still plying his skill at the third sack from the ages of 31-35, with an even more consistent dynamic (1.6750 FV Cleveland; 1.6652 FV Chicago White Sox, Age 23-31). Seems like the Indians like to get players on their second tours, especially if they can field. For Roberto Alomar, it was actually his fourth tour around baseball when he played for the Indians to the tune of a FV 1.4219 (Age 31-33). How did he do in his first three team rounds? San Diego (Age 20-22) FV 1.3225; Toronto (Age 23-27) FV 1.3399; Baltimore (Age 28-30) FV 1.4219; New York Mets (Age 34-35) FV 1.2310. Did you know that Alomar actually played for two more teams, making it seven for his career? We had forgotten that.

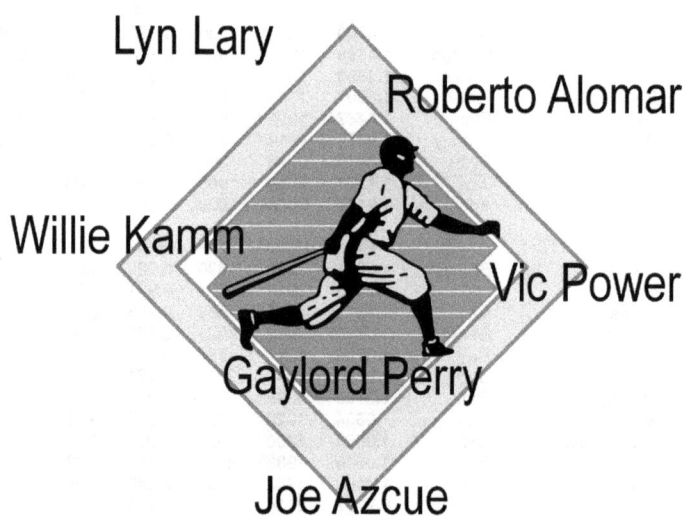

Tris Speaker

Jim Piersall

Brett Butler

Lyn Lary

Roberto Alomar

Willie Kamm

Vic Power

Gaylord Perry

Joe Azcue

BEST FIELDING TEAM

Cleveland Indians

Rank	FIRST BASE (23)		FV	Lyear	G	FPCT	RF
1	Power	Vic	**1.3134**	1961	450	0.995	9.02
2	Vernon	Mickey	**1.2307**	1958	274	0.990	9.67
3	Fonseca	Lew	**1.2188**	1931	270	0.994	10.71
4	Chambliss	Chris	**1.2051**	1974	398	0.992	9.75
5	Stovall	George	**1.1762**	1911	802	0.985	11.29
6	Thornton	Andre	**1.1709**	1984	449	0.994	9.29
7	Rocco	Mickey	**1.1689**	1946	431	0.994	9.80
8	Hargrove	Mike	**1.1503**	1985	769	0.993	8.74
9	Fleming	Les	**1.1429**	1947	320	0.990	9.51
10	Morgan	Ed	**1.1156**	1933	456	0.985	10.37
11	Trosky	Hal	**1.1011**	1941	1111	0.990	9.67
13	Thome	Jim	**1.0841**	2002	755	0.992	8.92

Rank	SECOND BASE (19)		FV	Lyear	G	FPCT	RF
1	Alomar	Roberto	**1.4219**	2001	468	0.988	4.61
2	Lajoie	Nap	**1.3823**	1914	1385	0.965	5.69
3	Hodapp	Johnny	**1.3403**	1932	354	0.971	5.93
4	Kuiper	Duane	**1.3194**	1981	774	0.984	5.00
5	Baerga	Carlos	**1.2956**	1999	735	0.974	5.22
6	Avila	Bobby	**1.2923**	1958	1098	0.979	5.15
7	Leon	Eddie	**1.2528**	1972	284	0.983	4.79
8	Bernazard	Tony	**1.2269**	1987	507	0.977	4.96
9	Gordon	Joe	**1.2261**	1950	549	0.975	5.11
10	Browne	Jerry	**1.2182**	1991	337	0.980	4.58
11	Kipnis	Jason	**1.2037**	2014	452	0.985	4.43
14	Wambsganss	Bill	**1.1960**	1923	938	0.957	5.45

Rank	SHORTSTOP (20)		FV	Lyear	G	FPCT	RF
1	Lary	Lyn	**1.6881**	1939	299	0.963	5.05
2	Vizquel	Omar	**1.6493**	2004	1472	0.985	4.40
3	Boudreau	Lou	**1.6473**	1950	1486	0.973	5.15
4	Sewell	Joe	**1.6089**	1928	1216	0.951	5.37
5	Duffy	Frank	**1.5968**	1977	797	0.979	4.47
6	Turner	Terry	**1.5710**	1918	722	0.953	5.18
7	Peralta	Jhonny	**1.5392**	2009	706	0.975	4.52
8	Veryzer	Tom	**1.5353**	1981	460	0.970	4.49
9	Fermin	Felix	**1.5334**	1993	624	0.971	4.38
10	Franco	Julio	**1.5290**	1987	704	0.959	4.47
11	Chapman	Ray	**1.5288**	1920	957	0.939	5.39
17	Cabrera	Asdrubal	**1.4381**	**2014**	730	0.974	4.21

Rank	THIRD BASE (20)		FV	Lyear	G	FPCT	RF
1	Kamm	Willie	**1.6750**	1935	515	0.969	2.99
2	Nettles	Graig	**1.6610**	1972	462	0.966	3.28
3	Bell	Buddy	**1.5961**	1978	843	0.960	3.17
4	Keltner	Ken	**1.5778**	1949	1492	0.965	3.10
5	Hale	Odell	**1.5479**	1940	433	0.943	3.18
6	Bradley	Bill	**1.5466**	1910	1193	0.940	3.34
7	Gardner	Larry	**1.5375**	1924	600	0.956	3.19
8	Sewell	Joe	**1.5279**	1930	268	0.964	3.17
9	Phillips	Bubba	**1.5147**	1962	373	0.964	2.88
10	Jacoby	Brook	**1.5059**	1992	1109	0.957	2.45
11	Rosen	Al	**1.5048**	1956	932	0.961	2.94
12	Harrah	Toby	**1.4985**	1983	680	0.963	2.51

Rank	CATCHER (21)		FV	Lyear	G	FPCT	RF	CS%
1	Azcue	Joe	**1.9830**	1969	561	0.994	7.20	0.471
2	Hegan	Jim	**1.9648**	1957	1491	0.990	5.10	0.507
3	Hemsley	Rollie	**1.9307**	1941	377	0.986	5.44	0.445
4	Fosse	Ray	**1.8742**	1977	577	0.986	6.65	0.381
5	Romano	Johnny	**1.8634**	1964	537	0.990	5.99	0.368

Rank			FV	Lyear	G	FPCT	RF	ApG
6	Diaz	Einar	1.8583	2002	453	0.990	7.42	0.338
7	O'Neill	Steve	1.8506	1923	1339	0.973	5.11	0.461
8	Pytlak	Frankie	1.8445	1940	598	0.991	4.76	0.441
9	Hassey	Ron	1.8359	1984	523	0.994	5.41	0.329
10	Sewell	Luke	1.8037	1939	944	0.972	4.14	0.479
11	Alomar Jr.	Sandy	1.7746	2000	950	0.988	6.39	0.306
18	Santana	Carlos	1.6496	2014	330	0.991	7.32	0.253

Rank	OUTFIELD (64)		FV	Lyear	G	FPCT	RF	ApG
1	Butler	Brett	1.6530	1987	601	0.993	2.92	0.075
2	Speaker	Tris	1.6138	1926	1475	0.976	2.75	0.151
3	Piersall	Jim	1.5699	1961	345	0.989	2.66	0.049
4	Manning	Rick	1.5614	1983	1051	0.986	2.81	0.059
5	Lofton	Kenny	1.5310	2007	1259	0.982	2.51	0.080
6	Sizemore	Grady	1.5245	2011	848	0.993	2.51	0.021
7	Cardenal	Jose	1.5244	1969	295	0.978	2.42	0.071
8	Hendrick	George	1.5207	1976	532	0.987	2.36	0.062
9	Davalillo	Vic	1.5178	1968	648	0.986	2.23	0.063
10	Snyder	Cory	1.5098	1990	599	0.983	2.22	0.109
11	Pinson	Vada	1.5000	1971	282	0.980	2.09	0.067
12	Minoso	Minnie	1.4956	1959	302	0.980	2.16	0.089
13	Uhlaender	Ted	1.4951	1971	265	0.992	1.82	0.042
14	Doby	Larry	1.4928	1958	1165	0.983	2.60	0.068
15	Averill	Earl	1.4899	1939	1483	0.970	2.62	0.073
16	Vosmik	Joe	1.4830	1936	808	0.981	2.31	0.078
17	Brantley	Michael	1.4795	2014	667	0.994	2.03	0.049
18	Birmingham	Joe	1.4720	1914	712	0.958	2.26	0.181
19	Bay	Harry	1.4719	1907	515	0.970	2.17	0.107
20	Kirkland	Willie	1.4637	1963	375	0.977	2.11	0.091
21	Vukovich	George	1.4478	1985	389	0.990	2.03	0.051
22	Colavito	Rocky	1.4459	1967	871	0.980	1.92	0.070
23	Jamieson	Charlie	1.4435	1932	1386	0.970	2.29	0.115
24	Chapman	Ben	1.4415	1940	286	0.968	2.40	0.077
25	Whiten	Mark	1.4206	2000	301	0.973	2.19	0.113
26	Belle	Albert	1.4199	1996	734	0.974	2.13	0.074
27	Norris	Jim	1.4146	1979	295	0.983	2.39	0.058
28	Carter	Joe	1.4140	1989	662	0.978	2.44	0.065
29	Jackson	Joe	1.4135	1915	634	0.952	1.80	0.175
30	Crisp	Coco	1.4126	2005	404	0.988	2.25	0.035
36	Ramirez	Manny	1.3833	2000	898	0.978	1.85	0.070
41	Graney	Jack	1.3592	1922	1282	0.953	2.06	0.118

Rank	PITCHING (82)		FV	Lyear	IP	FPCT	RF	
1	Perry	Gaylord	1.1121	1975	1131	0.977	2.03	
2	Lemon	Bob	1.1103	1958	2850	0.969	3.07	
3	Joss	Addie	1.1074	1910	2327	0.965	3.83	
4	Sutcliffe	Rick	1.1013	1984	554	0.985	2.10	
5	Coveleski	Stan	1.0959	1924	2502	0.976	3.05	
6	Ferrell	Wes	1.0928	1933	1321	0.978	2.47	
7	Candiotti	Tom	1.0848	1999	1202	0.976	2.39	
8	McLish	Cal	1.0770	1959	667	0.978	2.42	
9	Westbrook	Jake	1.0724	2010	1191	0.971	2.82	
10	Brown	Clint	1.0645	1942	1105	0.975	2.89	
35	Wynn	Early	1.0130	1963	2287	0.968	1.79	
40	Feller	Bob	0.9971	1956	3827	0.963	1.54	

Franchise When and Where
Cleveland Indians (1915 to Present)
Cleveland Naps (1903-1914)
Cleveland Bronchos (1902); Cleveland Blues (1901)

Colorado Rockies

They play in rarefied air in a park and city where you need a humidor to keep even more balls from leaving the park. And how does this affect fielding? We don't really know, but it certainly does. Even though there's still the same twenty-seven outs in a game, which should keep the tenants of fielding measurements on the same plain, it does seem odd that Colorado has a disproportionate amount of Gold Glove winners and high Field Value defensive players. Is that because the Rockies put a premium on good defensive players knowing that their park has other tendencies? Perhaps. All we know is that Troy Tulowitzki is the #1 Defensive Shortstop in history, even though, as we've explained before, it's unlikely he remains there. And you have Todd Helton, #4 Overall All-Time Defensive First Baseman, who more than likely will remain in the Top Ten for a long time. Today, you have Nolan Arenado and DJ LeMahieu winning Gold Gloves in 2014, both at the beginning of their careers and likely to garner more. Perhaps after more time has passed and the franchise aged, we'll have a better reading on why this good glove mantra permeates the rarefied air of Denver. For now, make up your own.

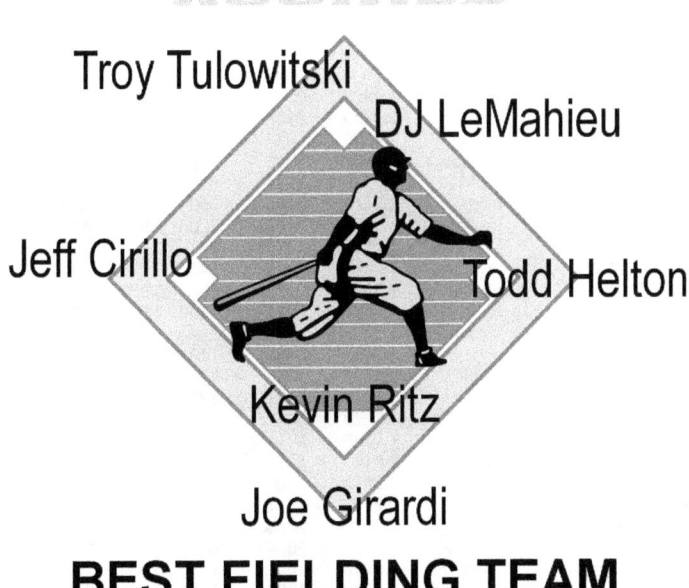

Juan Pierre
Dante Bichette
Larry Walker
Troy Tulowitski
DJ LeMahieu
Jeff Cirillo
Todd Helton
Kevin Ritz
Joe Girardi

BEST FIELDING TEAM

Colorado Rockies (1993 - Present)

Rank	FIRST BASE		FV	Lyear	G	FPCT	RF
1	Helton	Todd	1.3230	2013	2178	0.996	9.46
2	Galarraga	Andres	1.2741	1997	677	0.991	10.01
NR	Morneau	Justin	1.4000	2014	131	0.997	9.59
NR	Pacheco	Jordan	1.0413	2014	103	0.989	8.46
NR	Atkins	Garrett	1.0093	2009	105	0.990	7.29

Rank	SECOND BASE		FV	Lyear	G	FPCT	RF
1	LeMahieu	DJ	1.3917	2014	301	0.992	4.71
2	Young	Eric	1.3378	1997	413	0.977	5.37
3	Lansing	Mike	1.3291	2000	276	0.986	4.91
4	Barmes	Clint	1.1485	2010	306	0.982	4.40
NR	Walker	Todd	1.2313	2001	129	0.979	4.28

Rank	SHORTSTOP		FV	Lyear	G	FPCT	RF
1	Tulowitzki	Troy	1.7030	2014	951	0.986	4.76
2	Perez	Neifi	1.6535	2001	627	0.978	4.81
3	Weiss	Walt	1.6074	1997	520	0.971	4.45
4	Uribe	Juan	1.5400	2003	298	0.971	4.85
5	Barmes	Clint	1.4108	2010	333	0.969	4.48

Rank	THIRD BASE		FV	Lyear	G	FPCT	RF
1	Cirillo	Jeff	1.6681	2001	292	0.973	2.68
2	Castilla	Vinny	1.6120	2006	931	0.964	2.73
3	Hayes	Charlie	1.5833	1994	264	0.950	2.66
4	Atkins	Garrett	1.3998	2009	642	0.954	2.36
5	Stewart	Ian	1.3194	2011	354	0.958	2.14

Rank	CATCHER		FV	Lyear	G	FPCT	RF	CS%
1	Girardi	Joe	1.8134	1995	299	0.989	6.42	0.299
2	Iannetta	Chris	1.7496	2011	427	0.995	6.92	0.252
3	Torrealba	Yorvit	1.6796	2013	356	0.993	6.89	0.251
4	Manwaring	Kirt	1.6524	1999	252	0.989	5.43	0.253
5	Rosario	Wilin	1.6300	2014	321	0.987	6.93	0.280
6	Reed	Jeff	1.6081	1999	324	0.985	5.30	0.313

Rank	OUTFIELD		FV	Lyear	G	FPCT	RF	ApG
1	Walker	Larry	1.4406	2004	1108	0.987	1.87	0.086
2	Pierre	Juan	1.4155	2002	353	0.985	2.40	0.023
3	Bichette	Dante	1.4126	1999	997	0.973	1.81	0.073
4	Wilson	Preston	1.3769	2005	276	0.974	2.18	0.047
5	Gonzalez	Carlos	1.3748	2014	686	0.990	1.68	0.069
6	Burks	Ellis	1.3470	1998	559	0.977	1.67	0.043
7	Fowler	Dexter	1.3379	2013	620	0.984	2.12	0.034
8	Holliday	Matt	1.3028	2008	687	0.980	1.83	0.048
9	Hawpe	Brad	1.2362	2010	747	0.978	1.70	0.064
10	Smith	Seth	1.2098	2011	354	0.983	1.59	0.040
11	Spilborghs	Ryan	1.1496	2011	495	0.981	1.37	0.040

Rank	PITCHING		FV	Lyear	IP	FPCT	RF
1	Ritz	Kevin	1.0679	1998	576	1.000	2.65
2	Astacio	Pedro	1.0338	2001	827	0.967	1.94
3	Cook	Aaron	1.0270	2011	1312	0.961	2.68
4	Francis	Jeff	1.0266	2013	1066	0.995	1.81
5	Jimenez	Ubaldo	1.0195	2011	851	0.943	2.09
6	Jennings	Jason	1.0072	2006	941	0.966	1.91
7	Hammel	Jason	0.9931	2011	525	0.981	1.77
8	Wright	Jamey	0.9879	2005	792	0.954	2.36
9	Chacin	Jhoulys	0.9785	2014	672	0.939	2.08
10	Thomson	John	0.9719	2002	611	0.980	2.14
11	Reynoso	Armando	0.9623	1996	503	0.934	2.77
12	De La Rosa	Jorge	0.9422	2014	858	0.950	1.59
13	Chacon	Shawn	0.9321	2005	552	0.957	1.81

Detroit Tigers

We don't know why we find this fascinating, because it has nothing to do with the fielding men of the Detroit club, but the Tigers are one of the few franchises in history that kept the same name from their inception in 1901 to the present day. But it even goes further back than that. When Detroit had an entry in the minor leagues, prior to the establishment of the American League in 1901, they dubbed the team the Tigers, some say due to the orange stripes on their socks. The most likely story, recounted in the book "A Place of Summer, a Narrative History of Tiger Stadium" by Richard Bak, states that the minor league team was known as both the Wolverines and Tigers, Tigers because the Light Guard unit from Detroit in the Civil and Spanish-American War had been known as the Tigers. So all of the men on their Best Fielding Team Ever were Tigers throughout their careers with Detroit, whether they played in the modern era (Brian Hunter, Curtis Granderson, Placido Polanco, Jason Thompson), the Post World War II time (Ned Garver, Ed Brinkman, George Kell, Paul Richards) or back in the day when some of their fans remember when the minor league club was known as the Wolverines (Jimmy Barrett).

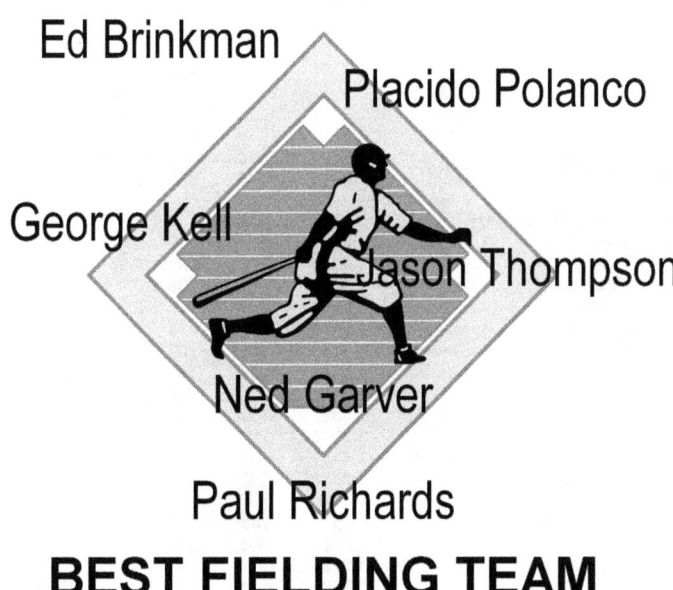

Brian Hunter
Curtis Granderson   Jimmy Barrett
Ed Brinkman
Placido Polanco
George Kell
Jason Thompson
Ned Garver
Paul Richards

BEST FIELDING TEAM

Detroit Tigers

FIRST BASE (18)

Rank			FV	Lyear	G	FPCT	RF
1	Thompson	Jason	**1.2383**	1980	602	0.993	10.23
2	Clark	Tony	**1.1841**	2001	681	0.992	9.43
3	Burns	George	**1.1505**	1917	469	0.985	11.65
4	Pena	Carlos	**1.1396**	2005	387	0.993	9.27
5	Greenberg	Hank	**1.1248**	1946	1019	0.991	10.04
6	Blue	Lu	**1.1228**	1927	894	0.988	10.84
7	Dropo	Walt	**1.1218**	1954	360	0.991	8.90
8	York	Rudy	**1.1148**	1945	945	0.989	9.91
9	Cash	Norm	**1.1104**	1974	1912	0.992	8.49
10	Fielder	Prince	**1.1000**	2013	310	0.994	8.42
11	Fielder	Cecil	**1.0833**	1996	748	0.991	9.20
12	Cabrera	Miguel	**1.0779**	**2014**	724	0.993	8.66

SECOND BASE

Rank	(17)		FV	Lyear	G	FPCT	RF
1	Polanco	Placido	**1.4189**	2009	625	0.994	4.95
2	Priddy	Jerry	**1.3781**	1953	431	0.978	5.84
3	Easley	Damion	**1.3567**	2002	794	0.985	4.94
4	Gehringer	Charlie	**1.3477**	1942	2206	0.976	5.64
5	Whitaker	Lou	**1.3093**	1995	2308	0.984	4.95
6	Mayo	Eddie	**1.2840**	1948	544	0.978	5.33
7	Bolling	Frank	**1.2812**	1960	779	0.981	5.03
8	Bloodworth	Jimmy	**1.2810**	1946	334	0.973	5.53
9	Gleason	Kid	**1.2647**	1902	253	0.932	5.77
10	Young	Ralph	**1.2581**	1921	873	0.959	5.34
11	Schaefer	Germany	**1.2549**	1909	483	0.955	5.38
14	McAuliffe	Dick	**1.1759**	1973	918	0.978	4.59

Rank	SHORTSTOP (22)		FV	Lyear	G	FPCT	RF
1	Brinkman	Ed	**1.6727**	1974	628	0.978	4.67
2	Rogell	Billy	**1.6125**	1939	1148	0.957	5.18
3	Cruz	Deivi	**1.6022**	2001	702	0.979	4.40
4	Bush	Donie	**1.5885**	1921	1846	0.937	5.45
5	Kuenn	Harvey	**1.5830**	1957	747	0.964	4.63
6	Elberfeld	Kid	**1.5758**	1902	285	0.916	6.04
7	Trammell	Alan	**1.5744**	1996	2139	0.977	4.47
8	Peralta	Jhonny	**1.5512**	2013	446	0.989	4.06
9	Tavener	Jackie	**1.5354**	1928	537	0.952	5.05
10	O'Leary	Charley	**1.5113**	1910	634	0.933	5.46
13	Fryman	Travis	**1.4750**	1996	335	0.965	4.66
17	McAuliffe	Dick	**1.3874**	1973	663	0.955	4.03

Rank	THIRD BASE (19)		FV	Lyear	G	FPCT	RF
1	Kell	George	**1.6207**	1952	826	0.971	3.14
2	Inge	Brandon	**1.6028**	2012	999	0.961	2.80
3	Rodriguez	Aurelio	**1.5966**	1979	1236	0.966	3.03
4	Boone	Ray	**1.5762**	1957	505	0.958	3.21
5	McManus	Marty	**1.5686**	1931	473	0.962	3.19
6	Fryman	Travis	**1.5619**	1997	767	0.966	2.72
7	Vitt	Ossie	**1.5471**	1918	565	0.955	3.51
8	Wert	Don	**1.5412**	1970	1036	0.968	2.79
9	Owen	Marv	**1.5317**	1937	717	0.954	2.93
10	Casey	Doc	**1.5002**	1902	259	0.896	3.63
14	Cabrera	Miguel	**1.4384**	**2014**	323	0.958	2.18
17	Brookens	Tom	**1.3833**	1988	979	0.944	2.47

Rank	CATCHER (21)		FV	Lyear	G	FPCT	RF	CS%
1	Richards	Paul	**2.0601**	1946	327	0.988	5.65	0.581
2	Freehan	Bill	**1.9724**	1976	1581	0.993	6.74	0.368
3	Parrish	Lance	**1.9687**	1986	1039	0.991	5.65	0.439
4	Ausmus	Brad	**1.9472**	2000	350	0.994	6.47	0.388
5	Bassler	Johnny	**1.9070**	1927	730	0.982	4.35	0.467
6	Avila	Alex	**1.8889**	**2014**	589	0.994	7.54	0.292

Rank			FV	Lyear	G	FPCT	RF	ApG
7	Rodriguez	Ivan	**1.8831**	2008	578	0.993	6.50	0.398
8	Cochrane	Mickey	**1.8650**	1937	303	0.989	4.73	0.418
9	House	Frank	**1.8530**	1961	422	0.989	5.05	0.510
10	Swift	Bob	**1.8510**	1953	629	0.987	4.32	0.520
16	Inge	Brandon	**1.7428**	2008	376	0.995	5.61	0.357
21	Stanage	Oscar	**1.6773**	1925	1073	0.961	5.27	0.416

Rank	OUTFIELD (59)		FV	Lyear	G	FPCT	RF	ApG
1	Barrett	Jimmy	**1.6374**	1905	587	0.958	2.38	0.172
2	Hunter	Brian	**1.6246**	1999	319	0.990	2.71	0.063
3	Granderson	Curtis	**1.5886**	2009	685	0.993	2.55	0.036
4	Tuttle	Bill	**1.5724**	1957	570	0.982	2.72	0.084
5	Bruton	Bill	**1.5669**	1964	519	0.987	2.52	0.042
6	Jackson	Austin	**1.5529**	2014	667	0.991	2.51	0.043
7	Colavito	Rocky	**1.5476**	1963	625	0.983	2.12	0.075
8	McIntyre	Matty	**1.5306**	1910	786	0.970	2.18	0.134
9	McCosky	Barney	**1.5235**	1946	586	0.983	2.63	0.048
10	Lemon	Chet	**1.5045**	1990	1170	0.986	2.48	0.051
11	Kaline	Al	**1.5011**	1973	2488	0.986	2.09	0.068
12	LeFlore	Ron	**1.4999**	1979	745	0.973	2.70	0.083
13	Evers	Hoot	**1.4987**	1951	708	0.983	2.65	0.079
14	Kuenn	Harvey	**1.4933**	1959	276	0.986	2.25	0.054
15	Veach	Bobby	**1.4815**	1923	1565	0.964	2.31	0.121
16	Cobb	Ty	**1.4793**	1926	2722	0.961	2.33	0.138
17	Stanley	Mickey	**1.4785**	1978	1290	0.991	2.23	0.047
18	Maxwell	Charlie	**1.4718**	1962	709	0.988	2.13	0.054
19	Cramer	Doc	**1.4611**	1948	655	0.985	2.39	0.075
20	Pettis	Gary	**1.4579**	1992	291	0.988	2.88	0.027
21	Curtis	Chad	**1.4500**	1996	272	0.981	2.26	0.040
22	Kemp	Steve	**1.4432**	1981	602	0.982	2.08	0.068
23	Delsing	Jim	**1.4266**	1955	377	0.991	2.26	0.042
24	Rice	Harry	**1.4222**	1930	291	0.960	2.70	0.096
25	Deer	Rob	**1.4196**	1993	324	0.979	2.32	0.065
26	Crawford	Sam	**1.4132**	1917	1906	0.972	1.63	0.103
27	Groth	Johnny	**1.4108**	1960	681	0.984	2.22	0.068
28	Higginson	Bobby	**1.4091**	2005	1311	0.977	2.07	0.095
29	Northrup	Jim	**1.4033**	1974	1190	0.981	2.03	0.045
30	Fox	Pete	**1.4019**	1940	934	0.978	2.20	0.072
37	Heilmann	Harry	**1.3355**	1929	1488	0.963	1.80	0.112
45	Ordonez	Magglio	**1.3006**	2011	751	0.986	1.72	0.061

Rank	PITCHING (79)		FV	Lyear	IP	FPCT	RF	
1	Garver	Ned	**1.1025**	1956	702	0.969	2.42	
2	Coveleski	Harry	**1.1014**	1918	1023	0.944	3.72	
3	Ehmke	Howard	**1.0947**	1922	1236	0.968	3.32	
4	Mullin	George	**1.0885**	1913	3394	0.948	3.69	
5	Moore	Mike	**1.0851**	1995	501	0.981	2.80	
6	Petry	Dan	**1.0802**	1991	1843	0.977	2.54	
7	Dauss	Hooks	**1.0782**	1926	3391	0.968	3.26	
8	Terrell	Walt	**1.0688**	1992	1328	0.975	2.12	
9	Dubuc	Jean	**1.0660**	1916	1145	0.958	3.91	
10	Willett	Ed	**1.0640**	1913	1546	0.951	3.88	
18	Newhouser	Hal	**1.0466**	1953	2944	0.971	2.25	
54	Verlander	Justin	**0.9712**	2014	1978	0.926	1.55	

Franchise When and Where
Detroit Tigers (1901 to Present)

Houston Astros

They started out as the Colt 45's (1962-64), paying homage to the wild west tendencies of the area whence they hailed, then turning to more modern times when the Houston Space Center played a role in making President Kennedy's proclamation about space a reality turned the town toward astronauts and the outer limits. Their best fielders all come from an Astro time, even one now in Matt Dominguez since they've moved into the American League. Odd to say that the Astros are American Leaguers, isn't it? The Colt 45's were not particularly good at much, winning only 64, 66, and 66 games in their respective first three years. Bob Aspromonte and Dave Guisti came the closest to climbing to the top of this list from that time. The Astros haven't been a whole lot better after that, making it to the World Series once in 2005, only to lose four games to none. But they do lay claim to all the rest of their best fielders, including #10 All-Time Overall Best Catcher in Brad Ausmus.

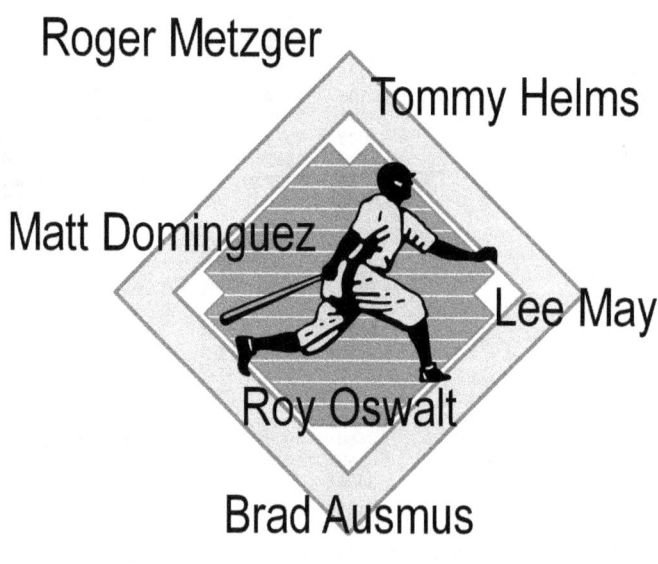

Michael Bourn
Willy Taveras   Steve Finley
Roger Metzger
Tommy Helms
Matt Dominguez
Lee May
Roy Oswalt
Brad Ausmus

BEST FIELDING TEAM

Houston Astros

Rank	FIRST BASE		FV	Lyear	G	FPCT	RF
1	May	Lee	1.2805	1974	435	0.994	9.27
2	Bagwell	Jeff	1.2138	2005	2111	0.993	9.12
3	Davis	Glenn	1.1974	1990	810	0.992	9.26
4	Knight	Ray	1.1833	1984	263	0.993	9.76
5	Watson	Bob	1.1177	1979	790	0.992	8.83
6	Staub	Rusty	1.1106	1968	307	0.991	9.18
7	Berkman	Lance	1.0962	2010	709	0.995	8.95
8	Cabell	Enos	1.0502	1985	263	0.993	7.13

Rank	SECOND BASE		FV	Lyear	G	FPCT	RF
1	Helms	Tommy	1.3329	1975	459	0.984	5.21
2	Biggio	Craig	1.3273	2007	1989	0.984	4.75
3	Kent	Jeff	1.3017	2004	267	0.986	4.80
4	Morgan	Joe	1.2879	1980	987	0.976	5.04
5	Altuve	Jose	1.2797	2014	503	0.986	4.52
6	Doran	Bill	1.2694	1990	1138	0.983	4.73
7	Howe	Art	1.2018	1980	276	0.983	4.75

Rank	SHORTSTOP		FV	Lyear	G	FPCT	RF
1	Metzger	Roger	1.6300	1978	1007	0.977	4.69
2	Tejada	Miguel	1.6199	2009	315	0.976	4.18
3	Thon	Dickie	1.4958	1987	505	0.968	4.29
4	Everett	Adam	1.4901	2007	632	0.977	4.27
5	Jackson	Sonny	1.4898	1967	294	0.946	4.62
6	Reynolds	Craig	1.4801	1989	926	0.969	4.10
7	Lillis	Bob	1.4050	1967	411	0.964	4.44
8	Menke	Denis	1.3780	1974	318	0.957	4.08
9	Bogar	Tim	1.3779	2000	320	0.979	3.86
10	Ramirez	Rafael	1.3542	1992	534	0.956	3.67
11	Gutierrez	Ricky	1.3389	1999	403	0.968	3.86
12	Cedeno	Andujar	1.3136	1996	385	0.949	3.77
13	Lugo	Julio	1.2929	2003	299	0.965	4.11

Rank	THIRD BASE		FV	Lyear	G	FPCT	RF
1	Dominguez	Matt	1.5742	2014	333	0.969	2.64
2	Rader	Doug	1.5335	1975	1116	0.955	2.97
3	Aspromonte	Bob	1.4904	1968	931	0.962	2.71
4	Caminiti	Ken	1.4837	2000	1063	0.949	2.57
5	Cabell	Enos	1.4494	1980	744	0.951	2.61
6	Blum	Geoff	1.4180	2010	378	0.976	2.30
7	Garner	Phil	1.3864	1987	497	0.942	2.51
8	Ensberg	Morgan	1.3662	2007	606	0.955	2.41
9	Howe	Art	1.3625	1982	292	0.970	2.43
10	Spiers	Bill	1.3089	2000	382	0.956	2.14
11	Walling	Denny	1.3023	1988	348	0.949	2.36
12	Berry	Sean	1.2847	1998	282	0.932	2.32

Rank	CATCHER		FV	Lyear	G	FPCT	RF	CS%
1	Ausmus	Brad	1.9978	2008	1243	0.996	7.29	0.353
2	Edwards	Johnny	1.9282	1974	607	0.993	6.69	0.372
3	Biggio	Craig	1.8409	2007	428	0.989	6.21	0.222
4	Servais	Scott	1.7768	2001	284	0.993	6.31	0.229
5	Ashby	Alan	1.7678	1989	901	0.985	6.19	0.242
6	Quintero	Humberto	1.7617	2011	334	0.992	6.69	0.332
7	Eusebio	Tony	1.7458	2001	522	0.992	6.58	0.283
8	Bateman	John	1.7344	1968	526	0.982	6.72	0.332
9	Bailey	Mark	1.7041	1988	306	0.983	6.00	0.289
10	Castro	Jason	1.6947	2014	358	0.993	7.11	0.243
11	Pujols	Luis	1.6744	1983	304	0.987	5.23	0.226

Rank	OUTFIELD		FV	Lyear	G	FPCT	RF	ApG
1	Bourn	Michael	1.5703	2011	525	0.990	2.49	0.059

Rank			FV	Lyear		FPCT		
2	Finley	Steve	**1.5691**	1994	545	0.988	2.43	0.077
3	Taveras	Willy	**1.5444**	2006	293	0.988	2.34	0.065
4	Cedeno	Cesar	**1.5364**	1981	1351	0.985	2.60	0.062
5	Pence	Hunter	**1.5131**	2011	677	0.985	2.29	0.083
6	Wynn	Jimmy	**1.5105**	1973	1379	0.980	2.20	0.076
7	Hidalgo	Richard	**1.5049**	2004	917	0.988	1.95	0.075
8	Warwick	Carl	**1.4971**	1963	269	0.987	1.94	0.071
9	Gonzalez	Luis	**1.4835**	1997	705	0.985	2.16	0.054
10	Everett	Carl	**1.4681**	1999	262	0.983	2.19	0.088
11	Young	Gerald	**1.4652**	1992	546	0.992	2.19	0.070
12	Hatcher	Billy	**1.4623**	1989	507	0.986	2.04	0.061
13	Puhl	Terry	**1.4493**	1990	1299	0.993	2.03	0.044
14	Gross	Greg	**1.4461**	1989	408	0.978	1.94	0.108
15	Mumphrey	Jerry	**1.4199**	1985	306	0.981	2.22	0.039
16	Scott	Tony	**1.4167**	1984	251	0.986	1.99	0.056
17	Cruz	Jose	**1.3988**	1987	1788	0.973	2.07	0.062
18	Bass	Kevin	**1.3977**	1994	943	0.983	1.93	0.060
19	Biggio	Craig	**1.3633**	2004	363	0.980	2.01	0.058
20	Bell	Derek	**1.3510**	1999	674	0.973	1.82	0.065
21	Staub	Rusty	**1.3462**	1968	506	0.959	1.93	0.087
22	Hunter	Brian	**1.3350**	2003	329	0.965	1.99	0.076
23	Mouton	James	**1.3271**	1997	365	0.986	1.53	0.047
24	Alou	Moises	**1.3126**	2001	411	0.981	1.60	0.063
25	Anthony	Eric	**1.3064**	1993	375	0.980	1.74	0.061
26	Berkman	Lance	**1.3058**	2007	963	0.978	1.59	0.048
27	Lee	Carlos	**1.3013**	2011	634	0.985	1.57	0.058
28	Watson	Bob	**1.3011**	1975	568	0.972	1.61	0.042
29	Lane	Jason	**1.2820**	2007	431	0.988	1.52	0.028
30	Howard	Wilbur	**1.2805**	1978	308	0.988	1.66	0.052
31	Spangler	Al	**1.2611**	1965	394	0.970	1.63	0.046
32	Alou	Jesus	**1.2560**	1979	400	0.961	1.72	0.055
33	Miller	Norm	**1.2157**	1973	373	0.973	1.55	0.048
34	Walling	Denny	**1.2097**	1988	254	0.982	1.50	0.047

Rank	**PITCHING (40)**		FV	Lyear	IP	FPCT	RF	
1	Oswalt	Roy	**1.0700**	2010	1932	0.981	1.96	
2	Giusti	Dave	**1.0529**	1968	913	0.970	2.25	
3	Reynolds	Shane	**1.0499**	2002	1622	0.977	2.11	
4	Niekro	Joe	**1.0430**	1985	2270	0.970	1.90	
5	Clemens	Roger	**1.0257**	2006	539	0.980	1.65	
6	Roberts	Dave	**1.0227**	1975	844	0.974	1.98	
7	Pettitte	Andy	**1.0204**	2006	520	0.964	1.85	
8	Scott	Mike	**1.0190**	1991	1704	0.960	1.80	
9	Bruce	Bob	**1.0144**	1966	907	0.973	2.12	
10	Nottebart	Don	**1.0132**	1965	508	0.968	2.66	
21	Dierker	Larry	**0.9771**	1976	2294	0.949	1.69	
35	Ryan	Nolan	**0.9221**	1988	1855	0.926	1.27	

Franchise When and Where
Houston Astros (1965 to Present)
Houston Colt 45's (1962-1964)

Kansas City Royals

Funny how after the 2014 World Series it's cool to pay attention to the Royals again. It took a long time to get back to that point, since it had been nearly thirty years since they last made the playoffs (1985). And beyond Alex Gordon, who's playing a remarkable outfield, making this list from a corner spot, the Best Fielding Men from the Kansas City franchise come from further back, even though only Frank White and Larry Gura actually played on that championship team. So how come George Brett, the best Royal ever and pretty darn good third baseman isn't up at the top? We'd like to say it was that darn longevity and age factor again, but it really wasn't. While Brett played his entire career with Kansas City until the age of 40, he had moved to first base primarily by the age of 33, about the same age as Joe Randa, #1 on the Royal fielding list, after he had played his second stint for the team from age 31-34. Randa was just better, not only +10 in Range9 for his career (Brett was +13), but above league average (+11) in Fielding Percentage (Brett was -2).

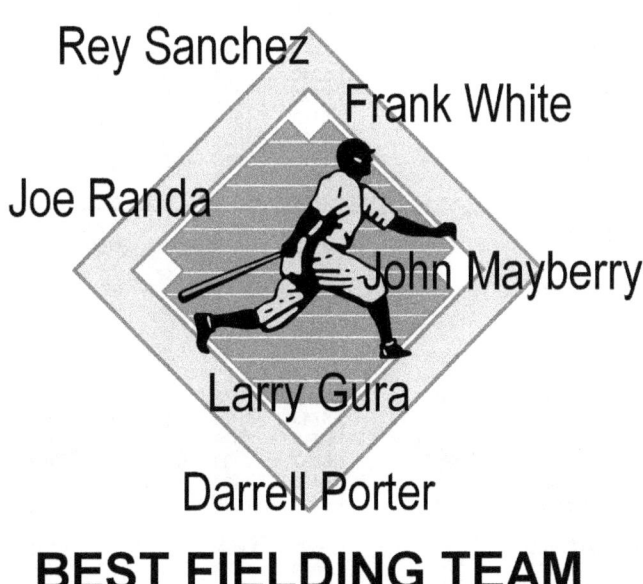

Amos Otis
Alex Gordon
David DeJesus
Rey Sanchez
Frank White
Joe Randa
John Mayberry
Larry Gura
Darrell Porter

BEST FIELDING TEAM

Kansas City Royals

FIRST BASE

Rank			FV	Lyear	G	FPCT	RF
1	Mayberry	John	1.2907	1977	837	0.993	9.85
2	King	Jeff	1.2740	1999	282	0.995	9.16
3	Balboni	Steve	1.2120	1988	490	0.989	9.90
4	Joyner	Wally	1.2035	1995	497	0.994	9.46
5	Brett	George	1.1277	1992	461	0.993	9.45
6	Hosmer	Eric	1.0468	2014	563	0.993	8.74
7	Aikens	Willie	1.0354	1983	477	0.991	8.63
8	LaCock	Pete	1.0164	1980	329	0.995	6.47
9	Butler	Billy	1.0154	2014	394	0.992	8.29
10	Sweeney	Mike	1.0097	2007	553	0.990	9.18

SECOND BASE

Rank			FV	Lyear	G	FPCT	RF
1	White	Frank	1.3457	1990	2150	0.984	5.11
2	Rojas	Cookie	1.2656	1977	790	0.985	4.72
3	Grudzielanek	Mark	1.2315	2008	333	0.991	4.53
4	Offerman	Jose	1.2013	1998	291	0.978	4.53
5	Febles	Carlos	1.1020	2003	493	0.979	4.56
6	Getz	Chris	1.0956	2013	303	0.987	4.26
7	Shumpert	Terry	1.0954	1994	250	0.973	4.23

SHORTSTOP

Rank			FV	Lyear	G	FPCT	RF
1	Sanchez	Rey	1.7269	2001	377	0.989	4.92
2	Gagne	Greg	1.6784	1995	383	0.978	4.68
3	Escobar	Alcides	1.5829	2014	633	0.977	4.19
4	Patek	Freddie	1.5484	1979	1241	0.963	4.79
5	Howard	David	1.4949	1997	332	0.977	4.31
6	Stillwell	Kurt	1.4392	1991	513	0.966	3.88
7	Washington	U L	1.4371	1984	676	0.957	4.30
8	Berroa	Angel	1.4360	2007	619	0.964	4.47
9	Concepcion	Onix	1.3779	1985	287	0.960	4.14

THIRD BASE

Rank			FV	Lyear	G	FPCT	RF
1	Randa	Joe	1.5343	2004	940	0.963	2.60
2	Brett	George	1.5220	1992	1692	0.951	2.98
3	Gaetti	Gary	1.5119	1995	280	0.968	2.56
4	Seitzer	Kevin	1.4959	1991	670	0.946	2.55
5	Moustakas	Mike	1.4710	2014	510	0.956	2.61
6	Gordon	Alex	1.3999	2010	329	0.949	2.48
7	Teahen	Mark	1.3857	2009	363	0.952	2.62
8	Schaal	Paul	1.3241	1974	563	0.932	2.57
9	Pryor	Greg	1.2365	1986	266	0.957	1.94

CATCHER

Rank			FV	Lyear	G	FPCT	RF	CS%
1	Porter	Darrell	1.8340	1980	492	0.983	4.98	0.423
2	Perez	Salvador	1.7992	2014	396	0.992	7.57	0.328
3	Macfarlane	Mike	1.7693	1998	798	0.992	5.73	0.317
4	Mayne	Brent	1.7403	2003	620	0.993	5.70	0.298
5	Kirkpatrick	Ed	1.7202	1973	278	0.983	5.67	0.425
6	Healy	Fran	1.6743	1976	292	0.980	5.08	0.345
7	Quirk	Jamie	1.6719	1988	320	0.985	4.95	0.338
8	Buck	John	1.6697	2009	562	0.990	6.34	0.260
9	Martinez	Buck	1.6479	1977	334	0.981	4.95	0.329
10	Wathan	John	1.6204	1985	572	0.982	4.23	0.318

OUTFIELD

Rank			FV	Lyear	G	FPCT	RF	ApG
1	Otis	Amos	1.6048	1983	1845	0.991	2.67	0.063
2	Gordon	Alex	1.5918	2014	677	0.993	2.21	0.095
3	DeJesus	David	1.5426	2010	911	0.992	2.30	0.053
4	Goodwin	Tom	1.5377	1997	383	0.989	2.21	0.042
5	McRae	Brian	1.5313	1994	606	0.990	2.65	0.028
6	Beltran	Carlos	1.5165	2004	756	0.982	2.78	0.082
7	Wilson	Willie	1.5151	1990	1732	0.988	2.59	0.041

Rank			FV	Lyear		FPCT		
8	Cain	Lorenzo	**1.5096**	2014	360	0.989	2.23	0.050
9	Damon	Johnny	**1.4907**	2000	806	0.987	2.26	0.042
10	Cowens	Al	**1.4839**	1979	783	0.985	2.07	0.073
11	Gathright	Joey	**1.4700**	2008	253	0.988	2.24	0.047
12	Teahen	Mark	**1.4688**	2009	298	0.986	2.18	0.081
13	Piniella	Lou	**1.4463**	1973	661	0.981	1.87	0.064
14	Maier	Mitch	**1.4417**	2012	347	0.990	2.03	0.049
15	Dye	Jermaine	**1.4270**	2001	532	0.980	2.22	0.085
16	Sheridan	Pat	**1.4147**	1985	306	0.986	2.11	0.056
17	Kirkpatrick	Ed	**1.4115**	1973	270	0.993	1.97	0.048
18	Tucker	Michael	**1.3936**	2003	349	0.990	1.92	0.069
19	Francoeur	Jeff	**1.3867**	2013	355	0.986	1.98	0.107
20	Brown	Emil	**1.3424**	2007	380	0.973	2.00	0.071
21	Eisenreich	Jim	**1.3300**	1992	518	0.987	1.89	0.023
22	Wohlford	Jim	**1.3216**	1976	346	0.973	2.00	0.069
23	Jackson	Bo	**1.3195**	1990	464	0.960	2.05	0.088
24	Motley	Darryl	**1.2936**	1986	375	0.976	1.97	0.048
25	Poquette	Tom	**1.2600**	1982	310	0.974	1.91	0.042
26	Tartabull	Danny	**1.2522**	1991	526	0.970	1.64	0.051
27	Smith	Lonnie	**1.2491**	1987	269	0.957	1.89	0.063
28	McRae	Hal	**1.2246**	1982	329	0.967	1.95	0.073
29	Hurdle	Clint	**1.1920**	1981	291	0.966	1.87	0.055
30	Thurman	Gary	**1.1710**	1992	279	0.973	1.67	0.054

Rank	**PITCHING (33)**		FV	Lyear	IP	FPCT	RF	
1	Gura	Larry	**1.0680**	1985	1701	0.983	2.10	
2	Fitzmorris	Al	**1.0561**	1976	1098	0.979	2.65	
3	Greinke	Zack	**1.0542**	2010	1108	0.982	1.78	
4	Gubicza	Mark	**1.0469**	1996	2219	0.969	2.39	
5	Leibrandt	Charlie	**1.0434**	1989	1257	0.958	2.27	
6	Suppan	Jeff	**1.0426**	2002	865	0.964	1.94	
7	Busby	Steve	**1.0311**	1980	1061	0.923	2.32	
8	Belcher	Tim	**1.0288**	1998	686	0.970	1.72	
9	Splittorff	Paul	**1.0277**	1984	2555	0.975	2.03	
10	Saberhagen	Bret	**1.0263**	1991	1660	0.958	2.11	
13	Leonard	Dennis	**1.0093**	1986	2187	0.947	1.76	
16	Guthrie	Jeremy	**0.9988**	2014	505	0.916	1.55	

Franchise When and Where
Kansas City Royals (1969 to Present)

Los Angeles Angels of Anaheim

In the land of the mouse, even if the mouse zip code is now relegated in name to a tack at the end, there is no Mike Trout on the top fielding list. What? Don't you know that Mike Trout is the best player ever! Well, as far as his offensive numbers, he may be having the best first three years in baseball history, or at least well up the list, but as far as defense goes, sorry Trout fans, he's just #12 of 40 ranked outfielders in franchise history. Hey, but that's a lot better than Reggie, who sports the #38 rank. But let's not focus on who's not at the top, but who is. Jim Edmonds was a highlight reel outfielder from his rookie season in 1993 until 1999, scoring a 1.5745 FV rating to land him on an outfield grass with Chad Curtis and Ken Berry. Wally Joyner was a sweet fielding first sacker from his rookie season, 1986, until 1991, not unlike the career track of Edmonds. Lance Parrish took a different route, resurrecting his catching career for four seasons with California after two bad seasons in Philadelphia.

Jim Edmonds
Chad Curtis   Ken Berry

Gary DiSarcina
Bobby Knoop

Ken McMullen
Wally Joyner

Ken McBride

Lance Parrish

BEST FIELDING TEAM

Los Angeles Angels of Anaheim

Rank	FIRST BASE		FV	Lyear	G	FPCT	RF
1	Joyner	Wally	**1.2681**	2001	879	0.994	9.48
2	Spencer	Jim	**1.2128**	1973	474	0.994	9.17
3	Kotchman	Casey	**1.1978**	2008	310	0.997	8.12
4	Snow	J.T.	**1.1698**	1996	487	0.995	8.65
5	Spiezio	Scott	**1.1511**	2003	391	0.997	7.55
6	Mincher	Don	**1.1281**	1968	255	0.993	8.91
7	Pujols	Albert	**1.1219**	2014	270	0.995	8.75
8	Erstad	Darin	**1.1195**	2006	579	0.995	8.19
9	Carew	Rod	**1.1113**	1985	718	0.991	9.77
10	Trumbo	Mark	**1.1070**	2013	299	0.993	8.56
11	Adcock	Joe	**1.0989**	1966	273	0.995	8.98
12	Morales	Kendry	**1.0760**	2012	312	0.994	8.50

Rank	SECOND BASE		FV	Lyear	G	FPCT	RF
1	Knoop	Bobby	**1.3727**	1969	801	0.979	5.20
2	Grich	Bobby	**1.3454**	1986	1097	0.984	5.24
3	Alomar Sr.	Sandy	**1.3233**	1974	703	0.979	5.05
4	Remy	Jerry	**1.3184**	1977	432	0.978	5.03
5	Moran	Billy	**1.3136**	1964	365	0.978	5.30
6	Velarde	Randy	**1.2741**	1999	260	0.984	4.64
7	Ray	Johnny	**1.2631**	1990	363	0.982	5.18
8	Kennedy	Adam	**1.2473**	2006	969	0.984	4.53
9	Kendrick	Howie	**1.1660**	2014	967	0.985	4.50
10	Wilfong	Rob	**1.0762**	1986	323	0.983	4.54

Rank	SHORTSTOP		FV	Lyear	G	FPCT	RF
1	DiSarcina	Gary	**1.6003**	2000	1069	0.973	4.49
2	Schofield	Dick	**1.5952**	1996	1073	0.975	4.52
3	Fregosi	Jim	**1.5911**	1971	1367	0.963	4.73
4	Cabrera	Orlando	**1.5137**	2007	446	0.982	4.17
5	Aybar	Erick	**1.4928**	2014	980	0.973	4.07
6	Eckstein	David	**1.4863**	2004	527	0.980	4.00
7	Chalk	Dave	**1.3296**	1978	324	0.954	4.32
8	Koppe	Joe	**1.3256**	1965	260	0.953	4.52

Rank	THIRD BASE		FV	Lyear	G	FPCT	RF
1	McMullen	Ken	**1.5875**	1972	417	0.965	2.95
2	DeCinces	Doug	**1.5351**	1987	748	0.959	2.83
3	Lansford	Carney	**1.4989**	1980	424	0.962	2.53
4	Chalk	Dave	**1.4627**	1978	399	0.963	2.77
5	Callaspo	Alberto	**1.4536**	2013	398	0.960	2.52
6	Rodriguez	Aurelio	**1.4449**	1970	275	0.954	2.99
7	Glaus	Troy	**1.4392**	2004	778	0.944	2.52
8	Howell	Jack	**1.4113**	1997	600	0.955	2.43
9	Schaal	Paul	**1.4104**	1974	490	0.956	2.69
10	Torres	Felix	**1.3925**	1964	317	0.945	2.82
11	Figgins	Chone	**1.3865**	2009	540	0.958	2.40
12	Izturis	Maicer	**1.1517**	2012	290	0.947	2.04

Rank	CATCHER		FV	Lyear	G	FPCT	RF	CS%
1	Parrish	Lance	**1.9965**	1992	386	0.993	6.16	0.385
2	Boone	Bob	**1.9163**	1988	961	0.985	5.31	0.462
3	Molina	Bengie	**1.8575**	2005	685	0.994	6.37	0.360
4	Rodgers	Buck	**1.8534**	1969	895	0.988	5.83	0.433
5	Downing	Brian	**1.8413**	1981	310	0.990	5.48	0.302
6	Molina	Jose	**1.8249**	2007	348	0.990	6.53	0.413
7	Humphrey	Terry	**1.7652**	1979	255	0.984	5.86	0.346
8	Iannetta	Chris	**1.7573**	2014	295	0.996	7.07	0.242
9	Mathis	Jeff	**1.6259**	2011	411	0.987	6.83	0.236
10	Fabregas	Jorge	**1.6219**	2002	309	0.989	5.66	0.295
11	Napoli	Mike	**1.5914**	2010	406	0.988	6.44	0.239

Rank	OUTFIELD (40)		FV	Lyear	G	FPCT	RF	ApG
1	Curtis	Chad	1.5938	1994	400	0.982	2.62	0.095
2	Berry	Ken	1.5881	1973	346	0.995	2.42	0.066
3	Edmonds	Jim	1.5745	1999	654	0.990	2.67	0.076
4	Cardenal	Jose	1.5702	1967	376	0.981	2.30	0.085
5	Erstad	Darin	1.5648	2006	715	0.995	2.70	0.064
6	Hunter	Torii	1.5457	2012	667	0.993	2.34	0.058
7	Miller	Rick	1.5380	1980	364	0.987	2.81	0.063
8	Pettis	Gary	1.5353	1987	569	0.985	2.82	0.072
9	White	Devon	1.5309	1990	595	0.979	2.73	0.076
10	Bourjos	Peter	1.5217	2013	341	0.991	2.35	0.062
11	Lynn	Fred	1.5127	1984	455	0.987	2.46	0.066
12	Trout	Mike	1.5054	2014	524	0.991	2.23	0.013
13	Anderson	Garret	1.4951	2008	1793	0.989	2.19	0.059
14	Downing	Brian	1.4904	1987	722	0.995	2.00	0.050
15	Pearson	Albie	1.4440	1966	589	0.980	2.15	0.053
16	Reichardt	Rick	1.4428	1970	541	0.981	1.89	0.076
17	Rivers	Mickey	1.4362	1975	426	0.978	2.45	0.063
18	Salmon	Tim	1.4296	2006	1267	0.978	2.20	0.078
19	Rudi	Joe	1.4236	1980	342	0.992	2.26	0.050
20	Johnstone	Jay	1.4195	1970	397	0.980	2.20	0.071
21	Repoz	Roger	1.4121	1971	432	0.988	1.85	0.051
22	Pinson	Vada	1.4091	1973	254	0.978	1.72	0.087
23	Polonia	Luis	1.3986	1993	468	0.981	1.92	0.068
24	Clark	Bobby	1.3634	1983	304	0.991	1.80	0.056
25	Wagner	Leon	1.3384	1963	413	0.967	1.78	0.063
26	Ford	Dan	1.3242	1981	283	0.967	2.16	0.057
27	Matthews	Gary	1.3143	2009	342	0.980	2.25	0.044
28	Davis	Chili	1.3116	1994	354	0.960	1.90	0.056
29	Jones	Ruppert	1.3098	1987	260	0.984	1.86	0.069
30	Smith	Willie	1.3080	1966	262	0.978	1.53	0.061
35	Guerrero	Vladimir	1.2821	2009	598	0.972	2.06	0.069
38	Jackson	Reggie	1.2043	1986	274	0.964	1.48	0.062

Rank	PITCHING (39)		FV	Lyear	IP	FPCT	RF	
1	McBride	Ken	1.0925	1965	780	0.969	2.92	
2	Newman	Fred	1.0639	1967	610	0.963	3.11	
3	Wright	Clyde	1.0538	1973	1403	0.960	2.33	
4	Tanana	Frank	1.0504	1980	1615	0.980	1.67	
5	Chance	Dean	1.0494	1966	1237	0.957	2.10	
6	Blyleven	Bert	1.0359	1992	508	0.990	1.72	
7	Abbott	Jim	1.0332	1996	1074	0.975	1.98	
8	Witt	Mike	1.0120	1990	1965	0.950	1.90	
9	Saunders	Joe	1.0112	2010	692	0.986	1.78	
10	Langston	Mark	1.0063	1997	1445	0.948	2.02	
28	Ryan	Nolan	0.9501	1979	2181	0.879	1.44	
29	Weaver	Jered	0.9458	2014	1688	0.950	1.20	

Franchise When and Where
Los Angeles Angels of Anaheim (2005 to Present)
Anaheim Angels (1997-2004)
California Angels (1965-1996)
Los Angeles Angels (1961-1964)

Los Angeles Dodgers

Mike Griffin was a Brooklyn Groom then member of the Brooklyn Bridegrooms when he ran the outfield to the #1 spot in OF history; Billy Maloney was on the Brooklyn Superbas when he put up enough defensive numbers just after the turn of the century to join Griffin while Brett Butler served his tenure in Chavez Ravine three thousand miles west. Steve Garvey (#2 Overall 1B), Ron Cey, and Claude Osteen were earlier residents of the Los Angeles Dodgers while Roy Campanella was a Brooklyn Dodger through and through. For Bill Dahlen, he was a Superba. For George Cutshaw, it seemed like every year he came to spring training there was a different name on his uniform; Brooklyn Dodgers (1912), Brooklyn Superbas (1913) and even the Brooklyn Robins (1914-1917). Although it seems like the Dodgers are one of the most stable and storied franchises in baseball history, as far as names go, these guys were schizophrenic. But it's fun to remind of baseball's long history, even as far as names. To us, there's not a whole lot of surprises about who makes the best fielding chart on this Atlantics, Grooms, Bridegrooms, Superbas, Robins, Dodgers list, unless you think Jackie Robinson should be above Cutshaw (although that's not real close) or Pee Wee Reese above Dahlen (that's closer).

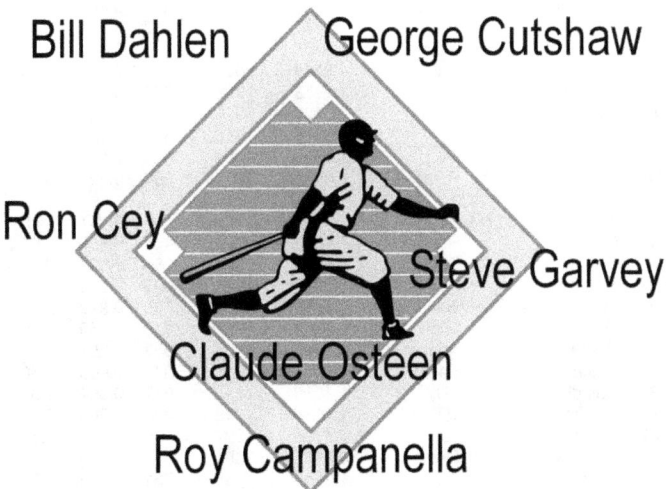

Mike Griffin
Brett Butler
Billy Maloney
Bill Dahlen
George Cutshaw
Ron Cey
Steve Garvey
Claude Osteen
Roy Campanella

BEST FIELDING TEAM

Los Angeles Dodgers

FIRST BASE (23)

Rank			FV	Lyear	G	FPCT	RF
1	Garvey	Steve	1.3621	1982	1470	0.996	10.01
2	Gonzalez	Adrian	1.2926	2014	344	0.994	9.19
3	Parker	Wes	1.2788	1972	1108	0.996	9.33
4	LaChance	Candy	1.2495	1898	470	0.983	10.71
5	Murray	Eddie	1.2442	1991	458	0.995	9.17
6	Phillips	Bill	1.2371	1887	372	0.978	10.50
7	Karros	Eric	1.2241	2002	1579	0.993	9.19
8	Hodges	Gil	1.2240	1961	1851	0.993	8.76
9	Daubert	Jake	1.1894	1918	1207	0.991	10.13
10	Loney	James	1.1460	2012	860	0.994	8.35
11	Camilli	Dolph	1.1386	1943	835	0.992	9.92
12	Bissonette	Del	1.1306	1933	598	0.988	10.10

SECOND BASE (24)

Rank			FV	Lyear	G	FPCT	RF
1	Cutshaw	George	1.4201	1917	833	0.961	5.55
2	Robinson	Jackie	1.3349	1956	748	0.983	5.25
3	Stanky	Eddie	1.2951	1947	498	0.973	5.35
4	Cuccinello	Tony	1.2745	1935	439	0.975	5.68
5	Sax	Steve	1.2733	1988	1070	0.975	5.05
6	Lopes	Davey	1.2625	1981	1150	0.977	5.00
7	Sizemore	Ted	1.2489	1976	275	0.982	5.09
8	Hummel	John	1.2470	1914	547	0.963	5.04
9	Grudzielanek	Mark	1.2330	2002	428	0.983	4.50
10	Cora	Alex	1.2276	2004	335	0.981	4.18
14	Gilliam	Jim	1.1950	1966	1046	0.979	4.78
20	Daly	Tom	1.1350	1901	791	0.926	5.52

SHORTSTOP (22)

Rank			FV	Lyear	G	FPCT	RF
1	Dahlen	Bill	1.6135	1911	649	0.935	5.73
2	Corcoran	Tommy	1.6004	1896	654	0.918	5.73
3	Reese	Pee Wee	1.5879	1958	2014	0.962	4.93
4	Bancroft	Dave	1.5709	1929	251	0.951	5.45
5	Wills	Maury	1.5541	1972	1497	0.963	4.74
6	Smith	Germany	1.5338	1897	778	0.885	5.26
7	Izturis	Cesar	1.5238	2006	553	0.980	4.13
8	Russell	Bill	1.5173	1986	1746	0.960	4.63
9	Gagne	Greg	1.5129	1997	270	0.968	4.15
10	Durocher	Leo	1.5071	1943	325	0.961	4.76
11	Olson	Ivy	1.4936	1924	828	0.936	5.48
14	Furcal	Rafael	1.4591	2011	608	0.967	4.48

THIRD BASE (21)

Rank			FV	Lyear	G	FPCT	RF
1	Cey	Ron	1.5977	1982	1468	0.963	2.94
2	Casey	Doc	1.5458	1907	288	0.937	3.11
3	Smith	Red	1.5213	1914	394	0.933	3.27
4	Uribe	Juan	1.5055	2014	330	0.978	2.44
5	Gilbert	Wally	1.4965	1931	476	0.950	2.90
6	Beltre	Adrian	1.4945	2004	957	0.951	2.65
7	Blake	Casey	1.4857	2011	374	0.966	2.50
8	Shindle	Billy	1.4830	1898	617	0.904	3.35
9	Wallach	Tim	1.4824	1996	384	0.964	2.35
10	Stripp	Joe	1.4706	1937	589	0.961	2.83
11	Pinkney	George	1.4664	1891	865	0.895	3.16
17	Gilliam	Jim	1.2712	1966	761	0.952	2.36

CATCHER (24)

Rank			FV	Lyear	G	FPCT	RF	CS%
1	Campanella	Roy	2.0572	1957	1183	0.988	5.98	0.574
2	Roseboro	Johnny	1.9971	1967	1218	0.990	6.95	0.449
3	Owen	Mickey	1.9734	1945	510	0.986	4.67	0.496
4	Scioscia	Mike	1.9411	1992	1395	0.988	6.50	0.339
5	Martin	Russell	1.9289	2010	641	0.990	7.76	0.315

Rank			FV	Lyear	G	FPCT	RF	ApG
6	Ellis	A.J.	1.9257	2014	418	0.996	7.98	0.325
7	Piazza	Mike	1.8919	1998	700	0.989	7.40	0.254
8	Lo Duca	Paul	1.8853	2004	498	0.991	7.53	0.353
9	Lopez	Al	1.8704	1935	746	0.982	4.30	0.499
10	Bergen	Bill	1.8701	1911	707	0.974	6.05	0.466
15	Yeager	Steve	1.8151	1985	1181	0.987	5.53	0.377
17	Ferguson	Joe	1.7857	1980	496	0.988	5.56	0.298

Rank	OUTFIELD (77)		FV	Lyear	G	FPCT	RF	ApG
1	Griffin	Mike	1.6560	1898	981	0.967	2.69	0.156
2	Butler	Brett	1.5841	1997	750	0.996	2.27	0.048
3	Maloney	Billy	1.5591	1908	402	0.962	2.43	0.119
4	Wynn	Jimmy	1.5428	1975	268	0.988	2.47	0.060
5	Myers	Hy	1.5365	1922	1070	0.972	2.56	0.125
6	Rosen	Goody	1.5239	1946	388	0.991	2.70	0.101
7	Davis	Willie	1.5202	1973	1906	0.977	2.39	0.065
8	Cooney	Johnny	1.5196	1944	255	0.987	2.61	0.078
9	McTamany	Jim	1.5123	1887	280	0.906	2.14	0.211
10	Sheckard	Jimmy	1.4929	1905	838	0.949	2.34	0.153
11	Burch	Al	1.4702	1911	416	0.956	2.21	0.175
12	Snider	Duke	1.4636	1962	1769	0.985	2.28	0.066
13	Brown	Eddie	1.4574	1925	267	0.973	2.88	0.037
14	Medwick	Joe	1.4569	1946	434	0.984	2.11	0.058
15	Baker	Dusty	1.4544	1983	1092	0.987	1.87	0.057
16	Mondesi	Raul	1.4525	1999	913	0.977	2.07	0.076
17	Wheat	Zack	1.4508	1926	2275	0.966	2.25	0.098
18	Carey	Max	1.4472	1929	267	0.971	2.39	0.101
19	Frederick	Johnny	1.4464	1934	733	0.974	2.56	0.082
20	Keeler	Willie	1.4354	1902	543	0.966	1.67	0.140
21	Shelby	John	1.4315	1990	367	0.981	2.30	0.052
22	Moran	Herbie	1.4300	1913	258	0.956	2.10	0.151
23	Walker	Dixie	1.4263	1947	1176	0.974	2.13	0.099
24	Furillo	Carl	1.4236	1960	1739	0.979	2.00	0.087
25	Daniels	Kal	1.4216	1992	291	0.982	1.71	0.079
26	O'Brien	Darby	1.4211	1892	582	0.938	1.99	0.120
27	Kemp	Matt	1.4092	2014	1109	0.983	1.97	0.058
28	Reiser	Pete	1.4079	1948	510	0.979	2.34	0.080
29	Jones	Fielder	1.4067	1900	614	0.945	1.99	0.122
30	Smith	Reggie	1.4021	1980	470	0.977	2.00	0.081
38	Ethier	Andre	1.3565	2014	1219	0.987	1.71	0.051
49	Davis	Tommy	1.3099	1966	691	0.973	1.65	0.059

Rank	PITCHING (109)		FV	Lyear	IP	FPCT	RF	
1	Osteen	Claude	1.0989	1973	2397	0.972	2.31	
2	Morgan	Mike	1.0975	1991	600	0.974	2.87	
3	Lowe	Derek	1.0962	2008	850	0.974	2.42	
4	Caruthers	Bob	1.0809	1891	1434	0.921	2.64	
5	Valenzuela	Fernando	1.0809	1990	2349	0.964	2.36	
6	Kennedy	Brickyard	1.0768	1901	2857	0.940	2.67	
7	Stricklett	Elmer	1.0756	1907	759	0.958	4.59	
8	Stein	Ed	1.0743	1898	1394	0.945	2.54	
9	Grimes	Burleigh	1.0692	1926	2426	0.950	3.32	
10	Dunn	Jack	1.0641	1900	902	0.942	2.91	
16	Kershaw	Clayton	1.0454	2014	1378	0.981	1.65	
25	Sutton	Don	1.0353	1988	3816	0.972	1.65	
29	Drysdale	Don	1.0312	1969	3432	0.937	2.29	
86	Koufax	Sandy	0.9493	1966	2324	0.954	1.13	

Franchise When and Where

Los Angeles Dodgers (1958 to Present); Brooklyn Dodgers (1932-1957, 1911-1912); Brooklyn Robins (1914-1931); Brooklyn Superbas (1899-1910, 1913); Brooklyn Bridegrooms (1888-1890, 1896-1898); Brooklyn Grooms (1891-1895); Brooklyn Grays (1885-1887); Brooklyn Atlantics (1884)

Miami Marlins

This outfield can run, but you're also likely to take the extra base on the left and centerfielders. Chuck Carr only had 28 assists in his eight year career, but had great range and a steady glove; Juan Pierre was only a little better with the arm, cutting down 44 runners in 14 seasons. Thank goodness, Mark Kotsay is playing right; he had 123 assists in 17 seasons. But we shouldn't rag too much on the fact that a team around only since 1993 does not yet have a full fledged top of the notch fielder at each position. It takes time. The best fielders in their history are Luis Castillo and Charles Johnson with three Gold Gloves. Today's players may have a long way to go in their career, but are already making fielding marks in Miami. Adeiny Hechavarria is already taking the #1 spot at shortstop and it won't be long before Christian Yelich and his new Gold Glove in 2014 are making their way onto the list, pending being traded before he qualifies, which these guys have a significant penchant for.

Chuck Carr

Juan Pierre　　　　　　Mark Kotsay

Adeiny Hechavarria

Luis Castillo

Mike Lowell

Greg Colbrunn

Josh Johnson

Charles Johnson

BEST FIELDING TEAM

Miami Marlins

Rank	FIRST BASE		FV	Lyear	G	FPCT	RF
1	Colbrunn	Greg	1.2168	1996	309	0.995	8.92
2	Sanchez	Gaby	1.1876	2012	360	0.994	8.51
3	Lee	Derrek	1.1360	2003	818	0.994	8.53
4	Conine	Jeff	1.0057	2005	398	0.992	6.64
5	Jacobs	Mike	1.0000	2008	351	0.991	7.73

Rank	SECOND BASE		FV	Lyear	G	FPCT	RF
1	Castillo	Luis	1.2612	2005	1114	0.983	4.76
2	Uggla	Dan	1.1811	2010	769	0.980	4.64
NR	Solano	Donovan	1.2182	2014	224	0.990	4.74
NR	Barberie	Bret	1.2643	1994	203	0.979	5.16
NR	Veras	Quilvio	1.3323	1996	189	0.986	5.17

Rank	SHORTSTOP		FV	Lyear	G	FPCT	RF
1	Hechavarria	Adeiny	1.6149	2014	294	0.977	4.20
2	Renteria	Edgar	1.5886	1998	388	0.973	4.46
3	Gonzalez	Alex	1.4546	2005	880	0.968	4.31
4	Ramirez	Hanley	1.4120	2011	827	0.968	4.05
5	Abbott	Kurt	1.3920	1997	265	0.964	4.07

Rank	THIRD BASE		FV	Lyear	G	FPCT	RF
1	Lowell	Mike	1.5768	2005	939	0.976	2.59
2	Pendleton	Terry	1.5722	1996	237	0.956	2.76
3	Cabrera	Miguel	1.3816	2007	375	0.954	2.35
NA	Cantu	Jorge	1.1210	2010	255	0.925	2.07
NA	Orie	Kevin	1.4435	1999	112	0.950	2.91

Rank	CATCHER		FV	Lyear	G	FPCT	RF	CS%
1	Johnson	Charles	2.0109	2002	582	0.995	7.16	0.438
2	Redmond	Mike	1.7726	2004	447	0.994	6.26	0.332
NR	Olivo	Miguel	1.8204	2013	264	0.988	6.72	0.353
NR	Santiago	Benito	1.8508	1994	233	0.989	5.93	0.357
NR	Buck	John	1.8567	2012	240	0.993	7.59	0.211

Rank	OUTFIELD		FV	Lyear	G	FPCT	RF	ApG
1	Kotsay	Mark	1.5691	2000	444	0.986	2.17	0.126
2	Pierre	Juan	1.5456	2013	547	0.993	2.30	0.029
3	Carr	Chuck	1.5392	1995	346	0.984	2.68	0.055
4	Wilson	Preston	1.4576	2002	577	0.984	2.33	0.068
5	Encarnacion	Juan	1.4519	2005	422	0.991	1.91	0.043
6	Ross	Cody	1.4457	2010	601	0.989	1.94	0.047
7	Conine	Jeff	1.3672	2005	664	0.982	1.77	0.060
8	Sheffield	Gary	1.3563	1998	478	0.972	1.75	0.075
9	Stanton	Giancarlo	1.3235	2014	617	0.978	2.19	0.065
10	Coghlan	Chris	1.3089	2013	353	0.991	1.97	0.048
11	Willingham	Josh	1.2988	2008	371	0.984	1.64	0.057
12	Floyd	Cliff	1.2520	2002	579	0.968	1.86	0.066
13	Hermida	Jeremy	1.2489	2009	488	0.976	1.90	0.031
14	Cabrera	Miguel	1.2101	2005	348	0.971	1.66	0.086

Rank	PITCHING		FV	Lyear	IP	FPCT	RF
1	Johnson	Josh	1.0314	2012	917	0.977	2.10
2	Dempster	Ryan	1.0036	2002	760	0.953	1.91
3	Volstad	Chris	1.0021	2011	584	0.983	1.79
4	Nolasco	Ricky	0.9863	2013	1226	0.953	1.50
5	Penny	Brad	0.9825	2014	808	0.975	1.77
6	Willis	Dontrelle	0.9767	2007	1023	0.917	1.86
7	Sanchez	Anibal	0.9554	2012	794	0.912	1.88
8	Rapp	Pat	0.9332	1997	666	0.950	1.81
9	Beckett	Josh	0.9297	2005	609	0.956	1.61
10	Burnett	A.J.	0.9242	2005	854	0.938	1.58
11	Olsen	Scott	0.9170	2008	579	0.955	1.30

| 12 | Hammond | Chris | **0.9056** | 1998 | 520 | 0.923 | 1.66 |

Franchise When and Where
Miami Marlins (2012 to present)
Florida Marlins (1993-2011)

Milwaukee Brewers

This is a franchise with a player who showed immense versatility in his career. Robin Yount, the #2 fielding shortstop in their history and Gold Glove winner in 1982, moved to the outfield in 1985, and became one of their Top Three Outfielders, even topping the baseball universe in Field Value one season. Add to that the noise that some of today's Brewers are making on the list, particularly Jean Segura at shortstop with Jonathan Lucroy backing up as catcher, and you have a very interesting time in the land where beer reigns and sausage racing is king. Long live bratwurst, kielbasa, Italian, hot dog, and chorizo. Hmmm, are we making you hungry? And now to the most important Brewer question. Do you ever wonder where Randall Simon is on the sausage's list of fielding favorites?

Robin Yount
Scott Podsednik   Bob Coluccio

Jean Segura   Fernando Vina

Jeff Cirillo   Cecil Cooper

Mike Caldwell

Jason Kendall

BEST FIELDING TEAM

Milwaukee Brewers

FIRST BASE

Rank			FV	Lyear	G	FPCT	RF
1	Cooper	Cecil	1.2227	1986	1257	0.992	9.93
2	Scott	George	1.2160	1976	743	0.992	9.46
3	Sexson	Richie	1.1798	2003	531	0.994	9.15
4	Fielder	Prince	1.1299	2011	948	0.992	8.76
5	Hegan	Mike	1.1121	1977	263	0.994	8.08
6	Brock	Greg	1.0748	1991	495	0.994	8.50
7	Jaha	John	1.0650	1998	511	0.993	8.75
8	Overbay	Lyle	1.0571	2014	395	0.992	8.20

SECOND BASE

Rank			FV	Lyear	G	FPCT	RF
1	Vina	Fernando	1.3224	1999	508	0.984	5.10
2	Gantner	Jim	1.2993	1992	1449	0.985	5.17
3	Belliard	Ron	1.2708	2002	416	0.980	4.92
4	Garcia	Pedro	1.2682	1976	433	0.974	5.35
5	Molitor	Paul	1.2620	1990	400	0.979	5.50
6	Weeks	Rickie	1.0580	2014	1044	0.970	4.34

SHORTSTOP

Rank			FV	Lyear	G	FPCT	RF
1	Segura	Jean	1.6549	2014	331	0.972	4.35
2	Yount	Robin	1.5896	1984	1479	0.964	4.99
3	Hernandez	Jose	1.5141	2002	336	0.972	4.40
4	Valentin	Jose	1.4732	1999	716	0.957	4.40
5	Listach	Pat	1.4691	1996	302	0.968	4.38
6	Hardy	J.J.	1.4666	2009	557	0.979	3.94
7	Spiers	Bill	1.4533	1994	372	0.970	4.21
8	Riles	Ernest	1.4338	1988	287	0.961	4.00
9	Sveum	Dale	1.4053	1991	338	0.960	4.14
10	Loretta	Mark	1.3492	2002	319	0.983	3.65

THIRD BASE

Rank			FV	Lyear	G	FPCT	RF
1	Cirillo	Jeff	1.5235	2006	848	0.962	2.52
2	Bando	Sal	1.4869	1981	450	0.962	2.86
3	Molitor	Paul	1.4829	1990	791	0.950	2.88
4	Money	Don	1.4729	1983	687	0.969	2.84
5	Seitzer	Kevin	1.4412	1996	322	0.958	2.45
6	Harper	Tommy	1.4116	1971	257	0.943	3.02
7	Ramirez	Aramis	1.3607	2014	349	0.967	2.00
8	McGehee	Casey	1.3568	2011	371	0.942	2.20
9	Gantner	Jim	1.2328	1992	360	0.956	2.18

CATCHER

Rank			FV	Lyear	G	FPCT	RF	CS%
1	Kendall	Jason	1.9080	2009	282	0.993	7.31	0.324
2	Lucroy	Jonathan	1.8731	2014	557	0.993	7.96	0.252
3	Rodriguez	Ellie	1.8064	1973	303	0.987	5.11	0.500
4	Surhoff	B.J.	1.7974	1995	704	0.988	5.61	0.300
5	Simmons	Ted	1.7327	1985	297	0.985	4.96	0.329
6	Moore	Charlie	1.6835	1986	850	0.979	4.60	0.364
7	Porter	Darrell	1.6800	1976	482	0.977	4.91	0.379
8	Matheny	Mike	1.6465	1998	439	0.989	5.13	0.305
9	Schroeder	Bill	1.6295	1988	261	0.991	5.28	0.238
10	Nilsson	Dave	1.6068	1999	309	0.988	5.25	0.222

OUTFIELD

Rank			FV	Lyear	G	FPCT	RF	ApG
1	Podsednik	Scott	1.5780	2004	292	0.991	2.56	0.034
2	Coluccio	Bob	1.5731	1975	261	0.991	2.54	0.088
3	Yount	Robin	1.5595	1993	1218	0.990	2.67	0.044
4	Cameron	Mike	1.5400	2009	266	0.993	2.65	0.026
5	May	Dave	1.5384	1978	668	0.982	2.55	0.069
6	Grissom	Marquis	1.4964	2000	428	0.990	2.47	0.030
7	Hamilton	Darryl	1.4849	1995	620	0.994	2.26	0.050
8	Thomas	Gorman	1.4810	1983	1019	0.984	2.54	0.043
9	Gomez	Carlos	1.4745	2014	587	0.986	2.34	0.060

Rank			FV	Lyear				
10	Lezcano	Sixto	**1.4599**	1980	764	0.980	2.22	0.092
11	Aoki	Norichika	**1.4526**	2013	290	0.989	1.86	0.059
12	Braun	Ryan	**1.4465**	**2014**	952	0.991	1.91	0.049
13	Deer	Rob	**1.4365**	1990	629	0.976	2.21	0.083
14	Clark	Brady	**1.4325**	2006	517	0.986	2.12	0.033
15	Oglivie	Ben	**1.4313**	1986	1000	0.979	2.27	0.070
16	Burnitz	Jeromy	**1.4167**	2001	777	0.978	1.97	0.075
17	Jenkins	Geoff	**1.4015**	2007	1188	0.984	1.96	0.077
18	Moore	Charlie	**1.4009**	1986	391	0.983	2.01	0.077
19	Vaughn	Greg	**1.3798**	1996	672	0.983	2.13	0.046
20	Manning	Rick	**1.3572**	1987	457	0.984	2.07	0.020
21	Mieske	Matt	**1.3507**	1997	415	0.978	1.86	0.067
22	Briggs	Johnny	**1.3501**	1975	478	0.970	2.06	0.067
23	Hart	Corey	**1.3413**	2012	820	0.987	1.92	0.035
24	Braggs	Glenn	**1.3165**	1990	397	0.963	2.31	0.048
25	Felder	Mike	**1.2995**	1990	385	0.981	1.92	0.062
26	Lee	Carlos	**1.2907**	2006	260	0.979	1.78	0.046

Rank	**PITCHING (31)**		FV	Lyear	IP	FPCT	RF
1	Caldwell	Mike	**1.0663**	1984	1605	0.977	2.13
2	Sorensen	Lary	**1.0539**	1980	854	0.957	2.32
3	Colborn	Jim	**1.0392**	1976	1118	0.969	1.99
4	Suppan	Jeff	**1.0319**	2010	577	0.977	1.98
5	Pattin	Marty	**1.0315**	1971	657	0.971	1.85
6	Gallardo	Yovani	**1.0230**	2014	1289	0.977	1.75
7	Capuano	Chris	**1.0152**	2010	745	0.957	1.90
8	Wegman	Bill	**1.0139**	1995	1483	0.954	2.27
9	Parsons	Bill	**1.0134**	1973	518	0.990	1.68
10	Davis	Doug	**1.0127**	2010	724	0.970	1.60
14	Slaton	Jim	**1.0007**	1983	2025	0.953	1.88
24	Estrada	Marco	**0.9456**	2014	521	0.988	1.38

Franchise When and Where
Milwaukee Brewers (1970 to Present)
Seattle Pilots (1969)

Minnesota Twins

It's a cold hard winter in Minnesota every year waiting for the new season to begin, but we didn't know it was Muddy. Yes, Muddy Ruel is the best fielding catcher in Twin history. Muddy Ruel played for the Washington Senators, the initial part of the franchise, from 1923-1930. He started his career at 19 years of age with the St. Louis Browns, known as Herold Dominic Ruel. He was a patient hitter (0.365 OBP) with no power (4 career Home Runs), who was the battery mate for Hall of Fame pitcher Walter Johnson. Ruel was a scholar, graduating with a law degree and admitted to practice law before the Supreme Court. But how did he gain his nickname? Well, it's not known for sure, but it's thought because Ruel hailed from St. Louis and the confines of the muddy Mississippi, that that's where it started. Not as interesting as Muddy, but back to the numbers for a bit. Rod Carew, the best 1st baseman in Twins history was a pedestrian second baseman, ranking #11 of 19. Today's man at second, Brian Dozier, comes out on top, but is unlikely to stay there as his career progresses.

Kirby Puckett
Jim Busby   Stan Spence
Leo Cardenas   Brian Dozier
Gary Gaetti
                 Rod Carew
Brad Radke
Muddy Ruel

BEST FIELDING TEAM

Minnesota Twins

Rank	FIRST BASE (17)		FV	Lyear	G	FPCT	RF
1	Carew	Rod	1.2198	1978	466	0.990	10.06
2	Mientkiewicz	Doug	1.1781	2004	628	0.996	8.52
3	Hrbek	Kent	1.1768	1994	1609	0.994	9.18
4	Jackson	Ron	1.1761	1981	312	0.992	9.54
5	Vernon	Mickey	1.1539	1955	1775	0.990	9.49
6	Morneau	Justin	1.1448	2013	1124	0.996	9.14
7	Gandil	Chick	1.1274	1915	541	0.989	10.08
8	Power	Vic	1.1168	1964	278	0.992	8.61
9	Kuhel	Joe	1.1104	1946	1176	0.992	9.88
10	Judge	Joe	1.1010	1932	2025	0.993	9.88
11	Killebrew	Harmon	1.0457	1974	963	0.991	8.36
14	Reese	Rich	1.0199	1973	603	0.992	6.90

Rank	SECOND BASE (21)		FV	Lyear	G	FPCT	RF
1	Dozier	Brian	1.3960	2014	302	0.986	4.85
2	Bloodworth	Jimmy	1.3690	1941	315	0.972	5.92
3	Knoblauch	Chuck	1.3578	1997	1000	0.986	4.65
4	Priddy	Jerry	1.3006	1947	418	0.971	5.67
5	Harris	Bucky	1.2962	1928	1246	0.965	5.80
6	Myer	Buddy	1.2669	1941	1339	0.974	5.64
7	Teufel	Tim	1.2609	1985	312	0.983	4.78
8	Castillo	Luis	1.2517	2007	227	0.991	4.49
9	Randall	Bob	1.2258	1980	442	0.979	4.85
10	Wilfong	Rob	1.2163	1982	514	0.982	4.70
11	Carew	Rod	1.2114	1978	1128	0.973	4.88
19	Morgan	Ray	1.0774	1918	670	0.953	4.64

Rank	SHORTSTOP (19)		FV	Lyear	G	FPCT	RF
1	Cardenas	Leo	1.6940	1971	473	0.975	4.99
2	McBride	George	1.6751	1920	1445	0.949	5.46
3	Cronin	Joe	1.6137	1934	935	0.951	5.38
4	Cassidy	Joe	1.6087	1905	250	0.935	5.91
5	Smalley	Roy	1.5804	1987	809	0.968	4.90
6	Peckinpaugh	Roger	1.5702	1926	626	0.954	5.00
7	Versalles	Zoilo	1.5291	1967	1106	0.956	4.56
8	Gagne	Greg	1.5243	1992	1112	0.971	4.12
9	Meares	Pat	1.5126	1998	737	0.965	4.36
10	Guzman	Cristian	1.4976	2004	833	0.972	4.23
11	Travis	Cecil	1.4748	1947	710	0.955	4.89
17	Bartlett	Jason	1.3458	2007	310	0.967	4.47

Rank	THIRD BASE (19)		FV	Lyear	G	FPCT	RF
1	Gaetti	Gary	1.6207	1990	1311	0.965	2.87
2	Castino	John	1.5841	1984	416	0.967	3.01
3	Coughlin	Bill	1.5819	1903	386	0.934	3.57
4	Yost	Eddie	1.5436	1958	1625	0.958	3.07
5	Bluege	Ossie	1.5154	1939	1487	0.957	3.09
6	Koskie	Corey	1.5024	2004	762	0.966	2.51
7	Soderholm	Eric	1.4528	1975	375	0.954	3.02
8	Lewis	Buddy	1.4409	1941	671	0.927	3.12
9	Shanks	Howie	1.4349	1922	354	0.946	3.43
10	Leius	Scott	1.4299	1995	412	0.956	2.30
12	Foster	Eddie	1.3874	1919	907	0.927	3.17
15	Plouffe	Trevor	1.3840	2014	342	0.952	2.53

Rank	CATCHER (27)		FV	Lyear	G	FPCT	RF	CS%
1	Ruel	Muddy	2.0262	1930	874	0.985	4.76	0.481
2	Street	Gabby	1.9710	1911	422	0.977	6.40	0.453
3	Battey	Earl	1.9584	1967	967	0.990	6.33	0.416
4	Wynegar	Butch	1.9284	1982	759	0.988	5.17	0.419
5	Henry	John	1.9146	1917	591	0.979	6.30	0.468

			FV		G	FPCT	RF	ApG
6	Spencer	Roy	**1.8810**	1932	377	0.983	4.39	0.500
7	Ferrell	Rick	**1.8588**	1947	634	0.983	4.66	0.444
8	Mauer	Joe	**1.8570**	2013	920	0.995	6.69	0.332
9	Mitterwald	George	**1.8558**	1973	496	0.989	6.07	0.405
10	Borgmann	Glenn	**1.8444**	1979	439	0.988	5.33	0.369
15	Harper	Brian	**1.7637**	1993	655	0.985	5.67	0.312
24	Laudner	Tim	**1.6732**	1989	657	0.984	5.08	0.294

Rank	OUTFIELD (59)		FV	Lyear	G	FPCT	RF	ApG
1	Busby	Jim	**1.6316**	1954	480	0.990	3.25	0.054
2	Puckett	Kirby	**1.6107**	1995	1696	0.989	2.67	0.084
3	Spence	Stan	**1.6022**	1947	739	0.982	2.87	0.101
4	Becker	Rich	**1.5924**	1997	417	0.988	2.67	0.091
5	Ward	Gary	**1.5757**	1983	399	0.982	2.43	0.113
6	Hunter	Torii	**1.5651**	2007	1203	0.991	2.61	0.060
7	West	Sam	**1.5556**	1941	852	0.983	2.76	0.103
8	Brunansky	Tom	**1.5425**	1988	884	0.984	2.26	0.080
9	Bostock	Lyman	**1.5250**	1977	365	0.988	2.41	0.063
10	Uhlaender	Ted	**1.5120**	1969	501	0.991	2.20	0.044
11	Tovar	Cesar	**1.5109**	1972	735	0.983	2.24	0.076
12	Schulte	Fred	**1.5081**	1935	332	0.982	2.70	0.051
13	Cordova	Marty	**1.5069**	1999	529	0.985	2.31	0.072
14	Jones	Charlie	**1.4995**	1907	381	0.967	2.35	0.131
15	Hall	Jimmie	**1.4980**	1966	524	0.981	2.15	0.074
16	Span	Denard	**1.4955**	2012	646	0.989	2.40	0.037
17	Mack	Shane	**1.4787**	1994	607	0.985	2.34	0.054
18	Milan	Clyde	**1.4744**	1922	1903	0.953	2.31	0.154
19	Gladden	Dan	**1.4673**	1991	627	0.983	2.17	0.072
20	Green	Lenny	**1.4665**	1964	593	0.987	2.04	0.034
21	Rice	Sam	**1.4655**	1933	2192	0.965	2.24	0.126
22	Ganley	Bob	**1.4621**	1909	321	0.953	1.90	0.112
23	Oliva	Tony	**1.4573**	1972	1178	0.975	2.04	0.060
24	Hisle	Larry	**1.4524**	1977	626	0.978	2.28	0.070
25	Jones	Jacque	**1.4524**	2005	917	0.986	2.22	0.059
26	Manush	Heinie	**1.4345**	1935	767	0.983	2.13	0.051
27	Goslin	Goose	**1.4322**	1938	1310	0.961	2.36	0.110
28	Brye	Steve	**1.4222**	1976	493	0.989	2.09	0.071
29	Lawton	Matt	**1.4062**	2001	771	0.983	2.11	0.044
30	Case	George	**1.4048**	1947	1069	0.969	2.49	0.078
33	Allison	Bob	**1.4005**	1970	1320	0.975	1.95	0.062
50	Lemon	Jim	**1.3057**	1963	862	0.963	1.88	0.052

Rank	PITCHING (91)		FV	Lyear	IP	FPCT	RF	
1	Radke	Brad	**1.0776**	2006	2451	0.987	1.94	
2	Kralick	Jack	**1.0762**	1963	674	0.988	2.20	
3	Coveleski	Stan	**1.0744**	1927	501	0.962	2.71	
4	Pavano	Carl	**1.0721**	2012	580	0.984	1.96	
5	Grant	Mudcat	**1.0652**	1967	781	0.968	2.09	
6	Tapani	Kevin	**1.0584**	1995	1171	0.980	1.91	
7	Orth	Al	**1.0530**	1903	677	0.928	3.40	
8	Lee	Watty	**1.0513**	1903	527	0.962	3.42	
9	Ramos	Pedro	**1.0506**	1961	1544	0.988	1.84	
10	Porterfield	Bob	**1.0504**	1955	1042	0.976	2.09	
12	Johnson	Walter	**1.0453**	1927	5915	0.969	2.48	
16	Blyleven	Bert	**1.0365**	1988	2567	0.959	1.72	
65	Viola	Frank	**0.9597**	1989	1773	0.927	1.29	
68	Wynn	Early	**0.9540**	1948	1267	0.958	1.80	

Franchise When and Where
Minnesota Twins (1961 to Present)
Washington Senators (1901-1960)

New York Yankees

Now these are names we know, even if they don't include Mantle and Ruth. But with Joe DiMaggio taking claim to centerfield and Bill Dickey at catcher you form an exceptional up the middle. Combine that with Horace Clarke, ranked #5 overall at second base, and throw in Clete Boyer at third, #6 overall and you might just win a few games with Ruth and Mantle becoming the DH. However, what might just impress us the most is the depth at catcher. One of the criticisms you could level against the Yankees and their dynasty is that it was much more about the hitting than the pitching, but somehow their catchers; Dickey, Berra, and Elston Howard shepherded their staff to victory. How good were Dickey, Berra, and Howard? Try #5, #8, and #39 fielding catchers of All-Time. Well, we just can't finish a story about the New York Yankees without a mention of Reggie Jackson, even if the mention is less than stellar. Reggie finished #51 of 64 ranked outfielders. But he did stir that drink.

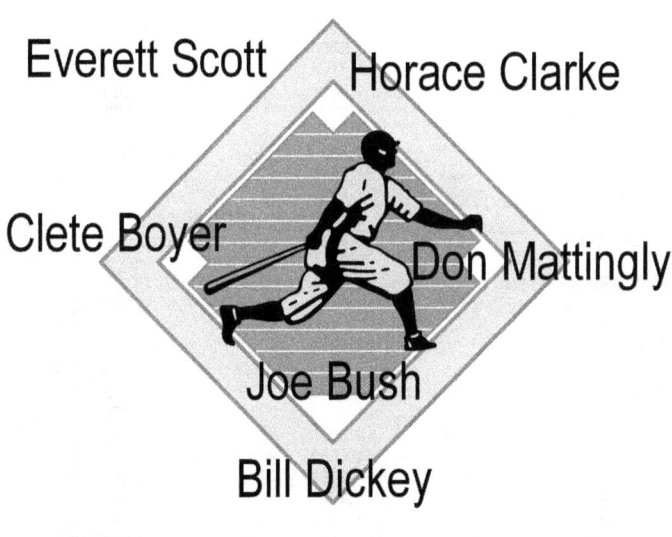

Joe DiMaggio
Curtis Granderson   Bobby Murcer

Everett Scott   Horace Clarke
Clete Boyer   Don Mattingly
Joe Bush
Bill Dickey

BEST FIELDING TEAM

New York Yankees

FIRST BASE (14)

Rank			FV	Lyear	G	FPCT	RF
1	Mattingly	Don	**1.2701**	1995	1634	0.996	9.33
2	Pipp	Wally	**1.2479**	1925	1468	0.992	10.98
3	Pepitone	Joe	**1.2394**	1969	698	0.993	9.40
4	Martinez	Tino	**1.2382**	2005	1026	0.994	8.51
5	Chambliss	Chris	**1.2371**	1979	854	0.993	9.56
6	Teixeira	Mark	**1.1917**	2014	698	0.997	8.63
7	Mantle	Mickey	**1.1700**	1968	262	0.991	9.35
8	Skowron	Bill	**1.1628**	1962	986	0.992	8.82
9	Gehrig	Lou	**1.1330**	1939	2137	0.991	9.64
10	Dahlgren	Babe	**1.0699**	1940	305	0.991	9.71
12	Chase	Hal	**1.0491**	1913	1016	0.978	10.58
13	Collins	Joe	**1.0190**	1957	715	0.990	6.90

SECOND BASE

Rank	(19)		FV	Lyear	G	FPCT	RF
1	Clarke	Horace	**1.4176**	1974	1081	0.983	5.34
2	Pratt	Del	**1.4173**	1920	420	0.970	5.72
3	Sax	Steve	**1.3796**	1991	461	0.988	4.85
4	Stirnweiss	Snuffy	**1.3477**	1950	700	0.980	5.38
5	Randolph	Willie	**1.3326**	1988	1688	0.980	5.32
6	Cano	Robinson	**1.3188**	2013	1350	0.986	4.78
7	Williams	Jimmy	**1.3117**	1907	919	0.954	5.41
8	Gordon	Joe	**1.3095**	1946	970	0.967	5.67
9	Ward	Aaron	**1.3039**	1926	669	0.972	5.50
10	Richardson	Bobby	**1.2723**	1966	1339	0.979	4.91
11	Martin	Billy	**1.2500**	1957	446	0.981	4.87
16	Lazzeri	Tony	**1.1702**	1937	1441	0.968	5.35

Rank	SHORTSTOP (18)		FV	Lyear	G	FPCT	RF
1	Scott	Everett	**1.6625**	1925	495	0.966	4.94
2	Espinoza	Alvaro	**1.6195**	1991	444	0.972	4.70
3	Dent	Bucky	**1.6164**	1982	694	0.976	4.64
4	Rizzuto	Phil	**1.5868**	1956	1647	0.968	4.79
5	McDougald	Gil	**1.5707**	1959	284	0.973	4.86
6	Peckinpaugh	Roger	**1.5702**	1921	1214	0.947	5.34
7	Kubek	Tony	**1.5474**	1965	882	0.967	4.85
8	Michael	Gene	**1.5372**	1974	709	0.965	4.91
9	Tresh	Tom	**1.4864**	1969	274	0.963	4.85
10	Jeter	Derek	**1.4814**	2014	2674	0.976	3.90
11	Crosetti	Frankie	**1.4768**	1948	1516	0.949	4.98

Rank	THIRD BASE (18)		FV	Lyear	G	FPCT	RF
1	Boyer	Clete	**1.6393**	1966	909	0.965	3.43
2	Nettles	Graig	**1.6160**	1983	1509	0.962	3.06
3	Boggs	Wade	**1.5514**	1997	543	0.973	2.48
4	Baker	Frank	**1.5414**	1922	652	0.956	3.40
5	Sewell	Joe	**1.5383**	1933	375	0.963	2.79
6	Rolfe	Red	**1.5376**	1942	1084	0.956	3.09
7	Kenney	Jerry	**1.5105**	1972	328	0.962	3.01
8	Brosius	Scott	**1.4959**	2001	536	0.953	2.57
9	Carey	Andy	**1.4891**	1960	656	0.957	3.02
10	Dugan	Joe	**1.4725**	1928	774	0.961	2.88
11	Pagliarulo	Mike	**1.4566**	1989	684	0.951	2.40
12	Rodriguez	Alex	**1.4468**	2013	1189	0.965	2.37

Rank	CATCHER (18)		FV	Lyear	G	FPCT	RF	CS%
1	Dickey	Bill	**1.9752**	1946	1708	0.988	5.22	0.466
2	Berra	Yogi	**1.9696**	1963	1697	0.989	5.61	0.487
3	Howard	Elston	**1.9256**	1967	1029	0.992	6.08	0.465
4	Cerone	Rick	**1.9142**	1990	567	0.992	5.68	0.387
5	Wynegar	Butch	**1.8830**	1986	434	0.991	6.14	0.359
6	Munson	Thurman	**1.8822**	1979	1278	0.982	5.47	0.441

7	Girardi	Joe	1.8613	1999	374	0.993	7.48	0.285
8	Stanley	Mike	1.8234	1995	356	0.992	5.90	0.317
9	Posada	Jorge	1.8035	2011	1574	0.992	6.81	0.278
10	Schang	Wally	1.7920	1925	498	0.972	4.52	0.457
13	Nokes	Matt	1.7557	1994	360	0.992	5.24	0.270
14	Sweeney	Ed	1.7431	1915	598	0.964	6.11	0.421

Rank	OUTFIELD (64)		FV	Lyear	G	FPCT	RF	ApG
1	Granderson	Curtis	1.5760	2013	498	0.996	2.30	0.040
2	Murcer	Bobby	1.5506	1980	1012	0.983	2.27	0.080
3	DiMaggio	Joe	1.5447	1951	1721	0.978	2.71	0.089
4	Rivers	Mickey	1.5368	1979	479	0.982	2.81	0.061
5	Barfield	Jesse	1.5096	1992	391	0.978	2.25	0.115
6	Witt	Whitey	1.5093	1925	437	0.977	2.48	0.080
7	Cabrera	Melky	1.5026	2009	609	0.990	2.07	0.062
8	Williams	Bernie	1.5005	2006	1926	0.990	2.48	0.034
9	Gardner	Brett	1.4950	2014	777	0.992	1.97	0.049
10	White	Roy	1.4921	1979	1625	0.988	2.12	0.053
11	Kelly	Roberto	1.4903	2000	625	0.985	2.55	0.050
12	Mumphrey	Jerry	1.4848	1983	285	0.979	2.80	0.060
13	Chapman	Ben	1.4762	1936	757	0.964	2.41	0.120
14	Winfield	Dave	1.4651	1990	1123	0.985	2.05	0.051
15	Abreu	Bobby	1.4647	2008	365	0.989	1.97	0.060
16	Mantle	Mickey	1.4620	1966	2019	0.982	2.26	0.058
17	Henderson	Rickey	1.4580	1989	557	0.980	2.77	0.043
18	Suzuki	Ichiro	1.4547	2014	364	0.993	1.52	0.030
19	O'Neill	Paul	1.4538	2001	1221	0.988	1.95	0.048
20	Tresh	Tom	1.4391	1968	716	0.979	1.97	0.068
21	Woodling	Gene	1.4340	1954	658	0.991	2.10	0.074
22	Maris	Roger	1.4233	1966	806	0.985	1.85	0.043
23	Combs	Earle	1.4168	1935	1387	0.974	2.54	0.050
24	High	Hugh	1.4042	1918	331	0.972	2.13	0.124
25	Bodie	Ping	1.4008	1921	378	0.964	2.15	0.116
26	Noren	Irv	1.3981	1956	408	0.984	2.01	0.081
27	Henrich	Tommy	1.3891	1949	1017	0.981	2.07	0.094
28	Lindell	Johnny	1.3857	1949	654	0.980	2.51	0.072
29	Ruth	Babe	1.3796	1934	2045	0.967	2.07	0.089
30	Bauer	Hank	1.3772	1959	1347	0.982	1.75	0.075
39	Damon	Johnny	1.3512	2009	465	0.988	2.08	0.032
42	Piniella	Lou	1.3270	1984	738	0.980	1.89	0.085
51	Jackson	Reggie	1.3063	1981	511	0.972	2.02	0.051

Rank	PITCHING (86)		FV	Lyear	IP	FPCT	RF	
1	Bush	Joe	1.1226	1924	783	0.984	2.87	
2	Mays	Carl	1.1033	1923	1090	0.973	3.52	
3	Stottlemyre	Mel	1.1015	1974	2661	0.969	2.75	
4	Wang	Chien-Ming	1.0858	2009	671	0.989	2.33	
5	Borowy	Hank	1.0745	1945	781	0.986	2.35	
6	Chandler	Spud	1.0710	1947	1485	0.980	2.98	
7	Kuroda	Hiroki	1.0710	2014	620	0.991	1.64	
8	Chesbro	Jack	1.0565	1909	1952	0.951	3.32	
9	Shocker	Urban	1.0557	1928	932	0.982	2.57	
10	Peterson	Fritz	1.0511	1974	1857	0.962	2.23	
13	Ford	Whitey	1.0418	1967	3170	0.961	2.28	
44	Pettitte	Andy	0.9945	2013	2796	0.948	1.82	

Franchise When and Where
New York Yankees (1913 to Present)
New York Highlanders (1903-1912)
Baltimore Orioles (1901-1902)

New York Mets

The other boroughs of New York City had been starving for baseball of their own since the Giants and Dodgers packed their steamer trunks and sallied west in the late 1950's, so by the time New York gained another team, these Mets, they were ready for baseball in Queens. Of course, it would be awhile before they were amazing and most of the best fielders listed below come from later in the day with only Roy McMillan at shortstop from the early years. One interesting note to look for. Check out the fielding stats of Dave Kingman, last at first and third to last in the outfield. Thank goodness he could pound the ball out of the park. Personally, we're surprised that David Wright does not rank higher, although his fielding percentage certainly pales to Robin Ventura who ranks #1. Nice to hear from Lee Mazzilli again. Did you know the former first round pick won eight national championships in speed skating? Oh, but we digress, so here's the stats.

Lee Mazzilli

Bernard Gilkey Carlos Beltran

Roy McMillan Doug Flynn

Robin Ventura

John Olerud

R.A. Dickey

Gary Carter

BEST FIELDING TEAM

New York Mets

Rank	FIRST BASE		FV	Lyear	G	FPCT	RF
1	Olerud	John	**1.3591**	1999	463	0.995	9.15
2	Hernandez	Keith	**1.2748**	1989	854	0.995	9.11
3	Montanez	Willie	**1.1569**	1979	266	0.992	9.15
4	Murray	Eddie	**1.1300**	1993	308	0.989	9.12
5	Kranepool	Ed	**1.1005**	1979	1304	0.994	8.64
6	Magadan	Dave	**1.0865**	1992	417	0.994	7.87
7	Milner	John	**1.0807**	1977	366	0.993	8.51
8	Delgado	Carlos	**1.0627**	2009	458	0.994	8.78
9	Zeile	Todd	**1.0534**	2004	367	0.992	8.18
10	Davis	Ike	**1.0520**	**2014**	433	0.993	8.79
11	Kingman	Dave	**1.0365**	1983	340	0.986	8.55

Rank	SECOND BASE		FV	Lyear	G	FPCT	RF
1	Flynn	Doug	**1.3297**	1981	533	0.987	4.84
2	Baerga	Carlos	**1.2809**	1998	276	0.982	4.53
3	Millan	Felix	**1.2578**	1977	674	0.979	4.92
4	Alfonzo	Edgardo	**1.2567**	2001	524	0.987	4.37
5	Alomar	Roberto	**1.2310**	2003	219	0.982	4.25
6	Hunt	Ron	**1.2225**	1966	420	0.972	5.33
7	Kent	Jeff	**1.2005**	1995	390	0.976	4.77
8	Backman	Wally	**1.1093**	1988	680	0.979	4.17
9	Boswell	Ken	**1.1035**	1974	506	0.978	4.38
10	Castillo	Luis	**1.0785**	2010	342	0.986	4.23
11	Murphy	Daniel	**1.0695**	**2014**	438	0.975	4.23
12	Jefferies	Gregg	**1.0267**	1991	328	0.977	4.05
13	Teufel	Tim	**1.0052**	1991	325	0.973	3.79

Rank	SHORTSTOP		FV	Lyear	G	FPCT	RF
1	McMillan	Roy	**1.5810**	1966	335	0.970	4.81
2	Santana	Rafael	**1.5538**	1987	478	0.970	4.34
3	Ordonez	Rey	**1.5530**	2002	907	0.976	4.26
4	Harrelson	Bud	**1.5304**	1977	1281	0.970	4.65
5	Elster	Kevin	**1.4844**	1992	524	0.971	3.98
6	Taveras	Frank	**1.4816**	1981	372	0.956	4.34
7	Reyes	Jose	**1.4360**	2011	999	0.973	4.11
8	Tejada	Ruben	**1.4321**	**2014**	350	0.975	4.17
9	Johnson	Howard	**1.1979**	1991	263	0.952	3.19

Rank	THIRD BASE		FV	Lyear	G	FPCT	RF
1	Ventura	Robin	**1.6067**	2001	436	0.965	2.64
2	Alfonzo	Edgardo	**1.5271**	2002	515	0.969	2.54
3	Wright	David	**1.4779**	**2014**	1497	0.955	2.59
4	Wigginton	Ty	**1.4070**	2004	235	0.949	2.48
5	Brooks	Hubie	**1.3971**	1984	516	0.936	2.57
6	Garrett	Wayne	**1.3652**	1976	709	0.953	2.62
7	Johnson	Howard	**1.2907**	1993	835	0.931	2.12

Rank	CATCHER		FV	Lyear	G	FPCT	RF	CS%
1	Carter	Gary	**1.9817**	1989	566	0.990	7.15	0.269
2	Grote	Jerry	**1.9226**	1977	1176	0.992	6.67	0.388
3	Stearns	John	**1.8450**	1984	698	0.985	5.96	0.369
4	Dyer	Duffy	**1.8090**	1974	326	0.991	6.42	0.398
5	Piazza	Mike	**1.8056**	2005	826	0.990	7.00	0.218
6	Hundley	Todd	**1.7650**	1998	745	0.990	5.90	0.254
7	Sasser	Mackey	**1.6249**	1992	261	0.983	5.42	0.262
8	Hodges	Ron	**1.6166**	1984	445	0.978	5.18	0.297

Rank	OUTFIELD		FV	Lyear	G	FPCT	RF	ApG
1	Beltran	Carlos	**1.5728**	2011	814	0.992	2.57	0.053
2	Gilkey	Bernard	**1.5559**	1998	369	0.986	1.97	0.119
3	Mazzilli	Lee	**1.5050**	1989	684	0.987	2.42	0.061
4	McReynolds	Kevin	**1.5010**	1994	774	0.985	1.96	0.078

Rank			FV	Lyear		FPCT		
5	Staub	Rusty	**1.4902**	1985	550	0.980	1.89	0.107
6	Thompson	Ryan	**1.4879**	1995	277	0.987	2.84	0.054
7	Dykstra	Lenny	**1.4722**	1989	494	0.991	2.23	0.045
8	Youngblood	Joel	**1.4528**	1982	444	0.982	2.11	0.131
9	Wilson	Mookie	**1.4402**	1989	1037	0.980	2.49	0.043
10	Agee	Tommie	**1.4303**	1972	639	0.974	2.33	0.047
11	McRae	Brian	**1.4295**	1999	282	0.985	1.87	0.035
12	Payton	Jay	**1.4284**	2002	348	0.985	2.12	0.057
13	Henderson	Steve	**1.4124**	1980	482	0.978	2.16	0.073
14	Foster	George	**1.4067**	1986	617	0.977	1.97	0.066
15	Strawberry	Darryl	**1.3968**	1990	1085	0.979	1.95	0.053
16	Pagan	Angel	**1.3941**	2011	386	0.981	2.36	0.052
17	Thomas	Frank	**1.3876**	1964	253	0.976	1.80	0.095
18	Perez	Timo	**1.3803**	2003	354	0.986	1.77	0.062
19	Johnson	Lance	**1.3759**	1997	223	0.972	2.49	0.058
20	Jones	Cleon	**1.3676**	1975	1103	0.978	1.87	0.058
21	Shamsky	Art	**1.3571**	1971	256	0.993	1.65	0.063
22	Cedeno	Roger	**1.3514**	2003	421	0.981	1.73	0.038
23	Floyd	Cliff	**1.3385**	2006	443	0.986	1.77	0.070
24	Swoboda	Ron	**1.3367**	1970	639	0.971	1.67	0.072
25	Christopher	Joe	**1.3295**	1965	396	0.979	1.62	0.048
26	Bonilla	Bobby	**1.3285**	1999	262	0.982	1.90	0.080
27	Hickman	Jim	**1.3186**	1966	455	0.971	1.93	0.064
28	Hahn	Don	**1.3184**	1974	283	0.984	1.95	0.042
29	Everett	Carl	**1.3145**	1997	282	0.966	1.73	0.074
30	Bay	Jason	**1.3091**	2012	280	0.990	1.74	0.043
31	Orsulak	Joe	**1.3066**	1995	290	0.975	1.63	0.069
32	Boston	Daryl	**1.2871**	1992	319	0.986	1.57	0.031
33	Milner	John	**1.2498**	1977	288	0.975	1.77	0.080
34	Boisclair	Bruce	**1.1861**	1979	276	0.975	1.68	0.040
35	Kingman	Dave	**1.1734**	1983	280	0.956	1.86	0.057
36	Kranepool	Ed	**1.1320**	1979	250	0.975	1.43	0.040
37	Agbayani	Benny	**1.1216**	2001	306	0.972	1.35	0.020

Rank	PITCHING (36)		FV	Lyear	IP	FPCT	RF
1	Dickey	R.A.	**1.0838**	2012	617	0.968	2.66
2	Fisher	Jack	**1.0768**	1967	932	0.970	2.48
3	Seaver	Tom	**1.0698**	1983	3045	0.961	1.98
4	Glavine	Tom	**1.0568**	2007	1005	0.969	2.22
5	Jackson	Al	**1.0407**	1969	981	0.960	2.62
6	Saberhagen	Bret	**1.0360**	1995	524	0.975	2.68
7	Ojeda	Bob	**1.0334**	1990	764	0.970	2.32
8	Reed	Rick	**1.0253**	2001	889	0.971	2.02
9	Pelfrey	Mike	**1.0234**	2012	896	0.969	1.90
10	Darling	Ron	**1.0232**	1991	1620	0.936	2.34
16	Gooden	Dwight	**1.0100**	1994	2170	0.942	2.15
21	Koosman	Jerry	**0.9740**	1978	2545	0.946	1.55

Franchise When and Where
New York Mets (1962 to Present)

Oakland Athletics

No, Jose Canseco's ball off the head does not qualify him for Top Fielder status, although it was pretty funny. For the outfield, this squad that moved west in stages, first from Philadelphia to Kansas City in 1955 and then to the inland version of by the San Francisco Bay in 1968, has three players well below legendary status. However, that does not mean that Dwayne Murphy, Billy North, and Bill Tuttle were no good. Dwayne Murphy was a great outfielder who won six Gold Gloves and reached the #1 Field Value for outfielders one year. Billy North was a 1970's player with outstanding range, 2.98 per game. Tuttle was a Kansas City era Athletic who won 1 FV Silver Mitt.

Dwayne Murphy
Billy North
Bill Tuttle

Mike Bordick
Eddie Collins
George Kell
Vic Power
Cy Morgan
Buddy Rosar

BEST FIELDING TEAM

Oakland Athletics

FIRST BASE (19)

Rank			FV	Lyear	IP	FPCT	RF
1	Power	Vic	1.2540	1958	404	0.994	9.55
2	McInnis	Stuffy	1.2326	1917	956	0.990	10.60
3	Siebern	Norm	1.1865	1963	471	0.991	9.50
4	McGwire	Mark	1.1808	1997	1251	0.994	8.84
5	Giambi	Jason	1.1732	2009	728	0.993	9.10
6	Hauser	Joe	1.1279	1928	539	0.990	10.53
7	Hatteberg	Scott	1.1276	2005	420	0.992	9.35
8	Fain	Ferris	1.1223	1952	830	0.986	9.51
9	Davis	Harry	1.0912	1915	1391	0.981	10.24
10	Cater	Danny	1.0892	1969	350	0.994	8.74
11	Foxx	Jimmie	1.0875	1935	1020	0.993	9.66
14	Siebert	Dick	1.0625	1945	940	0.990	9.79

SECOND BASE (20)

Rank			FV	Lyear	G	FPCT	RF
1	Collins	Eddie	1.3933	1928	996	0.965	5.18
2	Lajoie	Nap	1.3865	1916	334	0.965	5.80
3	Hall	Irv	1.3693	1946	289	0.977	5.81
4	Lumpe	Jerry	1.3571	1963	653	0.984	5.22
5	Ellis	Mark	1.3402	2011	1021	0.990	4.95
6	Spiezio	Scott	1.2921	1999	300	0.984	4.64
7	Garner	Phil	1.2784	1976	322	0.971	5.05
8	Green	Dick	1.2541	1974	1158	0.983	4.82
9	Gates	Brent	1.2451	1996	397	0.979	4.93
10	Suder	Pete	1.2230	1955	805	0.982	5.18
12	Bishop	Max	1.2036	1933	1139	0.975	5.37
14	Murphy	Danny	1.1667	1911	811	0.955	4.80

SHORTSTOP (22)

Rank			FV	Lyear	G	FPCT	RF
1	Bordick	Mike	1.6187	1996	715	0.978	4.41
2	Joost	Eddie	1.6171	1954	907	0.965	5.19
3	DeMaestri	Joe	1.5761	1959	890	0.968	4.63
4	Tejada	Miguel	1.5738	2003	935	0.970	4.61
5	Griffin	Alfredo	1.5651	1987	461	0.963	4.45
6	Campaneris	Bert	1.5520	1976	1702	0.965	4.67
7	Causey	Wayne	1.5060	1966	400	0.970	4.71
8	Cross	Monte	1.4954	1907	712	0.937	5.21
9	Pennington	Cliff	1.4867	2012	466	0.967	4.34
10	Crosby	Bobby	1.4754	2009	582	0.973	4.38
13	Barry	Jack	1.4645	1915	877	0.935	4.80
15	Galloway	Chick	1.4330	1927	971	0.944	4.94

THIRD BASE (17)

Rank			FV	Lyear	G	FPCT	RF
1	Kell	George	1.6141	1946	313	0.963	3.46
2	Majeski	Hank	1.5796	1952	583	0.974	3.17
3	Baker	Frank	1.5776	1914	896	0.934	3.45
4	Chavez	Eric	1.5724	2009	1233	0.969	2.76
5	Bando	Sal	1.5441	1976	1446	0.958	2.82
6	Donaldson	Josh	1.5235	2014	376	0.954	2.82
7	Charles	Ed	1.5203	1967	695	0.960	2.93
8	Werber	Billy	1.5145	1938	259	0.946	3.19
9	Lansford	Carney	1.5053	1992	1096	0.969	2.33
10	Cross	Lave	1.4912	1905	675	0.935	3.07
14	Dykes	Jimmie	1.4374	1932	795	0.953	3.08
16	Gross	Wayne	1.3103	1986	719	0.943	2.43

CATCHER (25)

Rank			FV	Lyear	G	FPCT	RF	CS%
1	Rosar	Buddy	2.0062	1949	425	0.995	4.63	0.613
2	Cochrane	Mickey	1.9765	1933	1148	0.984	5.07	0.390
3	Thomas	Ira	1.9458	1915	318	0.976	6.40	0.498
4	Schreckengost	Ossee	1.9421	1908	670	0.975	7.48	0.441
5	Perkins	Cy	1.8686	1930	1095	0.978	4.38	0.484

			FV	Lyear	G	FPCT	RF	ApG
6	Suzuki	Kurt	**1.8565**	2013	684	0.994	7.11	0.286
7	Steinbach	Terry	**1.8287**	1996	1050	0.988	5.84	0.373
8	Kendall	Jason	**1.8242**	2007	368	0.994	6.89	0.227
9	Hernandez	Ramon	**1.7910**	2003	591	0.988	6.50	0.313
10	Astroth	Joe	**1.7817**	1956	511	0.987	4.48	0.496
16	Hayes	Frankie	**1.7103**	1945	959	0.976	4.08	0.325
21	Tenace	Gene	**1.6667**	1976	446	0.986	5.00	0.345

Rank	OUTFIELD (65)		FV	Lyear	G	FPCT	RF	ApG
1	Tuttle	Bill	**1.5783**	1961	439	0.985	2.48	0.103
2	Murphy	Dwayne	**1.5755**	1987	1177	0.987	2.94	0.066
4	North	Billy	**1.5702**	1978	627	0.982	2.98	0.069
4	Philley	Dave	**1.5487**	1953	426	0.985	2.54	0.107
5	Chapman	Sam	**1.5322**	1950	1225	0.971	2.91	0.092
6	Henderson	Dave	**1.5253**	1993	636	0.986	2.68	0.050
7	Simmons	Al	**1.5073**	1944	1256	0.980	2.41	0.084
8	Sweeney	Ryan	**1.5053**	2011	467	0.996	1.90	0.051
9	Armas	Tony	**1.5021**	1982	679	0.982	2.53	0.078
10	Haas	Mule	**1.4926**	1938	603	0.982	2.68	0.071
11	Kotsay	Mark	**1.4919**	2007	465	0.987	2.36	0.062
12	Cramer	Doc	**1.4836**	1935	616	0.976	2.69	0.071
13	Hershberger	Mike	**1.4804**	1969	542	0.982	1.77	0.092
14	Strunk	Amos	**1.4759**	1924	927	0.980	2.27	0.129
15	Johnson	Bob	**1.4644**	1942	1399	0.964	2.42	0.114
16	Crisp	Coco	**1.4582**	2014	540	0.993	2.38	0.019
17	Del Greco	Bobby	**1.4560**	1963	307	0.983	2.09	0.072
18	Henderson	Rickey	**1.4506**	1998	1606	0.980	2.43	0.055
19	Estalella	Bobby	**1.4389**	1949	355	0.985	2.52	0.079
20	Monday	Rick	**1.4369**	1971	611	0.975	2.26	0.062
21	Javier	Stan	**1.4316**	1995	589	0.990	2.26	0.034
22	Pickering	Ollie	**1.4313**	1904	256	0.956	2.03	0.117
23	Davis	Rajai	**1.4293**	2010	359	0.988	2.01	0.047
24	Walker	Tilly	**1.4277**	1923	689	0.950	2.35	0.155
25	Young	Ernie	**1.4262**	1997	265	0.986	2.12	0.053
26	Rudi	Joe	**1.4196**	1982	852	0.990	1.86	0.050
27	Cimoli	Gino	**1.4158**	1964	287	0.977	1.79	0.077
28	McCosky	Barney	**1.4136**	1950	404	0.985	2.32	0.050
29	Gosger	Jim	**1.4063**	1968	254	0.990	1.86	0.055
30	Grieve	Ben	**1.4043**	2000	458	0.990	1.73	0.046
35	Jackson	Reggie	**1.3749**	1987	1196	0.966	2.06	0.069
42	Canseco	Jose	**1.3513**	1997	853	0.972	2.08	0.062

	PITCHING (87)		FV	Lyear	IP	FPCT	RF	
1								
2	Morgan	Cy	**1.0973**	1912	863	0.955	3.31	
3	Myers	Elmer	**1.0676**	1918	621	0.952	3.43	
4	Langford	Rick	**1.0676**	1986	1468	0.983	2.15	
5	Holtzman	Ken	**1.0674**	1975	1084	0.966	1.89	
6	Rommel	Eddie	**1.0671**	1932	2556	0.968	3.41	
7	Cahill	Trevor	**1.0660**	2011	583	0.979	2.15	
8	Hudson	Tim	**1.0635**	2004	1241	0.959	2.23	
9	Shantz	Bobby	**1.0623**	1956	1167	0.973	2.73	
10	Moore	Mike	**1.0587**	1992	874	0.964	2.18	
13	Plank	Eddie	**1.0445**	1914	3861	0.970	2.73	
21	Grove	Lefty	**1.0259**	1933	2401	0.958	1.86	

Franchise When and Where
Oakland Athletics (1968 to Present)
Kansas City Athletics (1955-1967)
Philadelphia Athletics (1901-1954)

Philadelphia Phillies

It's a team of fielders that look pretty good to us, from Whitey Ashburn patrolling center to the man with a furniture store and a relative of Credence Clearwater Revival at his sides. Just kidding. Although don't tell me some of you weren't thinking the same thing. Ethan didn't actually go into furniture, but he did invent the board game All-Star Baseball, which many baseball fans played from 1941 to today. The guy from CCR spells his name different, Fogerty. Add in Peter Edward Rose and you've got the start of the best Philadelphia Phillies fielders in history. But Bartell instead of Bowa or Rollins at short? Who's he? And Rolen over Schmidt at third? Bartell was rated the best shortstop in four years (three with Philly) during the 1930s, each year rating well above league average in FPCT (0.963 to 0.946, 0.951 to 0.949, 0.954 to 0.951) and RF (5.77 to 5.50, 5.75 to 5.40, 5.71 to 5.34). Despite good speed, neither Bowa or Rollins had above league average range, although to be fair, their 3rd basemen were almost always (Schmidt, Rolen/Felix/Polanco) superior range third sackers who cut into their chances and Rollins remains the best strong arm accurate throwing shortstop we've ever seen. As far as Rolen vs. Schmidt. If you saw Scott Rolen play third at the beginning of his career, you'd understand.

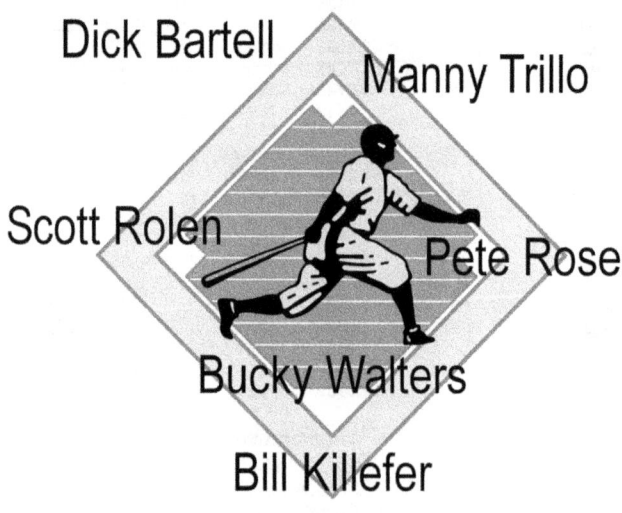

Richie Ashburn
Ethan Allen
Jim Fogarty
Dick Bartell
Manny Trillo
Scott Rolen
Pete Rose
Bucky Walters
Bill Killefer

BEST FIELDING TEAM

Philadelphia Phillies

Rank	FIRST BASE (28)		FV	Lyear	G	FPCT	RF
1	Rose	Pete	1.2591	1983	702	0.995	9.25
2	Brogna	Rico	1.2467	2000	487	0.995	8.58
3	Lee	Travis	1.2350	2002	351	0.996	8.88
4	White	Bill	1.2224	1968	364	0.994	9.39
5	Waitkus	Eddie	1.1961	1955	588	0.992	9.26
6	Thome	Jim	1.1887	2012	346	0.996	8.97
7	Farrar	Sid	1.1827	1889	816	0.974	10.55
8	Johnson	Deron	1.1798	1973	380	0.992	8.63
9	Holke	Walter	1.1700	1925	317	0.992	10.33
10	Luderus	Fred	1.1585	1920	1298	0.986	10.55
12	Montanez	Willie	1.1284	1982	291	0.993	8.52
17	Howard	Ryan	1.0821	2014	1278	0.991	9.10

Rank	SECOND BASE (21)		FV	Lyear	G	FPCT	RF
1	Trillo	Manny	1.4572	1982	501	0.988	5.55
2	Cash	Dave	1.4567	1976	482	0.982	5.45
3	Lajoie	Nap	1.4221	1900	315	0.952	6.13
4	Sizemore	Ted	1.3785	1978	259	0.983	5.05
5	Herr	Tom	1.3235	1990	258	0.990	4.75
6	Verban	Emil	1.3089	1948	347	0.973	5.38
7	Samuel	Juan	1.3012	1988	792	0.972	5.10
8	Thompson	Fresco	1.2953	1930	565	0.963	6.03
9	Rojas	Cookie	1.2874	1969	617	0.983	4.90
10	Morandini	Mickey	1.2740	2000	926	0.988	4.54
14	Utley	Chase	1.2326	2014	1391	0.982	4.87
15	Taylor	Tony	1.1911	1976	1003	0.976	4.75

Rank	SHORTSTOP (21)		FV	Lyear	G	FPCT	RF
1	Bartell	Dick	1.7227	1934	585	0.954	5.71
2	Allen	Bob	1.6965	1894	567	0.915	5.92
3	Bowa	Larry	1.6646	1981	1730	0.981	4.61
4	Bancroft	Dave	1.6198	1920	670	0.937	5.99
5	Doolan	Mickey	1.6100	1913	1297	0.938	5.44
6	Irwin	Arthur	1.6029	1894	341	0.893	4.65
7	Cross	Monte	1.6002	1901	573	0.916	5.92
8	Rollins	Jimmy	1.5748	2014	2058	0.983	4.12
9	Fernandez	Chico	1.5702	1959	337	0.967	4.42
10	Thon	Dickie	1.5473	1991	423	0.968	4.40
13	Stocker	Kevin	1.5196	1997	543	0.970	4.24
18	Hamner	Granny	1.4322	1959	924	0.946	4.72

Rank	THIRD BASE (21)		FV	Lyear	G	FPCT	RF
1	Rolen	Scott	1.6240	2002	842	0.965	2.80
2	Polanco	Placido	1.6203	2012	416	0.983	2.81
3	Jones	Willie	1.6076	1959	1495	0.963	3.12
4	Feliz	Pedro	1.5978	2009	284	0.969	2.53
5	May	Pinky	1.5815	1943	646	0.962	3.29
6	Schmidt	Mike	1.5777	1989	2212	0.955	3.00
7	Money	Don	1.5609	1972	338	0.967	2.97
8	Whitney	Pinky	1.5583	1939	1078	0.960	3.00
9	Cross	Lave	1.5570	1897	428	0.927	3.94
10	Hayes	Charlie	1.5421	1995	507	0.951	2.68
18	Mulvey	Joe	1.3814	1892	682	0.867	3.14
20	Hollins	Dave	1.3109	1994	408	0.930	2.17

Rank	CATCHER (23)		FV	Lyear	G	FPCT	RF	CS%
1	Killefer	Bill	1.9858	1917	614	0.980	6.33	0.477
2	Diaz	Bo	1.9228	1985	325	0.987	6.74	0.325
3	McFarland	Ed	1.8977	1901	419	0.964	4.69	0.446
4	Dalrymple	Clay	1.8921	1968	944	0.987	6.15	0.481
5	Boone	Bob	1.8906	1981	1095	0.986	5.71	0.349

6	Ruiz	Carlos	1.8893	2014	899	0.995	7.54	0.274
7	Lieberthal	Mike	1.8470	2006	1139	0.992	7.17	0.297
8	Ryan	Mike	1.8255	1973	390	0.992	5.85	0.479
9	Daulton	Darren	1.8235	1995	965	0.989	6.07	0.292
10	Clements	Jack	1.8093	1897	953	0.936	5.54	0.331
13	Dooin	Red	1.7727	1914	1124	0.957	6.01	0.445
15	Seminick	Andy	1.7407	1957	915	0.976	4.69	0.412

Rank	OUTFIELD (75)		FV	Lyear	G	FPCT	RF	ApG
1	Ashburn	Richie	1.6389	1959	1785	0.984	3.14	0.086
2	Allen	Ethan	1.6314	1936	331	0.977	2.65	0.139
3	Fogarty	Jim	1.6298	1889	594	0.936	2.53	0.259
4	Thomas	Roy	1.6072	1911	1257	0.971	2.42	0.137
5	Callison	Johnny	1.5892	1969	1379	0.985	2.06	0.111
6	Victorino	Shane	1.5785	2012	929	0.996	2.22	0.058
7	Glanville	Doug	1.5684	2004	792	0.991	2.43	0.067
8	Delahanty	Ed	1.5629	1901	1175	0.949	2.41	0.188
9	Paskert	Dode	1.5579	1917	918	0.974	2.45	0.131
10	Cooley	Duff	1.5397	1899	358	0.943	2.45	0.103
11	Rowand	Aaron	1.5272	2007	268	0.990	2.46	0.063
12	Litwhiler	Danny	1.5253	1943	369	0.981	2.40	0.081
13	Maddox	Garry	1.5212	1986	1282	0.985	2.73	0.060
14	Williams	Cy	1.5203	1930	1324	0.974	2.45	0.131
15	Dykstra	Lenny	1.5154	1996	727	0.985	2.84	0.050
16	Arnovich	Morrie	1.5136	1940	422	0.979	2.53	0.100
17	Montanez	Willie	1.5092	1974	350	0.979	2.26	0.094
18	Hamilton	Billy	1.5057	1895	729	0.922	2.49	0.137
19	Manning	Jack	1.5005	1885	309	0.864	1.66	0.272
20	Leach	Freddy	1.4988	1928	481	0.975	2.65	0.114
21	Unser	Del	1.4973	1982	338	0.986	2.27	0.080
22	McBride	Bake	1.4748	1981	528	0.990	2.10	0.064
23	Gonzalez	Tony	1.4698	1968	1054	0.988	1.98	0.058
24	Sothern	Denny	1.4664	1930	304	0.966	2.80	0.145
25	Magee	Sherry	1.4580	1914	1415	0.967	2.10	0.096
26	Thompson	Sam	1.4549	1898	1030	0.943	1.72	0.196
27	Wilson	Glenn	1.4530	1987	575	0.974	2.08	0.104
28	Andrews	Ed	1.4517	1889	435	0.904	2.01	0.177
29	Werth	Jayson	1.4516	2010	561	0.987	1.89	0.066
30	Harper	George	1.4514	1926	290	0.973	2.34	0.107
34	Abreu	Bobby	1.4336	2006	1344	0.983	1.94	0.066
36	Klein	Chuck	1.4292	1944	1284	0.964	2.17	0.132
61	Luzinski	Greg	1.3270	1980	1221	0.972	1.57	0.055
67	Burrell	Pat	1.2843	2008	1185	0.976	1.63	0.073
73	Brown	Domonic	1.2318	2014	395	0.980	1.50	0.053

Rank	PITCHING		FV	Lyear	IP	FPCT	RF
1	Walters	Bucky	1.1266	1938	745	0.981	3.20
2	Buffinton	Charlie	1.1076	1889	1113	0.930	2.90
3	Alexander	Pete	1.1072	1930	2514	0.982	2.86
4	Coleman	John	1.0811	1884	693	0.901	2.48
5	Ferguson	Charlie	1.0781	1887	1515	0.919	2.43
6	Jackson	Larry	1.0761	1968	752	0.953	2.68
7	Davis	Curt	1.0745	1936	566	0.944	3.23
8	Mulcahy	Hugh	1.0732	1946	1155	0.960	2.77
9	Taylor	Jack	1.0727	1897	1505	0.903	2.83
10	Passeau	Claude	1.0679	1939	802	0.969	2.44
15	Roberts	Robin	1.0474	1961	3739	0.974	1.74
31	Hamels	Cole	1.0184	2014	1801	0.965	1.52
39	Bunning	Jim	1.0058	1971	1521	0.957	1.58
44	Carlton	Steve	0.9966	1986	3697	0.951	1.36

Franchise When and Where
Philadelphia Phillies (1890 to Present); unofficially known as Blue Jays 1943-4
Philadelphia Quakers (1883-1889)

Pittsburgh Pirates

No, Mazeroski is not first at 2nd base, but that note has been sung. Jose Lind rates higher. And Roberto Clemente is not in the Top Three, actually ranking #19 of the 68 outfielders who played 250 games despite winning twelve Gold Gloves in a row, which he won in large part to a spectacular arm and despite a low fielding percentage. In 8 of the 12 season when he won the Gold Glove, his fielding percentage was below league average. For his career, his FPCT was 0.973 vs. 0.976 for the league. But it's not as if his counterparts in the franchise outfield were chop liver; Max Carey was the top rated Outfielder in baseball four times and Lloyd Waner twice (and that's only one spot per year not six like with the Gold Gloves). Would Clemente had been the top fielder among the six Gold Glovers two or four times? Probably not. In many ways, the Pittsburgh Pirates best fielder list will be a disappointment to many fans because of Clemente's rank, although it does contain even more interesting tidbits. If you've got a sneaking suspicion you've seen Tony Pena before, you're right. In fact, this is just the second of three Top Catcher on a Team lists you are going to see Tony at its pinnacle.

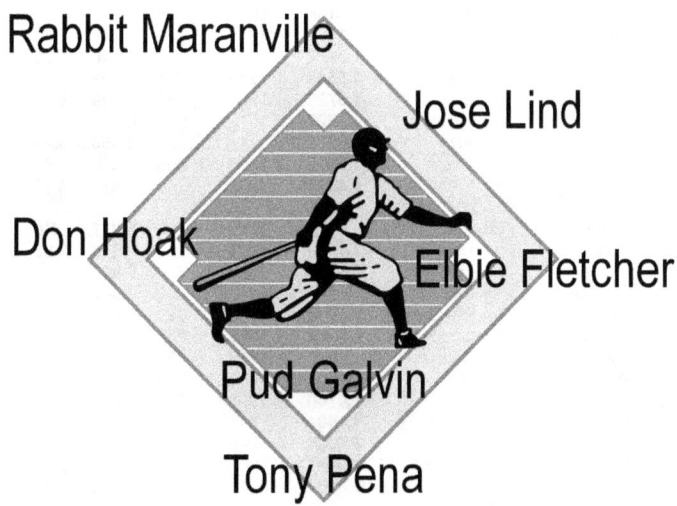

Omar Moreno
Max Carey
Lloyd Waner

Rabbit Maranville
Jose Lind
Don Hoak
Elbie Fletcher
Pud Galvin
Tony Pena

BEST FIELDING TEAM

Pittsburgh Pirates

FIRST BASE (22)

Rank			FV	Lyear	G	FPCT	RF
1	Fletcher	Elbie	**1.2989**	1947	894	0.993	10.29
2	Clendenon	Donn	**1.2888**	1968	910	0.988	10.38
3	Beckley	Jake	**1.2403**	1896	924	0.980	10.60
4	Young	Kevin	**1.2276**	2003	1022	0.992	8.80
5	Grimm	Charlie	**1.2260**	1924	768	0.994	10.47
6	Dahlgren	Babe	**1.2144**	1945	302	0.992	10.05
7	LaRoche	Adam	**1.2065**	2009	367	0.996	9.33
8	Long	Dale	**1.1863**	1957	265	0.985	9.18
9	Bream	Sid	**1.1743**	1990	615	0.991	9.01
10	Thompson	Jason	**1.1615**	1985	650	0.992	9.20
11	Suhr	Gus	**1.1550**	1939	1339	0.992	9.90
16	Stargell	Willie	**1.0731**	1982	848	0.991	9.05

SECOND BASE (26)

Rank			FV	Lyear	G	FPCT	RF
1	Lind	Jose	**1.4309**	1992	774	0.987	5.23
2	Mazeroski	Bill	**1.4054**	1972	2094	0.983	5.57
3	Ritchey	Claude	**1.3543**	1906	973	0.958	5.22
4	Bierbauer	Lou	**1.3523**	1896	707	0.947	6.00
5	Ray	Johnny	**1.3337**	1987	914	0.982	5.07
6	Womack	Tony	**1.3226**	1998	311	0.974	4.95
7	Walker	Neil	**1.3209**	2014	656	0.989	4.73
8	Stennett	Rennie	**1.3121**	1979	919	0.978	5.48
9	Cutshaw	George	**1.2959**	1921	478	0.967	5.51
10	Cash	Dave	**1.2704**	1973	366	0.985	5.57
11	Sanchez	Freddy	**1.2615**	2009	446	0.990	4.61
14	Young	Pep	**1.2292**	1940	529	0.964	5.63

SHORTSTOP (20)

Rank			FV	Lyear	G	FPCT	RF
1	Maranville	Rabbit	**1.7047**	1923	432	0.963	5.79
2	Bell	Jay	**1.6713**	1996	1103	0.976	4.69
3	Groat	Dick	**1.6218**	1962	1242	0.962	5.12
4	Wilson	Jack	**1.6154**	2009	1128	0.978	4.68
5	Foli	Tim	**1.6127**	1985	351	0.976	4.87
6	Wagner	Honus	**1.5922**	1917	1887	0.940	5.63
7	Smith	Pop	**1.5843**	1889	264	0.901	4.91
8	Ely	Bones	**1.5798**	1900	735	0.929	5.59
9	Alley	Gene	**1.5728**	1973	977	0.970	4.92
10	Vaughan	Arky	**1.5724**	1941	1381	0.950	5.27
11	Wright	Glenn	**1.5082**	1928	666	0.938	5.44
16	Taveras	Frank	**1.4375**	1979	715	0.951	4.32

THIRD BASE (25)

Rank			FV	Lyear	G	FPCT	RF
1	Hoak	Don	**1.5484**	1962	569	0.957	2.92
2	Lyons	Denny	**1.5220**	1897	320	0.906	3.65
3	Traynor	Pie	**1.5164**	1937	1863	0.947	3.12
4	Gustine	Frankie	**1.5033**	1948	321	0.938	3.30
5	Williams	Jimmy	**1.4954**	1900	255	0.896	3.97
6	Byrne	Bobby	**1.4817**	1913	586	0.940	2.96
7	Wills	Maury	**1.4801**	1968	285	0.952	2.88
8	King	Jeff	**1.4780**	1996	582	0.953	3.12
9	Leach	Tommy	**1.4404**	1911	850	0.911	3.57
10	Elliott	Bob	**1.4301**	1946	557	0.939	3.15
15	Hebner	Richie	**1.3744**	1983	1043	0.947	2.54
18	Alvarez	Pedro	**1.3661**	2014	554	0.933	2.76

CATCHER (26)

Rank			FV	Lyear	G	FPCT	RF	SB
1	Pena	Tony	**1.9783**	1986	787	0.987	6.61	0.388
2	Gibson	George	**1.9030**	1916	1155	0.977	5.59	0.463
3	Schmidt	Walter	**1.8878**	1924	703	0.981	4.75	0.500
4	Mack	Connie	**1.8834**	1896	287	0.943	5.47	0.402
5	Todd	Al	**1.8828**	1938	330	0.978	5.23	0.412

Rank			FV	Lyear	G	FPCT	RF	ApG
6	Lopez	Al	1.8710	1946	650	0.988	3.80	0.530
7	Sanguillen	Manny	1.8512	1979	1037	0.986	5.93	0.381
8	LaValliere	Mike	1.8463	1993	584	0.992	5.52	0.344
9	Kendall	Jason	1.8255	2004	1205	0.988	6.84	0.310
10	Ott	Ed	1.8141	1980	430	0.984	5.62	0.347
14	Burgess	Smoky	1.7655	1964	499	0.990	5.43	0.366
17	Gooch	Johnny	1.7109	1928	529	0.974	3.73	0.457

Rank	OUTFIELD (68)		FV	Lyear	G	FPCT	RF	ApG
1	Carey	Max	1.6009	1926	2154	0.966	2.82	0.145
2	Moreno	Omar	1.5773	1982	926	0.982	2.81	0.069
3	Waner	Lloyd	1.5532	1945	1680	0.984	2.82	0.084
4	Van Slyke	Andy	1.5516	1994	1024	0.989	2.54	0.065
5	Sunday	Billy	1.5504	1890	287	0.924	2.45	0.233
6	Virdon	Bill	1.5503	1968	1376	0.983	2.53	0.066
7	DiMaggio	Vince	1.5466	1944	654	0.980	2.68	0.104
8	Bonds	Barry	1.5355	1992	986	0.985	2.34	0.075
9	Southworth	Billy	1.5214	1920	327	0.981	2.35	0.125
10	Leach	Tommy	1.5148	1918	653	0.975	2.54	0.126
11	Wilson	Chief	1.5144	1913	897	0.965	2.03	0.129
12	Waner	Paul	1.5030	1940	2019	0.976	2.29	0.109
13	McCarthy	Jack	1.5000	1899	275	0.948	2.23	0.135
14	McCutchen	Andrew	1.4918	2014	872	0.987	2.39	0.048
15	Thomas	Frank	1.4901	1958	575	0.985	2.45	0.108
16	Clarke	Fred	1.4897	1915	1431	0.971	2.23	0.101
17	Cuyler	Kiki	1.4881	1927	509	0.964	2.56	0.130
18	Alou	Matty	1.4865	1970	729	0.979	2.04	0.073
19	Clemente	Roberto	1.4832	1972	2370	0.973	2.09	0.112
20	Wynne	Marvell	1.4620	1985	355	0.987	2.37	0.051
21	Russell	Jim	1.4592	1947	679	0.979	2.45	0.085
22	McLouth	Nate	1.4571	2012	437	0.991	1.99	0.030
23	Zisk	Richie	1.4518	1976	535	0.983	2.01	0.075
24	Westlake	Wally	1.4508	1950	511	0.985	2.37	0.067
25	Oliver	Al	1.4462	1977	970	0.982	2.44	0.037
26	Bigbee	Carson	1.4408	1926	1031	0.966	2.37	0.138
27	Stenzel	Jake	1.4321	1896	421	0.919	2.29	0.152
28	Smith	Elmer	1.4201	1897	745	0.915	2.24	0.137
29	Beaumont	Ginger	1.4191	1906	970	0.952	2.11	0.103
30	Elliott	Bob	1.4162	1946	470	0.980	2.18	0.081
43	Parker	Dave	1.3454	1983	1221	0.963	2.17	0.082
53	Stargell	Willie	1.3004	1974	1296	0.961	1.61	0.079

Rank	PITCHING (107)		FV	Lyear	IP	FPCT	RF	
1	Galvin	Pud	1.0902	1892	2085	0.915	2.60	
2	Reuschel	Rick	1.0895	1987	587	0.978	2.76	
3	Rhoden	Rick	1.0878	1986	1448	0.991	2.16	
4	Dickson	Murry	1.0801	1953	1216	0.961	2.75	
5	Willis	Vic	1.0800	1909	1209	0.963	3.29	
6	Friend	Bob	1.0707	1965	3480	0.972	2.14	
7	Drabek	Doug	1.0689	1992	1363	0.948	2.31	
8	Duke	Zach	1.0670	2010	964	0.979	2.22	
9	Hendrix	Claude	1.0626	1913	648	0.966	3.17	
10	Hawley	Pink	1.0604	1897	1134	0.924	2.59	
28	Law	Vern	1.0196	1967	2672	0.972	2.24	
80	Veale	Bob	0.9635	1972	1869	0.934	1.43	

Franchise When and Where
Pittsburgh Pirates (1891 to Present)
Pittsburgh Alleghenys (1882-1890); also known as Innocents 1890

San Diego Padres

Whether at Jack Murphy Stadium or Petco Park, the San Diego Padres have been blessed with good weather and good fielding. From the likes of Ozzie Smith at the beginning of his career, even better here (1.7310 out of 1.7500) than in St. Louis (1.6745 out of 1.7500), to the man at first in the second part of his, Steve Garvey (1.2680 out of 1.400) not quite as good in deep Southern California as his time in Dodger blue (1.3621 out of 1.400). Add in Steve Finley, Randy Jones, Benito Santiago, and more, and you have a squad capable of returning for turn back the clock days at that national park sized baseball stadium they now call home and covering the ground like the Gold Glovers they were.

Steve Finley
Darrin Jackson
Kevin McReynolds
Ozzie Smith
Jody Reed
Chase Headley
Steve Garvey
Randy Jones
Benito Santiago

BEST FIELDING TEAM

San Diego Padres

Rank	FIRST BASE		FV	Lyear	G	FPCT	RF
1	Garvey	Steve	1.2680	1987	589	0.997	8.75
2	Colbert	Nate	1.2496	1974	813	0.992	9.38
3	Gonzalez	Adrian	1.1591	2010	792	0.995	9.11
4	Joyner	Wally	1.1545	1999	482	0.996	8.56
5	McGriff	Fred	1.1120	1993	387	0.989	8.97
6	Alonso	Yonder	1.0653	2014	318	0.994	8.79
7	Ivie	Mike	1.0474	1977	329	0.993	7.92
8	Perkins	Broderick	1.0231	1982	285	0.993	8.49
9	McCovey	Willie	1.0213	1976	270	0.988	8.81
10	Nevin	Phil	1.0097	2005	293	0.991	8.44
11	Klesko	Ryan	1.0049	2005	523	0.992	8.45

Rank	SECOND BASE		FV	Lyear	G	FPCT	RF
1	Reed	Jody	1.4425	1996	275	0.990	4.91
2	Veras	Quilvio	1.3568	1999	391	0.984	4.99
3	Loretta	Mark	1.3363	2005	409	0.988	4.61
4	Fuentes	Tito	1.3275	1976	269	0.970	5.81
5	Alomar	Roberto	1.3225	1990	437	0.974	5.25
6	Bonilla	Juan	1.2659	1983	291	0.980	5.16
7	Campbell	Dave	1.2282	1973	250	0.973	5.19
8	Thomas	Derrel	1.1100	1978	274	0.972	4.90
9	Flannery	Tim	1.0909	1989	544	0.982	4.29
10	Roberts	Bip	1.0191	1995	288	0.974	4.18

Rank	SHORTSTOP		FV	Lyear	G	FPCT	RF
1	Smith	Ozzie	1.7310	1981	582	0.974	5.45
2	Fernandez	Tony	1.6406	1992	299	0.977	4.45
3	Templeton	Garry	1.5356	1991	1224	0.965	4.51
4	Gomez	Chris	1.5322	2001	510	0.970	4.06
5	Hernandez	Enzo	1.4699	1977	681	0.964	4.62
6	Greene	Khalil	1.3759	2008	648	0.976	4.12
7	Cabrera	Everth	1.3421	2014	461	0.967	4.18

Rank	THIRD BASE		FV	Lyear	G	FPCT	RF
1	Headley	Chase	1.5222	2014	680	0.965	2.38
2	Caminiti	Ken	1.4932	1998	547	0.941	2.70
3	Kouzmanoff	Kevin	1.4822	2009	429	0.966	2.36
4	Nettles	Graig	1.4300	1986	363	0.946	2.48
5	Salazar	Luis	1.3975	1989	551	0.951	2.66
6	Burroughs	Sean	1.3813	2005	388	0.959	2.47
7	Nevin	Phil	1.3700	2002	425	0.937	2.46
8	Spiezio	Ed	1.3676	1972	287	0.950	2.67
9	Roberts	Dave	1.3301	1977	330	0.941	2.70

Rank	CATCHER		FV	Lyear	G	FPCT	RF	CS%
1	Santiago	Benito	1.8769	1992	778	0.980	6.05	0.367
2	Kennedy	Terry	1.8259	1986	792	0.984	5.50	0.310
3	Tenace	Gene	1.7760	1980	368	0.986	4.96	0.386
4	Kendall	Fred	1.7757	1980	688	0.987	5.09	0.319
5	Cannizzaro	Chris	1.6911	1974	287	0.984	5.48	0.362
6	Hundley	Nick	1.6780	2014	467	0.990	7.52	0.277

Rank	OUTFIELD		FV	Lyear	G	FPCT	RF	ApG
1	McReynolds	Kevin	1.5443	1986	485	0.988	2.69	0.072
2	Finley	Steve	1.5207	1998	595	0.982	2.35	0.062
3	Jackson	Darrin	1.5049	1992	314	0.990	2.63	0.073
4	Jones	Ruppert	1.5029	1983	329	0.986	2.65	0.046
5	Kotsay	Mark	1.4934	2013	438	0.989	2.37	0.071
6	Cameron	Mike	1.4897	2007	291	0.985	2.56	0.045
7	Plantier	Phil	1.4862	1997	267	0.985	1.95	0.090
8	Owens	Eric	1.4784	2000	310	0.996	1.69	0.032
9	Gwynn	Tony	1.4768	2001	2326	0.987	2.01	0.069

Rank			FV	Lyear	IP	FPCT	RF	
10	Winfield	Dave	1.4718	1980	1065	0.976	2.20	0.086
11	Brown	Ollie	1.4507	1972	436	0.975	1.97	0.083
12	Grubb	Johnny	1.4466	1976	467	0.983	2.37	0.054
13	Maybin	Cameron	1.4330	2014	381	0.989	2.29	0.018
14	Gaston	Cito	1.4166	1974	664	0.971	2.05	0.090
15	Clark	Jerald	1.4113	1992	261	0.988	1.97	0.069
16	Richards	Gene	1.3704	1983	780	0.973	2.02	0.094
17	Martinez	Carmelo	1.3652	1989	559	0.979	1.98	0.089
18	Rivera	Ruben	1.3545	2000	384	0.979	1.96	0.055
19	Denorfia	Chris	1.3511	2014	654	0.987	1.36	0.050
20	Giles	Brian	1.3342	2009	832	0.981	1.98	0.041
21	Venable	Will	1.3249	2014	845	0.987	1.67	0.018
22	Wynne	Marvell	1.3028	1989	405	0.982	1.72	0.042
23	Henderson	Rickey	1.2393	2001	325	0.972	1.71	0.037
24	Hairston	Scott	1.2286	2010	277	0.985	1.68	0.036
25	Murrell	Ivan	1.2134	1973	283	0.968	1.90	0.053
26	Turner	Jerry	1.1793	1983	372	0.960	1.67	0.083

Rank	PITCHING (31)		FV	Lyear	IP	FPCT	RF
1	Jones	Randy	1.0756	1980	1766	0.968	2.65
2	Hurst	Bruce	1.0492	1993	912	0.978	1.72
3	Ashby	Andy	1.0488	2004	1212	0.974	1.98
4	Lawrence	Brian	1.0478	2005	934	0.962	2.21
5	Roberts	Dave	1.0461	1971	500	0.981	1.89
6	Thurmond	Mark	1.0365	1986	503	0.992	2.31
7	Stauffer	Tim	1.0275	2014	575	0.993	2.10
8	Benes	Andy	1.0239	1995	1235	0.981	1.50
9	Shirley	Bob	1.0106	1980	722	0.971	2.12
10	Lollar	Tim	0.9995	1984	681	0.992	1.55
11	Peavy	Jake	0.9935	2009	1343	0.965	1.85
27	Show	Eric	0.9274	1990	1603	0.929	1.53

Franchise When and Where
San Diego Padres (1969 to Present)

Seattle Mariners

Nothing stands out in the franchise bests as a seminal point of contention, unless you think that Ichiro being just on the outside of the Top Three is one to quibble with. Mike Cameron was a three time Gold Glover in his career, while Randy Winn was an All-Star with above average glove and range. The same could be said for Rupert Jones. But why not Ichiro? Does it mostly have to do with position bias? Suzuki played 85% of his games in right; Jones played 76% of his games in center while Winn split his time between the three positions. In part, Suzuki's range factor compared to other Right Fielders was above average, but not far; compared to all outfielders, it was average at best. Jones and Winn were significantly higher due to playing more center. However, in many ways it has to do with age and longevity again. After Ichiro's first five years in the majors, his career FV was 1.5865, after his 10th year it was 1.6032, and after his 15th, it was 1.5569.

Mike Cameron
Ruppert Jones   Randy Winn

Omar Vizquel
Julio Cruz
Adrian Beltre
John Olerud
Jamie Moyer
Bob Kearney

BEST FIELDING TEAM

Seattle Mariners

Rank	FIRST BASE		FV	Lyear	G	FPCT	RF
1	Olerud	John	1.2391	2004	697	0.996	8.36
2	Bochte	Bruce	1.1974	1982	397	0.994	9.91
3	Davis	Alvin	1.1915	1991	865	0.992	9.45
4	Meyer	Dan	1.1602	1981	302	0.991	9.34
5	Sexson	Richie	1.1429	2008	490	0.997	8.77
6	Martinez	Tino	1.1192	1995	454	0.995	8.95
7	O'Brien	Pete	1.1190	1993	319	0.996	8.84
8	Sorrento	Paul	1.0602	1997	277	0.993	7.41
9	Smoak	Justin	1.0535	2014	468	0.995	8.69

Rank	SECOND BASE		FV	Lyear	G	FPCT	RF
1	Cruz	Julio	1.3711	1983	720	0.984	5.38
2	Reynolds	Harold	1.3088	1992	1133	0.978	5.06
3	Perconte	Jack	1.2864	1985	275	0.983	4.97
4	Boone	Bret	1.2577	2005	795	0.985	4.36
5	Lopez	Jose	1.2218	2009	627	0.981	4.78
6	Ackley	Dustin	1.1541	2013	281	0.990	4.38
7	Cora	Joey	1.1473	1998	524	0.968	4.15

Rank	SHORTSTOP		FV	Lyear	G	FPCT	RF
1	Vizquel	Omar	1.6189	1993	653	0.980	4.49
2	Owen	Spike	1.6102	1986	460	0.974	4.78
3	Rodriguez	Alex	1.5632	2000	786	0.973	4.40
4	Reynolds	Craig	1.5321	1978	280	0.958	4.64
5	Ryan	Brendan	1.5050	2013	345	0.977	4.30
6	Betancourt	Yuniesky	1.4555	2009	577	0.969	4.28
7	Mendoza	Mario	1.4491	1980	262	0.964	3.96
8	Quinones	Rey	1.4426	1989	313	0.958	4.36
9	Guillen	Carlos	1.2563	2003	369	0.969	3.72

Rank	THIRD BASE		FV	Lyear	G	FPCT	RF
1	Beltre	Adrian	1.5756	2009	707	0.963	2.80
2	Seager	Kyle	1.5735	2014	497	0.969	2.53
3	Presley	Jim	1.5084	1989	762	0.952	2.59
4	Martinez	Edgar	1.4255	2004	563	0.946	2.42
5	Stein	Bill	1.4057	1980	359	0.953	2.75
6	Blowers	Mike	1.3722	1999	334	0.949	2.22
7	Davis	Russ	1.3329	1999	429	0.933	2.24

Rank	CATCHER		FV	Lyear	G	FPCT	RF	CS%
1	Kearney	Bob	1.9231	1987	344	0.990	5.91	0.422
2	Wilson	Dan	1.9126	2005	1237	0.995	6.77	0.347
3	Valle	Dave	1.9084	1993	798	0.992	6.00	0.369
4	Johjima	Kenji	1.9052	2009	447	0.994	6.52	0.400
5	Bradley	Scott	1.6820	1992	425	0.991	5.68	0.241
6	Olivo	Miguel	1.6550	2012	303	0.990	6.75	0.303
7	Stinson	Bob	1.6414	1980	358	0.983	4.52	0.265

Rank	OUTFIELD		FV	Lyear	G	FPCT	RF	ApG
1	Jones	Ruppert	1.6350	1979	444	0.985	3.03	0.077
2	Winn	Randy	1.6128	2005	429	0.993	2.41	0.026
3	Cameron	Mike	1.5692	2003	608	0.988	2.85	0.039
4	Gutierrez	Franklin	1.5614	2013	467	0.993	2.76	0.034
5	Suzuki	Ichiro	1.5569	2012	1804	0.992	2.30	0.055
6	Griffey	Ken	1.5487	2009	1499	0.986	2.51	0.072
7	Henderson	Dave	1.5023	1986	607	0.985	2.43	0.099
8	Bradley	Phil	1.4867	1987	595	0.988	1.96	0.064
9	Buhner	Jay	1.4439	2001	1368	0.988	1.87	0.072
10	Reed	Jeremy	1.4393	2008	300	0.989	2.45	0.040
11	Roberts	Leon	1.4172	1980	368	0.980	2.29	0.060
12	Saunders	Michael	1.4100	2014	545	0.991	2.10	0.039
13	Cowens	Al	1.4067	1986	474	0.982	1.90	0.086

Rank			FV	Lyear	IP	FPCT	RF	
14	Brantley	Mickey	1.3904	1989	277	0.984	2.19	0.043
15	Paciorek	Tom	1.3690	1981	292	0.985	2.08	0.062
16	Cotto	Henry	1.3637	1993	510	0.991	1.87	0.045
17	Ibanez	Raul	1.3402	2013	879	0.984	1.79	0.063
18	Simpson	Joe	1.3401	1982	409	0.977	1.94	0.078
19	Moses	John	1.3357	1992	349	0.986	1.83	0.074
20	Amaral	Rich	1.3298	1998	296	0.995	1.48	0.041
21	Briley	Greg	1.2416	1992	390	0.974	1.61	0.038

Rank	PITCHING (26)		FV	Lyear	IP	FPCT	RF
1	Moyer	Jamie	1.0797	2006	2093	0.981	2.03
2	Hernandez	Felix	1.0516	2014	2061	0.971	1.76
3	Moore	Mike	1.0495	1988	1457	0.941	2.19
4	Garcia	Freddy	1.0389	2004	1096	0.961	2.02
5	Iwakuma	Hisashi	1.0366	2014	524	0.970	1.67
6	Fassero	Jeff	1.0340	1999	598	0.976	1.84
7	Beattie	Jim	1.0160	1986	945	0.977	2.07
8	Pineiro	Joel	1.0033	2006	996	0.976	1.83
9	Fleming	Dave	1.0000	1995	578	0.983	1.81
10	Langston	Mark	0.9991	1989	1198	0.935	1.74
16	Hanson	Erik	0.9804	1993	967	0.956	1.81
22	Johnson	Randy	0.9572	1998	1838	0.897	1.37

Franchise When and Where
Seattle Mariners (1977 to Present)

San Francisco Giants

It's the most memorable fielding play in the history of the game, that over the shoulder catch by Willie Mays in Game One of the 1954 World Series off the bat of Vic Wertz, and it was only one of many. Despite the fact that Mays played a very long career, to the age of 41 with the Giants, he still ends up patrolling the outfield for the All-Time Giants Best Fielding Squad, only behind Darren Lewis on the outfield list and only there due to that longevity. Where would Mays stand at the age that Lewis last played for San Francisco, age 27? Mays would have a Field Value of 1.6081, light years ahead of Lewis. Sorry, Darren, but Willie was the best. Any other real surprises here? Well, not really, unless you thought the current group of World Series champs would be higher on the fielding list, as Sandoval, Posey, Crawford, and Pence rate down on the totem pole. Not that they'll care much. Those three rings and making plays when they count tally for a whole lot more.

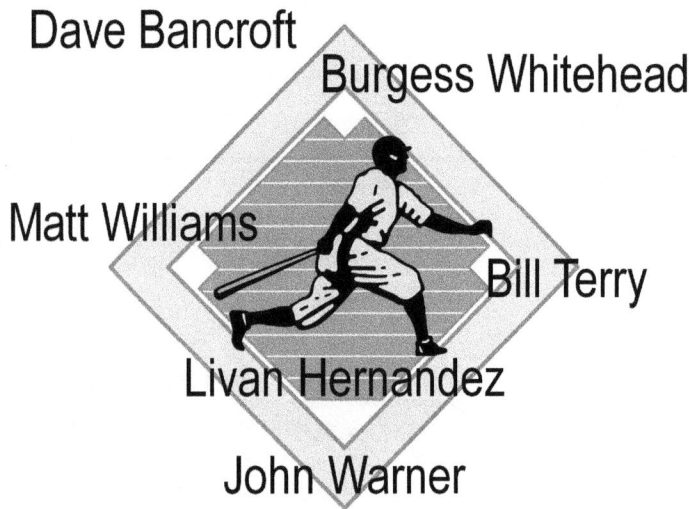

Willie Mays

Darren Lewis   Randy Winn

Dave Bancroft

Burgess Whitehead

Matt Williams

Bill Terry

Livan Hernandez

John Warner

BEST FIELDING TEAM

San Francisco Giants

Rank	FIRST BASE (19)		FV	Lyear	G	FPCT	RF
1	Terry	Bill	1.3118	1936	1579	0.992	10.82
2	Mize	Johnny	1.2811	1949	646	0.993	9.93
3	Kelly	George	1.2771	1926	919	0.992	11.25
4	Clark	Will	1.2489	1993	1124	0.992	9.81
5	Tenney	Fred	1.2395	1909	254	0.988	11.26
6	McGann	Dan	1.2340	1907	681	0.991	10.64
7	Connor	Roger	1.2239	1894	1002	0.977	10.60
8	McCarthy	Johnny	1.1813	1948	271	0.990	10.80
9	Snow	J.T.	1.1794	2008	1139	0.996	8.36
10	Lockman	Whitey	1.1667	1958	722	0.990	9.67
11	Cepeda	Orlando	1.1655	1966	872	0.988	8.96
13	McCovey	Willie	1.1022	1980	1775	0.987	9.02

Rank	SECOND BASE (20)		FV	Lyear	G	FPCT	RF
1	Whitehead	Burgess	1.4021	1941	557	0.972	6.09
2	Critz	Hughie	1.3634	1935	658	0.976	6.02
3	Kent	Jeff	1.3208	2002	854	0.981	4.80
4	Richardson	Danny	1.3159	1891	483	0.939	5.99
5	Stanky	Eddie	1.3148	1951	291	0.977	5.47
6	Frisch	Frankie	1.3066	1926	622	0.971	5.93
7	Gleason	Kid	1.3028	1900	660	0.937	5.73
8	Witek	Mickey	1.2922	1947	437	0.969	5.62
9	Thompson	Robby	1.2883	1996	1279	0.983	4.94
10	Fuentes	Tito	1.2610	1974	842	0.976	5.07
17	Doyle	Larry	1.1443	1920	1591	0.949	4.77
19	Durham	Ray	1.1235	2008	683	0.981	4.48

Rank	SHORTSTOP (23)		FV	Lyear	G	FPCT	RF
1	Bancroft	Dave	1.6770	1930	521	0.947	6.30
2	Davis	George	1.6759	1903	635	0.936	6.23
3	Lanier	Hal	1.6303	1971	620	0.971	4.91
4	Bartell	Dick	1.6236	1943	621	0.956	5.69
5	Jackson	Travis	1.6075	1936	1326	0.952	5.67
6	Kerr	Buddy	1.6007	1949	820	0.967	5.22
7	Speier	Chris	1.5930	1989	910	0.969	4.80
8	Clayton	Royce	1.5839	1995	499	0.968	4.53
9	Vizquel	Omar	1.5821	2008	529	0.990	4.13
10	Fletcher	Art	1.5798	1920	1240	0.937	5.48
16	Uribe	Jose	1.5215	1992	969	0.970	4.28
18	Crawford	Brandon	1.4659	2014	500	0.971	4.03

Rank	THIRD BASE (22)		FV	Lyear	G	FPCT	RF
1	Williams	Matt	1.5688	1996	1011	0.959	2.75
2	Groh	Heinie	1.5293	1926	404	0.973	2.78
3	Devlin	Art	1.5227	1911	1097	0.935	3.26
4	Mueller	Bill	1.4982	2002	560	0.961	2.49
5	Evans	Darrell	1.4962	1983	697	0.948	2.98
6	Lindstrom	Freddie	1.4773	1932	776	0.959	2.97
7	Davis	George	1.4744	1901	426	0.899	3.61
8	Zimmerman	Heinie	1.4725	1919	412	0.946	3.25
9	Feliz	Pedro	1.4687	2007	615	0.961	2.38
10	Herzog	Buck	1.4375	1916	324	0.941	3.18
11	Sandoval	Pablo	1.4189	2014	771	0.960	2.35
14	Davenport	Jim	1.3734	1970	1130	0.964	2.37

Rank	CATCHER (32)		FV	Lyear	G	FPCT	RF	CS%
1	Warner	John	2.0003	1904	606	0.966	5.88	0.479
2	Bresnahan	Roger	1.9856	1908	430	0.976	6.22	0.498
3	Ewing	Buck	1.9624	1892	475	0.933	7.03	0.353
4	Meyers	Chief	1.9326	1915	769	0.973	6.08	0.461
5	Molina	Bengie	1.9262	2010	446	0.994	7.57	0.279

Rank			FV	Lyear	G	FPCT	RF	ApG
6	Danning	Harry	**1.9003**	1942	801	0.985	4.63	0.469
7	Bowerman	Frank	**1.8943**	1907	554	0.968	6.09	0.493
8	Haller	Tom	**1.8723**	1967	719	0.992	6.38	0.338
9	Snyder	Frank	**1.8563**	1926	686	0.985	3.99	0.498
10	Hogan	Shanty	**1.8415**	1932	562	0.984	4.14	0.428
12	Posey	Buster	**1.8389**	2014	470	0.993	8.02	0.319
17	Westrum	Wes	**1.7814**	1957	902	0.985	4.49	0.489

Rank	OUTFIELD (76)		FV	Lyear	G	FPCT	RF	ApG
1	Lewis	Darren	**1.5541**	1995	479	0.998	2.55	0.033
2	Mays	Willie	**1.5498**	1972	2748	0.981	2.57	0.069
3	Winn	Randy	**1.5494**	2009	724	0.994	2.07	0.036
4	Butler	Brett	**1.5466**	1990	466	0.986	2.66	0.039
5	Selbach	Kip	**1.5249**	1901	266	0.948	2.17	0.135
6	Van Haltren	George	**1.5168**	1903	1212	0.932	2.20	0.185
7	Rowand	Aaron	**1.5025**	2011	480	0.993	2.25	0.038
8	Burns	George	**1.5018**	1921	1356	0.969	2.21	0.106
9	Snodgrass	Fred	**1.4936**	1915	690	0.962	2.25	0.165
10	Thomson	Bobby	**1.4931**	1953	851	0.979	2.71	0.081
11	Bonds	Bobby	**1.4858**	1974	1005	0.976	2.22	0.070
12	Roush	Edd	**1.4782**	1929	299	0.974	2.47	0.154
13	Marshall	Willard	**1.4627**	1949	667	0.976	2.16	0.112
14	Ott	Mel	**1.4610**	1946	2313	0.980	2.06	0.111
15	Seymour	Cy	**1.4449**	1910	556	0.953	2.14	0.131
16	Blanco	Gregor	**1.4417**	2014	423	0.995	1.53	0.035
17	Kauff	Benny	**1.4381**	1920	559	0.961	2.37	0.131
18	Pagan	Angel	**1.4365**	2014	313	0.987	2.40	0.048
19	Davis	Chili	**1.4359**	1987	824	0.974	2.38	0.069
20	Maddox	Garry	**1.4357**	1975	405	0.979	2.59	0.042
21	Demaree	Frank	**1.4336**	1941	279	0.984	2.15	0.065
22	Clark	Jack	**1.4286**	1984	995	0.978	2.04	0.094
23	Mertes	Sam	**1.4240**	1905	505	0.964	1.82	0.121
24	North	Billy	**1.4212**	1981	282	0.982	2.52	0.053
25	Grissom	Marquis	**1.4209**	2005	326	0.986	2.33	0.018
26	Gladden	Dan	**1.4162**	1986	316	0.984	2.54	0.057
27	Murray	Red	**1.4155**	1917	812	0.959	1.78	0.145
28	Torres	Andres	**1.4084**	2013	438	0.989	1.78	0.037
29	Hamilton	Darryl	**1.4067**	1998	215	0.989	2.07	0.023
30	Burke	Eddie	**1.4053**	1895	340	0.920	2.09	0.153
38	Pence	Hunter	**1.3903**	2014	382	0.983	2.11	0.034
40	Bonds	Barry	**1.3773**	2007	1891	0.982	1.85	0.053

Rank	PITCHING (102)		FV	Lyear	IP	FPCT	RF	
1	Hernandez	Livan	**1.1217**	2002	746	0.986	2.52	
2	Mathewson	Christy	**1.1059**	1916	4772	0.972	3.36	
3	Gumbert	Harry	**1.1036**	1941	1113	0.980	3.51	
4	Barnes	Jesse	**1.0973**	1923	1150	0.973	3.34	
5	Jansen	Larry	**1.0933**	1954	1731	0.977	2.42	
6	Fitzsimmons	Freddie	**1.0926**	1937	2514	0.974	3.28	
7	Perry	Gaylord	**1.0876**	1971	2295	0.972	2.34	
8	Nehf	Art	**1.0852**	1926	1436	0.977	2.95	
9	Ortiz	Russ	**1.0742**	2007	974	0.987	2.15	
10	Schumacher	Hal	**1.0731**	1946	2482	0.971	2.90	
11	Keefe	Tim	**1.0648**	1891	2265	0.903	2.29	
13	Hubbell	Carl	**1.0561**	1943	3590	0.967	2.45	
21	Marichal	Juan	**1.0331**	1973	3444	0.948	2.23	
47	Cain	Matt	**0.9931**	2014	1811	0.957	1.53	
51	Lincecum	Tim	**0.9889**	2014	1567	0.960	1.38	
56	Bumgarner	Madison	**0.9840**	2014	953	0.936	1.53	
57	Marquard	Rube	**0.9839**	1915	1546	0.943	2.10	

Franchise When and Where
San Francisco Giants (1958 to Present)
New York Giants (1885-1957); New York Gothams (1883-1884)

St. Louis Cardinals

Ozzie! Ozzie! Ozzie! Yes, Ozzie Smith heads this list, as well he should. Best shortstop for two teams and listed as the best fielder in baseball history, regardless of his position, by many, including dWar. But Ozzie was an expected member. We're even more interested in a couple other mopes, including a chance for Albert Pujols to flash the leather part of his immeasurable service, and Curt Flood, the man who challenged the reserve clause system and brought on free agency. Leading with that info for Curt kinda leaves pushes the baseball part of his story down too far, because it definitely included on field exploits (his spectacular patrol of centerfield, seven Gold Gloves, one FV Silver Mitt) that deserve mention in the first paragraph. This is the third of three lists to include Tony Pena as the best catcher; Boston and Pittsburgh prior. Check how his Field Value changed from team to team. Pittsburgh (1980-1986) FV 1.9783; St. Louis (1987-1989) FV 1.9780; Boston (1990-1993) FV 2.0255. Unlike most players, Pena retained his fielding command through his career, even increasing it as he aged.

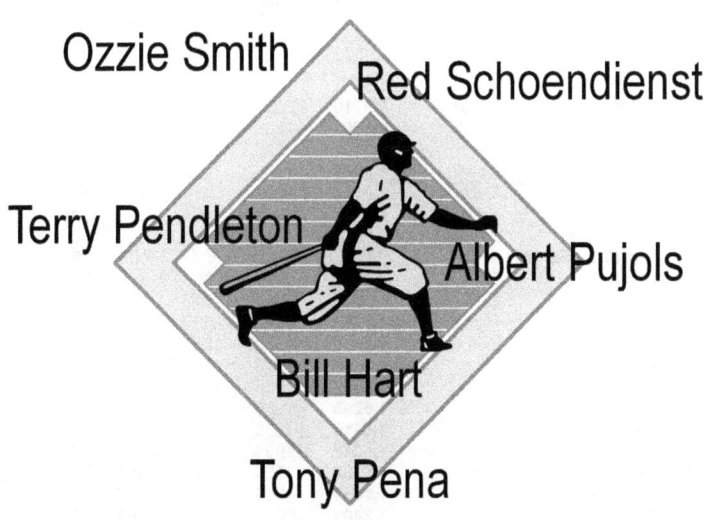

BEST FIELDING TEAM

St. Louis Cardinals

FIRST BASE (24)

Rank			FV	Lyear	G	FPCT	RF
1	Pujols	Albert	1.3126	2011	1337	0.994	9.81
2	Konetchy	Ed	1.3039	1913	981	0.988	10.94
3	Hernandez	Keith	1.3013	1983	1118	0.994	10.24
4	Martinez	Tino	1.2594	2003	275	0.997	8.79
5	White	Bill	1.2239	1969	972	0.992	9.15
6	Cepeda	Orlando	1.2235	1968	425	0.990	9.45
7	Comiskey	Charlie	1.1739	1891	1010	0.971	10.50
8	Musial	Stan	1.1692	1960	1016	0.992	9.25
9	Torre	Joe	1.1438	1974	425	0.993	8.88
10	McGwire	Mark	1.1353	2001	512	0.993	8.66
18	Bottomley	Jim	1.0772	1932	1340	0.987	10.23
22	Mize	Johnny	1.0542	1941	808	0.990	9.73

SECOND BASE

Rank	(22)		FV	Lyear	G	FPCT	RF
1	Schoendienst	Red	1.3835	1962	1429	0.983	5.47
2	Blasingame	Don	1.3730	1959	542	0.978	5.50
3	Herr	Tom	1.3547	1988	987	0.988	5.08
4	Oquendo	Jose	1.3253	1995	649	0.992	4.70
5	Huggins	Miller	1.3248	1916	773	0.961	5.17
6	Frisch	Frankie	1.3032	1937	1140	0.975	5.86
7	Farrell	John	1.2940	1905	373	0.935	5.83
8	Vina	Fernando	1.2900	2003	483	0.984	4.72
9	Verban	Emil	1.2624	1945	301	0.973	4.99
10	Sizemore	Ted	1.2540	1975	624	0.977	5.23
14	Hornsby	Rogers	1.2178	1933	997	0.963	5.42
15	Javier	Julian	1.1996	1971	1547	0.972	4.84

SHORTSTOP (23)

Rank			FV	Lyear	G	FPCT	RF
1	Smith	Ozzie	1.6745	1996	1929	0.980	4.90
2	Ryan	Brendan	1.6551	2010	312	0.979	4.34
3	Wallace	Bobby	1.6345	1918	374	0.927	6.21
4	Marion	Marty	1.6261	1950	1484	0.968	5.10
5	Clayton	Royce	1.6081	1998	355	0.972	4.57
6	Durocher	Leo	1.5891	1937	681	0.962	5.00
7	Eckstein	David	1.5710	2007	390	0.977	4.55
8	Templeton	Garry	1.5703	1981	700	0.955	5.36
9	Cross	Monte	1.5691	1897	256	0.907	5.98
10	Gelbert	Charlie	1.5648	1936	586	0.950	5.36
12	Maxvill	Dal	1.5513	1972	1054	0.973	4.41
16	Renteria	Edgar	1.4735	2004	891	0.968	4.15

THIRD BASE (23)

Rank			FV	Lyear	G	FPCT	RF
1	Pendleton	Terry	1.6390	1990	908	0.959	3.14
2	Byrne	Bobby	1.5796	1909	375	0.922	3.75
3	Rolen	Scott	1.5739	2007	659	0.968	2.88
4	Reitz	Ken	1.5496	1980	1081	0.971	2.60
5	Mowrey	Mike	1.5419	1913	516	0.939	3.28
6	Boyer	Ken	1.5392	1965	1539	0.953	2.94
7	Gaetti	Gary	1.5265	1998	348	0.977	2.30
8	Latham	Arlie	1.5115	1896	839	0.866	3.52
9	Zeile	Todd	1.5042	1994	567	0.942	2.58
10	Oberkfell	Ken	1.4902	1984	447	0.964	2.68
11	Kurowski	Whitey	1.4659	1949	868	0.957	2.99
19	Freese	David	1.3401	2013	427	0.950	2.23

CATCHER (24)

Rank			FV	Lyear	G	FPCT	RF	CS%
1	Pena	Tony	1.9780	1989	388	0.993	5.82	0.319
2	Molina	Yadier	1.9656	2014	1303	0.994	6.92	0.448
3	Matheny	Mike	1.9587	2004	611	0.996	6.49	0.396
4	Wilson	Jimmie	1.9571	1933	630	0.982	4.76	0.538
5	O'Dea	Ken	1.9411	1946	287	0.990	4.87	0.526

			FV	Lyear	G	FPCT	RF	ApG
6	Sarni	Bill	**1.9079**	1956	296	0.991	4.83	0.477
7	Boyle	Jack	**1.8864**	1891	327	0.928	5.99	0.354
8	Owen	Mickey	**1.8853**	1940	433	0.979	4.17	0.552
9	Simmons	Ted	**1.8797**	1980	1439	0.987	5.71	0.343
10	Mancuso	Gus	**1.8759**	1942	318	0.978	5.37	0.519
12	McCarver	Tim	**1.8653**	1974	960	0.990	6.41	0.361
13	Rice	Del	**1.8617**	1960	1018	0.988	4.68	0.433

Rank	OUTFIELD (75)		FV	Lyear	G	FPCT	RF	ApG
1	Welch	Curt	**1.6847**	1887	373	0.946	2.53	0.196
2	Nicol	Hugh	**1.5935**	1886	339	0.897	2.06	0.363
3	Flood	Curt	**1.5859**	1969	1687	0.987	2.44	0.068
4	Moore	Terry	**1.5343**	1948	1189	0.985	2.71	0.086
5	Douthit	Taylor	**1.5292**	1931	835	0.970	3.10	0.066
6	Heidrick	Emmet	**1.5262**	1901	346	0.943	2.18	0.202
7	Magee	Lee	**1.5200**	1914	295	0.970	2.41	0.180
8	McBride	Bake	**1.5198**	1977	367	0.988	2.71	0.057
9	Wilson	Chief	**1.5194**	1916	372	0.977	2.13	0.175
10	Oakes	Rebel	**1.5098**	1913	559	0.955	2.40	0.123
11	Edmonds	Jim	**1.4995**	2007	1048	0.987	2.40	0.069
12	Jay	Jon	**1.4904**	**2014**	673	0.995	1.93	0.025
13	Scott	Tony	**1.4898**	1981	495	0.988	2.48	0.065
14	Shannon	Spike	**1.4841**	1905	353	0.979	2.11	0.096
15	Burkett	Jesse	**1.4835**	1901	423	0.932	2.35	0.128
16	Jose	Felix	**1.4817**	1992	303	0.985	2.01	0.086
17	Hendrick	George	**1.4755**	1984	790	0.990	2.04	0.073
18	McCarthy	Tommy	**1.4748**	1891	486	0.905	1.89	0.257
19	Medwick	Joe	**1.4635**	1948	1161	0.976	2.26	0.076
20	Smoot	Homer	**1.4540**	1905	619	0.954	2.14	0.115
21	Brunansky	Tom	**1.4476**	1990	315	0.984	1.95	0.063
22	Gilkey	Bernard	**1.4443**	1995	557	0.980	1.95	0.099
23	Ludwick	Ryan	**1.4421**	2010	471	0.994	1.75	0.051
24	Ellis	Rube	**1.4395**	1912	510	0.943	2.26	0.165
25	Slaughter	Enos	**1.4369**	1953	1751	0.980	2.06	0.081
26	Rothrock	Jack	**1.4358**	1935	281	0.977	2.28	0.053
27	Jordan	Brian	**1.4298**	1998	632	0.987	2.10	0.062
28	Lankford	Ray	**1.4252**	2004	1492	0.984	2.30	0.045
29	Coleman	Vince	**1.4220**	1990	861	0.973	2.02	0.087
30	Mumphrey	Jerry	**1.4187**	1979	461	0.984	2.05	0.059
31	Musial	Stan	**1.4108**	1963	1890	0.984	2.04	0.069
50	Holliday	Matt	**1.3233**	**2014**	770	0.986	1.62	0.034
58	Brock	Lou	**1.2960**	1979	2206	0.958	1.77	0.050

Rank	PITCHING (96)		FV	Lyear	IP	FPCT	RF	
1	Hart	Bill	**1.1266**	1897	631	0.935	3.31	
2	Breitenstein	Ted	**1.1160**	1901	1925	0.933	2.88	
3	Gleason	Kid	**1.1089**	1894	838	0.919	3.03	
4	Foutz	Dave	**1.1060**	1887	1458	0.923	2.59	
5	Wise	Rick	**1.1004**	1973	528	0.983	1.98	
6	Carpenter	Chris	**1.0815**	2012	1349	0.980	2.01	
7	Wainwright	Adam	**1.0807**	2014	1542	0.980	1.96	
8	Lohse	Kyle	**1.0799**	2012	809	0.990	2.25	
9	Staley	Gerry	**1.0733**	1954	1275	0.976	2.90	
10	Young	Cy	**1.0709**	1900	691	0.917	2.88	
16	King	Silver	**1.0609**	1889	1434	0.932	1.98	
49	Gibson	Bob	**1.0033**	1975	3884	0.949	1.80	
51	Dean	Dizzy	**1.0018**	1937	1737	0.956	1.58	

Franchise When and Where
St. Louis Cardinals (1900 to Present)
St. Louis Perfectos (1899)
St. Louis Browns (1883-1898)
St. Louis Brown Stockings (1882)

Tampa Bay Rays

It's a whole lot easier making a fielding comparison for a franchise with a history that only stretches back to 1998. No trying to parse different eras with all those changing Range Factor and Fielding Percentage stats. It is a bit hard to find enough players to fill out a good list as few reach the minimums for Games Played. But here goes. Rocco Baldelli, Carl Crawford, and B.J. Upton in the outfield. Pretty good. Only one Gold Glove between them (Crawford in 2010), but all regarded as good defensively. Two Gold Gloves for the man at third, Evan Longoria, and likely more to come. Travis Lee didn't win any gold, but was rated the Top Field Value first sacker in 1998, even though that was with Arizona. Bound to change a lot over the decades to come, but easier to decipher now.

Rocco Baldelli

Carl Crawford   B.J. Upton

Julio Lugo   Miguel Cairo

Evan Longoria   Travis Lee

James Shields

Dionar Navarro

BEST FIELDING TEAM

Tampa Bay Rays

Rank	FIRST BASE		FV	Lyear	G	FPCT	RF
1	Lee	Travis	1.1737	2006	378	0.997	8.40
2	McGriff	Fred	1.1547	2004	484	0.991	9.11
3	Pena	Carlos	1.0797	2012	704	0.994	8.30
4	Loney	James	1.0755	2014	306	0.994	8.07
NR	Cox	Steve	1.0193	2002	216	0.994	8.08

Rank	SECOND BASE		FV	Lyear	G	FPCT	RF
1	Cairo	Miguel	1.2979	2000	373	0.982	4.97
2	Zobrist	Ben	1.1338	2014	547	0.987	3.89
NR	Iwamura	Akinori	1.2256	2009	220	0.987	4.37
NR	Cantu	Jorge	1.0024	2007	217	0.971	4.14
NR	Abernathy	Brent	1.1077	2003	197	0.979	4.76

Rank	SHORTSTOP		FV	Lyear	G	FPCT	RF
1	Lugo	Julio	1.4575	2006	489	0.966	4.61
2	Escobar	Yunel	1.4137	2014	289	0.978	3.59
3	Bartlett	Jason	1.3493	2010	390	0.969	3.80
NR	Gomez	Chris	1.3806	2002	188	0.977	4.24
NR	Zobrist	Ben	1.1744	2014	229	0.962	3.46

Rank	THIRD BASE		FV	Lyear	G	FPCT	RF
1	Longoria	Evan	1.5575	2014	903	0.965	2.62
2	Huff	Aubrey	1.2186	2006	283	0.940	2.29
NR	Sandberg	Jared	1.2887	2003	185	0.949	2.52
NR	Smith	Bobby	1.2884	2002	171	0.947	2.30
NR	Boggs	Wade	1.2872	1999	152	0.959	2.16

Rank	CATCHER		FV	Lyear	G	FPCT	RF	CS%
1	Navarro	Dioner	1.8116	2010	442	0.989	7.26	0.329
2	Flaherty	John	1.7701	2002	467	0.991	6.49	0.325
3	Hall	Toby	1.7014	2006	578	0.989	6.09	0.366
NA	Difelice	Mike	1.6961	2008	249	0.986	6.66	0.374
NA	Molina	Jose	1.8772	2014	278	0.995	7.54	0.296

Rank	OUTFIELD		FV	Lyear	G	FPCT	RF	ApG
1	Baldelli	Rocco	1.5596	2010	400	0.983	2.79	0.088
2	Upton	B.J.	1.5571	2012	813	0.989	2.56	0.064
3	Crawford	Carl	1.4911	2010	1219	0.991	2.24	0.042
4	Winn	Randy	1.4614	2002	487	0.988	2.35	0.082
5	Jennings	Desmond	1.4572	2014	460	0.996	2.16	0.024
6	Zobrist	Ben	1.4241	2014	431	0.997	1.62	0.058
7	Joyce	Matthew	1.2844	2014	549	0.987	1.62	0.038

Rank	PITCHING		FV	Lyear	IP	FPCT	RF
1	Shields	James	1.0276	2012	1455	0.947	1.76
2	Price	David	0.9814	2014	1144	0.951	1.36
3	Sonnanstine	Andy	0.9792	2011	540	0.957	1.85
4	Hellickson	Jeremy	0.9582	2014	640	0.972	1.49
5	Niemann	Jeff	0.9495	2012	544	0.988	1.37
6	Garza	Matt	0.9220	2010	592	0.945	1.05
7	Kazmir	Scott	0.8791	2009	834	0.907	1.06

Franchise When and Where
Tampa Bay Rays (2008 to Present)
Tampa Bay Devil Rays (1998-2007)

Texas Rangers

Oh for the days when you watched Alex play and were flabbergasted by the ability of that man to wield a heavy stick and field flawlessly. But oh, how that has changed. When Rodriguez was a baseball Texan, he was the best shortstop in baseball at both dynamics, winning the Gold Glove in 2002 and 2003, an even better fielder than he had been in Seattle. Then those days changed and the flabbergast turned from good to bad. By the time he made his made to New York and the rumors began to swirl around the PED allegations, he was a third baseman who only ranks #12 of 18 qualified in Yankee land. If you ask a Texas Ranger fan who was the best fielding catcher in team history, you're bound to get a landslide victory for Pudge Rodriguez. But is that true? Pudge did win thirteen Gold Gloves to Jim Sundberg's six. For his career, Pudge had a career FPCT even with baseball; Jim was +8. For his career, Pudge had a career RF per 9 (more accurate when comparing current players) +7 over baseball's average; Jim was +24. For his career, Pudge was +15 in Caught Stealing Percentage over the rest of the game; Jim was +6.

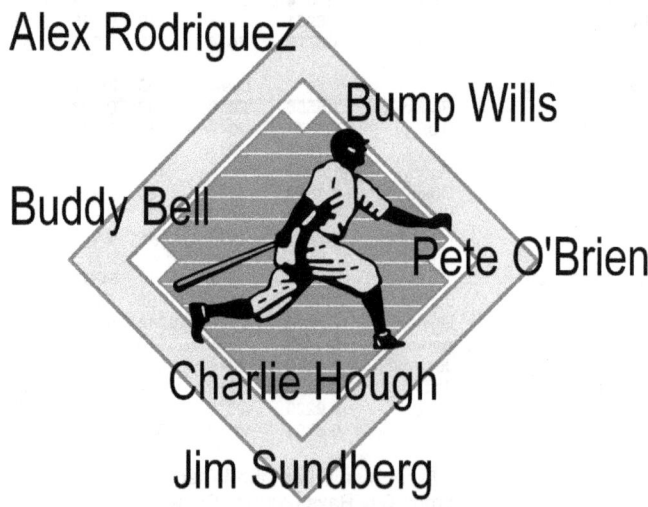

Leonys Martin
Juan Beniquez   Del Unser

Alex Rodriguez
                Bump Wills
Buddy Bell
                Pete O'Brien
Charlie Hough
Jim Sundberg

BEST FIELDING TEAM

Texas Rangers

Rank	FIRST BASE		FV	Lyear	G	FPCT	RF
1	O'Brien	Pete	1.2441	1988	904	0.993	9.32
2	Teixeira	Mark	1.2200	2007	646	0.996	9.32
3	Stevens	Lee	1.1809	1999	250	0.994	8.66
4	Clark	Will	1.1643	1998	580	0.993	9.19
5	Spencer	Jim	1.1597	1975	258	0.997	8.48
6	Palmeiro	Rafael	1.1422	2003	1167	0.994	8.89
7	Hargrove	Mike	1.1182	1978	572	0.988	9.15
8	Epstein	Mike	1.0662	1973	479	0.989	9.42
9	Putnam	Pat	1.0244	1982	377	0.993	8.35
10	Moreland	Mitch	1.0219	2014	402	0.995	7.84
11	Howard	Frank	1.0013	1972	311	0.983	7.56

Rank	SECOND BASE		FV	Lyear	G	FPCT	RF
1	Wills	Bump	1.4558	1981	697	0.981	5.60
2	Young	Michael	1.3523	2012	446	0.986	4.72
3	McLemore	Mark	1.2993	1999	559	0.983	4.93
4	Franco	Julio	1.2395	1992	447	0.977	4.68
5	Soriano	Alfonso	1.2284	2005	295	0.971	4.94
6	Kinsler	Ian	1.2096	2013	1029	0.978	4.90
7	Nelson	Dave	1.1979	1975	317	0.977	4.99
8	Blasingame	Don	1.1792	1966	367	0.983	4.54
9	Cottier	Chuck	1.1787	1964	372	0.977	5.14
10	Allen	Bernie	1.1748	1971	416	0.980	4.56
11	Cullen	Tim	1.1484	1971	362	0.985	4.15
12	Randle	Len	1.1095	1976	368	0.968	5.33
13	Tolleson	Wayne	1.0838	1985	251	0.974	4.53

Rank	SHORTSTOP		FV	Lyear	G	FPCT	RF
1	Rodriguez	Alex	1.6950	2003	481	0.984	4.48
2	Brinkman	Ed	1.5763	1970	1104	0.967	4.77
3	Young	Michael	1.5658	2012	792	0.977	4.29
4	Gil	Benji	1.5512	1997	263	0.967	4.71
5	Clayton	Royce	1.5509	2000	333	0.969	4.58
6	Fletcher	Scott	1.5488	1989	511	0.972	4.22
7	Andrus	Elvis	1.5364	2014	892	0.972	4.25
8	Harrah	Toby	1.4665	1985	773	0.960	4.72
9	Huson	Jeff	1.3171	1993	329	0.961	3.48
10	Wilkerson	Curtis	1.2530	1988	348	0.953	3.39

Rank	THIRD BASE		FV	Lyear	G	FPCT	RF
1	Bell	Buddy	1.6725	1989	901	0.967	3.32
2	McMullen	Ken	1.6031	1970	742	0.963	3.29
3	Buechele	Steve	1.5350	1995	835	0.970	2.54
4	Beltre	Adrian	1.5060	2014	523	0.966	2.45
5	Palmer	Dean	1.4150	1997	728	0.938	2.34
6	Blalock	Hank	1.3851	2009	697	0.960	2.45
7	Young	Michael	1.3650	2012	358	0.958	2.22
8	Harrah	Toby	1.3563	1978	345	0.960	2.42
9	Howell	Roy	1.2533	1977	258	0.928	2.60

Rank	CATCHER		FV	Lyear	G	FPCT	RF	CS%
1	Sundberg	Jim	2.0138	1989	1495	0.992	5.63	0.418
2	Rodriguez	Ivan	1.9755	2009	1451	0.990	6.55	0.501
3	Casanova	Paul	1.7594	1971	657	0.986	5.73	0.417
4	Slaught	Don	1.7464	1987	278	0.990	5.84	0.263
5	Petralli	Geno	1.6801	1993	556	0.987	5.20	0.319
6	Barajas	Rod	1.6344	2006	318	0.987	6.40	0.340
7	Laird	Gerald	1.6259	2008	356	0.984	6.08	0.376
8	Stanley	Mike	1.5631	1991	275	0.984	4.68	0.165

Rank	OUTFIELD (36)		FV	Lyear	G	FPCT	RF	ApG
1	Beniquez	Juan	1.5621	1978	390	0.982	2.73	0.092

Rank			FV	Lyear		FPCT		
2	Unser	Del	**1.5564**	1971	559	0.981	2.40	0.086
3	Martin	Leonys	**1.5538**	**2014**	332	0.984	2.42	0.078
4	Wright	George	**1.5254**	1986	534	0.984	2.51	0.062
5	Rivers	Mickey	**1.5238**	1984	348	0.985	2.46	0.112
6	Lock	Don	**1.5156**	1966	627	0.978	2.39	0.078
7	McDowell	Oddibe	**1.4857**	1994	542	0.990	2.36	0.057
8	Ward	Gary	**1.4805**	1986	405	0.983	2.34	0.074
9	Goodwin	Tom	**1.4733**	1999	311	0.990	2.50	0.039
10	Pettis	Gary	**1.4712**	1991	254	0.986	2.15	0.055
11	Matthews	Gary	**1.4463**	2006	368	0.983	2.38	0.063
12	Byrd	Marlon	**1.4420**	2009	394	0.986	2.18	0.056
13	Kapler	Gabe	**1.4411**	2002	329	0.983	2.40	0.061
14	Hinton	Chuck	**1.4273**	1964	484	0.983	2.00	0.058
15	Maddox	Elliott	**1.4228**	1973	286	0.988	1.96	0.073
16	Valentine	Fred	**1.4202**	1968	369	0.985	1.92	0.046
17	Gonzalez	Juan	**1.4183**	2003	1097	0.983	2.08	0.069
18	Sample	Bill	**1.4147**	1984	600	0.987	2.08	0.050
19	Oliver	Al	**1.4022**	1980	383	0.977	2.14	0.068
20	Mench	Kevin	**1.3866**	2006	514	0.990	1.77	0.051
21	King	Jim	**1.3811**	1967	640	0.981	1.79	0.078
22	Espy	Cecil	**1.3799**	1990	278	0.984	2.01	0.061
23	Burroughs	Jeff	**1.3785**	1976	673	0.974	1.84	0.074
24	Sierra	Ruben	**1.3758**	2003	1070	0.971	1.93	0.072
25	Greer	Rusty	**1.3633**	2002	989	0.979	2.00	0.040
26	Hamilton	Josh	**1.3507**	2012	658	0.983	1.99	0.046
27	Stroud	Ed	**1.3425**	1970	366	0.986	1.77	0.033
28	Incaviglia	Pete	**1.3356**	1990	609	0.962	1.79	0.074
29	Howard	Frank	**1.3333**	1972	876	0.978	1.50	0.048
30	Cruz	Nelson	**1.3302**	2013	786	0.982	2.07	0.052
31	Murphy	David	**1.3179**	2013	819	0.990	1.62	0.053
34	Parrish	Larry	**1.2692**	1987	407	0.971	1.73	0.086

Rank	PITCHING (38)		FV	Lyear	IP	FPCT	RF	
1	Hough	Charlie	**1.0811**	1990	2308	0.976	2.05	
2	Jenkins	Fergie	**1.0645**	1981	1410	0.959	2.24	
3	Tanana	Frank	**1.0498**	1985	678	0.975	2.03	
4	Rogers	Kenny	**1.0413**	2005	1909	0.956	2.54	
5	Brown	Kevin	**1.0293**	1994	1279	0.940	2.42	
6	Perry	Gaylord	**1.0291**	1980	827	0.973	1.57	
7	Bosman	Dick	**1.0186**	1973	1103	0.980	1.98	
8	Coleman	Joe	**1.0121**	1970	850	0.969	1.96	
9	Osteen	Claude	**1.0100**	1964	638	0.979	1.95	
10	Guzman	Jose	**1.0055**	1992	1014	0.968	1.87	
11	Darvish	Yu	**1.0039**	2014	545	1.000	1.29	
34	Ryan	Nolan	**0.9278**	1993	840	0.913	1.01	

Franchise When and Where
Texas Rangers (1972 to Present)
Washington Senators (1961-1971)

Toronto Blue Jays

A crime dog, a man with odd outfield goals, one man nicknamed Xanthos because he was blonde, and a man with four Gold Gloves. Yes, Fred McGriff captured every errant baseball that made it's way to 1st Base and is well-deserved for his spot at #1, while Rick Bosetti traveled the baseball universe with only a rare a glimpse of the traditional stadium bathroom. Xanthos stands for blonde and the mane of Kelly Gruber as he manned a grand 3rd Base for the Blue Jays, and Tony Fernandez has four Gold Glove Awards, which sometimes we forget. It's a fielding team with lots of speed in the outfield (Devon White should probably be playing center, but we had to choose), and we tend to forget that at the beginning of his career, Vernon Wells was a positive player in both the field and at the plate. All in all, the only remaining team still in Canada has a well-stocked fielding squad, although it is hard to see them winning a ton of games in a simulated world of best fielding teams, except for those days Roy takes the mound.

Rick Bosetti
Vernon Wells
Devon White

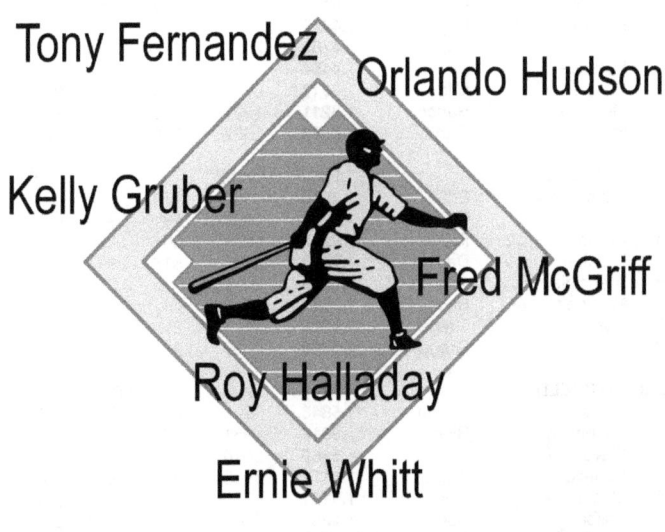

Tony Fernandez
Orlando Hudson
Kelly Gruber
Fred McGriff
Roy Halladay
Ernie Whitt

BEST FIELDING TEAM

Fields of Gold, Baseball's Best Glove Work

Toronto Blue Jays

FIRST BASE

Rank			FV	Lyear	G	FPCT	RF
1	McGriff	Fred	**1.3085**	1990	474	0.993	9.50
2	Overbay	Lyle	**1.2604**	2010	703	0.996	9.42
3	Delgado	Carlos	**1.1933**	2004	1168	0.992	9.38
4	Upshaw	Willie	**1.1667**	1987	950	0.990	8.92
5	Olerud	John	**1.1366**	1996	766	0.995	8.71
6	Mayberry	John	**1.1321**	1982	494	0.994	9.12
7	Lind	Adam	**1.0661**	**2014**	304	0.993	8.84

SECOND BASE

Rank			FV	Lyear	G	FPCT	RF
1	Hudson	Orlando	**1.4560**	2005	454	0.986	5.36
2	Alomar	Roberto	**1.3399**	1995	694	0.987	4.65
3	Bush	Homer	**1.2797**	2002	284	0.987	5.22
4	Hill	Aaron	**1.2597**	2011	746	0.987	4.76
5	Garcia	Damaso	**1.2525**	1986	869	0.980	4.99
6	Lee	Manuel	**1.1987**	1990	344	0.987	4.39
7	Johnson	Kelly	**1.1647**	2012	169	0.981	4.57
8	Liriano	Nelson	**1.1309**	1990	288	0.978	4.55
9	Iorg	Garth	**1.0302**	1987	338	0.976	4.06

SHORTSTOP

Rank			FV	Lyear	G	FPCT	RF
1	Fernandez	Tony	**1.6727**	1993	1104	0.981	4.69
2	Gonzalez	Alex	**1.5965**	2001	874	0.976	4.58
3	Escobar	Yunel	**1.5455**	2012	335	0.977	4.40
4	Griffin	Alfredo	**1.5146**	1993	907	0.959	4.62
5	Lee	Manuel	**1.4639**	1992	365	0.974	3.75
6	McDonald	John	**1.3323**	2011	361	0.973	3.76
7	Woodward	Chris	**1.2634**	2011	283	0.967	4.28

THIRD BASE

Rank			FV	Lyear	G	FPCT	RF
1	Gruber	Kelly	**1.5136**	1992	829	0.955	2.67
2	Howell	Roy	**1.4879**	1980	489	0.953	2.91
3	Lawrie	Brett	**1.4783**	**2014**	332	0.962	2.70
4	Sprague	Ed	**1.4494**	1998	814	0.945	2.37
5	Hinske	Eric	**1.3617**	2006	435	0.953	2.32
6	Mulliniks	Rance	**1.3211**	1991	725	0.961	1.92
7	Iorg	Garth	**1.2526**	1987	556	0.955	1.77

CATCHER

Rank			FV	Lyear	G	FPCT	RF	CS%
1	Whitt	Ernie	**1.8540**	1989	1159	0.991	5.30	0.334
2	Borders	Pat	**1.8403**	1999	691	0.988	5.92	0.349
3	Cerone	Rick	**1.8222**	1979	251	0.986	5.02	0.410
4	Fletcher	Darrin	**1.7874**	2002	516	0.994	6.16	0.253
5	Arencibia	J.P.	**1.7668**	2013	355	0.992	7.22	0.263
6	Martinez	Buck	**1.7141**	1986	441	0.991	4.22	0.363
7	Myers	Greg	**1.6523**	2005	316	0.986	5.13	0.279
8	Zaun	Gregg	**1.6248**	2008	483	0.989	6.31	0.225

OUTFIELD

Rank			FV	Lyear	G	FPCT	RF	ApG
1	White	Devon	**1.5846**	1995	650	0.989	2.83	0.049
2	Bosetti	Rick	**1.5814**	1981	367	0.981	2.96	0.106
3	Wells	Vernon	**1.5489**	2010	1367	0.993	2.34	0.045
4	Barfield	Jesse	**1.5171**	1989	996	0.982	2.24	0.117
5	Moseby	Lloyd	**1.5141**	1989	1349	0.985	2.53	0.047
6	Bailor	Bob	**1.4857**	1980	404	0.980	2.30	0.141
7	Green	Shawn	**1.4795**	1999	657	0.986	2.05	0.070
8	Cruz Jr.	Jose	**1.4645**	2002	752	0.988	2.25	0.056
9	Nixon	Otis	**1.4629**	1997	227	0.993	1.96	0.026
10	Rios	Alexis	**1.4448**	2009	819	0.988	1.96	0.067
11	Rasmus	Colby	**1.4307**	**2014**	381	0.985	2.46	0.029
12	Bonnell	Barry	**1.3825**	1983	430	0.978	2.08	0.070
13	Johnson	Reed	**1.3822**	2007	659	0.990	1.51	0.053
14	Bautista	Jose	**1.3655**	**2014**	656	0.983	1.89	0.102

15	Carter	Joe	**1.3621**	1997	835	0.974	1.95	0.061
16	Stewart	Shannon	**1.3586**	2008	849	0.983	1.94	0.037
17	Bell	George	**1.3235**	1990	1066	0.964	1.96	0.070
18	Catalanotto	Frank	**1.3169**	2006	358	0.993	1.50	0.050
19	Davis	Rajai	**1.3035**	2013	343	0.980	1.73	0.041
20	Woods	Al	**1.2841**	1982	531	0.974	2.08	0.055
21	Mondesi	Raul	**1.2817**	2002	307	0.973	1.99	0.088

Rank	PITCHING		FV	Lyear	IP	FPCT	RF
1	Halladay	Roy	**1.0930**	2009	2047	0.980	2.12
2	Stieb	Dave	**1.0788**	1998	2873	0.973	2.39
3	Key	Jimmy	**1.0562**	1992	1696	0.970	2.23
4	Garvin	Jerry	**1.0542**	1982	606	0.982	2.50
5	Alexander	Doyle	**1.0453**	1986	750	0.963	1.87
6	Romero	Ricky	**1.0445**	2013	801	0.959	2.10
7	Marcum	Shaun	**1.0309**	2010	592	1.000	2.05
8	Leal	Luis	**1.0294**	1985	946	0.984	1.72
9	Acker	Jim	**1.0159**	1991	524	0.986	2.40
10	Clancy	Jim	**1.0128**	1988	2205	0.961	1.79
12	Hentgen	Pat	**1.0006**	2004	1636	0.962	1.55
15	Wells	David	**0.9777**	2000	1149	0.966	1.57

Franchise When and Where
Toronto Blue Jays (1977 to Present)

Washington Nationals

They started north of the border and ended up in the nation's capitol, and for a team without the longest history in the world (circa 1969), they have two Hall of Famers on their All-Time fielding team; Andre Dawson and Gary Carter. At the beginning of his career before injuries took their toll, Andre Dawson was a marvel to watch in the outfield, with a cannon for an arm that caused most runners to stand still. That's the only reason his Assists per Game number is as low as it is; they just didn't take the chance of going for that extra base when Andre was oiling up that Krupp. There's not a whole lot to argue against in the players the numbers have chosen around the diamond. Dave Cash at 2nd, Andres Galarraga at 1st, steady players in Foli and Wallach on the left side of the infield. And the other members of the outfield, current player Span and recent past Grissom are and were very good fielders. So as we end this section on the best players of each team, it's good to end on a high note, a sensible note, a team that makes sense. I wonder how many games they would have won?

Denard Span

Andre Dawson

Marquis Grissom

NATIONALS

Tim Foli

Dave Cash

Tim Wallach

Andres Gallaraga

Livan Hernandez

Gary Carter

BEST FIELDING TEAM

Washington Nationals

Rank	FIRST BASE		FV	Lyear	G	FPCT	RF
1	Galarraga	Andres	1.1903	2002	922	0.991	9.20
2	Segui	David	1.1612	1997	335	0.995	9.16
3	Jorgensen	Mike	1.1568	1977	509	0.995	8.77
4	Oliver	Al	1.1292	1983	312	0.988	8.66
5	LaRoche	Adam	1.1184	2014	481	0.994	8.74
6	Cartwright	Ed	1.1100	1897	420	0.977	9.87
7	Perez	Tony	1.1001	1979	422	0.992	9.16
8	Fairly	Ron	1.0744	1974	445	0.992	8.73
9	Stevens	Lee	1.0719	2002	333	0.989	9.29
10	Johnson	Nick	1.0470	2009	480	0.993	8.84

Rank	SECOND BASE		FV	Lyear	G	FPCT	RF
1	Cash	Dave	1.4035	1979	359	0.984	4.86
2	Lansing	Mike	1.3748	1997	537	0.986	4.71
3	Scott	Rodney	1.2910	1982	353	0.981	5.09
4	Espinosa	Danny	1.2240	2014	441	0.987	4.59
5	DeShields	Delino	1.2133	1993	533	0.975	4.75
6	Hunt	Ron	1.1963	1974	388	0.980	4.91
7	Law	Vance	1.1887	1987	326	0.986	4.70
8	Vidro	Jose	1.1817	2006	1036	0.985	4.38
9	Sutherland	Gary	1.1399	1971	292	0.971	4.67
10	Flynn	Doug	1.1308	1985	259	0.983	4.49
11	Foley	Tom	1.0838	1995	299	0.981	4.26

Rank	SHORTSTOP		FV	Lyear	G	FPCT	RF
1	Foli	Tim	1.6369	1977	701	0.970	5.12
2	Owen	Spike	1.5824	1992	539	0.984	4.14
3	Speier	Chris	1.5738	1984	863	0.971	4.63
4	Wine	Bobby	1.5736	1972	400	0.969	4.73
5	Cabrera	Orlando	1.5660	2004	862	0.977	4.44
6	Grudzielanek	Mark	1.4960	1998	448	0.958	4.25
7	Desmond	Ian	1.4316	2014	758	0.963	4.12
8	Brooks	Hubie	1.4072	1987	344	0.956	4.02
9	Guzman	Cristian	1.3965	2010	459	0.968	4.10
10	Cordero	Wil	1.3355	1995	383	0.950	3.88

Rank	THIRD BASE		FV	Lyear	G	FPCT	RF
1	Wallach	Tim	1.6033	1992	1624	0.959	2.86
2	Zimmerman	Ryan	1.5141	2014	1133	0.957	2.68
3	Andrews	Shane	1.4463	1999	421	0.950	2.52
4	Parrish	Larry	1.4233	1981	946	0.941	2.74
5	Bailey	Bob	1.3682	1975	520	0.952	2.35
6	Berry	Sean	1.3312	1995	299	0.938	2.26
7	Laboy	Coco	1.3178	1973	397	0.944	2.28

Rank	CATCHER		FV	Lyear	G	FPCT	RF	CS%
1	Carter	Gary	1.9993	1992	1342	0.991	6.10	0.394
2	Schneider	Brian	1.8706	2007	711	0.993	6.34	0.386
3	Foote	Barry	1.8483	1977	346	0.986	5.73	0.380
4	Bateman	John	1.7915	1972	347	0.984	6.21	0.344
5	Fletcher	Darrin	1.7715	1997	570	0.993	6.30	0.224
6	Ramos	Wilson	1.7322	2014	311	0.992	7.57	0.305
7	Barrett	Michael	1.7247	2003	399	0.991	6.78	0.236
8	Widger	Chris	1.6942	2000	411	0.985	6.39	0.226
9	Santovenia	Nelson	1.6941	1991	257	0.981	6.06	0.283
10	Boccabella	John	1.6911	1973	283	0.983	4.97	0.421
11	Fitzgerald	Mike	1.6907	1991	559	0.987	6.03	0.203

Rank	OUTFIELD		FV	Lyear	G	FPCT	RF	ApG
1	Span	Denard	1.6350	2014	300	0.995	2.56	0.040
2	Dawson	Andre	1.5418	1986	1412	0.983	2.59	0.073
3	Grissom	Marquis	1.5237	1994	671	0.983	2.58	0.064

			FV		IP			
4	Staub	Rusty	**1.4994**	1979	479	0.965	1.91	0.104
5	Chavez	Endy	**1.4989**	2005	303	0.987	2.28	0.083
6	Walker	Larry	**1.4946**	1994	580	0.986	2.12	0.093
7	Raines	Tim	**1.4802**	2001	1338	0.987	2.10	0.065
8	Kearns	Austin	**1.4703**	2009	370	0.987	2.21	0.054
9	Cromartie	Warren	**1.4663**	1983	774	0.977	2.17	0.096
10	Webster	Mitch	**1.4425**	1988	434	0.984	2.08	0.058
11	White	Rondell	**1.4417**	2000	752	0.986	2.17	0.047
12	Church	Ryan	**1.4365**	2007	311	0.993	2.16	0.035
13	Alou	Moises	**1.4105**	1996	602	0.984	1.78	0.058
14	Bergeron	Peter	**1.4093**	2004	308	0.984	2.18	0.078
15	Singleton	Ken	**1.4001**	1974	441	0.971	1.76	0.082
16	Werth	Jayson	**1.3869**	**2014**	505	0.985	2.02	0.059
17	Martinez	Dave	**1.3853**	1991	398	0.982	2.04	0.063
18	Day	Boots	**1.3822**	1974	339	0.984	2.02	0.059
19	Valentine	Ellis	**1.3816**	1981	619	0.973	1.99	0.103
20	Bernadina	Roger	**1.3665**	2013	436	0.991	1.44	0.055
21	Santangelo	F.P.	**1.3578**	1998	352	0.987	1.73	0.040
22	Nixon	Otis	**1.3437**	1990	268	0.992	1.84	0.034
23	Wilkerson	Brad	**1.3395**	2005	562	0.980	1.88	0.071
24	Guerrero	Vladimir	**1.3264**	2003	992	0.959	2.05	0.087
25	Winningham	Herm	**1.3056**	1988	343	0.979	1.81	0.038
26	Brooks	Hubie	**1.2864**	1989	289	0.966	1.76	0.048
27	Harper	Bryce	**1.2729**	**2014**	393	0.977	1.80	0.076
28	Woods	Ron	**1.2682**	1974	293	0.984	1.69	0.048
29	Bailey	Bob	**1.1919**	1975	253	0.972	1.35	0.087
30	White	Jerry	**1.1581**	1983	349	0.973	1.52	0.043

Rank	PITCHING (32)		FV	Lyear	IP	FPCT	RF
1	Hernandez	Livan	**1.1006**	2011	1317	0.980	2.30
2	Morton	Carl	**1.0927**	1972	700	0.975	2.51
3	Torrez	Mike	**1.0790**	1974	641	0.974	2.61
4	Martinez	Dennis	**1.0745**	1993	1609	0.955	2.38
5	Rogers	Steve	**1.0604**	1985	2838	0.958	2.22
6	Vazquez	Javier	**1.0601**	2003	1229	0.982	1.96
7	Hill	Ken	**1.0315**	1994	556	0.960	2.70
8	Stoneman	Bill	**1.0289**	1973	1085	0.972	1.74
9	Zimmermann	Jordan	**1.0175**	2014	892	0.956	1.77
10	Lannan	John	**1.0167**	2012	784	0.977	1.99
22	Strasburg	Stephen	**0.9650**	2014	649	0.954	1.44
27	Gonzalez	Gio	**0.9380**	2014	554	0.952	1.28

Franchise When and Where
Washington Nationals (2005 to Present)
Montreal Expos (1969-2004)

Chapter 5

Fields of Gold: Gold Gloves and Silver Mitts

Who did others, and before that, Stat Geek Baseball and those Silver Mitts, think were the best fielders of each year in baseball history? Below we will list the Gold Glove winners, which began when the Rawlings Sporting Goods company started to bestow the award in 1957, at first, for one year, with only one per season, moving to one for each league per position in 1958. In most years, outfielders were not segmented into position, except for the first four years and since 2011.

We'll also list the Top Field Value position player for each season during the Gold Glove era where that player was not a Gold Glove winner. And prior to 1957, we will list the Top Field Value player (Silver Mitt) for each position.

First Base

Year	Player	Team	Lg	Inn	G	Fpct	RF	FV	GG/FV
2014	Eric Hosmer	Kansas City	AL	1121.7		0.991	9.07	1.02	Gold Glove
2014	Adrian Gonzalez	Los Angeles	NL	1325.3		0.996	9.75	1.35	Gold Glove
2014	Justin Morneau	Colorado	NL	1105.7		0.997	10.22	1.40	FV#1
2013	Eric Hosmer	Kansas City	AL	1372.3		0.994	8.70	1.06	Gold Glove
2013	Paul Goldschmidt	Arizona	NL	1446.0		0.997	9.91	1.40	Gold Glove
2012	Mark Teixeira	New York	AL	1032.0		0.999	9.19	1.20	Gold Glove
2012	Adam LaRoche	Washington	NL	1323.3		0.995	9.25	1.16	Gold Glove
2012	Adrian Gonzalez	Boston	AL	1246.0		0.998	10.12	1.40	FV#1
2011	Adrian Gonzalez	Boston	AL	1352.7		0.997	8.96	1.39	Gold Glove
2011	Joey Votto	Cincinnati	NL	1427.7		0.996	9.54	1.40	Gold Glove
2010	Mark Teixeira	New York	AL	1291.7		0.998	9.11	1.18	Gold Glove
2010	Albert Pujols	St. Louis	NL	1380.7		0.998	10.53	1.40	Gold Glove

Year	Player	Team	Lg	Inn	G	Fpct	RF	FV	GG/FV
2009	Mark Teixeira	New York	AL	1303.7		0.997	8.77	1.19	Gold Glove
2009	Adrian Gonzalez	San Diego	NL	1359.7		0.995	9.00	1.13	Gold Glove
2009	Todd Helton	Colorado	NL	1275.0		0.998	10.20	1.40	FV#1
2008	Carlos Pena	Tampa Bay	AL	1168.7		0.998	8.45	1.24	Gold Glove
2008	Adrian Gonzalez	San Diego	NL	1417.3		0.996	9.12	1.24	Gold Glove
2008	Mark Teixeira	Atlanta	NL	1335.0		0.997	10.07	1.40	FV#1
2007	Kevin Youkilis	Boston	AL	1094.0		1.000	8.88	1.21	Gold Glove
2007	Derrek Lee	Chicago	NL	1274.3		0.994	8.84	1.07	Gold Glove
2007	Todd Helton	Colorado	NL	1337.0		0.999	10.39	1.40	FV#1
2006	Mark Teixeira	Texas	AL	1399.0		0.997	10.09	1.40	Gold Glove
2006	Albert Pujols	St. Louis	NL	1244.3		0.996	10.52	1.38	Gold Glove
2005	Mark Teixeira	Texas	AL	1358.0		0.998	9.80	1.34	Gold Glove
2005	Derrek Lee	Chicago	NL	1386.0		0.996	9.38	1.24	Gold Glove
2005	Albert Pujols	St. Louis	NL	1358.7		0.992	11.21	1.40	FV#1
2004	Darin Erstad	Anaheim	AL	1065.3		0.996	8.89	1.08	Gold Glove
2004	Todd Helton	Colorado	NL	1320.7		0.997	10.22	1.40	Gold Glove
2003	John Olerud	Seattle	AL	1287.0		0.998	8.54	1.33	Gold Glove
2003	Derrek Lee	Florida	NL	1353.7		0.996	9.15	1.29	Gold Glove
2003	Todd Helton	Colorado	NL	1369.0		0.993	10.35	1.40	FV#1
2002	John Olerud	Seattle	AL	1317.7		0.996	8.67	1.29	Gold Glove
2002	Todd Helton	Colorado	NL	1342.0		0.995	9.86	1.40	Gold Glove
2001	Doug Mientkiewicz	Minnesota	AL	1269.3		0.997	9.44	1.27	Gold Glove
2001	Todd Helton	Colorado	NL	1370.0		0.999	9.36	1.39	Gold Glove
2001	Dmitri Young	Cincinnati	NL	197.7		1.000	10.88	1.40	FV#1

Year	Player	Team	Lg	Inn	G	Fpct	RF	FV	GG/FV
2000	John Olerud	Seattle	AL	1358.7		0.996	9.30	**1.30**	Gold Glove
2000	J.T. Snow	San Fran.	NL	1273.3		0.995	9.12	**1.21**	Gold Glove
2000	Andy Tracy	Montreal	NL	163.0		1.000	10.38	**1.40**	FV#1

Year	Player	Team	Lg	Inn	G	Fpct	RF	FV	GG/FV
1999	Rafael Palmeiro	Texas	AL		28	0.996	9.79	**1.23**	Gold Glove
1999	J.T. Snow	San Fran.	NL		160	0.996	8.39	**1.36**	Gold Glove
1998	Jeff Bagwell	Houston	NL		161	0.994	8.96	**1.40**	FV#1
1998	Rafael Palmeiro	Baltimore	AL		159	0.994	9.81	**1.38**	Gold Glove
1998	J.T. Snow	San Franc.	NL		136	0.999	8.34	**1.27**	Gold Glove
1998	Travis Lee	Arizona	NL		146	0.998	9.38	**1.40**	FV#1
1997	Rafael Palmeiro	Baltimore	AL		155	0.993	9.14	**1.26**	Gold Glove
1997	J.T. Snow	San Fran.	NL		156	0.995	9.08	**1.36**	Gold Glove
1997	Jeff King	Kansas City	AL		150	0.996	9.09	**1.40**	FV#1
1996	J.T. Snow	California	AL		154	0.993	8.94	**1.19**	Gold Glove
1996	Mark Grace	Chicago	NL		141	0.997	9.69	**1.40**	Gold Glove
1995	J.T. Snow	California	AL		143	0.997	8.52	**1.27**	Gold Glove
1995	Mark Grace	Chicago	NL		143	0.995	9.27	**1.30**	Gold Glove
1995	Fred McGriff	Atlanta	NL		144	0.996	9.59	**1.40**	FV#1
1994	Don Mattingly	New York	AL		97	0.998	10.18	**1.40**	Gold Glove
1994	Jeff Bagwell	Houston	NL		109	0.991	9.56	**1.19**	Gold Glove
1993	Don Mattingly	New York	AL		130	0.998	10.32	**1.37**	Gold Glove
1993	Mark Grace	Chicago	NL		154	0.997	10.18	**1.40**	Gold Glove
1992	Don Mattingly	New York	AL		143	0.997	9.27	**1.21**	Gold Glove
1992	Mark Grace	Chicago	NL		157	0.998	10.96	**1.40**	Gold Glove
1991	Don Mattingly	New York	AL		127	0.996	9.42	**1.20**	Gold Glove
1991	Will Clark	San Fran.	NL		144	0.997	9.60	**1.30**	Gold Glove
1991	Mark Grace	Chicago	NL		160	0.995	10.54	**1.40**	FV#1
1990	Mark McGwire	Oakland	AL		154	0.997	9.25	**1.40**	Gold Glove
1990	Andres Galarraga	Montreal	NL		154	0.993	9.05	**1.25**	Gold Glove

Year	Player	Team	Lg	Inn	G	Fpct	RF	FV	GG/FV
1989	Don Mattingly	New York	AL		145	0.995	9.39	**1.25**	Gold Glove
1989	Andres Galarraga	Montreal	NL		147	0.992	9.70	**1.23**	Gold Glove
1989	Wally Joyner	California	AL		159	0.997	9.97	**1.40**	FV#1
1988	Don Mattingly	New York	AL		143	0.993	9.43	**1.25**	Gold Glove
1988	Keith Hernandez	New York	NL		93	0.998	8.72	**1.09**	Gold Glove
1988	Glenn Davis	Houston	NL		151	0.996	9.66	**1.40**	FV#1
1987	Don Mattingly	New York	AL		140	0.996	9.50	**1.40**	Gold Glove
1987	Keith Hernandez	New York	NL		154	0.993	9.40	**1.32**	Gold Glove
1986	Don Mattingly	New York	AL		160	0.996	9.23	**1.36**	Gold Glove
1986	Keith Hernandez	New York	NL		149	0.996	9.05	**1.31**	Gold Glove
1986	Bob Horner	Atlanta	NL		139	0.995	10.65	**1.40**	FV#1
1985	Don Mattingly	New York	AL		159	0.995	8.84	**1.25**	Gold Glove
1985	Keith Hernandez	New York	NL		157	0.997	9.23	**1.37**	Gold Glove
1985	Steve Garvey	San Diego	NL		162	0.997	9.47	**1.40**	FV#1
1984	Eddie Murray	Baltimore	AL		159	0.992	10.57	**1.40**	Gold Glove
1984	Keith Hernandez	New York	NL		153	0.994	8.86	**1.24**	Gold Glove
1983	Eddie Murray	Baltimore	AL		153	0.993	9.85	**1.36**	Gold Glove
1983	Keith Hernandez	St. Louis/NY	NL		144	0.992	10.87	**1.40**	Gold Glove
1982	Eddie Murray	Baltimore	AL		149	0.997	9.17	**1.29**	Gold Glove
1982	Keith Hernandez	St. Louis	NL		158	0.994	10.89	**1.40**	Gold Glove
1981	Mike Squires	Chicago	AL		88	0.992	8.94	**1.02**	Gold Glove
1981	Keith Hernandez	St. Louis	NL		98	0.997	11.63	**1.40**	Gold Glove
1980	Cecil Cooper	Milwaukee	AL		142	0.997	10.15	**1.34**	Gold Glove
1980	Keith Hernandez	St. Louis	NL		157	0.995	10.75	**1.40**	Gold Glove

Year	Player	Team	Lg	Inn	G	Fpct	RF	FV	GG/FV
1979	Cecil Cooper	Milwaukee	AL		135	0.993	10.38	**1.26**	Gold Glove
1979	Keith Hernandez	St. Louis	NL		160	0.995	10.22	**1.40**	Gold Glove
1978	Chris Chambliss	New York	AL		155	0.997	9.53	**1.34**	Gold Glove
1978	Keith Hernandez	St. Louis	NL		158	0.994	9.70	**1.24**	Gold Glove
1978	Eddie Murray	Baltimore	AL		157	0.997	10.25	**1.40**	FV#1
1977	Jim Spencer	Chicago	AL		125	0.991	8.54	**1.02**	Gold Glove
1977	Steve Garvey	Los Angeles	NL		160	0.995	10.38	**1.40**	Gold Glove

Year	Player	Team	Lg	Inn	G	Fpct	RF	FV	GG/FV
1976	George Scott	Milwaukee	AL		155	0.991	9.68	**1.17**	Gold Glove
1976	Steve Garvey	Los Angeles	NL		162	0.998	10.19	**1.40**	Gold Glove
1975	George Scott	Milwaukee	AL		144	0.989	9.10	**1.14**	Gold Glove
1975	Steve Garvey	Los Angeles	NL		160	0.995	9.86	**1.40**	Gold Glove
1974	George Scott	Milwaukee	AL		148	0.992	9.86	**1.25**	Gold Glove
1974	Steve Garvey	Los Angeles	NL		156	0.995	10.24	**1.40**	Gold Glove
1973	George Scott	Milwaukee	AL		157	0.994	9.59	**1.34**	Gold Glove
1973	Mike Jorgensen	Montreal	NL		123	0.995	8.70	**1.17**	Gold Glove
1973	John Mayberry	Kansas City	AL		149	0.994	10.32	**1.40**	FV#1
1972	George Scott	Milwaukee	AL		139	0.992	9.01	**1.17**	Gold Glove
1972	Wes Parker	Los Angeles	NL		120	0.997	9.52	**1.31**	Gold Glove
1972	John Mayberry	Kansas City	AL		146	0.995	9.73	**1.40**	FV#1
1971	George Scott	Boston	AL		143	0.992	9.31	**1.20**	Gold Glove
1971	Wes Parker	Los Angeles	NL		148	0.996	8.86	**1.30**	Gold Glove
1971	Jim Spencer	California	AL		145	0.996	9.58	**1.40**	FV#1
1970	Jim Spencer	California	AL		142	0.995	9.13	**1.23**	Gold Glove
1970	Wes Parker	Los Angeles	NL		161	0.996	10.08	**1.40**	Gold Glove
Year	Player	Team	Lg	Inn	G	Fpct	RF	FV	GG/FV
1969	Joe Pepitone	New York	AL		132	0.995	10.06	**1.29**	Gold Glove
1969	Wes Parker	Los Angeles	NL		128	0.995	9.91	**1.28**	Gold Glove
1969	Ernie Banks	Chicago	NL		153	0.997	9.84	**1.40**	FV#1
1968	George Scott	Boston	AL		112	0.987	7.70	**1.00**	Gold Glove
1968	Wes Parker	Los Angeles	NL		114	0.999	8.84	**1.26**	Gold Glove
1968	Ernie Banks	Chicago	NL		147	0.996	9.98	**1.40**	FV#1
1967	George Scott	Boston	AL		152	0.987	9.31	**1.23**	Gold Glove
1967	Wes Parker	Los Angeles	NL		112	0.996	8.76	**1.17**	Gold Glove
1967	Ernie Banks	Chicago	NL		147	0.993	10.03	**1.40**	FV#1
1966	Joe Pepitone	New York	AL		119	0.995	9.55	**1.24**	Gold Glove
1966	Bill White	Philadelphia	NL		158	0.994	9.69	**1.40**	Gold Glove
1965	Joe Pepitone	New York	AL		115	0.997	9.63	**1.28**	Gold Glove
1965	Bill White	St. Louis	NL		144	0.992	9.84	**1.22**	Gold Glove
1965	Wes Parker	Los Angeles	NL		154	0.997	9.93	**1.40**	FV#1
1964	Vic Power	Los Angeles	AL		77	0.996	7.03	**1.00**	Gold Glove
1964	Bill White	St. Louis	NL		160	0.996	10.09	**1.40**	Gold Glove
1964	Ernie Banks	Chicago	NL		157	0.994	10.81	**1.40**	FV#1
1963	Vic Power	Minnesota	AL		124	0.992	7.84	**1.01**	Gold Glove
1963	Bill White	St. Louis	NL		162	0.991	9.22	**1.29**	Gold Glove
1963	Donn Clendenon	Pittsburgh	NL		151	0.991	10.38	**1.40**	FV#1
1962	Vic Power	Minnesota	AL		142	0.993	9.35	**1.22**	Gold Glove
1962	Bill White	St. Louis	NL		146	0.993	9.01	**1.22**	Gold Glove
1962	Ernie Banks	Chicago	NL		149	0.993	10.50	**1.40**	FV#1
1961	Vic Power	Minnesota	AL		141	0.994	9.19	**1.24**	Gold Glove
1961	Bill White	St. Louis	NL		151	0.989	9.78	**1.23**	Gold Glove
1961	Joe Adcock	Milwaukee	NL		148	0.993	10.63	**1.40**	FV#1
1960	Vic Power	Minnesota	AL		147	0.996	8.99	**1.40**	Gold Glove
1960	Bill White	St. Louis	NL		123	0.990	8.61	**1.06**	Gold Glove
Year	Player	Team	Lg	Inn	G	Fpct	RF	FV	GG/FV
1959	Vic Power	Minnesota	AL		121	0.995	9.50	**1.40**	Gold Glove
1959	Gil Hodges	Los Angeles	NL		113	0.992	8.47	**1.15**	Gold Glove
1958	Vic Power	Minnesota	AL		91	0.992	8.56	**1.00**	Gold Glove
1958	Gil Hodges	Los Angeles	NL		122	0.992	8.00	**1.05**	Gold Glove
1957	Orlando Cepeda	San Fran.	NL		147	0.989	9.65	**1.40**	FV#1
1957	Gil Hodges	Brooklyn	NL		150	0.990	9.55	**1.30**	Gold Glove
1957	Vic Power	Minnesota	NL		113	0.998	9.44	**1.40**	FV#1
1956	Gil Hodges	Brooklyn	NL		138	0.992	9.37	**1.40**	FV#1
1955	Ted Kluszewski	Cincinnati	NL		153	0.995	9.63	**1.40**	FV#1
1954	Gil Hodges	Brooklyn	NL		154	0.995	9.82	**1.40**	FV#1
1953	Steve Bilko	St. Louis	NL		154	0.991	10.19	**1.40**	FV#1
1952	Whitey Lockman	New York	NL		154	0.992	10.04	**1.40**	FV#1
1951	Ted Kluszewski	Cincinnati	NL		154	0.997	9.54	**1.40**	FV#1
1950	Eddie Waitkus	Philadelphia	NL		154	0.993	9.65	**1.40**	FV#1
1949	Mickey Vernon	Cleveland	AL		153	0.991	10.41	**1.40**	FV#1

Year	Player	Team	Lg	G	Pct	RF		
1948	Tony Lupien	Chicago	AL	154	0.993	9.92	**1.40**	FV#1
1947	Johnny Mize	New York	NL	154	0.996	9.73	**1.40**	FV#1
1946	Bert Haas	Cincinnati	NL	140	0.994	10.26	**1.40**	FV#1
1945	Frank McCormick	Cincinnati	NL	151	0.994	10.51	**1.40**	FV#1
1944	Frank McCormick	Cincinnati	NL	153	0.992	10.74	**1.40**	FV#1
1943	Elbie Fletcher	Pittsburgh	NL	154	0.996	10.71	**1.40**	FV#1
1942	Johnny Mize	New York	NL	138	0.995	10.63	**1.40**	FV#1
1941	Frank McCormick	Cincinnati	NL	154	0.995	10.10	**1.40**	FV#1
1940	Frank McCormick	Cincinnati	NL	155	0.995	10.87	**1.40**	FV#1
1939	Frank McCormick	Cincinnati	NL	156	0.996	10.37	**1.40**	FV#1
1938	Gus Suhr	Pittsburgh	NL	145	0.993	10.99	**1.40**	FV#1
1937	Elbie Fletcher	Boston	NL	148	0.993	11.45	**1.40**	FV#1
1936	Zeke Bonura	Chicago	AL	146	0.996	11.01	**1.40**	FV#1
1935	Hal Trosky	Cleveland	AL	153	0.993	10.82	**1.40**	FV#1
1934	Bill Terry	New York	NL	153	0.994	11.09	**1.40**	FV#1
1933	Joe Kuhel	Washington	AL	153	0.996	10.19	**1.40**	FV#1
1932	Bill Terry	New York	NL	154	0.991	10.58	**1.40**	FV#1
1931	Bill Sweeney	Boston	AL	124	0.993	11.09	**1.40**	FV#1
1930	Bill Terry	New York	NL	154	0.990	10.82	**1.40**	FV#1
1929	Bill Terry	New York	NL	149	0.994	11.32	**1.40**	FV#1
1928	Phil Todt	Boston	AL	144	0.997	10.97	**1.40**	FV#1
1927	Bill Terry	New York	NL	150	0.993	11.51	**1.40**	FV#1
1926	Wally Pipp	Cincinnati	NL	155	0.992	11.63	**1.40**	FV#1
1925	Phil Todt	Boston	AL	140	0.991	10.77	**1.40**	FV#1
1924	Charlie Grimm	Pittsburgh	NL	151	0.995	11.05	**1.40**	FV#1
1923	George Kelly	New York	NL	145	0.993	11.23	**1.40**	FV#1
1922	George Kelly	New York	NL	151	0.993	11.56	**1.40**	FV#1
1921	Stuffy McInnis	Boston	AL	152	0.999	10.86	**1.40**	FV#1
1920	George Kelly	New York	NL	155	0.994	12.01	**1.40**	FV#1
1919	Walter Holke	Boston	NL	136	0.993	11.54	**1.40**	FV#1
1918	Stuffy McInnis	Boston	AL	94	0.992	12.10	**1.40**	FV#1
1917	Stuffy McInnis	Philadelphia	AL	150	0.993	11.69	**1.40**	FV#1
1916	Chick Gandil	Cleveland	AL	145	0.995	11.46	**1.40**	FV#1
1915	Fritz Mollwitz	Cincinnati	NL	153	0.996	10.61	**1.40**	FV#1
1914	Ed Konetchy	Pittsburgh	NL	154	0.995	10.84	**1.40**	FV#1
1913	Ed Konetchy	St. Louis	NL	140	0.995	10.88	**1.40**	FV#1
1912	Jake Doubert	Brooklyn	NL	143	0.993	10.13	**1.40**	FV#1
1911	Ed Konetchy	St. Louis	NL	158	0.991	10.91	**1.40**	FV#1
1910	Ed Konetchy	St. Louis	NL	144	0.991	11.09	**1.40**	FV#1
1909	Frank Isbell	Chicago	AL	101	0.994	12.57	**1.40**	FV#1
1908	George Stovall	Cleveland	AL	132	0.990	12.08	**1.40**	FV#1
1907	Jiggs Donahue	Chicago	AL	157	0.994	12.65	**1.40**	FV#1
1906	Jiggs Donahue	Chicago	AL	154	0.988	11.79	**1.40**	FV#1
1905	Jiggs Donahue	Chicago	AL	149	0.988	11.81	**1.40**	FV#1
1904	Candy LaChance	Boston	AL	157	0.992	11.15	**1.40**	FV#1
1903	John Ganzel	New York	AL	129	0.988	11.47	**1.40**	FV#1
1902	Candy LaChance	Boston	AL	138	0.983	11.52	**1.40**	FV#1
1901	John Ganzel	New York	NL	138	0.986	10.86	**1.40**	FV#1
1900	Dan McGann	St. Louis	NL	121	0.990	10.50	**1.40**	FV#1
1899	Bill Everett	Chicago	NL	136	0.971	11.66	**1.40**	FV#1
1898	Tommy Tucker	Brooklyn/St. Louis	NL	145	0.982	11.29	**1.40**	FV#1
1897	Perry Werden	Louisville	NL	131	0.984	10.95	**1.40**	FV#1
1896	Patsy Tebeau	Cleveland	NL	122	0.985	11.60	**1.40**	FV#1
1895	Candy LaChance	Brooklyn	NL	125	0.983	10.71	**1.40**	FV#1
1894	Frank Motz	Cincinnati	NL	18	0.995	11.33	**1.40**	FV#1
1893	Jack Beckley	Pittsburgh	NL	131	0.986	11.11	**1.40**	FV#1
1892	Charlie Comiskey	Cincinnati	NL	141	0.984	10.94	**1.40**	FV#1
1891	Roger Connor	New York	NL	129	0.983	10.99	**1.40**	FV#1
1890	Roger Connor	New York	PL	123	0.985	11.50	**1.40**	FV#1
1889	Cap Anson	Chicago	NL	134	0.982	11.10	**1.40**	FV#1
1888	Bill Phillips	Kansas City	AA	129	0.980	11.87	**1.40**	FV#1
1887	Roger Connor	New York	NL	127	0.993	10.78	**1.40**	FV#1
1886	Dave Orr	New York	AA	136	0.981	10.88	**1.40**	FV#1
1885	Alex McKinnon	St. Louis	NL	100	0.978	11.28	**1.40**	FV#1

1884	Charlie Comiskey	St. Louis	AA	110	0.969	11.40	**1.40**	FV#1
1883	Charlie Comiskey	St. Louis	AA	97	0.963	11.51	**1.40**	FV#1
1882	Joe Start	Providence	NL	82	0.974	11.29	**1.40**	FV#1
1881	Cap Anson	Chicago	NL	84	0.975	11.13	**1.40**	FV#1
1880	Joe Start	Providence	NL	82	0.971	11.76	**1.40**	FV#1
1879	Joe Start	Providence	NL	65	0.973	12.15	**1.40**	FV#1
1878	Chub Sullivan	Cincinnati	NL	61	0.975	11.52	**1.40**	FV#1
1877	Joe Start	Hartford	NL	60	0.964	11.90	**1.40**	FV#1
1876	Herman Dehlman	St. Louis Br	NL	64	0.958	11.84	**1.40**	FV#1
1875	Herman Dehlman	St. Louis Br	NA	67	0.955	12.85	**1.40**	FV#1
1874	Herman Dehlman	Brooklyn	NA	53	0.944	13.40	**1.40**	FV#1
1873	Herman Dehlman	Brooklyn	NA	54	0.929	12.80	**1.40**	FV#1
1872	Joe Start	New York	NA	55	0.955	9.25	**1.40**	FV#1
1871	Everett Mills	Washington	NA	32	0.967	10.88	**1.40**	FV#1

Second Base

Year	Player	Team	Lg	Inn	G	Fpct	RF	FV	GG/FV
2014	Dustin Pedroia	Boston	AL	1187.3		0.997	4.94	**1.50**	Gold Glove
2014	DJ LeMahieu	Colorado	NL	1179.7		0.991	5.11	**1.46**	Gold Glove
2013	Dustin Pedroia	Boston	AL	1398.0		0.993	4.40	**1.34**	Gold Glove
2013	Brandon Phillips	Cincinnati	NL	1347.0		0.987	4.72	**1.33**	Gold Glove
2013	Brian Dozier	Minnesota	AL	1255.3		0.992	5.22	**1.50**	FV#1
2012	Robinson Cano	New York	AL	1343.3		0.992	4.82	**1.36**	Gold Glove
2012	Darwin Barney	Chicago	NL	1270.3		0.997	5.16	**1.50**	Gold Glove
2011	Dustin Pedroia	Boston	AL	1392.3		0.990	4.62	**1.31**	Gold Glove
2011	Brandon Phillips	Cincinnati	NL	1324.0		0.992	4.86	**1.37**	Gold Glove
2012	Mark Ellis	Colorado	NL	1054.7		0.995	5.40	**1.50**	FV#1
2010	Robinson Cano	New York	AL	1393.3		0.996	4.99	**1.50**	Gold Glove
2010	Brandon Phillips	Cincinnati	NL	1311.0		0.996	4.81	**1.41**	Gold Glove

Year	Player	Team	Lg	Inn	G	Fpct	RF	FV	GG/FV
2009	Placido Polanco	Detroit	AL	1289.3		0.997	5.09	**1.50**	Gold Glove
2009	Orlando Hudson	Los Angeles	NL	1272.3		0.988	4.84	**1.28**	Gold Glove
2008	Dustin Pedroia	Boston	AL	1376.3		0.992	4.75	**1.42**	Gold Glove
2008	Brandon Phillips	Cincinnati	NL	1237.7		0.990	5.08	**1.44**	Gold Glove
2008	Asdrubal Cabrera	Cleveland	AL	776.7		0.994	5.60	**1.50**	FV#1
2007	Placido Polanco	Detroit	AL	1209.0		1.000	5.08	**1.45**	Gold Glove
2007	Orlando Hudson	Arizona	NL	1183.3		0.985	4.91	**1.19**	Gold Glove
2007	Mark Ellis	Oakland	AL	1322.0		0.994	5.45	**1.50**	FV#1
2006	Mark Grudzielanek	Kansas City	AL	1111.0		0.994	5.13	**1.40**	Gold Glove
2006	Orlando Hudson	Arizona	NL	1349.0		0.984	5.48	**1.42**	Gold Glove
2006	Jamey Carroll	Colorado	NL	894.7		0.995	5.86	**1.50**	FV#1
2005	Orlando Hudson	Toronto	AL	1067.7		0.991	5.83	**1.50**	Gold Glove
2005	Luis Castillo	Florida	NL	1012.3		0.988	5.31	**1.32**	Gold Glove
2004	Bret Boone	Seattle	AL	1308.7		0.978	4.33	**1.15**	Gold Glove
2004	Luis Castillo	Florida	NL	1274.3		0.991	4.81	**1.39**	Gold Glove
2004	Orlando Hudson	Toronto	AL	1124.7		0.984	5.80	**1.50**	FV#1
2003	Bret Boone	Seattle	AL	1375.0		0.990	4.54	**1.44**	Gold Glove
2003	Luis Castillo	Florida	NL	1312.3		0.986	4.93	**1.39**	Gold Glove
2003	Orlando Hudson	Toronto	AL	1146.7		0.984	5.84	**1.50**	FV#1
2002	Bret Boone	Seattle	AL	1317.3		0.989	4.36	**1.38**	Gold Glove
2002	Fernando Vina	St. Louis	NL	1312.3		0.981	4.72	**1.28**	Gold Glove
2002	Todd Walker	Cincinnati	NL	1319.3		0.989	5.14	**1.50**	FV#1
2001	Roberto Alomar	Cleveland	AL	1324.0		0.993	4.71	**1.50**	Gold Glove
2001	Fernando Vina	St. Louis	NL	1299.3		0.987	4.83	**1.40**	Gold Glove
2000	Roberto Alomar	Cleveland	AL	1309.3		0.980	5.01	**1.27**	Gold Glove
2000	Pokey Reese	Cincinnati	NL	1129.0		0.980	5.44	**1.29**	Gold Glove
2000	Mike Benjamin	Pittsburgh	NL	186.0		1.000	6.19	**1.40**	FV#1

Year	Player	Team	Lg	Inn	G	Fpct	RF	FV	GG/FV
1999	Roberto Alomar	Cleveland	AL		156	0.992	4.72	**1.49**	Gold Glove
1999	Pokey Reese	Cincinnati	NL		146	0.991	5.03	**1.50**	Gold Glove
1998	Roberto Alomar	Baltimore	AL		144	0.985	4.86	**1.35**	Gold Glove
1998	Bret Boone	Cincinnati	NL		156	0.988	4.78	**1.41**	Gold Glove
1998	Fernando Vina	Milwaukee	NL		158	0.986	5.52	**1.50**	FV#1
1997	Chuck Knoblauch	Minnesota	AL		154	0.985	4.59	**1.42**	Gold Glove
1997	Craig Biggio	Houston	NL		160	0.979	5.28	**1.47**	Gold Glove
1997	Bret Boone	Cincinnati	NL		136	0.997	4.45	**1.50**	FV#1
1996	Roberto Alomar	Baltimore	AL		141	0.985	5.13	**1.44**	Gold Glove
1996	Craig Biggio	Houston	NL		162	0.988	4.94	**1.50**	Gold Glove
1995	Roberto Alomar	Toronto	AL		128	0.994	4.99	**1.46**	Gold Glove
1995	Craig Biggio	Houston	NL		141	0.986	5.09	**1.43**	Gold Glove
1995	Mike Lansing	Montreal	NL		127	0.991	5.35	**1.50**	FV#1
1994	Roberto Alomar	Toronto	AL		106	0.991	4.25	**1.28**	Gold Glove
1994	Craig Biggio	Houston	NL		113	0.988	4.98	**1.37**	Gold Glove
1994	Jody Reed	Milwaukee	AL		106	0.995	5.51	**1.50**	FV#1
1993	Roberto Alomar	Toronto	AL		150	0.980	4.62	**1.27**	Gold Glove

Year	Player	Team	Lg	Inn	G	Fpct	RF	FV	GG/FV
1993	Robby Thompson	San Fran.	NL		128	0.988	5.13	**1.41**	Gold Glove
1993	Jody Reed	Milwaukee	AL		132	0.993	5.25	**1.50**	FV#1
1992	Roberto Alomar	Toronto	AL		150	0.993	4.43	**1.36**	Gold Glove
1992	Jose Lind	Pittsburgh	NL		134	0.992	5.51	**1.50**	Gold Glove
1991	Roberto Alomar	Toronto	AL		160	0.981	4.88	**1.33**	Gold Glove
1991	Ryne Sandberg	Chicago	NL		157	0.995	4.98	**1.50**	Gold Glove
1990	Harold Reynolds	Seattle	AL		160	0.978	5.18	**1.36**	Gold Glove
1990	Ryne Sandberg	Chicago	NL		154	0.989	4.85	**1.42**	Gold Glove
1990	Jose Lind	Pittsburgh	NL		152	0.991	5.13	**1.50**	FV#1
Year	Player	Team	Lg	Inn	G	Fpct	RF	FV	GG/FV
1989	Harold Reynolds	Seattle	AL		151	0.980	5.41	**1.36**	Gold Glove
1989	Ryne Sandberg	Chicago	NL		155	0.992	4.90	**1.40**	Gold Glove
1989	Jose Oquendo	St. Louis	NL		156	0.994	5.42	**1.50**	FV#1
1988	Harold Reynolds	Seattle	AL		158	0.977	4.90	**1.32**	Gold Glove
1988	Ryne Sandberg	Chicago	NL		153	0.987	5.31	**1.50**	Gold Glove
1987	Frank White	Kansas City	AL		152	0.987	5.12	**1.45**	Gold Glove
1987	Ryne Sandberg	Chicago	NL		131	0.985	5.11	**1.36**	Gold Glove
1987	Marty Barrett	Boston	AL		137	0.988	5.53	**1.50**	FV#1
1986	Frank White	Kansas City	AL		151	0.987	5.00	**1.39**	Gold Glove
1986	Ryne Sandberg	Chicago	NL		153	0.994	5.24	**1.50**	Gold Glove
1985	Lou Whitaker	Detroit	AL		150	0.985	4.85	**1.32**	Gold Glove
1985	Ryne Sandberg	Chicago	NL		153	0.986	5.58	**1.43**	Gold Glove
1985	Glenn Hubbard	Atlanta	NL		140	0.989	6.27	**1.50**	FV#1
1984	Lou Whitaker	Detroit	AL		142	0.979	4.89	**1.25**	Gold Glove
1984	Ryne Sandberg	Chicago	NL		156	0.993	5.54	**1.50**	Gold Glove
1983	Lou Whitaker	Detroit	AL		160	0.983	4.66	**1.30**	Gold Glove
1983	Ryne Sandberg	Chicago	NL		157	0.986	5.74	**1.49**	Gold Glove
1983	Frank White	Kansas City	AL		145	0.990	5.74	**1.50**	FV#1
1982	Frank White	Kansas City	AL		144	0.978	5.21	**1.28**	Gold Glove
1982	Manny Trillo	Philadelphia	NL		149	0.994	5.26	**1.50**	Gold Glove
1981	Frank White	Kansas City	AL		93	0.988	5.26	**1.36**	Gold Glove
1981	Manny Trillo	Philadelphia	NL		94	0.987	5.65	**1.41**	Gold Glove
1981	Tommy Herr	St. Louis	NL		103	0.992	5.68	**1.50**	FV#1
1980	Frank White	Kansas City	AL		153	0.988	5.51	**1.48**	Gold Glove
1980	Doug Flynn	New York	NL		128	0.991	5.10	**1.37**	Gold Glove
1980	Manny Trillo	Philadelphia	NL		140	0.987	5.91	**1.50**	FV#1
Year	Player	Team	Lg	Inn	G	Fpct	RF	FV	GG/FV
1979	Frank White	Kansas City	AL		125	0.982	5.19	**1.34**	Gold Glove
1979	Manny Trillo	Philadelphia	NL		118	0.985	5.41	**1.39**	Gold Glove
1979	Willie Randolph	New York	AL		153	0.985	5.44	**1.50**	FV#1
1978	Frank White	Kansas City	AL		140	0.978	5.07	**1.33**	Gold Glove
1978	Davey Lopes	Los Angeles	NL		147	0.974	5.18	**1.33**	Gold Glove
1978	Bump Wills	Texas	AL		156	0.981	5.62	**1.50**	FV#1
1977	Frank White	Kansas City	AL		152	0.989	4.89	**1.49**	Gold Glove
1977	Joe Morgan	Cincinnati	NL		151	0.993	4.70	**1.49**	Gold Glove
1977	Dave Cash	Montreal	NL		153	0.986	5.14	**1.50**	FV#1
1976	Bobby Grich	Baltimore	AL		140	0.985	5.64	**1.43**	Gold Glove
1976	Joe Morgan	Cincinnati	NL		133	0.981	5.09	**1.28**	Gold Glove
1976	Rennie Stennett	Pittsburgh	NL		157	0.981	5.94	**1.50**	FV#1
1975	Bobby Grich	Baltimore	AL		150	0.977	6.05	**1.50**	Gold Glove
1975	Joe Morgan	Cincinnati	NL		142	0.986	5.50	**1.46**	Gold Glove
1974	Bobby Grich	Baltimore	AL		160	0.979	5.86	**1.50**	Gold Glove
1974	Joe Morgan	Cincinnati	NL		142	0.982	5.13	**1.38**	Gold Glove
1973	Bobby Grich	Baltimore	AL		162	0.995	5.80	**1.50**	Gold Glove
1973	Joe Morgan	Cincinnati	NL		154	0.990	5.56	**1.41**	Gold Glove
1972	Doug Griffin	Boston	AL		129	0.978	5.05	**1.27**	Gold Glove
1972	Felix Millan	Atlanta	NL		120	0.987	5.10	**1.35**	Gold Glove
1972	Joe Morgan	Cincinnati	NL		149	0.990	5.41	**1.50**	FV#1
1971	Davey Johnson	Baltimore	AL		140	0.984	5.20	**1.32**	Gold Glove
1971	Tommy Helms	Cincinnati	NL		149	0.990	5.79	**1.50**	Gold Glove
1970	Davey Johnson	Baltimore	AL		149	0.990	5.16	**1.50**	Gold Glove
1970	Tommy Helms	Cincinnati	NL		148	0.983	5.14	**1.42**	Gold Glove

Year	Player	Team	Lg	Inn	G	Fpct	RF	FV	GG/FV
1969	Davey Johnson	Baltimore	AL		142	0.984	5.10	**1.44**	Gold Glove
1969	Felix Millan	Atlanta	NL		162	0.980	5.04	**1.44**	Gold Glove
1969	Bobby Knoop	Calif/Chi	AL		131	0.984	5.50	**1.50**	FV#1
1968	Bobby Knoop	California	AL		151	0.981	5.13	**1.40**	Gold Glove
1968	Glenn Beckert	Chicago	NL		155	0.977	5.27	**1.40**	Gold Glove
1968	Horace Clark	New York	AL		139	0.984	5.76	**1.50**	FV#1
1967	Bobby Knoop	California	AL		159	0.986	4.89	**1.43**	Gold Glove
1967	Bill Mazeroski	Pittsburgh	NL		163	0.981	5.61	**1.50**	Gold Glove
1966	Bobby Knoop	California	AL		161	0.981	5.40	**1.37**	Gold Glove
1966	Bill Mazeroski	Pittsburgh	NL		162	0.992	5.86	**1.50**	Gold Glove
1965	Bobby Richardson	New York	AL		158	0.981	4.91	**1.37**	Gold Glove
1965	Bill Mazeroski	Pittsburgh	NL		127	0.988	5.74	**1.49**	Gold Glove
1965	Jerry Adair	Baltimore	AL		157	0.986	5.36	**1.50**	FV#1
1964	Bobby Richardson	New York	AL		157	0.982	5.16	**1.37**	Gold Glove
1964	Bill Mazeroski	Pittsburgh	NL		162	0.975	5.49	**1.35**	Gold Glove
1964	Jerry Adair	Baltimore	AL		153	0.994	5.34	**1.50**	FV#1
1963	Bobby Richardson	New York	AL		150	0.984	5.06	**1.40**	Gold Glove
1963	Bill Mazeroski	Pittsburgh	NL		138	0.984	6.13	**1.50**	Gold Glove
1962	Bobby Richardson	New York	AL		161	0.982	5.15	**1.36**	Gold Glove
1962	Ken Hubbs	Chicago	NL		159	0.983	5.36	**1.39**	Gold Glove
1962	Bill Mazeroski	Pittsburgh	NL		159	0.985	5.87	**1.50**	FV#1
1961	Bobby Richardson	New York	AL		161	0.978	4.90	**1.25**	Gold Glove
1961	Bill Mazeroski	Pittsburgh	NL		152	0.975	6.02	**1.38**	Gold Glove
1961	Chuck Schilling	Boston	AL		158	0.991	5.35	**1.50**	FV#1
1960	Nellie Fox	Chicago	AL		149	0.985	5.77	**1.47**	Gold Glove
1960	Bill Mazeroski	Pittsburgh	NL		151	0.989	5.71	**1.50**	Gold Glove

Year	Player	Team	Lg	Inn	G	Fpct	RF	FV	GG/FV
1959	Nellie Fox	Chicago	AL		156	0.988	5.24	**1.49**	Gold Glove
1959	Charlie Neal	Los Angeles	NL		151	0.989	5.29	**1.50**	Gold Glove
1958	Frank Bolling	Detroit	AL		154	0.985	5.11	**1.43**	Gold Glove
1958	Bill Mazeroski	Pittsburgh	NL		152	0.980	5.53	**1.45**	Gold Glove
1958	Nellie Fox	Chicago	AL		155	0.985	5.44	**1.50**	FV#1
1957	Nellie Fox	Chicago	AL		155	0.986	5.85	**1.50**	Gold Glove
1956	Nellie Fox	Chicago	AL		154	0.986	5.68	**1.50**	FV#1
1955	Nellie Fox	Chicago	AL		154	0.974	5.73	**1.50**	FV#1
1954	Red Schoendienst	St. Louis	NL		144	0.980	6.05	**1.50**	FV#1
1953	Nellie Fox	Chicago	AL		154	0.983	5.69	**1.50**	FV#1
1952	Nellie Fox	Chicago	AL		151	0.985	5.56	**1.50**	FV#1
1951	Jackie Robinson	Brooklyn	NL		150	0.992	5.50	**1.50**	FV#1
1950	Jerry Priddy	Detroit	AL		157	0.981	6.25	**1.50**	FV#1
1949	Red Schoendienst	St. Louis	NL		138	0.987	5.96	**1.50**	FV#1
1948	Bobby Doerr	Boston	AL		138	0.993	5.77	**1.50**	FV#1
1947	Emil Verban	Philadelphia	NL		155	0.982	5.83	**1.50**	FV#1
1946	Bobby Doerr	Boston	AL		151	0.986	5.98	**1.50**	FV#1
1945	Irv Hall	Philadelphia	AL		151	0.978	6.09	**1.50**	FV#1
1944	Snuff Stirnweiss	New York	AL		154	0.982	5.94	**1.50**	FV#1
1943	Bobby Doerr	Boston	AL		155	0.990	5.84	**1.50**	FV#1
1942	Bobby Doerr	Boston	AL		142	0.975	5.84	**1.50**	FV#1
1941	Jimmy Bloodworth	Washington	AL		132	0.971	6.18	**1.50**	FV#1
1940	Bobby Doerr	Boston	AL		151	0.977	5.83	**1.50**	FV#1
1939	Bobby Doerr	Boston	AL		126	0.976	6.09	**1.50**	FV#1
1938	Billy Herman	Chicago	NL		151	0.981	6.10	**1.50**	FV#1
1937	Jackie Hayes	Chicago	AL		143	0.984	5.90	**1.50**	FV#1
1936	Billy Herman	Chicago	NL		153	0.975	6.20	**1.50**	FV#1

Year	Player	Team	Lg	G	FA	RF	FV	Rank
1935	Buddy Myer	Washington	AL	151	0.979	6.18	**1.50**	FV#1
1934	Ski Melillo	St. Louis	AL	141	0.981	6.20	**1.50**	FV#1
1933	Ski Melillo	St. Louis	AL	130	0.991	6.25	**1.50**	FV#1
1932	Ski Melillo	St. Louis	AL	153	0.981	6.01	**1.50**	FV#1
1931	Ski Melillo	St. Louis	AL	151	0.968	6.43	**1.50**	FV#1
1930	Ski Melillo	St. Louis	AL	148	0.979	6.46	**1.50**	FV#1
1929	Charlie Gehringer	Detroit	AL	154	0.975	5.88	**1.50**	FV#1
1928	Freddie Maguire	Chicago	NL	138	0.976	6.77	**1.50**	FV#1
1927	Frankie Fritsch	St. Louis	NL	153	0.979	6.78	**1.50**	FV#1
1926	Hughie Critz	Cincinnati	NL	155	0.981	6.10	**1.50**	FV#1
1925	Sparky Adams	Chicago	NL	144	0.983	6.28	**1.50**	FV#1
1924	Frankie Fritsch	New York	NL	143	0.972	6.49	**1.50**	FV#1
1923	Aaron Ward	New York	AL	152	0.980	5.79	**1.50**	FV#1
1922	Bucky Harris	Washington	AL	154	0.970	6.27	**1.50**	FV#1
1921	Eddie Collins	Chicago	AL	136	0.968	6.13	**1.50**	FV#1
1920	Eddie Collins	Chicago	AL	153	0.976	6.01	**1.50**	FV#1
1919	Morrie Rath	Cincinnati	NL	138	0.974	5.78	**1.50**	FV#1
1918	Joe Gedeon	St. Louis	AL	123	0.977	5.84	**1.50**	FV#1
1917	Dave Shean	Cincinnati	NL	131	0.961	5.68	**1.50**	FV#1
1916	Del Pratt	St. Louis	AL	158	0.966	5.88	**1.50**	FV#1
1915	George Cutshaw	Brooklyn	NL	154	0.971	5.65	**1.50**	FV#1
1914	George Cutshaw	Brooklyn	NL	153	0.959	5.88	**1.50**	FV#1
1913	George Cutshaw	Brooklyn	NL	147	0.957	5.78	**1.50**	FV#1
1912	Bill Sweeney	Boston	NL	153	0.959	6.10	**1.50**	FV#1
1911	Eddie Collins	Philadelphia	AL	132	0.967	5.28	**1.50**	FV#1
1910	Eddie Collins	Philadelphia	AL	153	0.972	5.58	**1.50**	FV#1
1909	Eddie Collins	Philadelphia	AL	152	0.967	5.13	**1.50**	FV#1
1908	Nap Lajoie	Cleveland	AL	156	0.964	6.33	**1.50**	FV#1
1907	Hoby Ferris	Boston	AL	150	0.967	5.89	**1.50**	FV#1
1906	Nap Lajoie	Cleveland	AL	130	0.973	5.92	**1.50**	FV#1
1905	Miller Huggins	Cincinnati	NL	149	0.945	5.85	**1.50**	FV#1
1904	Johnny Evers	Chicago	NL	152	0.943	5.91	**1.50**	FV#1
1903	Nap Lajoie	Cleveland	AL	122	0.955	6.30	**1.50**	FV#1
1902	Nap Lajoie	Phila./Cle	AL	87	0.974	6.41	**1.50**	FV#1
1901	Nap Lajoie	Philadelphia	AL	119	0.960	6.52	**1.50**	FV#1
1900	Nap Lajoie	Philadelphia	NL	102	0.954	6.16	**1.50**	FV#1
1899	Joe Quinn	Cleveland	NL	147	0.962	5.37	**1.50**	FV#1
1898	Bobby Lowe	Boston	NL	145	0.958	5.89	**1.50**	FV#1
1897	Heinie Reitz	Baltimore	NL	128	0.962	5.71	**1.50**	FV#1
1896	Cupid Childs	Cleveland	NL	132	0.942	6.53	**1.50**	FV#1
1895	Bid McPhee	Cincinnati	NL	115	0.955	6.27	**1.50**	FV#1
1894	Bid McPhee	Cincinnati	NL	126	0.945	6.63	**1.50**	FV#1
1893	Bid McPhee	Cincinnati	NL	127	0.954	6.70	**1.50**	FV#1
1892	Lou Bierbauer	Pittsburgh	NL	152	0.950	6.18	**1.50**	FV#1
1891	Bid McPhee	Cincinnati	NL	138	0.954	6.38	**1.50**	FV#1
1890	Joe Gerhardt	Bro/St.Louis	AA	119	0.940	6.82	**1.50**	FV#1
1889	Fred Pfeffer	Chicago	NL	134	0.943	6.98	**1.50**	FV#1
1888	Bid McPhee	Cincinnati	AA	111	0.940	6.61	**1.50**	FV#1
1887	Bid McPhee	Cincinnati	AA	129	0.924	6.79	**1.50**	FV#1
1886	Bid McPhee	Cincinnati	AA	140	0.939	7.09	**1.50**	FV#1
1885	Pop Smith	Pittsburgh	AA	106	0.922	7.13	**1.50**	FV#1
1884	Bid McPhee	Cincinnati	AA	112	0.924	6.96	**1.50**	FV#1
1883	Jack Ferrell	Providence	NL	95	0.924	6.56	**1.50**	FV#1
1882	Fred Dunlap	Cleveland	NL	84	0.900	6.73	**1.50**	FV#1
1881	Tom Burns	Chicago	NL	86	0.958	7.67	**1.50**	FV#1
1880	Jack Burdock	Boston	NL	86	0.923	7.01	**1.50**	FV#1
1879	Joe Quest	Chicago	NL	83	0.925	7.16	**1.50**	FV#1
1878	Jack Burdock	Boston	NL	60	0.918	7.62	**1.50**	FV#1
1877	Joe Gerhardt	Louisville	NL	57	0.888	7.21	**1.50**	FV#1
1876	Ed Somerville	Louisville	NL	64	0.870	7.20	**1.50**	FV#1
1875	Ross Barnes	Boston	NA	76	0.877	6.64	**1.50**	FV#1
1874	Ross Barnes	Boston	NA	51	0.856	6.41	**1.50**	FV#1
1873	Ross Barnes	Boston	NA	47	0.852	7.13	**1.50**	FV#1
1872	Ross Barnes	Boston	NA	45	0.901	6.67	**1.50**	FV#1
1871	Jimmy Wood	Chicago	NA	28	0.887	6.71	**1.50**	FV#1

Third Base

Year	Player	Team	Lg	Inn	G	Fpct	RF	FV	GG/FV
2014	Kyle Seager	Seattle	AL	1402.0		0.981	2.66	**1.70**	Gold Glove
2014	Nolan Arenado	Colorado	NL	967.0		0.959	3.25	**1.57**	Gold Glove
2013	Manny Machado	Baltimore	AL	1390.0		0.973	3.05	**1.70**	Gold Glove
2013	Nolan Arenado	Colorado	NL	1110.0		0.973	3.24	**1.65**	Gold Glove
2012	Adrian Beltre	Texas	AL	1125.3		0.974	2.43	**1.55**	Gold Glove
2012	Chase Headley	San Diego	NL	1397.0		0.976	2.67	**1.70**	Gold Glove
2011	Adrian Beltre	Texas	AL	980.3		0.965	2.76	**1.54**	Gold Glove
2011	Placido Polanco	Philadelphia	NL	1044.7		0.977	2.90	**1.67**	Gold Glove
2011	Jack Hanrahan	Cleveland	AL	819.0		0.983	3.20	**1.70**	FV#1
2010	Evan Longoria	Tampa Bay	AL	1330.7		0.966	2.73	**1.62**	Gold Glove
2010	Scott Rolen	Cincinnati	NL	1074.0		0.977	2.87	**1.64**	Gold Glove
2010	Jose Lopez	Seattle	AL	1252.7		0.960	3.08	**1.70**	FV#1

Year	Player	Team	Lg	Inn	G	Fpct	RF	FV	GG/FV
2009	Evan Longoria	Tampa Bay	AL	1302.7		0.970	2.86	**1.66**	Gold Glove
2009	Ryan Zimmerman	Washington	NL	1337.7		0.963	2.97	**1.68**	Gold Glove
2009	Melvin Mora	Baltimore	AL	1050.3		0.971	3.15	**1.70**	FV#1
2008	Adrian Beltre	Seattle	AL	1208.3		0.964	2.77	**1.56**	Gold Glove
2008	David Wright	New York	NL	1433.3		0.962	2.51	**1.52**	Gold Glove
2008	Troy Glaus	St. Louis	NL	1243.3		0.982	2.74	**1.70**	FV#1
2007	Adrian Beltre	Seattle	AL	1279.3		0.958	2.87	**1.60**	Gold Glove
2007	David Wright	New York	NL	1418.3		0.954	2.73	**1.59**	Gold Glove
2007	Ryan Zimmerman	Washington	NL	1431.7		0.955	3.07	**1.70**	FV#1
2006	Eric Chavez	Oakland	AL	1165.7		0.987	2.98	**1.61**	Gold Glove
2006	Scott Rolen	St. Louis	NL	1215.7		0.965	3.04	**1.56**	Gold Glove
2006	Brandon Inge	Detroit	AL	1392.0		0.960	3.44	**1.70**	FV#1
2005	Eric Chavez	Oakland	AL	1348.3		0.966	2.82	**1.56**	Gold Glove
2005	Mike Lowell	Florida	NL	1126.7		0.983	2.80	**1.57**	Gold Glove
2005	Brandon Inge	Detroit	AL	1399.7		0.957	3.25	**1.70**	FV#1
2004	Eric Chavez	Oakland	AL	1129.0		0.968	3.10	**1.58**	Gold Glove
2004	Scott Rolen	St. Louis	NL	1228.0		0.977	3.06	**1.64**	Gold Glove
2004	Vinny Castilla	Colorado	NL	1286.7		0.987	3.08	**1.70**	FV#1
2003	Eric Chavez	Oakland	AL	1333.3		0.971	3.16	**1.70**	Gold Glove
2003	Scott Rolen	St. Louis	NL	1339.0		0.969	2.74	**1.57**	Gold Glove
2002	Eric Chavez	Oakland	AL	1262.0		0.961	3.00	**1.61**	Gold Glove
2002	Scott Rolen	St. Louis	NL	1360.0		0.967	3.10	**1.70**	Gold Glove
2001	Eric Chavez	Oakland	AL	1300.7		0.972	2.91	**1.68**	Gold Glove
2001	Scott Rolen	Philadelphia	NL	1329.3		0.973	2.90	**1.68**	Gold Glove
2001	Jeff Cirillo	Colorado	NL	1165.0		0.982	2.98	**1.70**	FV#1
2000	Travis Fryman	Cleveland	AL	1346.3		0.978	2.37	**1.62**	Gold Glove
2000	Scott Rolen	Philadelphia	NL	1080.0		0.971	2.78	**1.61**	Gold Glove
2000	Tony Batista	Toronto	AL	1367.0		0.963	2.88	**1.70**	FV#1

Year	Player	Team	Lg	Inn	G	Fpct	RF	FV	GG/FV
1999	Scott Brosius	New York	AL		132	0.962	2.47	**1.50**	Gold Glove
1999	Robin Ventura	New York	NL		160	0.980	2.77	**1.70**	Gold Glove
1998	Robin Ventura	Chicago	AL		161	0.966	2.68	**1.63**	Gold Glove
1998	Scott Rolen	Philadelphia	NL		159	0.970	2.86	**1.68**	Gold Glove
1998	Jeff Cirillo	Milwaukee	NL		149	0.976	2.95	**1.70**	FV#1
1997	Matt Williams	Cleveland	AL		151	0.970	2.56	**1.60**	Gold Glove
1997	Ken Caminiti	San Diego	NL		133	0.941	2.86	**1.52**	Gold Glove
1997	Travis Fryman	Detroit	AL		153	0.978	2.86	**1.70**	FV#1
1996	Robin Ventura	Chicago	AL		150	0.974	2.48	**1.62**	Gold Glove
1996	Ken Caminiti	San Diego	NL		145	0.954	2.85	**1.61**	Gold Glove
1996	Vinny Castilla	Colorado	NL		160	0.960	3.04	**1.70**	FV#1
1995	Wade Boggs	New York	AL		117	0.981	2.24	**1.52**	Gold Glove
1995	Ken Caminiti	San Diego	NL		143	0.936	2.78	**1.52**	Gold Glove
1995	Travis Fryman	Detroit	AL		144	0.969	3.08	**1.70**	FV#1
1994	Wade Boggs	New York	AL		93	0.962	2.73	**1.61**	Gold Glove

Year	Player	Team	Lg	Inn	G	Fpct	RF	FV	GG/FV
1994	Matt Williams	San Fran.	NL		110	0.963	2.85	**1.70**	Gold Glove
1993	Robin Ventura	Chicago	AL		155	0.965	2.52	**1.59**	Gold Glove
1993	Matt Williams	San Fran.	NL		144	0.970	2.66	**1.62**	Gold Glove
1993	Jeff King	Pittsburgh	NL		156	0.964	2.94	**1.70**	FV#1
1992	Robin Ventura	Chicago	AL		157	0.957	3.27	**1.70**	Gold Glove
1992	Terry Pendleton	Atlanta	NL		158	0.960	2.90	**1.65**	Gold Glove
1991	Robin Ventura	Chicago	AL		151	0.959	2.79	**1.61**	Gold Glove
1991	Matt Williams	San Fran.	NL		155	0.964	2.74	**1.62**	Gold Glove
1991	Steve Buechele	Texas/ Pittsburgh	AL/ NL		142	0.983	2.90	**1.70**	FV#1
1990	Kelly Gruber	Toronto	AL		145	0.955	2.78	**1.62**	Gold Glove
1990	Tim Wallach	Montreal	NL		161	0.954	2.71	**1.64**	Gold Glove
1990	Charlie Hayes	Philadelphia	NL		146	0.957	3.05	**1.70**	FV#1

Year	Player	Team	Lg	Inn	G	Fpct	RF	FV	GG/FV
1989	Gary Gaetti	Minnesota	AL		125	0.973	2.84	**1.59**	Gold Glove
1989	Terry Pendleton	St. Louis	NL		161	0.971	3.14	**1.70**	Gold Glove
1988	Gary Gaetti	Minnesota	AL		115	0.977	2.56	**1.52**	Gold Glove
1988	Tim Wallach	Montreal	NL		153	0.962	2.95	**1.65**	Gold Glove
1988	Kelly Gruber	Toronto	AL		156	0.971	2.97	**1.70**	FV#1
1987	Gary Gaetti	Minnesota	AL		150	0.973	2.63	**1.67**	Gold Glove
1987	Terry Pendleton	St. Louis	NL		158	0.949	3.08	**1.69**	Gold Glove
1987	Mike Schmidt	Philadelphia	NL		138	0.971	2.91	**1.70**	FV#1
1986	Gary Gaetti	Minnesota	AL		156	0.956	2.90	**1.62**	Gold Glove
1986	Mike Schmidt	Philadelphia	NL		124	0.980	2.40	**1.57**	Gold Glove
1986	Terry Pendleton	St. Louis	NL		156	0.962	3.23	**1.70**	FV#1
1985	George Brett	Kansas City	AL		152	0.967	2.93	**1.62**	Gold Glove
1985	Tim Wallach	Montreal	NL		154	0.967	3.45	**1.70**	Gold Glove
1984	Buddy Bell	Texas	AL		147	0.958	3.07	**1.66**	Gold Glove
1984	Mike Schmidt	Philadelphia	NL		145	0.941	2.86	**1.55**	Gold Glove
1984	Tim Wallach	Montreal	NL		160	0.959	3.09	**1.70**	FV#1
1983	Buddy Bell	Texas	AL		154	0.967	3.29	**1.70**	Gold Glove
1983	Mike Schmidt	Philadelphia	NL		153	0.959	2.87	**1.59**	Gold Glove
1982	Buddy Bell	Texas	AL		145	0.976	3.63	**1.70**	Gold Glove
1982	Mike Schmidt	Philadelphia	NL		148	0.950	2.93	**1.50**	Gold Glove
1981	Buddy Bell	Texas	AL		96	0.961	3.61	**1.70**	Gold Glove
1981	Mike Schmidt	Philadelphia	NL		101	0.956	3.20	**1.63**	Gold Glove
1980	Buddy Bell	Texas	AL		120	0.981	3.38	**1.70**	Gold Glove
1980	Mike Schmidt	Philadelphia	NL		149	0.946	3.15	**1.59**	Gold Glove

Year	Player	Team	Lg	Inn	G	Fpct	RF	FV	GG/FV
1979	Buddy Bell	Texas	AL		147	0.969	3.24	**1.70**	Gold Glove
1979	Mike Schmidt	Philadelphia	NL		157	0.954	3.03	**1.61**	Gold Glove
1978	Graig Nettles	New York	AL		159	0.975	2.74	**1.63**	Gold Glove
1978	Mike Schmidt	Philadelphia	NL		139	0.963	3.04	**1.59**	Gold Glove
1978	Buddy Bell	Texas	AL		139	0.970	3.45	**1.70**	FV#1
1977	Graig Nettles	New York	AL		156	0.974	2.90	**1.65**	Gold Glove
1977	Mike Schmidt	Philadelphia	NL		149	0.964	3.37	**1.70**	Gold Glove
1976	Aurelio Rodriguez	Detroit	AL		128	0.978	3.13	**1.64**	Gold Glove
1976	Mike Schmidt	Philadelphia	NL		160	0.961	3.23	**1.67**	Gold Glove
1976	Graig Nettles	New York	AL		158	0.965	3.29	**1.70**	FV#1
1975	Brooks Robinson	Baltimore	AL		143	0.979	2.95	**1.66**	Gold Glove
1975	Ken Reitz	St. Louis	NL		160	0.946	2.52	**1.41**	Gold Glove
1975	Graig Nettles	New York	AL		157	0.964	3.27	**1.70**	FV#1
1974	Brooks Robinson	Baltimore	AL		153	0.967	3.43	**1.70**	Gold Glove
1974	Doug Rader	Houston	NL		152	0.965	3.13	**1.63**	Gold Glove
1973	Brooks Robinson	Baltimore	AL		154	0.970	3.14	**1.70**	Gold Glove
1973	Doug Rader	Houston	NL		152	0.945	2.83	**1.52**	Gold Glove
1972	Brooks Robinson	Baltimore	AL		152	0.977	3.04	**1.67**	Gold Glove
1972	Doug Rader	Houston	NL		152	0.958	3.02	**1.61**	Gold Glove
1976	Aurelio Rodriguez	Detroit	AL		153	0.969	3.25	**1.70**	FV#1
1971	Brooks Robinson	Baltimore	AL		156	0.968	3.11	**1.61**	Gold Glove
1971	Doug Rader	Houston	NL		135	0.946	2.73	**1.42**	Gold Glove

Year	Player	Team	Lg	Inn	G	Fpct	RF	FV	GG/FV
1971	Graig Nettles	Cleveland	AL		158	0.973	3.61	**1.70**	FV#1
1970	Brooks Robinson	Baltimore	AL		156	0.966	3.06	**1.66**	Gold Glove
1970	Doug Rader	Houston	NL		154	0.966	3.27	**1.70**	Gold Glove

Year	Player	Team	Lg	Inn	G	Fpct	RF	FV	GG/FV
1969	Brooks Robinson	Baltimore	AL		156	0.976	3.42	**1.70**	Gold Glove
1969	Clete Boyer	Atlanta	NL		141	0.965	2.94	**1.53**	Gold Glove
1969	Ken McMullen	Washington	AL		154	0.976	3.45	**1.70**	FV#1
1968	Brooks Robinson	Baltimore	AL		162	0.970	3.22	**1.70**	Gold Glove
1968	Ron Santo	Chicago	NL		162	0.971	3.14	**1.69**	Gold Glove
1967	Brooks Robinson	Baltimore	AL		158	0.980	3.49	**1.70**	Gold Glove
1967	Ron Santo	Chicago	NL		161	0.957	3.60	**1.64**	Gold Glove
1966	Brooks Robinson	Baltimore	AL		157	0.976	3.10	**1.70**	Gold Glove
1966	Ron Santo	Chicago	NL		152	0.956	3.56	**1.69**	Gold Glove
1965	Brooks Robinson	Baltimore	AL		143	0.967	3.08	**1.59**	Gold Glove
1965	Ron Santo	Chicago	NL		164	0.957	3.22	**1.66**	Gold Glove
1965	Don Wert	Detroit	AL		161	0.976	3.07	**1.70**	FV#1
1964	Brooks Robinson	Baltimore	AL		163	0.972	2.94	**1.67**	Gold Glove
1964	Ron Santo	Chicago	NL		161	0.963	3.25	**1.70**	Gold Glove
1963	Brooks Robinson	Baltimore	AL		160	0.976	3.02	**1.70**	Gold Glove
1963	Ken Boyer	St. Louis	NL		159	0.925	2.65	**1.40**	Gold Glove
1962	Brooks Robinson	Baltimore	AL		162	0.979	3.10	**1.67**	Gold Glove
1962	Jim Davenport	San Fran.	NL		141	0.953	2.70	**1.47**	Gold Glove
1962	Clete Boyer	New York	AL		157	0.964	3.71	**1.70**	FV#1
1961	Brooks Robinson	Baltimore	AL		163	0.972	2.96	**1.66**	Gold Glove
1961	Ken Boyer	St. Louis	NL		153	0.951	3.03	**1.55**	Gold Glove
1961	Clete Boyer	New York	AL		141	0.967	3.57	**1.70**	FV#1
1960	Brooks Robinson	Baltimore	AL		152	0.977	3.28	**1.70**	Gold Glove
1960	Ken Boyer	St. Louis	NL		146	0.959	3.01	**1.55**	Gold Glove

Year	Player	Team	Lg	Inn	G	Fpct	RF	FV	GG/FV
1959	Frank Malzone	Boston	AL		154	0.953	3.19	**1.67**	Gold Glove
1959	Ken Boyer	St. Louis	NL		143	0.956	3.03	**1.60**	Gold Glove
1959	Don Hoak	Pittsburgh	NL		155	0.961	3.17	**1.70**	FV#1
1958	Frank Malzone	Boston	AL		155	0.950	3.34	**1.62**	Gold Glove
1958	Ken Boyer	St. Louis	NL		144	0.962	3.51	**1.70**	Gold Glove
1957	Frank Malzone	Boston	AL		153	0.954	3.41	**1.70**	Gold Glove
1956	Willie Jones	Philadelphia	NL		149	0.973	3.13	**1.70**	FV#1
1955	Andy Carey	New York	AL		135	0.954	3.37	**1.70**	FV#1
1954	Eddie Yost	Washington	AL		155	0.968	3.34	**1.70**	FV#1
1953	Al Rosen	Cleveland	AL		154	0.964	3.32	**1.70**	FV#1
1952	Willie Jones	Philadelphia	NL		147	0.969	3.38	**1.70**	FV#1
1951	Randy Jackson	Chicago	NL		143	0.956	3.64	**1.70**	FV#1
1950	George Kell	Detroit	AL		157	0.982	3.19	**1.70**	FV#1
1949	Johnny Pesky	Boston	AL		148	0.970	3.49	**1.70**	FV#1
1948	Hank Majeski	Philadelphia	AL		142	0.975	3.04	**1.70**	FV#1
1947	Hank Majeski	Philadelphia	AL		134	0.988	3.16	**1.70**	FV#1
1946	George Kell	Phila./Det.	AL		131	0.983	3.11	**1.70**	FV#1
1945	Stan Hack	Chicago	NL		146	0.975	3.47	**1.70**	FV#1
1944	Ken Keltner	Cleveland	AL		149	0.968	3.60	**1.70**	FV#1
1943	Joe Orengo	NY/Bro.	NL		88	0.993	9.14	**1.70**	FV#1
1942	Ken Keltner	Cleveland	AL		151	0.945	3.44	**1.70**	FV#1
1941	Pinky May	Philadelphia	NL		140	0.972	3.70	**1.70**	FV#1
1940	Harlond Clift	St. Louis	AL		147	0.959	3.33	**1.70**	FV#1
1939	Ken Keltner	Cleveland	AL		154	0.974	3.14	**1.70**	FV#1
1938	Harlond Clift	St. Louis	AL		149	0.962	3.23	**1.70**	FV#1
1937	Harlond Clift	St. Louis	AL		155	0.947	3.89	**1.70**	FV#1
1936	Odell Hale	Cleveland	AL		148	0.946	3.32	**1.70**	FV#1
1935	Cecil Travis	Washington	AL		114	0.963	3.42	**1.70**	FV#1
1934	Woody English	Chicago	NL		46	0.976	4.48	**1.70**	FV#1
1933	Willie Kamm	Cleveland	AL		131	0.984	2.85	**1.70**	FV#1
1932	Willie Kamm	Cleveland	AL		148	0.967	3.13	**1.70**	FV#1
1931	Marty McManus	Detroit/Bos.	AL		90	0.956	3.41	**1.70**	FV#1
1930	Pinky Whitney	Philadelphia	NL		148	0.965	3.37	**1.70**	FV#1

Year	Player	Team	Lg	G	Pct	RF		
1929	Willie Kamm	Chicago	AL	145	0.978	3.39	**1.70**	FV#1
1928	Willie Kamm	Chicago	AL	155	0.977	3.36	**1.70**	FV#1
1927	Willie Kamm	Chicago	AL	146	0.972	3.53	**1.70**	FV#1
1926	Willie Kamm	Chicago	AL	142	0.978	3.52	**1.70**	FV#1
1925	Pie Traynor	Pittsburgh	NL	150	0.957	3.53	**1.70**	FV#1
1924	Willie Kamm	Chicago	AL	146	0.971	3.44	**1.70**	FV#1
1923	Willie Kamm	Chicago	AL	149	0.960	3.52	**1.70**	FV#1
1922	Bob Jones	Detroit	AL	119	0.962	3.60	**1.70**	FV#1
1921	Howie Shanks	Washington	AL	154	0.960	3.56	**1.70**	FV#1
1920	Larry Gardner	Cleveland	AL	154	0.976	3.36	**1.70**	FV#1
1919	Ossie Vitt	Boston	AL	133	0.970	3.59	**1.70**	FV#1
1918	Frank Baker	New York	AL	126	0.972	3.63	**1.70**	FV#1
1917	Heinie Groh	Cincinnati	NL	154	0.966	3.31	**1.70**	FV#1
1916	Ossie Vitt	Detroit	AL	151	0.964	3.93	**1.70**	FV#1
1915	Ossie Vitt	Detroit	AL	151	0.964	3.41	**1.70**	FV#1
1914	Frank Baker	Philadelphia	AL	149	0.955	3.44	**1.70**	FV#1
1913	Jimmy Austin	St. Louis	AL	142	0.944	3.55	**1.70**	FV#1
1912	Frank Baker	Philadelphia	AL	149	0.941	3.61	**1.70**	FV#1
1911	Jimmy Austin	St. Louis	AL	148	0.931	3.82	**1.70**	FV#1
1910	Jimmy Austin	New York	AL	133	0.942	3.67	**1.70**	FV#1
1909	Bobby Byrne	STL/Pitts.	NL	151	0.939	3.79	**1.70**	FV#1
1908	Hobe Ferris	St. Louis	AL	148	0.952	3.64	**1.70**	FV#1
1907	Bobby Byrne	St. Louis	NL	148	0.920	3.78	**1.70**	FV#1
1906	Lee Tannehill	Chicago	AL	99	0.951	4.13	**1.70**	FV#1
1905	Lee Tannehill	Chicago	AL	142	0.931	3.70	**1.70**	FV#1
1904	Lee Tannehill	Chicago	AL	153	0.947	3.59	**1.70**	FV#1
1903	Ed Gremminger	Boston	NL	140	0.935	3.69	**1.70**	FV#1
1902	Ed Gremminger	Boston	NL	140	0.951	3.60	**1.70**	FV#1
1901	Jimmy Collins	Boston	AL	138	0.914	3.85	**1.70**	FV#1
1900	Jimmy Collins	Boston	NL	141	0.935	4.11	**1.70**	FV#1
1899	Lave Cross	Cleve./STL	NL	141	0.959	4.12	**1.70**	FV#1
1898	Lave Cross	St. Louis	NL	149	0.945	3.80	**1.70**	FV#1
1897	Billy Clingman	Louisville	NL	113	0.947	3.94	**1.70**	FV#1
1896	Billy Clingman	Louisville	NL	121	0.925	3.88	**1.70**	FV#1
1895	Lave Cross	Philadelphia	NL	125	0.940	3.99	**1.70**	FV#1
1894	Billy Nash	Boston	NL	132	0.933	3.57	**1.70**	FV#1
1893	Denny Lyons	Pittsburgh	NL	131	0.918	3.95	**1.70**	FV#1
1892	Bill Dahlen	Chicago	NL	68	0.941	4.44	**1.70**	FV#1
1891	Arlie Latham	Cincinnati	NL	135	0.879	4.05	**1.70**	FV#1
1890	Charlie Reilly	Columbus	AA	137	0.893	4.09	**1.70**	FV#1
1889	Jerry Denny	Indianapolis	NL	123	0.913	3.86	**1.70**	FV#1
1888	Billy Shindle	Baltimore	AA	135	0.922	4.13	**1.70**	FV#1
1887	Jerry Denny	Indianapolis	NL	116	0.889	3.99	**1.70**	FV#1
1886	Jerry Denny	St. Louis	NL	117	0.895	3.86	**1.70**	FV#1
1885	Ned Williamson	Chicago	NL	116	0.892	3.28	**1.70**	FV#1
1884	Arlie Latham	St. Louis	AA	110	0.864	4.04	**1.70**	FV#1
1883	Joe Battin	Pittsburgh	AA	100	0.891	4.17	**1.70**	FV#1
1882	Ned Williamson	Chicago	NL	83	0.881	3.83	**1.70**	FV#1
1881	Ned Williamson	Chicago	NL	76	0.909	4.09	**1.70**	FV#1
1880	Ned Williamson	Chicago	NL	63	0.893	3.59	**1.70**	FV#1
1879	Ned Williamson	Chicago	NL	70	0.871	3.96	**1.70**	FV#1
1878	Bill Hague	Providence	NL	62	0.925	4.16	**1.70**	FV#1
1877	Bob Ferguson	Hartford	NL	59	0.841	4.71	**1.70**	FV#1
1876	Cap Anson	Chicago	NL	66	0.849	4.27	**1.70**	FV#1
1875	Bob Ferguson	Hartford	NA	85	0.827	3.88	**1.70**	FV#1
1874	Jack Burdock	New York	NA	60	0.820	4.85	**1.70**	FV#1
1873	Bob Ferguson	Brooklyn	NA	50	0.755	6.40	**1.70**	FV#1
1872	Bob Ferguson	Brooklyn	NA	37	0.809	7.08	**1.70**	FV#1
1871	Bob Ferguson	New York	NA	20	0.774	4.45	**1.70**	FV#1

Shortstop

Year	Player	Team	Lg	Inn	G	Fpct	RF	FV	GG/FV
2014	J.J. Hardy	Baltimore	AL	1257.0		0.978	4.16	**1.59**	Gold Glove
2014	Andrelton Simmons	Atlanta	NL	1277.0		0.978	4.43	**1.69**	Gold Glove
2014	Alex Ramirez	Chicago	AL	1376.7		0.978	4.45	**1.75**	FV#1
2013	J.J. Hardy	Baltimore	AL	1417.0		0.981	4.02	**1.59**	Gold Glove
2013	Andrelton Simmons	Atlanta	NL	1352.3		0.981	4.92	**1.75**	Gold Glove
2012	J.J. Hardy	Baltimore	AL	1439.0		0.992	4.83	**1.75**	Gold Glove
2012	Jimmy Rollins	Philadelphia	NL	1364.0		0.978	3.83	**1.47**	Gold Glove
2011	Erick Aybar	Los Angeles	AL	1262.0		0.980	4.61	**1.60**	Gold Glove
2011	Troy Tulowitzki	Colorado	NL	1208.3		0.991	5.05	**1.75**	Gold Glove
2010	Derek Jeter	New York	AL	1303.7		0.989	3.78	**1.52**	Gold Glove
2010	Troy Tulowitzki	Colorado	NL	1065.0		0.984	5.06	**1.75**	Gold Glove

Year	Player	Team	Lg	Inn	G	Fpct	RF	FV	GG/FV
2009	Derek Jeter	New York	AL	1260.7		0.986	3.90	**1.55**	Gold Glove
2009	Jimmy Rollins	Philadelphia	NL	1364.7		0.990	3.96	**1.64**	Gold Glove
2009	Brendan Ryan	St. Louis	NL	830.7		0.984	5.41	**1.75**	FV#1
2008	Michael Young	Texas	AL	1289.0		0.984	4.59	**1.74**	Gold Glove
2008	Jimmy Rollins	Philadelphia	NL	1168.0		0.988	4.52	**1.72**	Gold Glove
2008	Troy Tulowitzki	Colorado	NL	863.3		0.984	5.22	**1.75**	FV#1
2007	Orlando Cabrera	Los Angeles	AL	1330.7		0.983	4.42	**1.55**	Gold Glove
2007	Jimmy Rollins	Philadelphia	NL	1441.3		0.985	4.41	**1.59**	Gold Glove
2007	Troy Tulowitzki	Colorado	NL	1375.0		0.987	5.39	**1.75**	FV#1
2006	Derek Jeter	New York	AL	1292.3		0.975	4.14	**1.43**	Gold Glove
2006	Omar Vizquel	San Fran.	NL	1281.3		0.993	4.17	**1.60**	Gold Glove
2006	Adam Everett	Houston	NL	1292.3		0.990	4.74	**1.75**	FV#1
2005	Derek Jeter	New York	AL	1352.7		0.979	4.76	**1.63**	Gold Glove
2005	Omar Vizquel	San Fran.	NL	1292.3		0.988	4.60	**1.63**	Gold Glove
2005	Rafael Furcal	Atlanta	NL	1306.3		0.981	5.23	**1.75**	FV#1
2004	Derek Jeter	New York	AL	1341.7		0.981	4.46	**1.64**	Gold Glove
2004	Cesar Izturis	Los Angeles	NL	1386.0		0.985	4.31	**1.67**	Gold Glove
2004	Bobby Crosby	Oakland	AL	1356.0		0.975	4.96	**1.75**	FV#1
2003	Alex Rodriguez	Texas	AL	1369.7		0.989	4.54	**1.75**	Gold Glove
2003	Edgar Renteria	St. Louis	NL	1367.3		0.975	4.15	**1.51**	Gold Glove
2002	Alex Rodriguez	Texas	AL	1390.7		0.987	4.73	**1.72**	Gold Glove
2002	Edgar Renteria	St. Louis	NL	1287.3		0.970	4.28	**1.40**	Gold Glove
2002	Mike Bordick	Baltimore	AL	1007.7		0.998	5.07	**1.75**	FV#1
2001	Omar Vizquel	Cleveland	AL	1320.7		0.989	4.31	**1.58**	Gold Glove
2001	Orlando Cabrera	Montreal	NL	1406.7		0.986	4.87	**1.72**	Gold Glove
2001	Rey Sanchez	Kansas City	AL	1242.3		0.991	5.04	**1.75**	FV#1
2000	Omar Vizquel	Cleveland	AL	1328.7		0.995	4.38	**1.68**	Gold Glove
2000	Neifi Perez	Colorado	NL	1402.7		0.978	5.21	**1.72**	Gold Glove
2000	Rey Sanchez	Kansas City	AL	1198.0		0.994	5.04	**1.75**	FV#1

Year	Player	Team	Lg	Inn	G	Fpct	RF	FV	GG/FV
1999	Omar Vizquel	Cleveland	AL		143	0.976	4.31	**1.58**	Gold Glove
1999	Rey Ordonez	New York	NL		154	0.994	4.13	**1.68**	Gold Glove
1999	Mike Bordick	Baltimore	AL		159	0.989	4.96	**1.75**	FV#1
1998	Omar Vizquel	Cleveland	AL		151	0.993	4.74	**1.75**	Gold Glove
1998	Rey Ordonez	New York	NL		151	0.975	4.41	**1.61**	Gold Glove
1997	Omar Vizquel	Cleveland	AL		152	0.985	4.43	**1.75**	Gold Glove
1997	Rey Ordonez	New York	NL		118	0.983	4.46	**1.63**	Gold Glove
1996	Omar Vizquel	Cleveland	AL		150	0.971	4.49	**1.63**	Gold Glove
1996	Barry Larkin	Cincinnati	NL		151	0.975	4.34	**1.63**	Gold Glove
1996	Jay Bell	Pittsburgh	NL		151	0.986	4.59	**1.75**	FV#1
1995	Omar Vizquel	Cleveland	AL		136	0.986	4.52	**1.75**	Gold Glove
1995	Barry Larkin	Cincinnati	NL		130	0.980	4.10	**1.59**	Gold Glove
1994	Omar Vizquel	Cleveland	AL		69	0.981	4.59	**1.56**	Gold Glove
1994	Barry Larkin	Cincinnati	NL		110	0.980	4.45	**1.68**	Gold Glove
1994	Gary Disarcina	California	AL		110	0.983	4.70	**1.75**	FV#1
1993	Omar Vizquel	Seattle	AL		155	0.980	4.65	**1.66**	Gold Glove
1993	Jay Bell	Pittsburgh	NL		154	0.986	5.08	**1.75**	Gold Glove

Year	Player	Team	Lg	Inn	G	Fpct	RF	FV	GG/FV
1992	Cal Ripken, Jr.	Baltimore	AL		162	0.984	4.52	**1.74**	Gold Glove
1992	Ozzie Smith	St. Louis	NL		132	0.985	4.94	**1.75**	Gold Glove
1991	Cal Ripken, Jr.	Baltimore	AL		162	0.986	4.91	**1.75**	Gold Glove
1991	Ozzie Smith	St. Louis	NL		150	0.987	4.21	**1.65**	Gold Glove
1990	Ozzie Guillen	Chicago	AL		159	0.977	4.57	**1.65**	Gold Glove
1990	Ozzie Smith	St. Louis	NL		140	0.980	4.21	**1.57**	Gold Glove
1990	Tony Fernandez	Toronto	AL		161	0.989	4.83	**1.75**	FV#1

Year	Player	Team	Lg	Inn	G	Fpct	RF	FV	GG/FV
1989	Tony Fernandez	Toronto	AL		140	0.992	5.25	**1.74**	Gold Glove
1989	Ozzie Smith	St. Louis	NL		153	0.976	4.52	**1.62**	Gold Glove
1989	Cal Ripken, Jr.	Baltimore	AL		162	0.990	4.98	**1.75**	FV#1
1988	Tony Fernandez	Toronto	AL		154	0.981	4.66	**1.69**	Gold Glove
1988	Ozzie Smith	St. Louis	NL		150	0.972	5.02	**1.64**	Gold Glove
1988	Dick Schofield	California	AL		155	0.983	4.97	**1.75**	FV#1
1987	Tony Fernandez	Toronto	AL		146	0.979	4.56	**1.65**	Gold Glove
1987	Ozzie Smith	St. Louis	NL		158	0.987	4.82	**1.75**	Gold Glove
1986	Tony Fernandez	Toronto	AL		163	0.983	4.53	**1.75**	Gold Glove
1986	Ozzie Smith	St. Louis	NL		144	0.978	4.74	**1.70**	Gold Glove
1985	Alfredo Griffin	Oakland	AL		162	0.960	4.43	**1.56**	Gold Glove
1985	Ozzie Smith	St. Louis	NL		158	0.983	5.15	**1.75**	Gold Glove
1984	Alan Trammell	Detroit	AL		114	0.980	4.33	**1.58**	Gold Glove
1984	Ozzie Smith	St. Louis	NL		124	0.982	5.40	**1.73**	Gold Glove
1984	Cal Ripken, Jr.	Baltimore	AL		162	0.971	5.43	**1.75**	FV#1
1983	Alan Trammell	Detroit	AL		140	0.979	4.31	**1.60**	Gold Glove
1983	Ozzie Smith	St. Louis	NL		158	0.975	5.21	**1.75**	Gold Glove
1982	Robin Yount	Milwaukee	AL		154	0.969	4.82	**1.60**	Gold Glove
1982	Ozzie Smith	St. Louis	NL		139	0.984	5.86	**1.75**	Gold Glove
1981	Alan Trammell	Detroit	AL		105	0.983	5.03	**1.71**	Gold Glove
1981	Ozzie Smith	San Diego	NL		110	0.976	5.84	**1.75**	Gold Glove
1980	Alan Trammell	Detroit	AL		144	0.980	4.42	**1.64**	Gold Glove
1980	Ozzie Smith	San Diego	NL		158	0.974	5.75	**1.75**	Gold Glove

Year	Player	Team	Lg	Inn	G	Fpct	RF	FV	GG/FV
1979	Rick Burleson	Boston	AL		153	0.980	5.20	**1.75**	Gold Glove
1979	Dave Concepcion	Cincinnati	NL		148	0.967	5.26	**1.65**	Gold Glove
1978	Mark Belanger	Baltimore	AL		134	0.985	4.43	**1.63**	Gold Glove
1978	Larry Bowa	Philadelphia	NL		156	0.986	4.65	**1.73**	Gold Glove
1978	Rick Burleson	Boston	AL		144	0.981	5.33	**1.75**	FV#1
1977	Mark Belanger	Baltimore	AL		142	0.985	4.65	**1.68**	Gold Glove
1977	Dave Concepcion	Cincinnati	NL		156	0.986	4.94	**1.75**	Gold Glove
1976	Mark Belanger	Baltimore	AL		153	0.982	5.12	**1.75**	Gold Glove
1976	Dave Concepcion	Cincinnati	NL		150	0.968	5.40	**1.67**	Gold Glove
1975	Mark Belanger	Baltimore	AL		152	0.978	5.05	**1.71**	Gold Glove
1975	Dave Concepcion	Cincinnati	NL		130	0.977	5.25	**1.68**	Gold Glove
1975	Bucky Dent	Chicago	AL		157	0.981	5.24	**1.75**	FV#1
1974	Mark Belanger	Baltimore	AL		155	0.984	5.13	**1.75**	Gold Glove
1974	Dave Concepcion	Cincinnati	NL		160	0.963	4.84	**1.59**	Gold Glove
1973	Mark Belanger	Baltimore	AL		154	0.971	5.01	**1.74**	Gold Glove
1973	Roger Metzger	Houston	NL		149	0.982	4.43	**1.72**	Gold Glove
1973	Frank Duffy	Cleveland	AL		115	0.986	5.00	**1.75**	FV#1
1972	Ed Brinkman	Detroit	AL		156	0.990	4.67	**1.75**	Gold Glove
1972	Larry Bowa	Philadelphia	NL		150	0.987	4.71	**1.72**	Gold Glove
1971	Mark Belanger	Baltimore	AL		149	0.978	4.85	**1.63**	Gold Glove
1971	Bud Harrelson	New York	NL		140	0.978	4.99	**1.62**	Gold Glove
1971	Larry Bowa	Philadelphia	NL		157	0.987	5.30	**1.75**	FV#1
1970	Luis Aparicio	Chicago	AL		146	0.976	5.03	**1.67**	Gold Glove
1970	Don Kessinger	Chicago	NL		154	0.972	4.92	**1.65**	Gold Glove
1970	Ed Brinkman	Washington	AL		157	0.974	5.54	**1.75**	FV#1

Year	Player	Team	Lg	Inn	G	Fpct	RF	FV	GG/FV
1969	Mark Belanger	Baltimore	AL		148	0.968	4.73	**1.62**	Gold Glove
1969	Don Kessinger	Chicago	NL		157	0.976	5.15	**1.74**	Gold Glove
1969	Luis Aparicio	Chicago	AL		154	0.976	5.27	**1.75**	FV#1
1968	Luis Aparicio	Chicago	AL		156	0.977	5.15	**1.75**	Gold Glove

Year	Player	Team	Lg	Inn	G	Fpct	RF	FV	GG/FV
1968	Dal Maxvill	St. Louis	NL		151	0.969	4.57	**1.59**	Gold Glove
1967	Jim Fregosi	California	AL		151	0.965	4.59	**1.64**	Gold Glove
1967	Gene Alley	Pittsburgh	NL		146	0.967	5.18	**1.75**	Gold Glove
1966	Luis Aparicio	Chicago	AL		151	0.978	4.93	**1.75**	Gold Glove
1966	Gene Alley	Pittsburgh	NL		143	0.979	4.94	**1.74**	Gold Glove
1965	Zoilo Versalles	Minnesota	AL		160	0.950	4.59	**1.55**	Gold Glove
1965	Leo Cardenas	Cincinnati	NL		155	0.975	4.72	**1.69**	Gold Glove
1965	Maury Wills	Los Angeles	NL		155	0.970	5.17	**1.75**	FV#1
1964	Luis Aparicio	Baltimore	AL		145	0.979	4.81	**1.67**	Gold Glove
1964	Ruben Amaro	Philadelphia	NL		79	0.971	4.20	**1.28**	Gold Glove
1964	Ron Hansen	Chicago	AL		158	0.975	5.10	**1.75**	FV#1
1963	Zoilo Versalles	Minnesota	AL		159	0.961	4.71	**1.58**	Gold Glove
1963	Bobby Wine	Philadelphia	NL		132	0.971	4.39	**1.55**	Gold Glove
1963	Ron Hansen	Chicago	AL		144	0.983	5.07	**1.75**	FV#1
1962	Luis Aparicio	Chicago	AL		152	0.973	4.82	**1.69**	Gold Glove
1962	Maury Wills	Los Angeles	NL		165	0.956	4.78	**1.55**	Gold Glove
1962	Zoilo Versalles	Minnesota	AL		160	0.970	5.23	**1.75**	FV#1
1961	Luis Aparicio	Chicago	AL		156	0.962	4.81	**1.64**	Gold Glove
1961	Maury Wills	Los Angeles	NL		148	0.959	4.60	**1.57**	Gold Glove
1961	Roy McMillan	Milwaukee	NL		154	0.975	4.89	**1.75**	FV#1
1960	Luis Aparicio	Chicago	AL		153	0.979	5.59	**1.75**	Gold Glove
1960	Ernie Banks	Chicago	NL		156	0.977	4.94	**1.67**	Gold Glove
Year	Player	Team	Lg	Inn	G	Fpct	RF	FV	GG/FV
1959	Luis Aparicio	Chicago	AL		152	0.970	4.88	**1.65**	Gold Glove
1959	Roy McMillan	Cincinnati	NL		73	0.974	5.04	**1.51**	Gold Glove
1959	Ernie Banks	Chicago	NL		154	0.985	5.13	**1.75**	FV#1
1958	Luis Aparicio	Chicago	AL		145	0.973	5.19	**1.73**	Gold Glove
1958	Roy McMillan	Cincinnati	NL		145	0.980	4.63	**1.70**	Gold Glove
1958	Dick Groat	Pittsburgh	NL		149	0.975	5.15	**1.75**	FV#1
1957	Roy McMillan	Cincinnati	NL		151	0.977	4.44	**1.72**	Gold Glove
1957	Joy DeMaestri	Kansas City	AL		134	0.980	4.74	**1.75**	FV#1
1956	Roy McMillan	Cincinnati	NL		150	0.975	5.53	**1.75**	FV#1
1955	Ernie Banks	Chicago	NL		154	0.972	5.01	**1.75**	FV#1
1954	Johnny Logan	Milwaukee	NL		154	0.969	5.28	**1.75**	FV#1
1953	Roy McMillan	Cincinnati	NL		155	0.972	5.21	**1.75**	FV#1
1952	Phil Rizzuto	New York	AL		152	0.976	5.04	**1.75**	FV#1
1951	Chico Carasquel	Chicago	AL		147	0.975	5.29	**1.75**	FV#1
1950	Phil Rizzuto	New York	AL		155	0.982	4.86	**1.75**	FV#1
1949	Eddie Joost	Philadelphia	AL		144	0.969	5.51	**1.75**	FV#1
1948	Lou Boudreau	Cleveland	AL		151	0.975	5.17	**1.75**	FV#1
1947	Marty Marion	St. Louis	NL		141	0.981	5.54	**1.75**	FV#1
1946	Marty Marion	St. Louis	NL		145	0.973	5.31	**1.75**	FV#1
1945	Buddy Kerr	New York	NL		148	0.964	5.73	**1.75**	FV#1
1944	Lou Boudreau	Cleveland	AL		149	0.978	5.74	**1.75**	FV#1
1943	Eddie Miller	Cincinnati	NL		154	0.979	5.70	**1.75**	FV#1
1942	Eddie Miller	Boston	NL		142	0.983	5.18	**1.75**	FV#1
1941	Eddie Miller	Boston	NL		154	0.966	5.33	**1.75**	FV#1
1940	Eddie Miller	Boston	NL		151	0.970	5.91	**1.75**	FV#1
1939	Arky Vaughan	Pittsburgh	NL		152	0.962	5.66	**1.75**	FV#1
1938	Arky Vaughan	Pittsburgh	NL		147	0.961	5.53	**1.75**	FV#1
1937	Billy Rogell	Detroit	AL		146	0.968	5.30	**1.75**	FV#1
1936	Dick Bartell	New York	NL		144	0.956	6.08	**1.75**	FV#1
1935	Billy Jurges	Chicago	NL		146	0.964	5.70	**1.75**	FV#1
1934	Dick Bartell	Philadelphia	NL		146	0.954	5.71	**1.75**	FV#1
1933	Dick Bartell	Philadelphia	NL		152	0.951	5.75	**1.75**	FV#1
1932	Dick Bartell	Philadelphia	NL		154	0.963	5.77	**1.75**	FV#1
1931	Travis Jackson	New York	NL		145	0.970	5.51	**1.75**	FV#1
1930	Rabbit Maranville	Boston	NL		138	0.965	5.71	**1.75**	FV#1
1929	Travis Jackson	New York	NL		149	0.969	5.91	**1.75**	FV#1
1928	Hod Ford	Cincinnati	NL		149	0.972	5.79	**1.75**	FV#1
1927	Joe Sewell	Cleveland	AL		153	0.962	5.50	**1.75**	FV#1
1926	Jimmy Cooney	Chicago	NL		141	0.972	5.93	**1.75**	FV#1
1925	Joe Sewell	Cleveland	AL		153	0.967	5.51	**1.75**	FV#1

Year	Player	Team	League	G	FA	RF	FV	Rank
1924	Joe Sewell	Cleveland	AL	153	0.960	5.64	**1.75**	FV#1
1923	Rabbit Maranville	Pittsburgh	NL	141	0.965	5.94	**1.75**	FV#1
1922	Charlie Hollocher	Chicago	NL	152	0.965	5.49	**1.75**	FV#1
1921	Everett Scott	Boston	AL	154	0.972	5.90	**1.75**	FV#1
1920	Dave Bancroft	Phila./NY	NL	150	0.955	6.40	**1.75**	FV#1
1919	Everett Scott	Boston	AL	138	0.976	5.07	**1.75**	FV#1
1918	Art Fletcher	New York	NL	124	0.959	6.06	**1.75**	FV#1
1917	Art Fletcher	New York	NL	151	0.956	5.57	**1.75**	FV#1
1916	Rabbit Maranville	Boston	NL	155	0.947	5.81	**1.75**	FV#1
1915	Buck Herzog	Cincinnati	NL	153	0.945	5.91	**1.75**	FV#1
1914	Donie Bush	Detroit	AL	157	0.944	6.17	**1.75**	FV#1
1913	George McBride	Washington	AL	150	0.960	5.37	**1.75**	FV#1
1912	Honus Wagner	Pittsburgh	NL	143	0.962	5.62	**1.75**	FV#1
1911	George McBride	Washington	AL	154	0.941	5.84	**1.75**	FV#1
1910	George McBride	Washington	AL	154	0.939	5.77	**1.75**	FV#1
1909	Mickey Doolan	Philadelphia	NL	147	0.939	5.69	**1.75**	FV#1
1908	George McBride	Washington	AL	155	0.948	6.06	**1.75**	FV#1
1907	Bobby Wallace	St. Louis	AL	147	0.941	5.82	**1.75**	FV#1
1906	Terry Turner	Cleveland	AL	147	0.960	5.83	**1.75**	FV#1
1905	Tommy Corcoran	Cincinnati	NL	151	0.952	5.79	**1.75**	FV#1
1904	Bobby Wallace	St. Louis	AL	139	0.947	5.65	**1.75**	FV#1
1903	Bill Dahlen	Brooklyn	NL	138	0.948	5.60	**1.75**	FV#1
1902	Bobby Wallace	St. Louis	AL	131	0.948	5.90	**1.75**	FV#1
1901	Bobby Wallace	St. Louis	NL	134	0.929	6.48	**1.75**	FV#1
1900	Bill Dahlen	Brooklyn	NL	133	0.938	6.30	**1.75**	FV#1
1899	George Davis	New York	NL	108	0.945	6.69	**1.75**	FV#1
1898	Tommy Corcoran	Cincinnati	NL	153	0.932	5.97	**1.75**	FV#1
1897	Hughie Jennings	Baltimore	NL	116	0.933	6.55	**1.75**	FV#1
1896	Hughie Jennings	Baltimore	NL	130	0.928	6.56	**1.75**	FV#1
1895	Hughie Jennings	Baltimore	NL	131	0.940	6.73	**1.75**	FV#1
1894	Hughie Jennings	Baltimore	NL	128	0.928	6.30	**1.75**	FV#1
1893	Germany Smith	Cincinnati	NL	130	0.934	5.77	**1.75**	FV#1
1892	Bob Allen	Philadelphia	NL	152	0.919	5.71	**1.75**	FV#1
1891	Herman Long	Boston	NL	139	0.902	5.65	**1.75**	FV#1
1890	Bob Allen	Philadelphia	NL	133	0.924	6.29	**1.75**	FV#1
1889	Jack Glasscock	Indianapolis	NL	132	0.915	5.48	**1.75**	FV#1
1888	Arthur Irwin	Philadelphia	NL	122	0.900	4.74	**1.75**	FV#1
1887	John Ward	New York	NL	129	0.919	5.39	**1.75**	FV#1
1886	Jack Glasscock	St. Louis	NL	120	0.906	4.57	**1.75**	FV#1
1885	Jack Glasscock	St. Louis	NL	110	0.917	5.03	**1.75**	FV#1
1884	Jack Glasscock	Cleve/Cinc.	NL/UA	105	0.892	5.11	**1.75**	FV#1
1883	Jack Glasscock	Cleveland	NL	93	0.922	4.81	**1.75**	FV#1
1882	Jack Glasscock	Cleveland	NL	83	0.900	5.08	**1.75**	FV#1
1881	Jack Glasscock	Cleveland	NL	79	0.911	4.80	**1.75**	FV#1
1880	Arthur Irwin	Worcester	NL	82	0.895	5.29	**1.75**	FV#1
1879	George Wright	Providence	NL	85	0.924	4.88	**1.75**	FV#1
1878	George Wright	Boston	NL	59	0.947	4.56	**1.75**	FV#1
1877	John Peters	Chicago	NL	60	0.883	5.65	**1.75**	FV#1
1876	Davy Force	Phila./NY	NL	61	0.897	5.74	**1.75**	FV#1
1875	Davy Force	Philadelphia	NA	77	0.887	4.87	**1.75**	FV#1
1874	Dickey Pierce	Brooklyn	NA	56	0.845	4.77	**1.75**	FV#1
1873	George Wright	Boston	NA	59	0.808	5.64	**1.75**	FV#1
1872	George Wright	Boston	NA	48	0.838	5.83	**1.75**	FV#1
1871	Davy Force	Washington	NA	31	0.844	6.61	**1.75**	FV#1

Catcher

Year	Player	Team	Lg	Inn	G	Fpct	RF	CS%	FV	GG/FV
2014	Salvador Perez	Kansas City	AL	1248.7		0.992	7.99	0.305	**1.83**	Gold Glove
2014	Yadier Molina	St. Louis	NL	931.7		0.998	8.37	0.477	**2.07**	Gold Glove
2014	Brian McCann	New York	AL	889.0		0.998	9.32	0.372	**2.10**	FV#1
2013	Salvador Perez	Kansas City	AL	1115.3		0.996	8.38	0.435	**1.99**	Gold Glove
2013	Yadier Molina	St. Louis	NL	1115.3		0.993	8.08	0.352	**1.84**	Gold Glove
2013	Rene Rivera	San Diego	NL	180.0		1.000	9.90	0.563	**2.10**	FV#1
2012	Matt Wieters	Baltimore	AL	1188.7		0.991	7.92	0.386	**1.88**	Gold Glove
2012	Yadier Molina	St. Louis	NL	1161.3		0.997	8.14	0.479	**2.10**	Gold Glove
2011	Matt Wieters	Baltimore	AL	1150.0		0.995	7.24	0.370	**2.01**	Gold Glove
2011	Yadier Molina	St. Louis	NL	1150.0		0.995	7.23	0.292	**1.92**	Gold Glove
2011	Jonathan Lucroy	Milwaukee	NL	1043.7		0.993	8.96	0.280	**2.10**	FV#1
2010	Joe Mauer	Minnesota	AL	951.7		0.996	6.90	0.264	**1.80**	Gold Glove
2010	Yadier Molina	St. Louis	NL	1138.0		0.995	7.70	0.485	**2.10**	Gold Glove

Year	Player	Team	Lg	Inn	G	Fpct	RF	CS%	FV	GG/FV
2009	Joe Mauer	Minnesota	AL	939.0		0.996	7.24	0.260	**1.81**	Gold Glove
2009	Yadier Molina	St. Louis	NL	1176.7		0.995	7.39	0.407	**2.04**	Gold Glove
2009	Gerald Laird	Detroit	AL	1090.3		0.997	7.61	0.416	**2.10**	FV#1
2008	Joe Mauer	Minnesota	AL	1203.0		0.997	6.61	0.363	**1.94**	Gold Glove
2008	Yadier Molina	St. Louis	NL	1002.0		0.986	6.49	0.346	**1.68**	Gold Glove
2008	Bengie Molina	San Fran.	NL	1128.3		0.995	8.44	0.346	**2.10**	FV#1
2007	Ivan Rodriguez	Detroit	AL	1052.7		0.993	7.56	0.309	**1.93**	Gold Glove
2007	Russell Martin	Los Angeles	NL	1254.0		0.988	8.25	0.333	**2.01**	Gold Glove
2007	Joe Mauer	Minnesota	AL	777.7		0.998	7.33	0.533	**2.10**	FV#1
2006	Ivan Rodriguez	Detroit	AL	1054.3		0.998	6.83	0.510	**2.06**	Gold Glove
2006	Brad Ausmus	Houston	NL	1124.7		0.998	7.95	0.221	**2.00**	Gold Glove
2006	Henry Blanco	Chicago	NL	526.0		0.998	8.57	0.429	**2.10**	FV#1
2005	Jason Varitek	Boston	AL	1089.0		0.990	6.74	0.244	**1.70**	Gold Glove
2005	Mike Matheny	San Fran.	NL	1122.0		0.999	6.91	0.382	**2.05**	Gold Glove
2005	Brad Ausmus	Houston	NL	1065.7		0.999	8.01	0.316	**2.10**	FV#1
2004	Ivan Rodriguez	Detroit	AL	1051.0		0.987	7.04	0.298	**1.69**	Gold Glove
2004	Mike Matheny	St. Louis	NL	977.7		0.999	7.36	0.283	**1.98**	Gold Glove
2004	Brian Schneider	Montreal	NL	1114.0		0.998	7.04	0.493	**2.10**	FV#1
2003	Bengie Molina	Anaheim	AL	949.7		0.993	6.96	0.438	**1.89**	Gold Glove
2003	Mike Matheny	St. Louis	NL	948.0		0.994	6.04	0.309	**1.74**	Gold Glove
2003	Damian Miller	Chicago	NL	929.7		0.997	9.81	0.391	**2.10**	FV#1
2002	Bengie Molina	Anaheim	AL	1014.3		0.999	6.81	0.442	**2.10**	Gold Glove
2002	Brad Ausmus	Houston	NL	1079.0		0.997	8.40	0.323	**2.06**	Gold Glove
2001	Ivan Rodriguez	Texas	AL	855.3		0.990	7.19	0.574	**1.86**	Gold Glove
2001	Brad Ausmus	Houston	NL	1056.7		0.997	8.61	0.477	**2.10**	Gold Glove
2000	Ivan Rodriguez	Texas	AL	736.3		0.996	6.61	0.487	**1.91**	Gold Glove
2000	Mike Matheny	St. Louis	NL	1031.7		0.994	7.66	0.522	**2.10**	Gold Glove

Year	Player	Team	Lg	Inn	G	Fpct	RF	CS%	FV	GG/FV
1999	Ivan Rodriguez	Texas	AL		141	0.993	6.62	0.534	**2.10**	Gold Glove
1999	Mike Lieberthal	Philadelphia	NL		143	0.997	6.59	0.313	**2.01**	Gold Glove
1998	Ivan Rodriguez	Texas	AL		139	0.994	6.73	0.563	**2.10**	Gold Glove
1998	Charles Johnson	Los Angeles	NL		131	0.992	7.39	0.391	**1.99**	Gold Glove
1997	Ivan Rodriguez	Texas	AL		143	0.992	6.27	0.560	**1.95**	Gold Glove
1997	Charles Johnson	Florida	NL		123	1.000	7.91	0.470	**2.10**	Gold Glove
1996	Ivan Rodriguez	Texas	AL		146	0.989	6.38	0.505	**2.05**	Gold Glove
1996	Charles Johnson	Florida	NL		120	0.995	6.84	0.476	**2.10**	Gold Glove
1995	Ivan Rodriguez	Texas	AL		127	0.990	6.09	0.467	**1.94**	Gold Glove
1995	Charles Johnson	Florida	NL		97	0.992	7.26	0.420	**1.96**	Gold Glove
1995	Dan Wilson	Seattle	AL		119	0.995	7.97	0.359	**2.10**	FV#1
1994	Ivan Rodriguez	Texas	AL		99	0.992	6.51	0.383	**1.95**	Gold Glove
1994	Tom Pagnozzi	St. Louis	NL		70	0.998	5.86	0.500	**2.00**	Gold Glove

Year	Player	Team	Lg	Inn	G	Fpct	RF	CS%	FV	GG/FV
1994	Terry Steinbach	Oakland	AL		93	0.998	6.74	0.430	**2.10**	FV#1
1993	Ivan Rodriguez	Texas	AL		134	0.991	6.54	0.439	**1.98**	Gold Glove
1993	Kirt Manwaring	San Fran.	NL		130	0.998	6.22	0.459	**2.05**	Gold Glove
1993	Dave Valle	Seattle	AL		135	0.995	7.05	0.456	**2.10**	FV#1
1992	Ivan Rodriguez	Texas	AL		116	0.983	7.31	0.518	**2.10**	Gold Glove
1992	Tom Pagnozzi	St. Louis	NL		138	0.999	5.37	0.293	**1.99**	Gold Glove
1991	Tony Pena	Boston	AL		140	0.995	6.60	0.331	**2.10**	Gold Glove
1991	Tom Pagnozzi	St. Louis	NL		139	0.991	5.42	0.449	**1.92**	Gold Glove
1990	Sandy Alomar, Jr.	Cleveland	AL		129	0.981	5.67	0.330	**1.77**	Gold Glove
1990	Benito Santiago	San Diego	NL		98	0.980	6.01	0.333	**1.71**	Gold Glove
1990	Lance Parrish	California	AL		131	0.993	6.47	0.470	**2.10**	FV#1
Year	**Player**	**Team**	**Lg**	**Inn**	**G**	**Fpct**	**RF**	**CS%**	**FV**	**GG/FV**
1989	Bob Boone	Kansas City	AL		129	0.991	6.33	0.406	**2.10**	Gold Glove
1989	Benito Santiago	San Diego	NL		127	0.975	6.03	0.410	**1.93**	Gold Glove
1988	Bob Boone	California	AL		121	0.986	4.73	0.400	**1.82**	Gold Glove
1988	Benito Santiago	San Diego	NL		136	0.985	5.88	0.441	**2.01**	Gold Glove
1988	Mike Scioscia	Los Angeles	NL		123	0.991	6.59	0.395	**2.10**	FV#1
1987	Bob Boone	California	AL		127	0.983	5.83	0.463	**1.86**	Gold Glove
1987	Mike LaValliere	Pittsburgh	NL		112	0.992	5.84	0.447	**1.97**	Gold Glove
1987	Mike Scioscia	Los Angeles	NL		138	0.989	7.28	0.343	**2.10**	FV#1
1986	Bob Boone	California	AL		144	0.988	6.22	0.512	**2.00**	Gold Glove
1986	Jody Davis	Chicago	NL		145	0.992	6.83	0.476	**2.08**	Gold Glove
1986	Rich Gedman	Boston	AL		134	0.994	6.95	0.495	**2.10**	FV#1
1985	Lance Parrish	Detroit	AL		120	0.993	6.23	0.368	**2.01**	Gold Glove
1985	Tony Pena	Pittsburgh	NL		146	0.988	7.00	0.400	**2.10**	Gold Glove
1985	Gary Carter	Montreal	NL		143	0.992	7.15	0.327	**2.10**	FV#1
1984	Lance Parrish	Detroit	AL		127	0.991	6.20	0.463	**2.07**	Gold Glove
1984	Tony Pena	Pittsburgh	NL		146	0.991	6.78	0.395	**2.10**	Gold Glove
1983	Lance Parrish	Detroit	AL		131	0.995	5.86	0.477	**2.05**	Gold Glove
1983	Tony Pena	Pittsburgh	NL		149	0.992	7.15	0.352	**2.02**	Gold Glove
1983	Gary Carter	Montreal	NL		144	0.995	6.63	0.459	**2.10**	FV#1
1982	Bob Boone	California	AL		143	0.989	5.15	0.582	**2.03**	Gold Glove
1982	Gary Carter	Montreal	NL		153	0.991	6.92	0.405	**2.10**	Gold Glove
1981	Jim Sundberg	Texas	AL		98	0.996	5.27	0.481	**2.10**	Gold Glove
1981	Gary Carter	Montreal	NL		100	0.993	5.67	0.462	**2.10**	Gold Glove
1980	Jim Sundberg	Texas	AL		151	0.993	6.15	0.338	**2.02**	Gold Glove
1980	Gary Carter	Montreal	NL		149	0.993	6.24	0.394	**2.06**	Gold Glove
1980	Rick Cerone	New York	AL		147	0.990	5.94	0.518	**2.10**	FV#1
Year	**Player**	**Team**	**Lg**	**Inn**	**G**	**Fpct**	**RF**	**CS%**	**FV**	**GG/FV**
1979	Jim Sundberg	Texas	AL		150	0.995	5.53	0.411	**2.08**	Gold Glove
1979	Bob Boone	Philadelphia	NL		117	0.988	5.06	0.438	**1.93**	Gold Glove
1979	Gary Carter	Montreal	NL		138	0.989	6.08	0.468	**2.10**	FV#1
1978	Jim Sundberg	Texas	AL		148	0.997	5.81	0.479	**2.10**	Gold Glove
1978	Bob Boone	Philadelphia	NL		129	0.991	5.22	0.337	**1.86**	Gold Glove
1977	Jim Sundberg	Texas	AL		149	0.994	6.07	0.561	**2.10**	Gold Glove
1977	Johnny Bench	Cincinnati	NL		135	0.987	5.71	0.396	**1.86**	Gold Glove
1976	Jim Sundberg	Texas	AL		140	0.991	5.82	0.410	**2.08**	Gold Glove
1976	Johnny Bench	Cincinnati	NL		128	0.992	5.55	0.424	**2.10**	Gold Glove
1975	Thurman Munson	New York	AL		130	0.972	6.12	0.500	**2.03**	Gold Glove
1975	Johnny Bench	Cincinnati	NL		121	0.989	5.12	0.448	**1.98**	Gold Glove
1975	Brian Downing	Chicago	AL		137	0.990	5.94	0.426	**2.10**	FV#1
1974	Thurman Munson	New York	AL		137	0.974	5.97	0.339	**1.83**	Gold Glove
1974	Johnny Bench	Cincinnati	NL		137	0.993	6.02	0.479	**2.09**	Gold Glove
1974	Ellie Rodriguez	California	AL		137	0.992	6.26	0.474	**2.10**	FV#1
1973	Thurman Munson	New York	AL		142	0.984	5.30	0.479	**1.90**	Gold Glove
1973	Johnny Bench	Cincinnati	NL		134	0.995	5.63	0.481	**2.05**	Gold Glove
1973	Bob Boone	Philadelphia	NL		145	0.990	6.60	0.474	**2.10**	FV#1
1972	Carlton Fisk	Boston	AL		131	0.984	7.01	0.391	**1.89**	Gold Glove
1972	Johnny Bench	Cincinnati	NL		129	0.992	6.13	0.564	**2.10**	Gold Glove
1971	Ray Fosse	Cleveland	AL		126	0.988	6.52	0.404	**1.94**	Gold Glove
1971	Johnny Bench	Cincinnati	NL		141	0.985	5.29	0.422	**1.87**	Gold Glove
1971	Ken Rudolph	Chicago	NL		25	1.000	6.76	0.813	**2.10**	FV#1
1970	Ray Fosse	Cleveland	AL		120	0.989	7.70	0.545	**2.10**	Gold Glove

Year	Player	Team	Lg	Inn	G	Fpct	RF	CS%	FV	GG/FV
1970	Johnny Bench	Cincinnati	NL		139	0.986	5.96	0.467	**1.90**	Gold Glove

Year	Player	Team	Lg	Inn	G	Fpct	RF	CS%	FV	GG/FV
1969	Bill Freehan	Detroit	AL		120	0.992	7.25	0.317	**1.86**	Gold Glove
1969	Johnny Bench	Cincinnati	NL		147	0.992	5.91	0.571	**1.99**	Gold Glove
1969	Johnny Edwards	Houston	NL		151	0.994	8.04	0.480	**2.10**	FV#1
1968	Bill Freehan	Detroit	AL		138	0.994	7.57	0.353	**2.03**	Gold Glove
1968	Johnny Bench	Cincinnati	NL		154	0.991	6.78	0.473	**2.03**	Gold Glove
1968	Joe Azcue	Cleveland	AL		97	0.996	7.72	0.489	**2.10**	FV#1
1967	Bill Freehan	Detroit	AL		147	0.992	6.89	0.359	**1.96**	Gold Glove
1967	Randy Hundley	Chicago	NL		152	0.996	6.08	0.400	**1.98**	Gold Glove
1967	Joe Azcue	Cleveland	AL		86	0.999	8.06	0.525	**2.10**	FV#1
1966	Bill Freehan	Detroit	AL		132	0.996	7.23	0.353	**2.10**	Gold Glove
1966	Johnny Roseboro	Los Angeles	NL		138	0.993	7.02	0.417	**2.08**	Gold Glove
1965	Bill Freehan	Detroit	AL		129	0.996	7.15	0.361	**2.09**	Gold Glove
1965	Joe Torre	Milwaukee	NL		100	0.991	6.32	0.319	**1.83**	Gold Glove
1965	Clay Dalrymple	Philadelphia	NL		102	0.993	7.13	0.514	**2.10**	FV#1
1964	Elston Howard	New York	AL		146	0.998	6.89	0.491	**2.10**	Gold Glove
1964	Johnny Edwards	Cincinnati	NL		120	0.992	8.03	0.397	**1.97**	Gold Glove
1963	Elston Howard	New York	AL		132	0.994	6.34	0.405	**1.94**	Gold Glove
1963	Johnny Edwards	Cincinnati	NL		148	0.995	7.40	0.467	**2.10**	Gold Glove
1962	Earl Battey	Minnesota	AL		147	0.991	6.49	0.433	**2.06**	Gold Glove
1962	Del Crandall	Milwaukee	NL		90	0.994	5.71	0.457	**1.92**	Gold Glove
1962	Elston Howard	New York	AL		129	0.995	5.87	0.548	**2.10**	FV#1
1961	Earl Battey	Minnesota	AL		111	0.993	6.11	0.500	**2.06**	Gold Glove
1961	Johnny Roseboro	Los Angeles	NL		125	0.986	7.46	0.466	**2.10**	Gold Glove
1960	Earl Battey	Minnesota	AL		136	0.982	5.99	0.586	**2.04**	Gold Glove
1960	Del Crandall	Milwaukee	NL		141	0.988	5.91	0.467	**2.05**	Gold Glove
1960	Johnny Roseboro	Los Angeles	NL		87	0.993	7.91	0.452	**2.10**	FV#1

Year	Player	Team	Lg	Inn	G	Fpct	RF	CS%	FV	GG/FV
1959	Sherm Lollar	Chicago	AL		122	0.993	5.52	0.422	**1.89**	Gold Glove
1959	Del Crandall	Milwaukee	NL		146	0.994	5.85	0.533	**2.05**	Gold Glove
1959	Johnny Roseboro	Los Angeles	NL		117	0.991	7.71	0.595	**2.10**	FV#1
1958	Sherm Lollar	Chicago	AL		116	0.987	5.69	0.473	**1.85**	Gold Glove
1958	Del Crandall	Milwaukee	NL		124	0.990	5.83	0.483	**1.96**	Gold Glove
1958	Yogi Berra	New York	AL		88	1.000	6.25	0.549	**2.10**	FV#1
1957	Sherm Lollar	Chicago	AL		96	0.998	5.20	0.477	**1.91**	Gold Glove
1957	Yogi Berra	New York	AL		121	0.995	6.32	0.561	**2.10**	FV#1
1956	Sherm Lollar	Chicago	AL		132	0.993	5.45	0.541	**2.10**	FV#1
1955	Roy Campanella	Brooklyn	NL		140	0.989	6.17	0.537	**2.10**	FV#1
1954	Yogi Berra	New York	AL		149	0.990	5.23	0.548	**2.10**	FV#1
1953	Roy Campanella	Brooklyn	NL		140	0.989	6.17	0.537	**2.10**	FV#1
1952	Roy Campanella	Brooklyn	NL		122	0.994	5.88	0.647	**2.10**	FV#1
1951	Roy Campanella	Brooklyn	NL		140	0.986	5.67	0.694	**2.10**	FV#1
1950	Jim Hegan	Cleveland	AL		129	0.993	5.58	0.688	**2.10**	FV#1
1949	Roy Campanella	Brooklyn	NL		127	0.985	5.82	0.585	**2.10**	FV#1
1948	Jim Hegan	Cleveland	AL		142	0.990	5.02	0.519	**2.10**	FV#1
1947	Buddy Roser	Philadelphia	AL		102	0.996	4.67	0.679	**2.10**	FV#1
1946	Buddy Roser	Philadelphia	AL		117	1.000	5.17	0.667	**2.10**	FV#1
1945	Frankie Hayes	Phila./Cle.	AL		151	0.989	4.83	0.389	**2.10**	FV#1
1944	Paul Richards	Detroit	AL		90	0.979	5.26	0.630	**2.10**	FV#1
1943	Paul Richards	Detroit	AL		100	0.986	6.23	0.598	**2.10**	FV#1
1942	Mickey Owen	Brooklyn	NL		133	0.987	4.97	0.564	**2.10**	FV#1
1941	Gus Mancuso	St. Louis	NL		105	0.989	5.14	0.692	**2.10**	FV#1
1940	Rollie Hemsley	Cleveland	AL		117	0.994	5.61	0.600	**2.10**	FV#1
1939	Ernie Lombardi	Cincinnati	NL		120	0.984	4.99	0.533	**2.10**	FV#1
1938	Ernie Lombardi	Cincinnati	NL		123	0.985	4.76	0.596	**2.10**	FV#1
1937	Bill Dickey	New York	AL		137	0.991	5.64	0.486	**2.10**	FV#1
1936	Gabby Hartnett	Chicago	NL		114	0.991	5.08	0.600	**2.10**	FV#1
1935	Bill Dickey	New York	AL		118	0.995	5.07	0.500	**2.10**	FV#1
1934	Gabby Hartnett	Chicago	NL		129	0.996	5.36	0.590	**2.10**	FV#1
1933	Bill Dickey	New York	AL		127	0.993	6.32	0.563	**2.10**	FV#1
1932	Mickey Cochrane	Philadelphia	AL		137	0.993	5.45	0.480	**2.10**	FV#1

Year	Player	Team	Lg	G	FA	RF	CS%	Score	Rank
1931	Bill Dickey	New York	AL	125	0.996	5.98	0.455	**2.10**	FV#1
1930	Gabby Hartnett	Chicago	NL	136	0.989	5.25	0.480	**2.10**	FV#1
1929	Earl Grace	Chicago	NL	27	1.000	4.59	0.611	**2.10**	FV#1
1928	Gabby Hartnett	Chicago	NL	118	0.989	4.73	0.672	**2.10**	FV#1
1927	Muddy Reul	Washington	AL	128	0.988	4.65	0.430	**2.10**	FV#1
1926	Bob O'Farrell	St. Louis	NL	146	0.983	3.99	0.510	**2.10**	FV#1
1925	Ray Schalk	Chicago	AL	125	0.983	3.74	0.718	**2.10**	FV#1
1924	Muddy Reul	Washington	AL	147	0.980	4.93	0.505	**2.10**	FV#1
1923	Johnny Bassler	Detroit	AL	128	0.988	4.53	0.596	**2.10**	FV#1
1922	Ray Schalk	Chicago	AL	142	0.989	5.22	0.528	**2.10**	FV#1
1921	Walter Schmidt	Pittsburgh	NL	111	0.986	5.03	0.571	**2.10**	FV#1
1920	Ray Schalk	Chicago	AL	151	0.986	4.76	0.608	**2.10**	FV#1
1919	Bill Killefer	Chicago	NL	100	0.987	6.02	0.455	**2.10**	FV#1
1918	Walter Schmidt	Pittsburgh	NL	104	0.981	5.06	0.591	**2.10**	FV#1
1917	Bill Killefer	Philadelphia	NL	120	0.984	6.28	0.487	**2.10**	FV#1
1916	Ray Schalk	Chicago	AL	124	0.988	6.60	0.537	**2.10**	FV#1
1915	Ray Schalk	Chicago	AL	134	0.984	6.07	0.533	**2.10**	FV#1
1914	Art Wilson	Chicago	FL	132	0.974	6.71	0.522	**2.10**	FV#1
1913	Bill Killefer	Philadelphia	NL	118	0.988	6.24	0.506	**2.10**	FV#1
1912	George Gibson	Pittsburgh	NL	94	0.990	6.22	0.476	**2.10**	FV#1
1911	Billy Sullivan	Chicago	AL	89	0.986	6.30	0.522	**2.10**	FV#1
1910	George Gibson	Pittsburgh	NL	143	0.984	5.85	0.469	**2.10**	FV#1
1909	George Gibson	Pittsburgh	NL	150	0.983	5.65	0.529	**2.10**	FV#1
1908	Johnny Cling Ossee	Chicago	NL	117	0.979	6.37	0.496	**2.10**	FV#1
1907	Schrekengost	Philadelphia	AL	99	0.985	7.93	0.443	**2.10**	FV#1
1906	Johnny Cling Ossee	Chicago	NL	96	0.982	6.73	0.575	**2.10**	FV#1
1905	Schrekengost	Philadelphia	AL	114	0.984	7.94	0.440	**2.10**	FV#1
1904	John Warner	New York	NL	86	0.982	6.30	0.563	**2.10**	FV#1
1903	Lew Criger	Boston	AL	96	0.979	6.74	0.531	**2.10**	FV#1
1902	Johnny Cling	Chicago	NL	112	0.974	5.62	0.479	**2.10**	FV#1
1901	Malachi Kittredge	Boston	NL	113	0.984	6.35	0.502	**2.10**	FV#1
1900	Chief Zimmer	Pittsburgh	NL	78	0.961	5.36	0.489	**2.10**	FV#1
1899	Heinie Peitz	Cincinnati	NL	91	0.977	4.59	0.465	**2.10**	FV#1
1898	John Warner	New York	NL	109	0.968	6.19	0.448	**2.10**	FV#1
1897	John Warner	New York	NL	110	0.952	5.82	0.523	**2.10**	FV#1
1896	Chief Zimmer	Cleveland	NL	91	0.972	4.60	0.425	**2.10**	FV#1
1895	Charlie Ganzel	Boston	NL	76	0.962	5.39	0.386	**2.10**	FV#1
1894	Duke Ferrell	New York	NL	104	0.926	5.77	0.450	**2.10**	FV#1
1893	Chief Zimmer	Cleveland	NL	56	0.968	4.32	0.461	**2.10**	FV#1
1892	Connie Mack	Pittsburgh	NL	92	0.951	5.95	0.471	**2.10**	FV#1
1891	Morgan Murphy	Boston	AA	104	0.954	6.25	0.456	**2.10**	FV#1
1890	Jack O'Connor	Columbus	AA	106	0.962	6.46	0.386	**2.10**	FV#1
1889	Buck Ewing	New York	NL	97	0.937	6.94		**2.10**	FV#1
1888	Buck Ewing	New York	NL	78	0.947	7.99		**2.10**	FV#1
1887	Tom Daly	Chicago	NL	64	0.935	7.84		**2.10**	FV#1
1886	Doc Bushong	St. Louis	AA	106	0.942	7.37		**2.10**	FV#1
1885	Jocko Milligan	Philadelphia	AA	61	0.935	8.25		**2.10**	FV#1
1884	Barney Gilligan	Providence	NL	81	0.928	8.63		**2.10**	FV#1
1883	Bill Holbert	New York	AA	68	0.920	9.78		**2.10**	FV#1
1882	Charlie Bennett	Detroit	NL	65	0.945	7.94		**2.10**	FV#1
1881	Charlie Bennett	Detroit	NL	70	0.962	7.19		**2.10**	FV#1
1880	Silver Flint	Chicago	NL	80	0.934	7.84		**2.10**	FV#1
1879	Pop Snyder	Boston	NL	80	0.925	6.75		**2.10**	FV#1
1878	Pop Snyder	Boston	NL	60	0.912	7.52		**2.10**	FV#1
1877	Lew Brown	Boston	NL	55	0.897	7.76		**2.10**	FV#1
1876	John Clapp	St. Louis	NL	61	0.874	6.38		**2.10**	FV#1
1875	Doug Allison	Hartford	NA	59	0.896	6.69		**2.10**	FV#1
1874	Dick Higham	New York	NA	48	0.852	6.10		**2.10**	FV#1
1873	Fergy Malone	Philadelphia	NA	53	0.898	4.64		**2.10**	FV#1
1872	Nat Hicks	New York	NA	54	0.875	6.07		**2.10**	FV#1
1871	Fergy Malone	Philadelphia	NA	27	0.856	5.70		**2.10**	FV#1

Outfield

Year	Player	Team	Lg	Inn	Fpct	RF	A9IP	FV	GG/FV
2014	Adam Jones	Baltimore	AL	1368.3	0.984	2.51	0.046	**1.49**	Gold Glove
2014	Juan Ligares	New York	NL	945.0	0.984	2.85	0.057	**1.45**	Gold Glove
2014	Alex Gordon	Kansas City	AL	1372.7	0.994	2.29	0.052	**1.58**	Gold Glove
2014	Christian Yelich	Miami	NL	1258.7	0.993	1.98	0.043	**1.46**	Gold Glove
2014	Nick Markakis	Baltimore	AL	1314.3	1.000	2.10	0.075	**1.62**	Gold Glove
2014	Jason Heyward	Atlanta	NL	1317.0	0.997	2.56	0.062	**1.66**	Gold Glove
2014	Jackie Bradley	Boston	AL	1012.0	0.997	2.82	0.116	**1.70**	FV#1
2013	Adam Jones	Baltimore	AL	1394.0	0.995	2.34	0.071	**1.62**	Gold Glove
2013	Carlos Gomez	Milwaukee	NL	1242.0	0.988	2.92	0.087	**1.63**	Gold Glove
2013	Alex Gordon	Kansas City	AL	1364.3	0.997	2.24	0.112	**1.65**	Gold Glove
2013	Carlos Gonzalez	Colorado	NL	857.0	0.984	1.92	0.116	**1.32**	Gold Glove
2013	Shane Victorino	Boston	AL	1021.3	0.990	2.70	0.088	**1.56**	Gold Glove
2013	Gerardo Parra	Arizona	NL	1355.3	0.986	2.39	0.113	**1.55**	Gold Glove
2013	Denard Span	Washington	NL	1300.7	1.000	2.66	0.035	**1.70**	FV#1
2012	Adam Jones	Baltimore	AL	1458.0	0.982	2.75	0.043	**1.51**	Gold Glove
2012	Andrew McCutchen	Pittsburgh	NL	1364.0	0.997	2.44	0.020	**1.60**	Gold Glove
2012	Alex Gordon	Kansas City	AL	1424.3	0.994	2.12	0.107	**1.70**	Gold Glove
2012	Carlos Gonzalez	Colorado	NL	1127.7	0.982	1.71	0.056	**1.28**	Gold Glove
2012	Josh Reddick	Oakland	AL	1279.3	0.982	2.29	0.106	**1.51**	Gold Glove
2012	Jason Heyward	Atlanta	NL	1355.7	0.986	2.30	0.073	**1.52**	Gold Glove
2011	Jacoby Ellsbury	Boston	AL	1358.3	1.000	2.61	0.040	**1.70**	Gold Glove
2011	Matt Kemp	Los Angeles	NL	1380.0	0.986	2.32	0.072	**1.51**	Gold Glove
2011	Alex Gordon	Kansas City	AL	1309.0	0.991	2.28	0.138	**1.61**	Gold Glove
2011	Gerardo Parra	Arizona	NL	1101.0	0.990	2.45	0.098	**1.54**	Gold Glove
2011	Nick Markakis	Baltimore	AL	1389.7	1.000	2.10	0.091	**1.66**	Gold Glove
2011	Andre Ethier	Los Angeles	NL	1091.3	1.000	2.07	0.066	**1.55**	Gold Glove
2010	Carl Crawford	Tampa Bay	AL	1260.3	0.994	2.24	0.050	**1.52**	Gold Glove
2010	Franklin Gutierrez	Seattle	AL	1277.3	1.000	2.92	0.014	**1.70**	Gold Glove
2010	Ichiro Suzuki	Seattle	AL	1412.0	0.989	2.30	0.045	**1.51**	Gold Glove
2010	Michael Bourn	Houston	NL	1189.3	0.992	2.78	0.061	**1.60**	Gold Glove
2010	Carlos Gonzalez	Colorado	NL	1224.7	0.996	1.96	0.059	**1.51**	Gold Glove
2010	Shane Victorino	Philadelphia	NL	1265.3	0.995	2.64	0.078	**1.66**	Gold Glove

Year	Player	Team	Lg	Inn	Fpct	RF	A9IP	FV	GG/FV
2009	Torii Hunter	Los Angeles	AL	977.3	0.997	2.85	0.018	**1.52**	Gold Glove
2009	Adam Jones	Baltimore	AL	1005.0	0.986	3.21	0.081	**1.57**	Gold Glove
2009	Ichiro Suzuki	Seattle	AL	1291.0	0.988	2.24	0.035	**1.40**	Gold Glove
2009	Michael Bourn	Houston	NL	1326.0	0.992	2.59	0.075	**1.61**	Gold Glove
2009	Matt Kemp	Los Angeles	NL	1405.3	0.995	2.50	0.090	**1.68**	Gold Glove
2009	Shane Victorino	Philadelphia	NL	1330.3	0.997	2.33	0.054	**1.59**	Gold Glove
2009	Jason Bay	Boston	AL	1279.3	1.000	2.29	0.106	**1.70**	*FV#1
2008	Torii Hunter	Los Angeles	AL	1193.3	1.000	2.67	0.030	**1.66**	Gold Glove
2008	Ichiro Suzuki	Seattle	AL	1390.0	0.987	2.47	0.071	**1.56**	Gold Glove
2008	Grady Sizemore	Cleveland	AL	1338.0	0.995	2.58	0.013	**1.60**	Gold Glove
2008	Carlos Beltran	New York	NL	1407.3	0.993	2.72	0.051	**1.67**	Gold Glove
2008	Nate McLouth	Pittsburgh	NL	1330.3	0.997	2.63	0.034	**1.66**	Gold Glove
2008	Shane Victorino	Philadelphia	NL	1235.3	0.994	2.44	0.051	**1.58**	Gold Glove
2008	Hunter Pence	Houston	NL	1366.3	0.997	2.34	0.105	**1.70**	*FV#1
2007	Torii Hunter	Minnesota	AL	1314.7	0.995	2.68	0.034	**1.57**	Gold Glove
2007	Ichiro Suzuki	Seattle	AL	1339.3	0.998	2.90	0.054	**1.67**	Gold Glove
2007	Grady Sizemore	Cleveland	AL	1408.5	0.995	2.57	0.026	**1.57**	Gold Glove
2007	Carlos Beltran	New York	NL	1240.3	0.988	2.87	0.044	**1.51**	Gold Glove
2007	Aaron Rowand	Philadelphia	NL	1373.7	0.995	2.64	0.072	**1.65**	Gold Glove
2007	Andruw Jones	Atlanta	NL	1346.0	0.995	2.67	0.020	**1.55**	Gold Glove

Year	Player	Team	Lg	G	Fpct	RF	A9IP	FV	GG/FV
2007	Jeff Francoeur	Atlanta	NL	1440.7	0.986	2.16	0.119	**1.57**	Gold Glove
2007	Rocco Baldelli	Tampa Bay	AL	162.0	1.000	3.61	0.167	**1.70**	*FV#1
2006	Torii Hunter	Minnesota	AL	1232.3	0.989	2.56	0.058	**1.54**	Gold Glove
2006	Ichiro Suzuki	Seattle	AL	1399.7	0.992	2.40	0.058	**1.61**	Gold Glove
2006	Vernon Wells	Toronto	AL	1290.3	0.988	2.34	0.028	**1.48**	Gold Glove
2006	Carlos Beltran	New York	NL	1184.0	0.995	2.81	0.099	**1.69**	Gold Glove
2006	Mike Cameron	San Diego	NL	1244.0	0.984	2.70	0.043	**1.50**	Gold Glove
2006	Andruw Jones	Atlanta	NL	1317.3	0.995	2.60	0.027	**1.63**	Gold Glove
2006	Juan Pierre	Chicago	NL	1426.0	1.000	2.42	0.032	**1.70**	FV#1
2005	Torii Hunter	Minnesota	AL	813.3	0.987	2.51	0.100	**1.44**	Gold Glove
2005	Ichiro Suzuki	Seattle	AL	1388.3	0.995	2.53	0.058	**1.64**	Gold Glove
2005	Vernon Wells	Toronto	AL	1358.0	1.000	2.41	0.080	**1.70**	Gold Glove
2005	Andruw Jones	Atlanta	NL	1366.3	0.995	2.48	0.072	**1.64**	Gold Glove
2005	Jim Edmonds	St. Louis	NL	1153.3	0.994	2.52	0.039	**1.54**	Gold Glove
2005	Bobby Abreu	Philadelphia	NL	1364.0	0.986	1.80	0.046	**1.38**	Gold Glove
2004	Torii Hunter	Minnesota	AL	1100.0	0.988	2.59	0.041	**1.51**	Gold Glove
2004	Ichiro Suzuki	Seattle	AL	1405.3	0.992	2.46	0.077	**1.67**	Gold Glove
2004	Vernon Wells	Toronto	AL	1135.0	0.997	2.63	0.040	**1.65**	Gold Glove
2004	Jim Edmonds	St. Louis	NL	1241.7	0.988	2.36	0.080	**1.55**	Gold Glove
2004	Steve Finley	Los Angeles	NL	1381.0	0.992	2.37	0.033	**1.58**	Gold Glove
2004	Andruw Jones	Atlanta	NL	1347.0	0.993	2.67	0.067	**1.70**	Gold Glove
2003	Mike Cameron	Seattle	AL	1272.3	0.986	2.96	0.057	**1.55**	Gold Glove
2003	Torii Hunter	Minnesota	AL	1295.3	0.992	3.29	0.097	**1.70**	Gold Glove
2003	Ichiro Suzuki	Seattle	AL	1313.7	0.997	2.35	0.055	**1.56**	Gold Glove
2003	Jim Edmonds	St. Louis	NL	1214.7	0.982	2.39	0.089	**1.45**	Gold Glove
2003	Andruw Jones	Atlanta	NL	1435.3	0.987	2.95	0.063	**1.60**	Gold Glove
2003	Jose Cruz Jr.	San Fran.	NL	1256.7	0.990	2.08	0.036	**1.42**	Gold Glove
2002	Torii Hunter	Minnesota	AL	1234.7	0.992	2.70	0.051	**1.53**	Gold Glove
2002	Darin Erstad	Anaheim	AL	1227.7	0.998	3.39	0.081	**1.70**	Gold Glove
2002	Ichiro Suzuki	Seattle	AL	1308.3	0.991	2.35	0.055	**1.50**	Gold Glove
2002	Jim Edmonds	St. Louis	NL	1160.0	0.986	2.78	0.085	**1.50**	Gold Glove
2002	Andruw Jones	Atlanta	NL	1357.0	0.993	2.71	0.033	**1.55**	Gold Glove
2002	Larry Walker	Colorado	NL	1037.0	0.984	2.11	0.122	**1.40**	Gold Glove
2001	Mike Cameron	Seattle	AL	1272.3	0.986	2.96	0.057	**1.55**	Gold Glove
2001	Torii Hunter	Minnesota	AL	1295.3	0.992	3.29	0.097	**1.70**	Gold Glove
2001	Ichiro Suzuki	Seattle	AL	1313.7	0.997	2.35	0.055	**1.56**	Gold Glove
2001	Jim Edmonds	St. Louis	NL	1214.7	0.982	2.39	0.089	**1.45**	Gold Glove
2001	Andruw Jones	Atlanta	NL	1435.3	0.987	2.95	0.063	**1.60**	Gold Glove
2001	Larry Walker	Colorado	NL	1097.0	0.984	2.06	0.066	**1.37**	Gold Glove
2000	Darin Erstad	Anaheim	AL	1187.0	0.992	2.72	0.068	**1.58**	Gold Glove
2000	Bernie Williams	New York	AL	1170.0	1.000	2.73	0.015	**1.60**	Gold Glove
2000	Jermaine Dye	Kansas City	AL	1260.0	0.976	2.06	0.079	**1.33**	Gold Glove
2000	Jim Edmonds	St. Louis	NL	1210.7	0.989	2.68	0.067	**1.55**	Gold Glove
2000	Andruw Jones	Atlanta	NL	1430.3	0.996	2.82	0.057	**1.69**	Gold Glove
2000	Steve Finley	Arizona	NL	1283.7	0.992	2.47	0.070	**1.56**	Gold Glove
2000	Scarborough Green	Texas	AL	317.0	1.000	3.12	0.227	**1.70**	FV#1
Year	Player	Team	Lg	G	Fpct	RF	A9IP	FV	GG/FV
1999	Ken Griffey, Jr.	Seattle	AL	158	0.978	2.51	0.063	**1.51**	Gold Glove
1999	Bernie Williams	New York	AL	155	0.987	2.52	0.058	**1.59**	Gold Glove
1999	Shawn Green	Toronto	AL	152	0.997	2.28	0.033	**1.60**	Gold Glove
1999	Andruw Jones	Atlanta	NL	162	0.981	3.12	0.080	**1.65**	Gold Glove
1999	Steve Finley	Arizona	NL	155	0.995	2.59	0.032	**1.63**	Gold Glove
1999	Larry Walker	Colorado	NL	114	0.982	1.90	0.114	**1.45**	Gold Glove
1999	B.J. Surhoff	Baltimore	AL	148	1.000	2.01	0.108	**1.70**	FV#1

Year	Player	Team	Lg	G	Pct	RF	Err	Rating	Award
1998	Ken Griffey, Jr.	Seattle	AL	160	0.988	2.62	0.069	**1.56**	Gold Glove
1998	Bernie Williams	New York	AL	123	0.990	2.46	0.033	**1.44**	Gold Glove
1998	Jim Edmonds	Anaheim	AL	153	0.988	2.61	0.065	**1.54**	Gold Glove
1998	Larry Walker	Colorado	NL	126	0.984	1.94	0.063	**1.40**	Gold Glove
1998	Andruw Jones	Atlanta	NL	159	0.995	2.72	0.126	**1.70**	Gold Glove
1998	Barry Bonds	San Fran.	NL	155	0.984	1.95	0.013	**1.37**	Gold Glove
1997	Ken Griffey, Jr.	Seattle	AL	154	0.985	2.58	0.058	**1.63**	Gold Glove
1997	Jim Edmonds	Anaheim	AL	115	0.985	2.80	0.078	**1.62**	Gold Glove
1997	Bernie Williams	New York	AL	128	0.993	2.12	0.016	**1.49**	Gold Glove
1997	Barry Bonds	San Fran.	NL	159	0.984	1.89	0.063	**1.53**	Gold Glove
1997	Raul Mondesi	Los Angeles	NL	159	0.989	2.19	0.063	**1.62**	Gold Glove
1997	Larry Walker	Colorado	NL	152	0.992	1.61	0.079	**1.57**	Gold Glove
1997	Garrett Anderson	Anaheim	AL	161	0.992	2.21	0.087	**1.70**	FV#1
1996	Ken Griffey, Jr.	Seattle	AL	137	0.990	2.80	0.073	**1.60**	Gold Glove
1996	Kenny Lofton	Cleveland	AL	153	0.975	2.54	0.085	**1.50**	Gold Glove
1996	Jay Buhner	Seattle	AL	142	0.989	1.84	0.070	**1.48**	Gold Glove
1996	Barry Bonds	San Fran.	NL	155	0.980	1.92	0.065	**1.45**	Gold Glove
1996	Marquis Grissom	Atlanta	NL	158	0.997	2.20	0.063	**1.60**	Gold Glove
1996	Steve Finley	San Diego	NL	160	0.982	2.44	0.044	**1.51**	Gold Glove
1996	Rich Becker	Minnesota	AL	146	0.993	2.80	0.130	**1.70**	FV#1
1995	Ken Griffey, Jr.	Seattle	AL	70	0.990	2.79	0.071	**1.51**	Gold Glove
1995	Kenny Lofton	Cleveland	AL	114	0.970	2.27	0.096	**1.44**	Gold Glove
1995	Devon White	Toronto	AL	99	0.989	2.71	0.071	**1.55**	Gold Glove
1995	Steve Finley	San Diego	NL	138	0.977	2.17	0.058	**1.47**	Gold Glove
1995	Marquis Grissom	Atlanta	NL	136	0.994	2.34	0.066	**1.61**	Gold Glove
1995	Raul Mondesi	Los Angeles	NL	138	0.980	2.16	0.116	**1.57**	Gold Glove
1995	Jim Edmonds	California	AL	139	0.998	2.94	0.058	**1.70**	FV#1
1994	Ken Griffey, Jr.	Seattle	AL	103	0.983	2.30	0.117	**1.57**	Gold Glove
1994	Kenny Lofton	Cleveland	AL	112	0.993	2.58	0.116	**1.70**	Gold Glove
1994	Devon White	Toronto	AL	98	0.978	2.77	0.031	**1.41**	Gold Glove
1994	Barry Bonds	San Fran.	NL	112	0.986	1.86	0.089	**1.52**	Gold Glove
1994	Marquis Grissom	Montreal	NL	109	0.985	3.01	0.064	**1.58**	Gold Glove
1994	Darren Lewis	San Fran.	NL	113	0.993	2.51	0.044	**1.57**	Gold Glove
1993	Ken Griffey, Jr.	Seattle	AL	139	0.991	2.33	0.058	**1.60**	Gold Glove
1993	Kenny Lofton	Cleveland	AL	146	0.979	2.83	0.075	**1.62**	Gold Glove
1993	Devon White	Toronto	AL	145	0.993	2.79	0.041	**1.67**	Gold Glove
1993	Barry Bonds	San Fran.	NL	157	0.984	2.02	0.045	**1.50**	Gold Glove
1993	Marquis Grissom	Montreal	NL	157	0.984	2.70	0.051	**1.62**	Gold Glove
1993	Larry Walker	Montreal	NL	132	0.979	2.17	0.098	**1.52**	Gold Glove
1993	Brett Butler	Los Angeles	NL	155	1.000	2.42	0.039	**1.70**	FV#1
1992	Ken Griffey, Jr.	Seattle	AL	137	0.997	2.68	0.058	**1.57**	Gold Glove
1992	Devon White	Toronto	AL	152	0.985	2.97	0.053	**1.53**	Gold Glove
1992	Kirby Puckett	Minnesota	AL	149	0.993	2.70	0.060	**1.56**	Gold Glove
1992	Andy Van Slyke	Pittsburgh	NL	154	0.989	2.81	0.071	**1.57**	Gold Glove
1992	Barry Bonds	Pittsburgh	NL	139	0.991	2.26	0.029	**1.44**	Gold Glove
1992	Larry Walker	Montreal	NL	139	0.993	2.05	0.115	**1.56**	Gold Glove
1992	Darrin Jackson	San Diego	NL	153	0.996	2.97	0.118	**1.70**	FV#1
1991	Ken Griffey, Jr.	Seattle	AL	152	0.989	2.47	0.099	**1.63**	Gold Glove
1991	Devon White	Toronto	AL	156	0.998	2.87	0.051	**1.69**	Gold Glove
1991	Kirby Puckett	Minnesota	AL	152	0.985	2.54	0.086	**1.58**	Gold Glove
1991	Andy Van Slyke	Pittsburgh	NL	135	0.996	2.08	0.059	**1.54**	Gold Glove
1991	Barry Bonds	Pittsburgh	NL	150	0.991	2.23	0.087	**1.58**	Gold Glove
1991	Tony Gwynn	San Diego	NL	134	0.990	2.23	0.060	**1.51**	Gold Glove
1991	Joe Orsulak	Baltimore	AL	132	0.997	2.23	0.167	**1.70**	FV#1
1990	Ellis Burks	Boston	AL	143	0.994	2.31	0.049	**1.60**	Gold Glove
1990	Ken Griffey, Jr.	Seattle	AL	151	0.980	2.24	0.053	**1.47**	Gold Glove
1990	Gary Pettis	Texas	AL	128	0.993	2.30	0.078	**1.62**	Gold Glove

Year	Player	Team	Lg	G	Fpct	RF	A9IP	FV	GG/FV
1990	Barry Bonds	Pittsburgh	NL	150	0.983	2.35	0.093	**1.62**	Gold Glove
1990	Tony Gwynn	San Diego	NL	141	0.985	2.40	0.078	**1.59**	Gold Glove
1990	Andy Van Slyke	Pittsburgh	NL	133	0.976	2.50	0.045	**1.42**	Gold Glove
1990	Joe Carter	San Diego	NL	150	0.988	2.65	0.087	**1.70**	FV#1
1989	Gary Pettis	Detroit	AL	119	0.988	2.74	0.008	**1.43**	Gold Glove
1989	Kirby Puckett	Minnesota	AL	157	0.991	2.87	0.083	**1.64**	Gold Glove
1989	Devon White	California	AL	154	0.989	2.86	0.065	**1.59**	Gold Glove
1989	Eric Davis	Cincinnati	NL	125	0.984	2.40	0.016	**1.39**	Gold Glove
1989	Tony Gwynn	San Diego	NL	157	0.984	2.33	0.083	**1.53**	Gold Glove
1989	Andy Van Slyke	Pittsburgh	NL	123	0.989	2.82	0.073	**1.54**	Gold Glove
1989	Gerald Young	Houston	NL	143	0.998	2.99	0.105	**1.70**	FV#1
1988	Devon White	California	AL	116	0.976	3.20	0.060	**1.50**	Gold Glove
1988	Gary Pettis	California	AL	126	0.987	2.90	0.040	**1.52**	Gold Glove
1988	Kirby Puckett	Minnesota	AL	158	0.994	2.92	0.076	**1.69**	Gold Glove
1988	Andre Dawson	Chicago	NL	147	0.989	1.86	0.048	**1.47**	Gold Glove
1988	Eric Davis	Cincinnati	NL	130	0.981	2.32	0.015	**1.38**	Gold Glove
1988	Andy Van Slyke	Pittsburgh	NL	152	0.991	2.75	0.079	**1.64**	Gold Glove
1988	Robin Yount	Milwaukee	AL	158	0.996	2.89	0.076	**1.70**	FV#1
1987	Jesse Barfield	Toronto	AL	158	0.992	2.27	0.108	**1.70**	Gold Glove
1987	Kirby Puckett	Minnesota	AL	147	0.986	2.37	0.054	**1.57**	Gold Glove
1987	Dave Winfield	New York	AL	145	0.989	1.79	0.041	**1.48**	Gold Glove
1987	Eric Davis	Cincinnati	NL	128	0.990	3.05	0.078	**1.68**	Gold Glove
1987	Andre Dawson	Chicago	NL	152	0.986	1.86	0.079	**1.54**	Gold Glove
1987	Tony Gwynn	San Diego	NL	156	0.981	1.99	0.083	**1.53**	Gold Glove
1986	Jesse Barfield	Toronto	AL	157	0.992	2.47	0.127	**1.70**	Gold Glove
1986	Kirby Puckett	Minnesota	AL	160	0.986	2.73	0.050	**1.58**	Gold Glove
1986	Gary Pettis	California	AL	153	0.985	3.08	0.059	**1.61**	Gold Glove
1986	Dale Murphy	Atlanta	NL	159	0.981	1.94	0.038	**1.43**	Gold Glove
1986	Willie McGee	St. Louis	NL	121	0.991	2.76	0.074	**1.58**	Gold Glove
1986	Tony Gwynn	San Diego	NL	160	0.989	2.23	0.119	**1.64**	Gold Glove
1985	Gary Pettis	California	AL	122	0.990	3.12	0.107	**1.59**	Gold Glove
1985	Dave Winfield	New York	AL	152	0.991	2.16	0.086	**1.53**	Gold Glove
1985	Dwight Evans	Boston	AL	152	0.990	1.97	0.059	**1.48**	Gold Glove
1985	Dwayne Murphy	Oakland	AL	150	0.989	2.92	0.040	**1.55**	Gold Glove
1985	Willie McGee	St. Louis	NL	149	0.978	2.64	0.074	**1.48**	Gold Glove
1985	Andre Dawson	Montreal	NL	131	0.973	1.96	0.069	**1.35**	Gold Glove
1985	Dale Murphy	Atlanta	NL	161	0.980	2.12	0.050	**1.44**	Gold Glove
1985	Brett Butler	Cleveland	AL	150	0.998	3.04	0.127	**1.70**	FV#1
1984	Dwight Evans	Boston	AL	161	0.994	1.98	0.043	**1.54**	Gold Glove
1984	Dave Winfield	New York	AL	140	0.994	2.21	0.021	**1.50**	Gold Glove
1984	Dwayne Murphy	Oakland	AL	153	0.988	3.19	0.092	**1.64**	Gold Glove
1984	Dale Murphy	Atlanta	NL	160	0.987	2.37	0.063	**1.54**	Gold Glove
1984	Bob Dernier	Chicago	NL	140	0.986	2.57	0.036	**1.49**	Gold Glove
1984	Andre Dawson	Montreal	NL	134	0.975	2.30	0.082	**1.41**	Gold Glove
1984	Kirby Puckett	Minnesota	AL	128	0.993	3.55	0.125	**1.70**	FV#1
1983	Dwight Evans	Boston	AL	99	0.987	2.30	0.061	**1.45**	Gold Glove
1983	Dave Winfield	New York	AL	151	0.978	2.11	0.033	**1.44**	Gold Glove
1983	Dwayne Murphy	Oakland	AL	124	0.979	3.00	0.056	**1.56**	Gold Glove
1983	Andre Dawson	Montreal	NL	157	0.980	2.81	0.038	**1.60**	Gold Glove
1983	Dale Murphy	Atlanta	NL	160	0.985	2.39	0.063	**1.61**	Gold Glove
1983	Willie McGee	St. Louis	NL	145	0.987	2.70	0.048	**1.63**	Gold Glove
1983	Rick Manning	Milwaukee	AL	158	0.990	2.99	0.013	**1.70**	FV#1
1982	Dwight Evans	Boston	AL	161	0.973	2.20	0.056	**1.43**	Gold Glove
1982	Dave Winfield	New York	AL	135	0.974	2.19	0.126	**1.47**	Gold Glove
1982	Dwayne Murphy	Oakland	AL	147	0.983	3.17	0.095	**1.69**	Gold Glove
1982	Andre Dawson	Montreal	NL	147	0.982	2.90	0.054	**1.58**	Gold Glove

Year	Player	Team	Lg	G	Fpct	RF	A9IP	FV	GG/FV
1982	Dale Murphy	Atlanta	NL	162	0.979	2.55	0.037	**1.51**	Gold Glove
1982	Garry Maddox	Philadelphia	NL	111	0.992	2.35	0.072	**1.53**	Gold Glove
1982	Gorman Thomas	Milwaukee	AL	157	0.991	2.79	0.070	**1.70**	FV#1
1981	Dwayne Murphy	Oakland	AL	106	0.985	3.13	0.057	**1.60**	Gold Glove
1981	Dwight Evans	Boston	AL	108	0.993	2.48	0.083	**1.62**	Gold Glove
1981	Rickey Henderson	Oakland	AL	107	0.979	3.12	0.065	**1.57**	Gold Glove
1981	Andre Dawson	Montreal	NL	103	0.980	3.27	0.097	**1.61**	Gold Glove
1981	Garry Maddox	Philadelphia	NL	94	0.977	2.76	0.085	**1.49**	Gold Glove
1981	Dusty Baker	Los Angeles	NL	101	0.990	1.87	0.079	**1.49**	Gold Glove
1981	Willie Wilson	Kansas City	AL	101	0.987	3.10	0.139	**1.70**	FV#1
1980	Fred Lynn	Boston	AL	110	0.994	2.85	0.100	**1.60**	Gold Glove
1980	Dwayne Murphy	Oakland	AL	158	0.990	3.29	0.082	**1.70**	Gold Glove
1980	Willie Wilson	Kansas City	AL	159	0.988	3.09	0.057	**1.63**	Gold Glove
1980	Andre Dawson	Montreal	NL	147	0.986	2.88	0.095	**1.62**	Gold Glove
1980	Garry Maddox	Philadelphia	NL	143	0.976	2.88	0.049	**1.48**	Gold Glove
1980	Dave Winfield	San Diego	NL	159	0.987	1.84	0.126	**1.57**	Gold Glove
Year	**Player**	**Team**	**Lg**	**G**	**Fpct**	**RF**	**A9IP**	**FV**	**GG/FV**
1979	Dwight Evans	Boston	AL	149	0.988	2.16	0.101	**1.54**	Gold Glove
1979	Sixto Lezcano	Milwaukee	AL	135	0.986	2.16	0.074	**1.48**	Gold Glove
1979	Fred Lynn	Boston	AL	143	0.987	2.73	0.070	**1.57**	Gold Glove
1979	Garry Maddox	Philadelphia	NL	140	0.996	3.19	0.093	**1.70**	Gold Glove
1979	Dave Parker	Pittsburgh	NL	158	0.960	2.25	0.095	**1.38**	Gold Glove
1979	Dave Winfield	San Diego	NL	157	0.986	2.28	0.089	**1.55**	Gold Glove
1978	Dwight Evans	Boston	AL	142	0.982	2.25	0.099	**1.52**	Gold Glove
1978	Rick Miller	California	AL	129	0.989	2.81	0.070	**1.58**	Gold Glove
1978	Fred Lynn	Boston	AL	149	0.984	2.81	0.074	**1.60**	Gold Glove
1978	Garry Maddox	Philadelphia	NL	154	0.983	2.93	0.045	**1.58**	Gold Glove
1978	Dave Parker	Pittsburgh	NL	147	0.960	2.14	0.082	**1.35**	Gold Glove
1978	Ellis Valentine	Montreal	NL	146	0.970	2.19	0.164	**1.51**	Gold Glove
1978	Rick Bosetti	Toronto	AL	135	0.986	3.21	0.126	**1.70**	FV#1
1977	Carl Yastrzemski	Boston	AL	140	1.000	2.16	0.114	**1.70**	Gold Glove
1977	Juan Beniquez	Texas	AL	123	0.988	2.61	0.081	**1.57**	Gold Glove
1977	Al Cowens	Kansas City	AL	159	0.982	2.02	0.088	**1.56**	Gold Glove
1977	Garry Maddox	Philadelphia	NL	138	0.977	2.83	0.051	**1.52**	Gold Glove
1977	Dave Parker	Pittsburgh	NL	158	0.965	2.63	0.165	**1.58**	Gold Glove
1977	Cesar Geronimo	Cincinnati	NL	147	0.992	2.61	0.061	**1.65**	Gold Glove
1977	Cesar Cedeno	Houston	NL	137	0.997	2.55	0.102	**1.75**	FV#1
1976	Dwight Evans	Boston	AL	145	0.994	2.34	0.103	**1.63**	Gold Glove
1976	Rick Manning	Cleveland	AL	136	0.987	2.70	0.059	**1.54**	Gold Glove
1976	Joe Rudi	Oakland	AL	126	0.989	2.10	0.048	**1.44**	Gold Glove
1976	Garry Maddox	Philadelphia	NL	144	0.989	3.13	0.069	**1.65**	Gold Glove
1976	Cesar Cedeno	Houston	NL	146	0.980	2.66	0.075	**1.53**	Gold Glove
1976	Cesar Geronimo	Cincinnati	NL	146	0.985	2.67	0.027	**1.50**	Gold Glove
1976	Juan Beniquez	Texas	AL	141	0.986	3.04	0.128	**1.70**	FV#1
1975	Fred Lynn	Boston	AL	144	0.983	2.88	0.076	**1.62**	Gold Glove
1975	Paul Blair	Baltimore	AL	138	0.991	2.43	0.058	**1.58**	Gold Glove
1975	Joe Rudi	Oakland	AL	44	1.000	1.66	0.023	**1.27**	Gold Glove
1975	Garry Maddox	Philadelphia	NL	110	0.985	3.07	0.118	**1.63**	Gold Glove
1975	Cesar Cedeno	Houston	NL	131	0.982	2.52	0.061	**1.51**	Gold Glove
1975	Cesar Geronimo	Cincinnati	NL	148	0.993	2.84	0.081	**1.70**	Gold Glove
1974	Amos Otis	Kansas City	AL	143	0.986	3.03	0.056	**1.59**	Gold Glove
1974	Paul Blair	Baltimore	AL	151	0.985	3.01	0.046	**1.58**	Gold Glove
1974	Joe Rudi	Oakland	AL	140	0.984	1.72	0.050	**1.39**	Gold Glove
1974	Bobby Bonds	San Francisco	NL	148	0.966	2.14	0.074	**1.37**	Gold Glove
1974	Cesar Cedeno	Houston	NL	157	0.993	2.91	0.070	**1.70**	Gold Glove
1974	Cesar Geronimo	Cincinnati	NL	145	0.987	2.54	0.090	**1.61**	Gold Glove

Year	Player	Team	Lg	G	Fpct	RF	A9IP	FV	GG/FV
1973	Amos Otis	Kansas City	AL	135	0.986	2.52	0.074	**1.58**	Gold Glove
1973	Paul Blair	Baltimore	AL	144	0.990	2.66	0.097	**1.69**	Gold Glove
1973	Mickey Stanley	Detroit	AL	157	0.993	2.74	0.064	**1.70**	Gold Glove
1973	Bobby Bonds	San Francisco	NL	158	0.970	2.27	0.076	**1.49**	Gold Glove
1973	Cesar Cedeno	Houston	NL	136	0.981	2.70	0.074	**1.57**	Gold Glove
1973	Willie Davis	Los Angeles	NL	146	0.980	2.40	0.041	**1.50**	Gold Glove
1972	Ken Berry	California	AL	116	1.000	2.46	0.112	**1.70**	Gold Glove
1972	Paul Blair	Baltimore	AL	139	0.991	2.50	0.072	**1.63**	Gold Glove
1972	Bobby Murcer	New York	AL	151	0.992	2.60	0.073	**1.68**	Gold Glove
1972	Roberto Clemente	Pittsburgh	NL	94	1.000	2.17	0.053	**1.51**	Gold Glove
1972	Cesar Cedeno	Houston	NL	137	0.981	2.58	0.066	**1.54**	Gold Glove
1972	Willie Davis	Los Angeles	NL	146	0.987	2.62	0.068	**1.62**	Gold Glove
1971	Amos Otis	Kansas City	AL	144	0.990	2.88	0.069	**1.70**	Gold Glove
1971	Paul Blair	Baltimore	AL	138	0.991	2.43	0.029	**1.55**	Gold Glove
1971	Carl Yastrzemski	Boston	AL	146	0.993	2.03	0.110	**1.66**	Gold Glove
1971	Bobby Bonds	San Fran.	NL	154	0.994	2.20	0.065	**1.63**	Gold Glove
1971	Roberto Clemente	Pittsburgh	NL	124	0.993	2.24	0.089	**1.61**	Gold Glove
1971	Willie Davis	Los Angeles	NL	157	0.981	2.62	0.045	**1.56**	Gold Glove
1970	Ken Berry	Chicago	AL	138	0.988	2.46	0.065	**1.60**	Gold Glove
1970	Paul Blair	Baltimore	AL	128	0.990	2.95	0.078	**1.66**	Gold Glove
1970	Mickey Stanley	Detroit	AL	132	1.000	2.42	0.023	**1.64**	Gold Glove
1970	Tommie Agee	New York	NL	150	0.967	2.52	0.027	**1.46**	Gold Glove
1970	Roberto Clemente	Pittsburgh	NL	104	0.966	1.93	0.115	**1.32**	Gold Glove
1970	Pete Rose	Cincinnati	NL	159	0.997	1.99	0.050	**1.64**	Gold Glove
1970	Bobby Murcer	New York	AL	155	0.992	2.52	0.097	**1.70**	FV#1
Year	Player	Team	Lg	G	Fpct	RF	A9IP	FV	GG/FV
1969	Carl Yastrzemski	Boston	AL	149	0.985	2.19	0.060	**1.54**	Gold Glove
1969	Paul Blair	Baltimore	AL	150	0.988	2.81	0.093	**1.70**	Gold Glove
1969	Mickey Stanley	Detroit	AL	101	0.985	1.90	0.020	**1.33**	Gold Glove
1969	Curt Flood	St. Louis	NL	152	0.989	2.47	0.092	**1.66**	Gold Glove
1969	Roberto Clemente	Pittsburgh	NL	135	0.980	1.78	0.104	**1.50**	Gold Glove
1969	Pete Rose	Cincinnati	NL	156	0.988	2.09	0.064	**1.56**	Gold Glove
1968	Carl Yastrzemski	Boston	AL	155	0.991	2.02	0.077	**1.54**	Gold Glove
1968	Reggie Smith	Boston	AL	155	0.985	2.57	0.052	**1.54**	Gold Glove
1968	Mickey Stanley	Detroit	AL	130	1.000	2.34	0.054	**1.55**	Gold Glove
1968	Curt Flood	St. Louis	NL	149	0.983	2.66	0.074	**1.56**	Gold Glove
1968	Roberto Clemente	Pittsburgh	NL	131	0.984	2.34	0.069	**1.49**	Gold Glove
1968	Willie Mays	San Fran.	NL	142	0.978	2.17	0.049	**1.43**	Gold Glove
1968	Del Unser	Washington	AL	156	0.988	2.63	0.141	**1.70**	FV#1
1967	Carl Yastrzemski	Boston	AL	161	0.978	1.93	0.081	**1.54**	Gold Glove
1967	Paul Blair	Baltimore	AL	146	0.985	2.62	0.089	**1.70**	Gold Glove
1967	Al Kaline	Detroit	AL	130	0.983	1.78	0.108	**1.55**	Gold Glove
1967	Curt Flood	St. Louis	NL	126	0.988	2.52	0.032	**1.53**	Gold Glove
1967	Roberto Clemente	Pittsburgh	NL	145	0.970	2.00	0.117	**1.55**	Gold Glove
1967	Willie Mays	San Fran.	NL	134	0.976	2.09	0.022	**1.36**	Gold Glove
1966	Tommie Agee	Chicago	AL	159	0.982	2.44	0.075	**1.62**	Gold Glove
1966	Tony Oliva	Minnesota	AL	159	0.972	2.16	0.057	**1.47**	Gold Glove
1966	Al Kaline	Detroit	AL	136	0.993	2.10	0.051	**1.56**	Gold Glove
1966	Curt Flood	St. Louis	NL	159	1.000	2.49	0.031	**1.70**	Gold Glove
1966	Roberto Clemente	Pittsburgh	NL	154	0.965	2.18	0.110	**1.49**	Gold Glove
1966	Willie Mays	San Fran.	NL	150	0.982	2.52	0.053	**1.58**	Gold Glove
1965	Tom Tresh	New York	AL	154	0.970	1.91	0.071	**1.48**	Gold Glove
1965	Carl Yastrzemski	Boston	AL	130	0.987	1.79	0.085	**1.53**	Gold Glove
1965	Al Kaline	Detroit	AL	112	0.985	1.74	0.018	**1.36**	Gold Glove
1965	Curt Flood	St. Louis	NL	151	0.986	2.36	0.046	**1.62**	Gold Glove

Year	Player	Team	Lg	G	Fpct	RF	A9IP	FV	GG/FV
1965	Roberto Clemente	Pittsburgh	NL	145	0.968	2.10	0.110	**1.54**	Gold Glove
1965	Willie Mays	San Fran.	NL	151	0.983	2.32	0.086	**1.65**	Gold Glove
1965	Johnny Callison	Philadelphia	NL	159	0.982	2.10	0.132	**1.70**	FV#1
1964	Vic Davalillo	Cleveland	AL	143	0.986	2.50	0.077	**1.62**	Gold Glove
1964	Jim Landis	Chicago	AL	101	0.995	1.88	0.069	**1.48**	Gold Glove
1964	Al Kaline	Detroit	AL	136	0.990	2.09	0.044	**1.52**	Gold Glove
1964	Curt Flood	St. Louis	NL	162	0.988	2.48	0.062	**1.64**	Gold Glove
1964	Roberto Clemente	Pittsburgh	NL	154	0.968	1.96	0.084	**1.46**	Gold Glove
1964	Willie Mays	San Fran.	NL	155	0.984	2.45	0.065	**1.61**	Gold Glove
1964	Don Lock	Washington	AL	149	0.987	2.50	0.128	**1.70**	FV#1
1963	Carl Yastrzemski	Boston	AL	151	0.980	1.99	0.119	**1.54**	Gold Glove
1963	Jim Landis	Chicago	AL	124	0.993	2.18	0.048	**1.49**	Gold Glove
1963	Al Kaline	Detroit	AL	140	0.992	1.87	0.036	**1.46**	Gold Glove
1963	Curt Flood	St. Louis	NL	158	0.988	2.61	0.076	**1.61**	Gold Glove
1963	Roberto Clemente	Pittsburgh	NL	151	0.958	1.66	0.073	**1.31**	Gold Glove
1963	Willie Mays	San Fran.	NL	157	0.981	2.57	0.045	**1.52**	Gold Glove
1963	Johnny Callison	Philadelphia	NL	157	0.994	2.06	0.166	**1.70**	FV#1
1962	Mickey Mantle	New York	AL	117	0.978	1.86	0.034	**1.33**	Gold Glove
1962	Jim Landis	Chicago	AL	144	0.995	2.51	0.014	**1.57**	Gold Glove
1962	Al Kaline	Detroit	AL	100	0.983	2.33	0.080	**1.47**	Gold Glove
1962	Bill Virdon	Pittsburgh	NL	156	0.976	2.38	0.071	**1.56**	Gold Glove
1962	Roberto Clemente	Pittsburgh	NL	142	0.973	2.03	0.134	**1.55**	Gold Glove
1962	Willie Mays	San Fran.	NL	161	0.991	2.70	0.037	**1.66**	Gold Glove
1962	Johnny Callison	Philadelphia	NL	152	0.980	2.31	0.158	**1.70**	FV#1
1961	Jim Piersall	Cleveland	AL	120	0.991	2.81	0.075	**1.68**	Gold Glove
1961	Jim Landis	Chicago	AL	139	0.988	2.86	0.065	**1.70**	Gold Glove
1961	Al Kaline	Detroit	AL	147	0.990	2.63	0.061	**1.69**	Gold Glove
1961	Vada Pinson	Cincinnati	NL	153	0.976	2.68	0.124	**1.67**	Gold Glove
1961	Roberto Clemente	Pittsburgh	NL	144	0.969	1.97	0.188	**1.53**	Gold Glove
1961	Willie Mays	San Fran.	NL	153	0.980	2.56	0.046	**1.60**	Gold Glove
1960	Jim Landis	Chicago	AL	147	0.985	2.62	0.088	**1.63**	Gold Glove
1960	Willie Mays	San Fran.	NL	152	0.981	2.66	0.079	**1.61**	Gold Glove
1960	Minnie Minoso	Minnesota	AL	154	0.980	1.92	0.091	**1.52**	Gold Glove
1960	Wally Moon	Los Angeles	NL	127	0.986	1.65	0.118	**1.51**	Gold Glove
1960	Roger Maris	New York	AL	131	0.985	2.05	0.046	**1.45**	Gold Glove
1960	Hank Aaron	Milwaukee	NL	153	0.982	2.18	0.085	**1.56**	Gold Glove
1960	Bill Tuttle	Kansas City	AL	148	0.988	2.68	0.108	**1.70**	FV#1
Year	Player	Team	Lg	G	Fpct	RF	A9IP	FV	GG/FV
1959	Al Kaline	Detroit	AL	136	0.989	2.71	0.029	**1.60**	Gold Glove
1959	Willie Mays	San Fran.	NL	147	0.984	2.44	0.041	**1.56**	Gold Glove
1959	Minnie Minoso	Minnesota	AL	148	0.985	2.22	0.095	**1.57**	Gold Glove
1959	Jackie Brandt	San Fran.	NL	116	0.984	1.60	0.086	**1.40**	Gold Glove
1959	Jackie Jensen	Boston	AL	146	0.982	2.21	0.082	**1.54**	Gold Glove
1959	Hank Aaron	Milwaukee	NL	152	0.982	1.80	0.079	**1.49**	Gold Glove
1959	Jim Landis	Chicago	AL	148	0.993	2.91	0.068	**1.70**	FV#1
1958	Jim Piersall	Boston	AL	125	0.985	2.58	0.064	**1.48**	Gold Glove
1958	Willie Mays	San Fran.	NL	151	0.980	2.95	0.113	**1.60**	Gold Glove
1958	Norm Siebern	New York	AL	133	0.982	2.01	0.060	**1.41**	Gold Glove
1958	Frank Robinson	Cincinnati	NL	138	0.991	2.33	0.087	**1.56**	Gold Glove
1958	Al Kaline	Detroit	AL	145	0.994	2.34	0.159	**1.70**	Gold Glove
1958	Hank Aaron	Milwaukee	NL	153	0.984	2.07	0.078	**1.50**	Gold Glove
1957	Willie Mays	New York	NL	150	0.980	2.91	0.093	**1.57**	Gold Glove
1957	Minnie Minoso	Cleveland	AL	152	0.984	1.99	0.059	**1.46**	Gold Glove
1957	Al Kaline	Detroit	AL	145	0.985	2.29	0.090	**1.52**	Gold Glove
1957	Richie Ashburn	Philadelphia	NL	156	0.987	3.33	0.115	**1.70**	FV#1
1956	Jim Piersall	Boston	AL	155	0.991	3.00	0.065	**1.70**	FV#1

Year	Player	Team	Lg	G	FA	RF	?	Score	Rank
1955	Willie Mays	New York	NL	152	0.982	2.83	0.151	**1.70**	FV#1
1954	Larry Doby	Cleveland	AL	153	0.995	2.78	0.092	**1.70**	FV#1
1953	Richie Ashburn	Philadelphia	NL	156	0.990	3.29	0.115	**1.70**	FV#1
1952	Richie Ashburn	Philadelphia	NL	154	0.980	2.93	0.149	**1.70**	FV#1
1951	Richie Ashburn	Philadelphia	NL	154	0.988	3.59	0.097	**1.70**	FV#1
1950	Irv Noren	Washington	AL	121	0.984	3.12	0.165	**1.70**	FV#1
1949	Richie Ashburn	Philadelphia	NL	154	0.980	3.42	0.084	**1.70**	FV#1
1948	Dave Philley	Chicago	AL	128	0.978	3.15	0.172	**1.70**	FV#1
1947	Sam Chapman	Philadelphia	AL	146	0.987	3.04	0.110	**1.70**	FV#1
1946	Wally Judnich	St. Louis	AL	137	0.995	3.03	0.044	**1.70**	FV#1
1945	Cardin Gillenwater	Boston	NL	140	0.979	3.39	0.171	**1.70**	FV#1
1944	Stan Spence	Washington	AL	150	0.989	3.09	0.193	**1.70**	FV#1
1943	Tommy Holmes	Boston	NL	152	0.993	2.80	0.118	**1.70**	FV#1
1942	Dom DiMaggio	Boston	AL	151	0.987	3.03	0.126	**1.70**	FV#1
1941	Sam Chapman	Philadelphia	AL	141	0.967	3.10	0.149	**1.70**	FV#1
1940	Mike Kreevich	Chicago	AL	144	0.982	3.06	0.083	**1.70**	FV#1
1939	Mike Kreevich	Chicago	AL	139	0.975	3.14	0.129	**1.70**	FV#1
1938	Harry Craft	Cincinnati	NL	151	0.983	2.99	0.099	**1.70**	FV#1
1937	Vince DiMaggio	Boston	NL	130	0.982	2.86	0.162	**1.70**	FV#1
1936	Doc Cramer	Boston	AL	154	0.975	3.01	0.130	**1.70**	FV#1
1935	Ethan Allen	Philadelphia	NL	156	0.980	2.81	0.167	**1.70**	FV#1
1934	Kiddo Davis	STL/Phila.	NL	109	0.988	3.13	0.128	**1.70**	FV#1
1933	Chuck Klein	Philadelphia	NL	152	0.986	2.37	0.138	**1.70**	FV#1
1932	Sam West	Washington	AL	143	0.979	3.25	0.105	**1.70**	FV#1
1931	Lloyd Waner	Pittsburgh	NL	153	0.979	3.29	0.131	**1.70**	FV#1
1930	Tom Oliver	Boston	AL	154	0.982	3.16	0.058	**1.70**	FV#1
1929	Lloyd Waner	Pittsburgh	NL	151	0.987	3.13	0.146	**1.70**	FV#1
1928	Taylor Douthit	St. Louis	NL	154	0.984	3.62	0.065	**1.70**	FV#1
1927	Freddie Leach	Philadelphia	NL	140	0.981	2.94	0.186	**1.70**	FV#1
1926	Tris Speaker	Cleveland	AL	149	0.981	2.78	0.134	**1.70**	FV#1
1925	Ira Flagstead	Boston	AL	144	0.976	3.15	0.167	**1.70**	FV#1
1924	Harry Heilmann	Detroit	AL	147	0.970	2.00	0.211	**1.70**	FV#1
1923	Jigger Statz	Chicago	NL	154	0.975	3.01	0.169	**1.70**	FV#1
1922	Max Carey	Pittsburgh	NL	155	0.969	3.04	0.142	**1.70**	FV#1
1921	Cy Williams	Philadelphia	NL	146	0.979	2.82	0.199	**1.70**	FV#1
1920	Happy Felsch	Chicago	AL	142	0.981	2.89	0.176	**1.70**	FV#1
1919	Tris Speaker	Cleveland	AL	134	0.983	2.99	0.187	**1.70**	FV#1
1918	Max Carey	Pittsburgh	NL	126	0.958	3.05	0.198	**1.70**	FV#1
1917	Happy Felsch	Chicago	AL	152	0.985	3.05	0.158	**1.70**	FV#1
1916	Max Carey	Pittsburgh	NL	154	0.983	2.93	0.208	**1.70**	FV#1
1915	Tris Speaker	Boston	AL	150	0.976	2.66	0.140	**1.70**	FV#1
1914	Tris Speaker	Boston	AL	156	0.968	2.90	0.186	**1.70**	FV#1
1913	Max Carey	Pittsburgh	NL	154	0.961	2.54	0.182	**1.70**	FV#1
1912	Tris Speaker	Boston	AL	153	0.958	2.66	0.229	**1.70**	FV#1
1911	Dode Paskert	Philadelphia	NL	153	0.979	2.49	0.131	**1.70**	FV#1
1910	Bill Collins	Boston	NL	151	0.977	2.50	0.152	**1.70**	FV#1
1909	Tris Speaker	Boston	AL	142	0.973	2.49	0.246	**1.70**	FV#1
1908	Fred Clarke	Pittsburgh	NL	151	0.973	2.42	0.099	**1.70**	FV#1
1907	Mike Mitchell	Cincinnati	NL	146	0.962	2.08	0.267	**1.70**	FV#1
1906	Fielder Jones	Chicago	AL	144	0.988	2.33	0.160	**1.70**	FV#1
1905	Roy Thomas	Philadelphia	NL	147	0.983	2.72	0.184	**1.70**	FV#1
1904	Jimmy Barrett	Detroit	AL	162	0.971	2.27	0.179	**1.70**	FV#1
1903	Jimmy Sheckard	Brooklyn	NL	139	0.951	2.52	0.259	**1.70**	FV#1
1902	Fielder Jones	Chicago	AL	135	0.972	2.58	0.185	**1.70**	FV#1
1901	Jimmy Barrett	Detroit	AL	135	0.940	2.45	0.230	**1.70**	FV#1
1900	Emmet Heidrick	St. Louis	NL	83	0.959	2.84	0.253	**1.70**	FV#1
1899	Kip Selbach	Cincinnati	NL	140	0.953	2.73	0.193	**1.70**	FV#1
1898	Mike Griffin	Brooklyn	NL	134	0.974	2.49	0.149	**1.70**	FV#1
1897	Mike Griffin	Brooklyn	NL	134	0.956	2.73	0.097	**1.70**	FV#1
1896	Steve Brodie	Baltimore	NL	132	0.972	2.59	0.167	**1.70**	FV#1
1895	Mike Griffin	Brooklyn	NL	131	0.969	2.84	0.176	**1.70**	FV#1
1894	Billy Hamilton	Philadelphia	NL	129	0.964	2.91	0.116	**1.70**	FV#1
1893	Tom Brown	Louisville	NL	122	0.929	3.10	0.320	**1.70**	FV#1
1892	Tom Brown	Louisville	NL	153	0.919	2.54	0.242	**1.70**	FV#1
1891	Mike Griffin	Brooklyn	NL	134	0.960	2.87	0.231	**1.70**	FV#1

Year	Player	Team	Lg	G	FA	RF	?	FR	FV
1890	Mike Griffin	Philadelphia	PL	115	0.954	2.70	0.287	**1.70**	FV#1
1889	Jim Fogarty	Philadelphia	NL	128	0.961	2.69	0.328	**1.70**	FV#1
1888	Tommy McCarthy	St. Louis	AA	131	0.932	2.19	0.336	**1.70**	FV#1
1887	Dick Johnston	Boston	NL	127	0.933	2.94	0.268	**1.70**	FV#1
1886	Curt Welch	St. Louis	AA	138	0.952	2.29	0.138	**1.70**	FV#1
1885	Jim Fogarty	Philadelphia	NL	88	0.941	2.88	0.295	**1.70**	FV#1
1884	Hugh Nicol	St. Louis	AA	87	0.873	2.21	0.552	**1.70**	FV#1
1883	Orator Shafer	Buffalo	NL	95	0.861	2.35	0.432	**1.70**	FV#1
1882	Joe Hornung	Boston	NL	84	0.932	2.44	0.167	**1.70**	FV#1
1881	Hardy Richardson	Buffalo	NL	79	0.914	2.84	0.570	**1.70**	FV#1
1880	Orator Shafer	Cleveland	NL	83	0.901	1.96	0.422	**1.70**	FV#1
1879	Charley Jones	Boston	NL	83	0.933	2.19	0.241	**1.70**	FV#1
1878	Jack Remsen	Chicago	NL	56	0.944	2.09	0.250	**1.70**	FV#1
1877	Charley Jones	Cinc./Chi.	NL	48	0.845	3.19	0.313	**1.70**	FV#1
1876	Jack Remsen	Hartford	NL	69	0.887	2.74	0.174	**1.70**	FV#1
1875	Count Gedney	New York	NA	56	0.843	3.12	0.119	**1.70**	FV#1
1874	Dave Eggler	Philadelphia	NA	57	0.906	2.53	0.158	**1.70**	FV#1
1873	Count Gedney	New York	NA	53	0.867	3.68	0.189	**1.70**	FV#1
1872	Dave Eggler	New York	NA	56	0.922	2.96	0.214	**1.70**	FV#1
1871	Fred Treacey	Chicago	NA	25	0.918	3.12	0.280	**1.70**	FV#1

Pitcher

Year	Player	Team	Lg	Inn	Fpct	RF	FV	GG/FV
2014	Dallas Keutchel	Houston	AL	200.0	0.985	2.93	**1.15**	Gold Glove
2014	Zach Greinke	Los Angeles	NL	202.3	0.983	2.58	**1.09**	Gold Glove
2014	Nathan Eovaldi	Miami	NL	199.7	0.981	2.34	**1.15**	FV#1
2013	R.A. Dickey	Toronto	AL	224.7	0.962	2.04	**1.08**	Gold Glove
2013	Adam Wainwright	St. Louis	NL	241.7	1.000	2.27	**1.15**	Gold Glove
2012	Jeremy Hellickson	Tampa Bay	AL	177.0	0.950	1.93	**0.96**	Gold Glove
2012	Jake Peavy	Chicago	AL	219.0	0.973	1.48	**1.04**	Gold Glove
2012	Mark Buehrle	Miami	NL	202.3	1.000	2.67	**1.13**	Gold Glove
2012	Zach Greinke	LA/Milwaukee	MLB	212.3	1.000	2.25	**1.15**	FV#1
2011	Mark Buehrle	Chicago	AL	205.3	0.982	2.41	**1.14**	Gold Glove
2011	Clayton Kershaw	Los Angeles	NL	233.3	1.000	1.81	**1.12**	Gold Glove
2011	R.A. Dickey	New York	NL	208.7	0.970	2.80	**1.15**	FV#1
2010	Mark Buehrle	Chicago	AL	210.3	1.000	2.14	**1.12**	Gold Glove
2010	Bronson Arroyo	Cincinnati	NL	215.7	1.000	2.04	**1.12**	Gold Glove
2010	Chris Carpenter	St. Louis	NL	235.0	0.985	2.45	**1.15**	FV#1

Year	Player	Team	Lg	Inn	Fpct	RF	FV	GG/FV
2009	Mark Buehrle	Chicago	AL	213.3	0.982	2.28	**1.15**	Gold Glove
2009	Adam Wainwright	St. Louis	NL	233.0	1.000	2.16	**1.15**	Gold Glove
2008	Mike Mussina	New York	AL	200.3	0.976	1.84	**1.06**	Gold Glove
2008	Greg Maddux	Los Angeles	NL	194.0	0.961	3.43	**1.05**	Gold Glove
2008	Brandon Webb	Arizona	NL	226.7	0.973	2.86	**1.15**	FV#1
2007	Johan Santana	Minnesota	AL	219.0	1.000	1.64	**1.09**	Gold Glove
2007	Greg Maddux	San Diego	NL	198.0	0.986	3.18	**1.10**	Gold Glove
2007	Tim Hudson	Atlanta	NL	224.3	1.000	2.81	**1.15**	FV#1
2006	Kenny Rogers	Detroit	AL	204.0	0.912	2.29	**1.00**	Gold Glove
2006	Greg Maddux	Chicago/LA	NL	210.0	1.000	2.83	**1.13**	Gold Glove
2006	Bronson Arroyo	Cincinnati	NL	240.7	1.000	2.32	**1.15**	FV#1
2006	Roy Halladay	Toronto	AL	220.0	0.982	2.29	**1.15**	FV#1
2006	Zach Duke	Pittsburgh	NL	215.3	0.984	2.51	**1.15**	FV#1
2006	Chien-Ming Wang	New York	AL	218.0	0.983	2.35	**1.15**	FV#1
2005	Kenny Rogers	Texas	AL	195.3	0.985	2.99	**1.09**	Gold Glove
2005	Greg Maddux	Chicago	NL	225.0	0.958	2.72	**1.10**	Gold Glove
2005	Derek Lowe	Los Angeles	NL	222.0	0.986	2.80	**1.15**	FV#1
2005	Livan Hernandez	Washington	NL	246.3	0.984	2.23	**1.15**	FV#1
2004	Kenny Rogers	Texas	AL	211.7	0.985	2.76	**1.14**	Gold Glove
2004	Greg Maddux	Chicago	NL	212.7	0.987	3.22	**1.14**	Gold Glove
2004	Livan Hernandez	Montreal	NL	255.0	0.976	2.89	**1.15**	FV#1
2003	Mike Mussina	New York	AL	214.7	1.000	2.05	**1.10**	Gold Glove
2003	Mike Hampton	Atlanta	NL	190.0	0.985	3.17	**1.08**	Gold Glove
2003	Roy Halladay	Toronto	AL	266.0	0.987	2.50	**1.15**	FV#1
2002	Kenny Rogers	Texas	AL	210.7	0.954	2.65	**1.04**	Gold Glove
2002	Greg Maddux	Atlanta	NL	199.3	0.986	3.12	**1.09**	Gold Glove
2002	Tom Glavine	Atlanta	NL	224.7	1.000	2.84	**1.15**	FV#1
2001	Mike Mussina	New York	AL	228.7	0.977	1.69	**1.07**	Gold Glove
2001	Greg Maddux	Atlanta	NL	233.0	0.986	2.82	**1.15**	Gold Glove
2001	Freddy Garcia	Seattle	NL	238.7	0.986	2.56	**1.15**	FV#1
2000	Kenny Rogers	Texas	AL	227.3	0.970	2.53	**1.13**	Gold Glove
2000	Greg Maddux	Atlanta	NL	249.3	0.979	3.36	**1.15**	Gold Glove
2000	Livan Hernandez	San Francisco	NL	240.0	1.000	2.33	**1.15**	FV#1

Year	Player	Team	Lg	Inn	Fpct	RF	FV	GG/FV
1999	Mike Mussina	Baltimore	AL	203.3	0.984	2.66	**1.11**	Gold Glove
1999	Greg Maddux	Atlanta	NL	219.3	0.956	3.57	**1.09**	Gold Glove
1999	Scott Erickson	Baltimore	AL	230.3	0.971	2.58	**1.15**	FV#1
1999	Tom Glavine	Atlanta	NL	234.0	0.986	2.73	**1.15**	FV#1
1998	Mike Mussina	Baltimore	AL	206.3	1.000	2.18	**1.10**	Gold Glove
1998	Greg Maddux	Atlanta	NL	251.0	0.959	3.37	**1.09**	Gold Glove
1998	Tom Glavine	Atlanta	NL	229.3	0.984	2.39	**1.15**	FV#1
1998	Kenny Rogers	Oakland	AL	238.7	0.977	3.24	**1.15**	FV#1
1997	Mike Mussina	Baltimore	AL	224.7	1.000	1.72	**1.08**	Gold Glove

Year	Player	Team	Lg	Inn	Fpct	RF	FV	GG/FV
1997	Greg Maddux	Atlanta	NL	232.7	0.956	2.51	**1.08**	Gold Glove
1997	Kevin Brown	Florida	NL	237.3	0.988	3.03	**1.15**	FV#1
1997	Darryl Kile	St. Louis	NL	255.7	0.985	2.36	**1.15**	FV#1
1997	Charles Nagy	Cleveland	AL	227.0	1.000	2.42	**1.15**	FV#1
1996	Mike Mussina	Baltimore	AL	243.3	1.000	1.78	**1.09**	Gold Glove
1996	Greg Maddux	Atlanta	NL	245.0	0.991	3.97	**1.15**	Gold Glove
1996	Kevin Brown	Florida	NL	233.0	0.988	3.21	**1.15**	FV#1
1996	Tom Glavine	Atlanta	NL	235.3	0.985	2.56	**1.15**	FV#1
1995	Mark Langston	California	AL	200.3	0.938	2.02	**0.99**	Gold Glove
1995	Greg Maddux	Atlanta	NL	209.7	1.000	3.05	**1.15**	Gold Glove
1994	Mark Langston	California	AL	119.3	0.938	2.26	**0.93**	Gold Glove
1994	Greg Maddux	Atlanta	NL	202.0	0.935	2.58	**1.05**	Gold Glove
1994	Alex Fernandez	Chicago	AL	170.3	0.982	2.91	**1.15**	FV#1
1993	Mark Langston	California	AL	256.3	0.966	2.00	**1.09**	Gold Glove
1993	Greg Maddux	Atlanta	NL	267.0	0.933	3.30	**1.05**	Gold Glove
1993	Dennis Martinez	Montreal	NL	224.7	0.984	2.52	**1.15**	FV#1
1992	Mark Langston	California	AL	229.0	0.941	1.89	**0.99**	Gold Glove
1992	Greg Maddux	Chicago	NL	268.0	0.969	3.16	**1.14**	Gold Glove
1992	Charles Nagy	Cleveland	AL	252.0	0.985	2.32	**1.15**	FV#1
1992	Bill Wegman	Milwaukee	AL	261.7	0.975	2.68	**1.15**	FV#1
1991	Mark Langston	California	AL	246.3	0.942	1.79	**0.98**	Gold Glove
1991	Greg Maddux	Chicago	NL	263.0	0.978	3.05	**1.15**	Gold Glove
1990	Mike Boddicker	Boston	AL	228.0	0.966	2.21	**1.11**	Gold Glove
1990	Greg Maddux	Chicago	NL	237.0	1.000	3.57	**1.15**	Gold Glove
Year	**Player**	**Team**	**Lg**	**Inn**	**Fpct**	**RF**	**FV**	**GG/FV**
1989	Bret Saberhagen	Kansas City	AL	262.3	0.934	1.96	**1.00**	Gold Glove
1989	Ron Darling	New York	NL	217.3	0.929	2.15	**0.99**	Gold Glove
1989	Dennis Martinez	Montreal	NL	232.0	0.968	2.37	**1.15**	FV#1
1989	Mike Moore	Oakland	AL	241.7	0.969	2.31	**1.15**	FV#1
1988	Mark Langston	Seattle	AL	261.3	0.933	1.93	**1.00**	Gold Glove
1988	Orel Hershiser	Los Angeles	NL	267.0	0.939	3.10	**1.05**	Gold Glove
1988	Mark Gubicza	Kansas City	AL	269.7	0.986	2.44	**1.15**	FV#1
1988	Charlie Hough	Texas	AL	252.0	0.986	2.50	**1.15**	FV#1
1987	Mark Langston	Seattle	AL	272.0	0.961	1.62	**1.04**	Gold Glove
1987	Rick Reuschel	San Francisco	NL	227.0	0.969	2.50	**1.12**	Gold Glove
1987	Mark Gubicza	Kansas City	AL	241.7	0.973	2.68	**1.15**	FV#1
1987	Charlie Hough	Texas	AL	285.3	0.987	2.40	**1.15**	FV#1
1986	Ron Guidry	New York	AL	192.3	0.968	1.40	**0.94**	Gold Glove
1986	F. Valenzuela	Los Angeles	NL	269.3	0.987	2.54	**1.15**	Gold Glove
1986	Dwight Gooden	New York	NL	250.0	0.973	2.59	**1.15**	FV#1
1986	Rick Rhoden	Pittsburgh	NL	253.7	1.000	2.34	**1.15**	FV#1
1985	Ron Guidry	New York	AL	259.0	0.976	1.39	**1.05**	Gold Glove
1985	Rick Reuschel	Pittsburgh	NL	194.0	1.000	2.97	**1.05**	Gold Glove
1985	Oil Can Boyd	Boston	AL	272.3	0.988	2.74	**1.15**	FV#1
1985	Ron Darling	New York	NL	248.0	0.973	2.58	**1.15**	FV#1
1984	Ron Guidry	New York	AL	195.7	1.000	1.47	**0.98**	Gold Glove
1984	Joaquin Andujar	St. Louis	NL	261.3	0.958	2.38	**1.09**	Gold Glove
1984	Dan Petry	Detroit	AL	233.3	0.986	2.78	**1.15**	FV#1
1983	Ron Guidry	New York	AL	250.3	1.000	1.51	**1.05**	Gold Glove
1983	Phil Niekro	Atlanta	NL	263.7	0.918	1.54	**0.96**	Gold Glove
1983	Richard Dotson	Chicago	AL	240.0	0.986	2.55	**1.15**	FV#1
1983	Charlie Hough	Texas	AL	252.0	0.973	2.54	**1.15**	FV#1
1983	Lamar Hoyt	Chicago	AL	260.7	0.975	2.66	**1.15**	FV#1
1983	Dan Petry	Detroit	AL	266.3	0.973	2.47	**1.15**	FV#1
1983	Rick Sutcliffe	Cleveland	AL	243.3	1.000	2.40	**1.15**	FV#1
1982	Ron Guidry	New York	AL	222.0	1.000	1.05	**1.01**	Gold Glove
1982	Phil Niekro	Atlanta	NL	234.3	0.982	2.15	**1.12**	Gold Glove
1982	Dan Petry	Detroit	AL	246.0	1.000	2.78	**1.15**	FV#1
1982	Dave Stieb	Toronto	AL	288.3	0.976	2.50	**1.15**	FV#1
1982	Fernando Valenzuela	Los Angeles	NL	285.0	0.977	2.65	**1.15**	FV#1
1981	Mike Norris	Oakland	AL	172.7	0.976	2.14	**1.12**	Gold Glove
1981	Steve Carlton	Philadelphia	NL	190.0	1.000	1.18	**1.05**	Gold Glove
1981	Dave Stieb	Toronto	AL	183.7	0.980	2.40	**1.15**	FV#1

Year	Player	Team	Lg	Inn	Fpct	RF	FV	GG/FV
1980	Mike Norris	Oakland	AL	284.3	0.963	2.44	**1.11**	Gold Glove
1980	Phil Niekro	Atlanta	NL	275.0	0.983	1.90	**1.10**	Gold Glove
1980	Jack Morris	Detroit	AL	250.0	0.974	2.66	**1.15**	FV#1
1980	Rick Reuschel	Chicago	AL	257.0	0.977	2.94	**1.15**	FV#1
1980	Rick Langford	Oakland	AL	290.0	0.986	2.27	**1.15**	FV#1

Year	Player	Team	Lg	Inn	Fpct	RF	FV	GG/FV
1979	Jim Palmer	Baltimore	AL	155.7	1.000	1.91	**1.00**	Gold Glove
1979	Phil Niekro	Atlanta	NL	342.0	0.989	2.29	**1.15**	Gold Glove
1978	Jim Palmer	Baltimore	AL	296.0	0.972	2.13	**1.11**	Gold Glove
1978	Phil Niekro	Atlanta	NL	334.3	0.976	2.21	**1.12**	Gold Glove
1978	Dennis Martinez	Baltimore	AL	276.3	0.987	2.54	**1.15**	FV#1
1977	Jim Palmer	Baltimore	AL	319.0	0.971	1.92	**1.11**	Gold Glove
1977	Jim Kaat	Philadelphia	NL	160.3	0.897	1.46	**0.85**	Gold Glove
1977	Rick Reuschel	Chicago	NL	252.0	0.986	2.57	**1.15**	FV#1
1976	Jim Palmer	Baltimore	AL	315.0	0.987	2.17	**1.13**	Gold Glove
1976	Jim Kaat	Philadelphia	NL	227.7	0.949	1.46	**0.95**	Gold Glove
1976	Randy Jones	San Diego	NL	315.3	1.000	3.20	**1.15**	FV#1
1975	Jim Kaat	Chicago	AL	303.7	0.982	1.60	**1.07**	Gold Glove
1975	Andy Messersmith	Los Angeles	NL	321.7	0.915	1.51	**0.96**	Gold Glove
1975	Ken Holzman	Oakland	AL	266.3	0.986	2.33	**1.15**	FV#1
1975	Carl Morton	Atlanta	NL	277.7	0.972	2.24	**1.15**	FV#1
1974	Jim Kaat	Chicago	AL	277.3	0.959	1.53	**1.04**	Gold Glove
1974	Andy Messersmith	Los Angeles	NL	292.3	0.873	1.91	**1.00**	Gold Glove
1974	Steve Rogers	Montreal	NL	253.7	0.986	2.48	**1.15**	FV#1
1973	Jim Kaat	Chicago	AL	224.3	0.973	1.44	**0.99**	Gold Glove
1973	Bob Gibson	St. Louis	NL	195.0	0.946	1.62	**0.89**	Gold Glove
1973	Jack Billingham	Cincinnati	NL	293.3	0.973	2.18	**1.15**	FV#1
1972	Jim Kaat	Minnesota	AL	113.3	0.923	1.91	**0.89**	Gold Glove
1972	Bob Gibson	St. Louis	NL	278.0	0.983	1.88	**1.10**	Gold Glove
1972	Ferguson Jenkins	Chicago	NL	289.3	0.975	2.43	**1.15**	FV#1
1971	Jim Kaat	Minnesota	AL	260.3	0.982	1.87	**1.07**	Gold Glove
1971	Bob Gibson	St. Louis	NL	245.7	0.942	1.80	**0.94**	Gold Glove
1971	Clyde Wright	California	AL	276.7	0.977	2.77	**1.15**	FV#1
1970	Jim Kaat	Minnesota	AL	230.3	0.935	2.27	**0.99**	Gold Glove
1970	Bob Gibson	St. Louis	NL	294.0	0.931	1.65	**0.99**	Gold Glove
1970	Mel Stottlemyre	New York	AL	271.0	0.986	2.42	**1.15**	FV#1

Year	Player	Team	Lg	Inn	Fpct	RF	FV	GG/FV
1969	Jim Kaat	Minnesota	AL	242.3	0.826	1.41	**0.92**	Gold Glove
1969	Bob Gibson	St. Louis	NL	314.0	0.946	1.52	**1.00**	Gold Glove
1969	Juan Marichal	San Francisco	NL	299.7	0.977	2.55	**1.15**	FV#1
1968	Jim Kaat	Minnesota	AL	208.0	0.976	1.77	**1.01**	Gold Glove
1968	Bob Gibson	St. Louis	NL	304.7	0.980	1.45	**1.05**	Gold Glove
1968	Gaylord Perry	San Francisco	NL	291.0	0.979	2.88	**1.15**	FV#1
1967	Jim Kaat	Minnesota	AL	263.3	0.952	2.02	**1.04**	Gold Glove
1967	Bob Gibson	St. Louis	NL	175.3	1.000	2.16	**1.01**	Gold Glove
1967	Joe Horlen	Chicago	AL	258.0	1.000	2.86	**1.15**	FV#1
1966	Jim Kaat	Minnesota	AL	208.0	0.976	1.77	**1.01**	Gold Glove
1966	Bob Gibson	St. Louis	NL	304.7	0.980	1.45	**1.05**	Gold Glove
1966	Gaylord Perry	San Francisco	NL	291.0	0.979	2.88	**1.15**	FV#1
1966	Mel Stottlemyre	New York	AL	251.0	0.964	2.90	**1.15**	FV#1
1965	Jim Kaat	Minnesota	AL	264.3	0.929	2.69	**1.05**	Gold Glove
1965	Bob Gibson	St. Louis	NL	291.0	0.952	1.81	**1.02**	Gold Glove
1965	Fred Newman	California	AL	260.7	0.973	3.73	**1.15**	FV#1
1965	Mel Stottlemyre	New York	AL	299.0	0.990	3.22	**1.15**	FV#1
1964	Jim Kaat	Minnesota	AL	243.0	0.928	2.37	**1.02**	Gold Glove
1964	Bobby Shantz	STL/Chi/Phi	NL	60.7	0.971	5.04	**1.04**	Gold Glove
1964	Larry Jackson	Chicago	NL	297.7	1.000	3.30	**1.15**	FV#1
1963	Jim Kaat	Minnesota	AL	178.3	0.984	3.13	**1.05**	Gold Glove
1963	Bobby Shantz	St. Louis	NL	79.3	0.969	3.52	**1.03**	Gold Glove
1963	Jack Sanford	San Francisco	NL	284.3	0.976	2.56	**1.15**	FV#1
1962	Jim Kaat	Minnesota	AL	269.0	0.967	2.94	**1.15**	Gold Glove
1962	Bobby Shantz	St. Louis	NL	78.3	0.972	4.02	**1.05**	Gold Glove
1961	Frank Lary	Minnesota	AL	275.3	0.989	2.84	**1.15**	Gold Glove

Year	Player	Team	Lg	Inn	Fpct	RF	FV	GG/FV
1961	Bobby Shantz	St. Louis	NL	89.3	1.000	3.12	**1.05**	Gold Glove
1961	Lew Burdette	Milwaukee	NL	272.3	0.989	2.88	**1.15**	FV#1
1960	Bobby Shantz	New York	AL	67.7	1.000	2.26	**1.02**	Gold Glove
1960	Harvey Haddix	Pittsburgh	NL	172.3	0.982	2.87	**1.05**	Gold Glove
1960	Lew Burdette	Milwaukee	NL	275.7	0.980	3.23	**1.15**	FV#1

Year	Player	Team	Lg	Inn	Fpct	RF	FV	GG/FV
1959	Bobby Shantz	New York	AL	94.7	0.933	2.66	**0.94**	Gold Glove
1959	Harvey Haddix	Pittsburgh	NL	224.3	1.000	1.73	**1.03**	Gold Glove
1959	Camilio Pasquel	Washington	AL	238.7	1.000	2.75	**1.15**	FV#1
1958	Bobby Shantz	New York	AL	126.0	1.000	2.93	**1.05**	Gold Glove
1958	Harvey Haddix	Cincinnati	NL	184.0	0.973	1.76	**0.98**	Gold Glove
1959	Lew Burdette	Milwaukee	NL	275.3	0.988	2.62	**1.15**	FV#1
1957	Bobby Shantz	New York	AL	173.0	0.986	3.69	**1.05**	Gold Glove
1957	Frank Sullivan	Boston	AL	240.7	0.985	2.43	**1.15**	FV#1
1956	Lew Burdette	Brooklyn	NL	256.3	0.985	2.35	**1.15**	FV#1
1955	Bob Rush	Chicago	NL	234.0	0.983	2.27	**1.15**	FV#1
1954	Ned Garver	Detroit	NL	246.3	0.972	2.52	**1.15**	FV#1
1953	Bob Lemon	Cleveland	AL	286.7	0.972	3.30	**1.15**	FV#1
1952	Bob Lemon	Cleveland	AL	309.7	0.982	3.23	**1.15**	FV#1
1951	Larry Jansen	New York	NL	278.7	0.988	2.68	**1.15**	FV#1
1950	Bob Rush	Chicago	NL	254.7	0.987	2.65	**1.15**	FV#1
1949	Larry Jansen	New York	NL	259.7	0.986	2.46	**1.15**	FV#1
1948	Larry Jansen	New York	NL	277.0	0.987	2.47	**1.15**	FV#1
1947	Dutch Leonard	Philadelphia	NL	235.0	1.000	2.64	**1.15**	FV#1
1946	Johnny Sain	Boston	NL	265.0	0.988	2.75	**1.15**	FV#1
1945	Dave Ferriss	Boston	AL	264.7	0.978	3.03	**1.15**	FV#1
1944	Jim Tobin	Boston	NL	299.3	0.972	3.19	**1.15**	FV#1
1943	Jim Bagby	Cleveland	AL	273.0	0.978	2.90	**1.15**	FV#1
1942	Tommy Hughes	Philadelphia	NL	253.0	0.975	2.77	**1.15**	FV#1
1941	Rip Sewell	Pittsburgh	NL	249.0	0.975	2.78	**1.15**	FV#1
1940	Hugh Mulcahy	Philadelphia	NL	280.0	0.989	2.80	**1.15**	FV#1
1939	Bucky Walters	Cincinnati	NL	319.0	0.979	2.62	**1.15**	FV#1
1938	Jim Turner	Boston	NL	268.0	1.000	2.99	**1.15**	FV#1
1937	Bucky Walters	Philadelphia	NL	246.3	0.988	3.03	**1.15**	FV#1
1936	Bucky Walters	Philadelphia	NL	258.0	0.974	3.87	**1.15**	FV#1
1935	Hal Schumacher	New York	NL	261.7	1.000	3.54	**1.15**	FV#1
1934	Carl Hubbell	New York	NL	313.0	0.980	2.85	**1.15**	FV#1
1933	Guy Bush	Chicago	NL	259.0	0.989	3.13	**1.15**	FV#1
1932	Clint Brown	Cleveland	AL	262.7	0.975	2.67	**1.15**	FV#1
1931	Earl Whitehill	Detroit	AL	271.3	0.976	2.72	**1.15**	FV#1
1930	Benny Frey	Cincinnati	NL	245.0	0.989	3.27	**1.15**	FV#1
1929	Carl Hubbell	New York	NL	268.0	0.989	3.09	**1.15**	FV#1
1928	Freddie Fitzsimmons	New York	NL	261.3	1.000	2.96	**1.15**	FV#1
1927	Willis Hudlin	Cleveland	AL	264.7	0.989	3.13	**1.15**	FV#1
1926	Carl Mays	Cincinnati	NL	281.0	0.971	4.26	**1.15**	FV#1
1925	Eddie Rommel	Philadelphia	AL	261.0	0.982	3.69	**1.15**	FV#1
1924	Joe Bush	New York	AL	252.0	0.988	3.00	**1.15**	FV#1
1923	Pete Alexander	Chicago	NL	305.0	0.990	2.98	**1.15**	FV#1
1922	Howard Ehmke	Detroit	AL	279.7	0.977	2.77	**1.15**	FV#1
1921	Stan Coveleski	Cleveland	AL	315.0	0.992	3.74	**1.15**	FV#1
1920	Carl Mays	New York	AL	312.0	0.992	3.61	**1.15**	FV#1
1919	Hooks Dauss	Detroit	AL	256.3	0.981	3.72	**1.15**	FV#1
1918	Art Nehf	Boston	NL	284.3	0.973	3.48	**1.15**	FV#1
1917	Jesse Barnes	Boston	NL	295.0	0.991	3.48	**1.15**	FV#1
1916	Elmer Myers	Philadelphia	AL	315.0	0.961	3.49	**1.15**	FV#1
1915	Pete Alexander	Philadelphia	NL	376.3	0.979	3.40	**1.15**	FV#1
1914	Harry Coveleski	Detroit	AL	303.3	0.964	4.01	**1.15**	FV#1
1913	Eddie Cicotti	Chicago	AL	268.0	0.975	4.00	**1.15**	FV#1
1912	Joe Wood	Boston	AL	344.0	0.974	3.95	**1.15**	FV#1
1911	Christy Mathewson	New York	NL	307.0	0.986	4.05	**1.15**	FV#1
1910	Christy Mathewson	New York	NL	318.3	0.969	3.56	**1.15**	FV#1
1909	Frank Smith	Chicago	AL	365.0	0.978	4.44	**1.15**	FV#1

Year	Player	Team	Lg	IP	FP	RF	FV	Rank
1908	Christy Mathewson	New York	NL	390.7	0.988	3.87	**1.15**	FV#1
1907	Harry Howell	St. Louis	AL	316.3	0.982	4.75	**1.15**	FV#1
1907	Addie Joss	Cleveland	AL	338.7	0.982	4.36	**1.15**	FV#1
1906	Frank Owen	Chicago	AL	293.0	0.978	4.05	**1.15**	FV#1
1905	Nick Altrock	Chicago	AL	315.7	0.988	4.56	**1.15**	FV#1
1904	Frank Owen	Chicago	AL	315.0	1.000	4.31	**1.15**	FV#1
1903	Henry Smith	Brooklyn	NL	301.0	0.969	3.68	**1.15**	FV#1
1902	Red Donahue	St. Louis	AL	316.3	0.948	4.13	**1.15**	FV#1
1901	Christy Mathewson	New York	NL	336.0	0.992	3.46	**1.15**	FV#1
1900	Nixey Callahan	Chicago	NL	285.3	0.975	3.63	**1.15**	FV#1
1899	Bert Cunningham	Louisville	NL	323.7	0.944	3.75	**1.15**	FV#1
1898	Brickyard Kennedy	Brooklyn	NL	339.3	0.953	3.26	**1.15**	FV#1
1897	Red Donahue	St. Louis	NL	348.0	0.976	3.13	**1.15**	FV#1
1896	Ted Breitenstein	St. Louis	NL	339.7	0.946	3.26	**1.15**	FV#1
1895	Nig Cuppy	Cleveland	NL	353.0	0.968	3.06	**1.15**	FV#1
1894	Cy Young	Cleveland	NL	408.7	0.947	2.73	**1.15**	FV#1
1893	Tony Mullane	Cinc./Brooklyn	NL	367.0	0.942	2.77	**1.15**	FV#1
1892	Kid Gleason	St. Louis	NL	400.0	0.934	3.20	**1.15**	FV#1
1891	Phil Knell	Columbus	AA	462.0	0.941	3.10	**1.15**	FV#1
1890	Silver King	Chicago	PL	461.0	0.964	3.14	**1.15**	FV#1
1889	Bob Caruthers	Brooklyn	AA	445.0	0.968	2.43	**1.15**	FV#1
1888	Pud Galvin	Pittsburgh	NL	437.3	0.932	2.80	**1.15**	FV#1
1887	John Clarkson	Chicago	NL	523.0	0.958	2.74	**1.15**	FV#1
1886	Dave Foutz	St. Louis	AA	504.0	0.949	2.34	**1.15**	FV#1
1885	Charlie Radbourn	Providence	NL/NL	445.7	0.937	2.69	**1.15**	FV#1
1884	Charlie Sweeney	Prov./St.Louis	UA	492.0	0.942	2.96	**1.15**	FV#1
1883	Guy Hecker	Louisville	AA	451.0	0.933	2.77	**1.15**	FV#1
1882	Tony Mullane	Louisville	AA	460.3	0.959	4.52	**1.15**	FV#1
1881	Lee Richmond	Worcester	NL	462.3	0.937	2.30	**1.15**	FV#1
1880	Tommy Bond	Boston	NL	493.0	0.940	3.16	**1.15**	FV#1
1879	Tommy Bond	Boston	NL	555.3	0.957	2.87	**1.15**	FV#1
1878	Tommy Bond	Boston	NL	532.7	0.941	2.43	**1.15**	FV#1
1877	Tommy Bond	Boston	NL	521.0	0.937	2.30	**1.15**	FV#1
1877	Jim Devlin	Louisville	NL	559.0	0.933	2.25	**1.15**	FV#1
1876	Al Spalding	Chicago	NL	528.7	0.951	2.33	**1.15**	FV#1
1875	George Bradley	St. Louis Br	NA	535.7	0.896	2.91	**1.15**	FV#1
1874	Tommy Bond	Brooklyn	NA	497.0	0.841	2.97	**1.15**	FV#1
1873	Al Spalding	Boston	NA	497.7	0.855	3.09	**1.15**	FV#1
1872	Dick McBride	Philadelphia	NA	419.0	0.830	2.51	**1.15**	FV#1
1871	Al Pratt	Cleveland	NA	224.7	0.880	2.64	**1.15**	FV#1

Note: Pitcher Range Factor Per 9IP

Hope you've enjoyed the Best Fielding ride through our take on the subject. We realize it's a controversial one, particularly with players that none of us have seen play and with numbers that mean something different then versus today. We also realize that you have your own opinions, and statistics you like to refer to and use to quantify who you think is best, plus that baseball eye to determine whether you agree or not. Thanks for taking a look. All the best as you travel the baseball trail. And here's hoping your favorite players on your favorite teams in the seasons to come make all the right plays and some day may join the players above on the best ever lists of their respective teams.

Support Our Partners:

Baseballevaluation.com

Home to Stat Geek Baseball, all-time historic player ratings, and best ever lists, it provides a historic viewpoint on the numbers and past of America's pastime, from 1871 to the present day.

Americasbesthistory.com

Where the history of the United States comes aboard with profiles of the best historic national parks and sites in the nation plus a timeline of american history from the time of Columbus to the present day. Great for students and history buffs.

Teepossible.com

Official t-shirts and gifts from Top Prospect Sports, Catch Phrase Mania, and America's Best History. Get t-shirts, sweatshirts, phone cases, mugs, posters, and other gifts for sports, fun, and history. Great for practice, home, work, and school.

www.ingramcontent.com/pod-product-compliance
Lightning Source LLC
Chambersburg PA
CBHW060124170426

43198CB00010B/1017